한준상 교수의

이교육

우리교육의 지평을 찾아서

한준상 교수의

이 교육

우리 교육의 지평을 찾아서

아침이슬

차례

서언_ 왜 '이 교육'인가?[1]

이 책의 제목인 '이 교육!(Esse Educacion)'은 〈이 사람(Ecce Homo)〉이라는 그림에서 착상되었다(앞날개 그림 참조).[2] '에세 호모'라고 명명된 이 예수상은 포르투갈의 보물이다. 몇 년 전 포르투갈 리스보아 국립박물관을 방문했을 때 나를 취하게 만든 작품이었다. 박물관의 이곳저곳을 구경하던 중 나의 시선을 송두리째 빼앗은 그림이 바로 이 손발이 포승줄로 묶인 예수의 초상화였다. 고난의 예수를 다소곳하게 그려낸 이 작품은 15세기 작품치고는 너무 순진무구했고 다른 한편으로는 초라하기 그지없는 듯했다. 작자 미상의 예수 초상화였지만, 그 어느 유명화가의 작품보다도 더 예술적 감각이 돋보이는 중세 크리스찬 미술의 걸작품이었다.

십자가에서 고난을 당하는 예수 그림은 유럽 이곳저곳에 수없이 많이 걸려 있다. 모두가 당대의 유명한 화가의 작품으로서, 예수가 당하는 아픔과 고난을 오만하게 혹은 너무도 숭고하게, 초인간적인 모습으로 표현해 내려고 하는 것들이 주종을 이루고 있다. 그것들에 비해, 〈이 사람〉은 달라도 한참 달랐다. 이 작품은 "기독교 예술의 수수께끼(the sphinx of Christian art)"라는 평 그대로, 예수의 순박하고 인간적인 모습을 그대로 담아내는 듯한 작품이었다. 십자가에 매달려 있는 예수의 비통함을 어떻게든 신의 경지로 끌어내어 마침내는 장엄함 그 한 곳으로 표현해내려는 로마나 프랑스의 십자가의 예수상들과 달리, 인간으로서 예수가 겪어내고 있는 아픔과 심리적인 무기력함을 한 올 한 올 하나도 빠트리지 않고 드러내고 있는 그림이 바로 이 〈에세 호모〉였다. 부활을 약속하는 그런 영광스러움이 아니라 선하기 그지없는 사람들이 보여줄 수 있는, 그래서 그의 외침이 더 와닿는 소박하고도 슬픔에 가득 찬 모습이었다. 수의에 반쯤 가리어진 그의 얼굴은 더욱더 그런 이미지를 자아냈으며, 부활 같은 것은 아예 꿈도 꿀 수 없는 착한 모습이었다. 어찌 보면 포승줄에 묶인 채 우리를 위해 깊이 명상하는, 인내하는 구도자의[3] 모습이었다. 어떻게든 신비스럽게만 그려내려는 저들과는 달리, 착하기 그지없는 인간 예수의 아픔을 드러내고 있는 모습, 그런 예수다운 사람의 내음새에, 나는 그 미술관에서 한동안 넋을 잃고 말았다. "아, 착한 인간, 선한 예수는 그랬겠구나!" 하는 격한 느낌 때문에[4] 잠을 이루지 못했다. 그 그림이 바로 '이 인간 예수' 이다.

　적절한 비유가 될 수 있는지는 모르겠지만, 오늘날의 우리 교육을 이 〈에세 호모〉의 이미지에 빗대어 말할 수도 있을 것이다. 이 땅의 모든 학생들이 매일같이 십자가에 묶이는 예수와 그 처지가 흡사하기 그지없다. 인간 예수를 십자가에 묶어 매기 위해 여러 종류의 사람들이 등장했듯이, 오늘도 여러 종류의 사람들에 의해 그들의 영육(靈肉)이 매어달리고 있다. 가야바, 안나스 같은 대제사장, 레위 인들로 구성된 경비병과 군관, 로마총독 빌라도, 헤롯 안디바, 그리고 가룟 유다와 같은 인물들이 그런 인물이었고, 이 선생, 저 교장, 그 교육감, 그리고 저 장관의 면면이 그런 인물일 것이다. 그런 면면들 중에서도, 예수를 가장 가슴 아프게 만든 사람이 바로 가룟 유다였다. 대제사장들에게 예수를 넘겨줄 방책을 짜낸 사람도 그였고, 예수를 팔아먹기 위해 그에게 입맞춤을 한 사람도 바로 유다였다.[5] 그래도 유다는 예수가 사랑할 수밖에 없었던 인물이었다.

상황은 다르지만 오늘날 '이 교육'의 한 단면을 보여주고 있는 척박한 교실은 골고다와 같은 고난의 처소이다. 예수를 매달아놓았던 십자가는 갖가지 시험으로 바뀌었고, 시험성적은 그의 손을 박는 데 쓰인 못이나 마찬가지이다. 이들 학생의 잘잘못을 심판하는 빌라도의 역할은 교육최고정책가가 맡고 있고, 이런 저런 교육행정관료는 헤롯이나 대제사장들의 역할을 십분 나누어 맡고 있다고 보면 된다. 저 여린 예수에게 달려가 입맞춤을 한 가롯 유다의 그 땀냄새는 바로 오늘의 교실에 살고 있는 교사로부터 풍겨나고 있을 성싶다.

예수에게 '죄'가 있을 리 없듯이, 배우는 이들에게도 있을 '죄'가 없다. 그것을 모를 리 없는 유다는 그를 죄 있다 하고 저들에 팔아넘겼다. 저들의 케케묵은 율법을 버리고 새로운 법, 이웃사랑의 법을 배우라고 외친 것이 예수의 죄라는 것이다. 저들을 위한 그 교육을 거부하며, 저들을 위한 그 교육의 율법을 거부하는 것이 그들의 죄라는 것이다. 엉뚱하기 그지없는 그 죄들 때문에, 그들은 매일같이 저들에게 팔려나가고 있다.

《이 교육》, 이 글의 서문을 쓰게 만들어준 서너 가지 해프닝을 꼽으라고 한다면, 그 하나가 바로 2002년도 부활절을 며칠 앞두고 신문 사회면 머릿기사로 장식된 보충수업부활 기사이다. 보충수업, 그러니까 부활된 보충수업은 매장되었던 체벌 허용이라는 훈장까지 매단 채 이 교실, 저 교실, 이 밤, 저 저녁을 휩쓸고 있는 교육계의 유령 같은 몰골을 하고 있다.[6] 비인간적, 비교육적이라고 매도되었던 체벌이 이리도 손쉽게 복권될 수 있었던 것은 가르치는 일을 때로는 가학적인 일로,

때로는 야수적인 일로 혼동해 온 그 습성이 되살아났기 때문이다. 이쯤에서 《예수 다시 십자가에 못박히다》의 저자 니코스 카잔차키스의 절규를 음미해 볼 필요가 있다. "죽여라, 죽여라, 그들이 고함을 질렀다. 나를 죽이시오. 나를 죽이시오. 군중이 그에게 달려들었다. 2천 년이 흘렀건만 사람들은 오늘 또다시 그를 십자가에 매달았다."[7] 게다가 학교는 보충수업의 부활로 인해, 학원에서 훈련시키는 식의 '입시용 수업'도 얼마든지 할 수 있게 되었다. 언제부터 시작되었는지는 몰라도, 학원교육이 학교교육의 귀감으로 우월한 대접을 받는 순간이었다. 이제 학교는 동네 곳곳에서 학원과 힘겹게 입시전투를 치러내야 할 처지가 되었다.

교육계에서 벌어지고 있는 일들이 이제는 정치계를 보는 것같이 꽤나 복잡하게 펼쳐지고 있다. 원래 정치란 단순한 것을 위해 일을 복잡하게 펼쳐 보이는 술수며 권력을 위한 아양떨기로 바라보면 된다. 국가정책도 그 수준을 크게 벗어나지는 않으며 교육정책도 예외가 아니다. 보충수업부활 정책을 보아도 그렇고 체벌 정책의 부활을 보아도 그렇다. 저들이 원하는 것은 교육의 참뜻을 실현해 내려는 것보다는 정치권력의 획득에 있다. 그저 원초적으로 사회발전이라는 허명 속에서 권력을 얻어내려는 계책이기에, 그것을 둘러싸고 벌어지는 일은 그 언제든 복잡하기만 하다.[8] 이런 다양한 상황 속에서, 복잡하기 그지없는 교육문화와 그것들이 열어 펼치는 여러 가지 교육활동을 아주 단순하게 서술하고 싶은 강한 충동이 줄을 잇곤 했다. 그것을 한 컷의 이미지로 영상화한 것이 바로 십자가에 묶인 학생들, '이 교육(Esse Educacion)'이었다.

역사는 사람들이 갖고 있는 정신력과 의식의 각성으로 인해 나타나는 부자연스러운 것과의 결별을 말한다.[9] 부자연스러운 것과 철저하게 결별하고자 하는 노력이 역사의식의 한 단면을 이룬다. 그런 역사의식이 투철하지 못하면 못할수록 결별했다고 하는 그 부자연스러운 것의 복귀는 손쉬워진다. 제아무리 부자연스러운 것과 결별한다고 선언했다고 해서, 그것을 말소시켰다고 해서, 그것을 기억하기 싫다고 해서 그것이 자동적으로 분쇄되는 것은 아니다. 인위적으로 제아무리 수천 번씩이나 말소시켰다고 선언하더라도 그것은 그 어딘가에 남아 있게 마련이다. 결별에 대한 당위성과 결별 선언의 강도가 높은 것일수록, 그런 것들은 조건이 바뀌고 상황이 바뀌면 다시 겉으로 드러나 사회문제라는 이름으로 역사의 흐름을 막을 뿐이다. 그래서 부자연스러운 것과의 결별을 위해서는 더욱더 철저한 역사의식, 다시 말하면 부자연스러운 것에 대한 부인과 거부와 결단이 필요한 것이다.

이런 시각으로 우리 교육의 역사를 조감하면, 우리에게는 교육사도 없고 교육의 역사의식도 갖추어져 있지 않음을 알게 된다. 수많은 교육계 사건의 말소와 삭제, 혹은 되돌림과 연결의 흐름이 있었다고 해서 거대한 교육시기 형성되어 있다고 보기는 힘들다. 그런 식으로 교육사를 조감하는 것은 지나간 시간의 흐름과 교육계 사건의 연대기적 나열을 강조하는 것일 뿐이다. 교육계에 수많은 정책이나 사건을 만들어놓았다고 해서 자연적으로 교육정책사가 만들어지는 것은 아니다. 교육정책사가 있기 위해서는 교육정책의 입안과 집행, 그리고 그 결과에 대한 책무성과 평가가 일관적이어야 한다. 그런데도 우리 교육계에는 교육계의 이벤트와 사건의 나열만이 무성할 뿐이다.

어찌 말하면 우리에겐 교육정책의 단절, 그리고 또 다른 교육정책의 단절로 이어지는 교육정책의 흐름만이 있을 뿐이다. 2년 전에 죽어버렸던 보충수업을 부활시키는 것 같은 교육정책이 바로 그런 단절된 교육정책의 또 다른 장면을 극적으로 이어주는 접착제 같은 것들이다. 교육정책이라는 이름으로 연이어 터져나오는 교육계의 이런 저런 이벤트의 단절과 또 다른 단절, 그런 단절들을 시간의 흐름에 따라 잇대어 이어냈다고 해서 교육정책사가 만들어지는 것은 아니다. 그래서 우리에겐 교육정책의 역사가 있을 수 없다. 교육의 역사도 유실되었고, 교육정책의 역사도 존재하지 않는다면, 이 사회에는 오로지 '이 교육(Esse Educacion)'이 유일할 것이다.

'이 교육'을 넘어서 beyond 'Esse Educacion'

교육문제를 해결하려면 인간을 중시하는 배움과 익힘이 우리의 삶에서 우선하도록 만들어야 한다. 이런 것을 위한 교육개혁안들은 모두 훌륭한 아이디어로 가득 차 있게 마련이다. 교육계의 문제들을 개선하기 위해 제시된 합리적인 제안임에도 불구하고 교육개혁안의 대부분이 미완의 작품으로 끝나버리곤 했다. 그도 그럴 수밖에 없는 것은 교육개혁의 노력이 주로 '사물'의 개선에 집중되어 있었기 때문이다. 교육개혁의 대상으로 겨냥했던 사물이란 학교기관을 구성하고 있는 수많은 제도적 장치나 법률적 또는 행정적 명령의 전달 체계 개선, 교육 과정과 방법의 변화, 아니면 교사들에게 필요한 삶의 터전을 개량해주는 일, 그것도 아니면 교육을 행정적으로 조직하고 학생들의 성적 평가 방식을 변화시켜보는 일 같은 것이었다. 이런 모든 개혁의 노력들은 교육개혁이 기본적으로 '학습자', 즉 사람의 문제라는 점을 놓치고 있다.[10]

교육개혁은 학생의 배움을 위한 것이다. 사실, '배움'은 '배움 그 자체'로 남는 것이다. 그래서 배움 그 자체를 남들과 나누는 일 그 자체가 쉽지가 않다. 동시에, 배우려고 하는 욕망 역시 완전히 개인적인 일이다. 배우는 일의 시작은 욕파불능(欲罷不能)[11]의 심정이어야 하기에 더욱더 그렇다. 학습자가 배움의 즐거움에 홀려 몰입되면 '그만두려고 해도 도저히 그만 둘 수 없는' 상태가 되어버린다.

그렇다고 배우는 사람과 배우지 못하는 사람이 따로 있다는 말이 아니다. 인간으로 태어난 이상 모든 인간은 배움이 가능하다. 모든 인간은 배움의 본능을 갖고 있다. 인간에게 있어서 배우는 일은 먹는 일, 사랑하는 일과 같이 하나의 본능이다. 식욕, 성욕과 같은 본능을 어떻게 다스리느냐에 따라 삶의 질이 달라지듯이, 인간의 학습욕구는 인간의 삶을 여러 형태로 갈라놓는다. 그래서 교육의 시작은 배우고자 하는 학생, 그 인간적인 조건에 주목해야 한다. 배움의 휴머니즘[12]이 상실되면 그 어떤 배움도 불가능하기 때문이다.

틀바꿈 교육으로

교육은 학생들에게 '탈바꿈'[13]이 아니라, '틀바꿈'을 도와주는 정신적 행위이다. 탈바꿈은 생물계에서 보듯이 생물의 성장 과정 가운데 겪어야 하는 변화의 절차이자 그것이 진행되는 하나의 자연적인 과정이다. 마치 배추 애벌레가 번데기가 되어 마침내 나비로 화려하게 성장하듯이, 탈바꿈은 생물의 성장 과정에서 피할 수 없는 과정인 것이다.

이런 탈바꿈은 학생이 초등학생에서, 중·고등학생으로, 이어 대학생으로 변화되는 것과 같은 것이다. 탈바꿈에 비해 틀바꿈은 질적으로 다르다. 틀바꿈은 생물학적인 성장의 절차가 아니라 정신적인 성장의 요구이기 때문이다. 탈바꿈은 인간의 성장 발달 과정 중 짜여져 있는 절차를 거치는 과정인 반면, 틀바꿈은 인간 스스로 자기와 자기, 자기와 타인, 자기와 환경 간의 관계를 이전의 방식과는 전혀 다른 방식으로 만드는 과정이다. 마치 개과천선(改過遷善)이라는 말에서 풍기듯이,

이전의 삶과는 전혀 다른 삶을 살아가는 데 필요한 삶의 나침반, 생활의 매뉴얼을 갖는 것이 틀바꿈이다.

사람답게 산다고 하는 것은 매순간 창조적인 과정을 체험한다는 것이다. 그런 삶만이 바로 인간적인 삶이다. 창조의 시간은 과거에 머물지 않고 매순간을 역동적으로 만드는 개별적인 시간의 연속으로 통한다. 이런 창조적인 틀바꿈의 과정을 개조 과정이라고 부를 수 있으며 이런 개조 과정에는 체험학습[14]과 그것에 기초한 치열한 깨달음의 과정이 요구된다. 깨달음[15]이 가능하기 위해서는 틀바꿈을 위한 '용트림' 과 용솟음, 그리고 '돌파'가 필요하다. 틀바꿈을 위한 돌파의 과정은 삶 전체를 틀어쥐는 교육의 과정과 같다. 교육은 시시한 정보 덩어리를 입수하는 과정이 아니라 삶 전체의 방향을 전환시키는 과정이다. 학습의 실현은 바로 이런 삶 전체의 방향을 바꾸는 데 동원되는 틀바꿈을 갖는다는 말이다. 그래서 인간의 본성을 이해하지 못하는 교육은 교육의 궤적으로부터 이탈하고 있는 것이다.

의식소통의 교육과정으로

사람은 공동체 속에서 평생 타인과 언어교통(communication; 言語交通)[16]과 의식소통(意識疏通)[17]을 하면서 살아간다. 언어교통과 의식소통은 그들이 겪는 세 가지 유형의 학습 활동 속에서 반복된다. 그 첫째는 태어남으로부터 죽음에 이르기까지 이어지는 통생애적(通生涯的)인 학습, 둘째는 가정에서의 학습으로부터 각종 여행에 이르기까지 나타나는 공생애적(共生涯的) 학습, 그리고 마지막으로 살아가면서 끊임없이 삶의 의미를 여러 가지 형식으로 캐나가는 범생애적(汎生涯的)인 학습 활동을 통해 경험을 나눈다. 이런 일들은 피닉스가 말하는 삶의 질을 높이는 초월[18]과 비슷하기도 하다. 사람들이 그저 편한 대로 소리와 언어만 주고받으면서 살아간다면 그는 단순히 언어교통의 인간으로 살아가는 것이다. 그는 사회 구성원으로서의 역할에만 충실한 삶을 살아가는 것이다. 그런 단순한 언어교통에 머무르지 않고, 서로가 서로의 삶에서 얻어낸 경험을 체험적으로 주고받으면서 살아간다면 그는 초월의 인간이자 영성(spirit: 靈性)의 인간, 그리고 '의식소통의 인간'으로 살아가는 것이다.

의식소통의 과정은 사람들간의 절대적인 믿음을 요구한다. 믿음은 사람들간의 인격 존중과 언어교통의 방법과 전달 내용의 정직성을 뜻한다. 믿음이라는 단어가 바로 그것을 말해준다. 원래 '믿을 신(信)'자는 '사람 인(人)'변에 '말씀 언(言)'이 합성되어 있는 단어이다. 이 단어는 사람간에 사람들의 바른 말 소리가 오고갈 때 비로소 믿음이 생기게 됨을 알려준다. 만약, 사람 인(人)변에 대신에 '말 마(馬)'변을 쓴다든가, '강아지 견(犬)'자를 쓰면, 그 사람간의 믿을 신(信)자는, 한자를 새로 만들어 쓸 수 있다면, '강아지 소리 믿을 신(㹜)'이나 '말울음 소리 믿을 신(騙)'자가 될 것이다. 불신은 언어교통에서두 흔히 일어날 수 있다.[19] 단순한 언어교통 속에서는 인격체적 만남과 신뢰가 불가능하게 된다. 언어교통을 하는 한쪽은 사람으로 인정되고 의사소통을 전달받는 다른 쪽은 강아지나 망아지로 간주될 것이기 때문에 그들간의 신뢰는 원초적으로 불가능하게 된다.

단순한 언어교통이 사람간의 의식소통으로 질적인 변화를 거치기 위해서는, 사람간의 믿음과 깨우침이 수반되어야 한다. 갈등은 궁극적으로 사람간의 이해와 갈등해소를 향한 의식소통에 있어서의 부정적인 깨우침이고, 이해는 지금보다 더 발전된 이해의 국면을 향한 의식소통에 있어서의 긍정적인 깨우침과 같다. 이런 깨우침이 교육적인 작용을 하기 위해서는 지식의 변화, 태도의 변화, 혹은 행위의 변화를 개별적으로, 그리고 통합적으로 동반해야만 한다. 의식소통을 통해 얻어지는 깨우침은 이미 알고 있거나 혹은 몰랐던 지식이나 태도, 그리고 행동에 있어서의 교정이나 보완, 강화라는 변화를 일으킴으로써 서로간의 경험을 공유하게 만드는 각성제이다.

지성인으로서의 교사로

교사들은 그들을 향한 사회의 부정적인 따가운 눈초리에서 벗어나야 한다.[20] 학생들의 영혼을 팔아넘기는 그 악령의 모습에서 벗어나려면 교사들은 지성인으로 거듭나야 한다. 인간의 태도와 의식, 그리고 행위를 변화시킬 책무가 있는 지성인으로서의 교사들이 행해야 할 세 가지 역할이 있다. 그런 의미에서 교사는 지금과 같은 교육을 새롭게 바꿀 수 있는 변혁의 지성인들이다.[21] 첫째로, 교사는 비판과 폭로 (debunking)의 역할을 감당하는 지성인들이다. 그들이 행할 수 있는 두 번째 역할은 비판적 언어들이 살아 움직이게 하는 기능(textual responsibility)이며, 마지막 기능은 문제해결의 현실적 대안제시능력이다.

이 세 가지 교육변혁의 역할은 단순한 지식인으로서의 교사와 교육변화를 주도하는 지성인으로서의 교사간의 질적인 차이를 가르는 기준이 된다. 지식인으로서의 교사들은 그들이 직면하고 있는 현실적인 호구지책의 개량을 위해 그들의 힘을 결집시키거나 그들의 목소리를 높인다. 그에 비해 지성인으로서의 교사들은 교육의 역사를 바로 잡기 위해 '나 홀로의 목소리내기'도 서슴지 않는다. 그들은 비판과 가능성을 동시에 제기함으로써 불가능하다는 것을 가능하게, 꿈이라고 몰아붙이는 것을 현실로, 그리고 절대적이라는 것을 상대적인 것으로 만들어가는 사람들이다. 그들에게는 미래와 희망을 약속하는 학생들이 있기에,

그들은 가능성과 현실성 모두를 믿고 기다린다.

우리가 바라는 교사들은 당연히 인간교육의 기초[22] 위에 서 있는 지성인들이다. 그들은 교사로서의 사회적 지위에 합당하게 비판적인 교직자로서 가르쳐야 한다.[23] 지성인으로서 학생을 가르쳐야 한다는 말은 교직이 쉬운 직업이 아니라는 점을 드러내놓기 위해서 하는 소리가 아니다. 교직 자체가 쉬운 일이 아니라는 말은 가르친다는 것 그 자체가 배운다는 것과 질적으로 다르고 더 어렵기 때문이다. 이 말은 가르치는 사람이 엄청난 양의 지식을 섭렵해야 하는 것처럼 언제나 만반의 준비를 갖추고 있어야 하기 때문에 그렇다는 것이 아니다. 가르친다는 일이 배우는 일과 달리 더 어려운 것은 다름 아니라, 제대로 가르친다는 일 속에는 배우도록 한다는 것을 포함하고 있기 때문이다. 하이데거가 이야기했듯이,[24] 참된 교사란 학생들에게 배운다는 것 이외에 그 어떠한 것도 배우지 못하도록 하는 사람들이다. 배운다는 것이 지식을 가르치는 일로 국한되면, 학생들은 교사로부터 배울 것이 없다는 것을 확인하는 것과 같다. 교사가 학생보다 더 낫다고 한 때, 그것은 학생들이 교사에게서 배우도록 하는 법을 더 익혀야 한다는 사실의 확인으로부터 가능해진다. 교사는 나무를 제대로 다루는 목수처럼 사람의 본성과 능력을 다루는 장인(匠人)들이기에, 그들은 학생들과 더불어 배우는 일에 자기의 삶을 걸어야 한다.[25]

옴살의 학습기관으로

인간 학습은 동물원 교육을 청산하는 그것에서 시작된다. 감호기관의 교육이 아니라 사람을 위한 옴살학습[26]의 복원이 필요하다. 학생끼리, 학생과 선생이 서로 의식을 공유하며 한몸처럼 어울리는 인간교육과, 배우는 이들의 전신건강을 보호해주는 교육[27]이 바로 옴살학습의 본질이며 동시에 전인교육의 원형이다. 이미 옴살스런 교육이라는 말 자체가 우리 교육 현장의 문제를 고발하기 충분한데, 그것은 그동안 우리 교육이 '서로 서로 떨어지는 의식불통의 교육'을 실천해왔기 때문이다. 옴살스런 배움과 익힘의 교육은 인간과 지식, 인간과 기술, 인간과 태도, 인간과 인간 간의 유기적 관계와 그들의 밀착된 내면 관계를 강조하는 생태학적으로 자연친화적인 활동을 의미한다. 이런 옴살학습은 배움의 동물이며 학습인간들인 호모 에루디티오[28]의 평생학습을 위한 길잡이들이다.

인간에게 있어서 평생학습은 사람과 사람 간의 경험을 이어주는 '의식소통'의 학습으로 연마되어야 한다. 이런 의식소통의 학습을 원활하게 만드는 학교기관의 모형으로서 지역공동체로서의 학교기관, 즉 '지역공동체 배움', 커뮤니티 학습모델(the learning model of community)을 염두에 두어야 한다.[29] 공동체로서의 학교는 친숙한 사람들끼리의 친밀한 만남을 교육의 기준으로 삼는 것이 아니라, 서로 모르는 사람들끼리 폭넓은 관계를 형성하여 건전한 마음들을 형성하는 것을 배움과 익힘의 기준으로 삼는다. 공동체로서의 학교기관은 개인적인 취향보다는 공공적인 상호연계성을 강조한다. 서로 친밀하지 않은 사람들이 함께 모였다손 치더라도 서로 배움과 서로간의 성장을 공유하면서 상호간의 갈등과 문제점을 해결해 줄 수 있다. 이것이 바로 고대 그리스 도시공동체와 그들의 배움의 터전이었던 '아고라(Agora)'가 보여주었던 인간교육의 원형이다. 이런 삶의 공동체 속에서는 몇 사람들의 야만성을 충족시키기 위해 약한 한두 명을 노리개 삼는 '왕따 만들기'[30] 같은 비인간적인 일들은 원초적으로 불가능해진다. 그런 일 그 자체가 혐오의 대상이 된다.

이런 의미에서, 지금과 같이 동물원식 혹은 감호기관과 같은 역할이나 감당하고 있는 학교기관들은 근본적으로 그 형식과 운영 방법을 폐기하고 새롭게 바꿔야 한다. 공장이나 마치 찜통 같은 기존의 학교교육기관의 문제를 해소하기 위해 재택학교[31]와 같은 대안교육기관의 사회적 '발명'들과 학습자 개개인을 존중하는 맞춤형 학습들이 필요하다.[32] 그런 새로운 사회적 발명들이 가능하기 위해서는 지금과 같은 학교교육기관들이 새로운 형태의 대안학습활동을 끊임없이 개발해내야 한다. 교육의 리더십이 제대로 작동하기만 하면, 지금의 학교교육기관 속에서도 그 얼마든지 새로운 관점으로 대안학습활동을 실천해 볼 수 있다. 그런 새로운 대안학습활동이 가능하려면 학교장이나 교육행정가들의 교육경영철학이나 능력이 지금보다 혁신적으로 새로워져야 한다.[33] 그것을 위해서는 그들 스스로 먼저 배우는 평생학습인의 모습을 보여주어야 한다.

제1부 이 교육의 이해

제1장 이 교육의 틀거리

우리 교육은 한 편의 영화이다. 영화감독인 교육정책가는 이 것, 저 것을 심란한 음향효과와 함께 각색해 옴니버스도 아닌 괴상한 장르를 만들어놓았다. 온갖 문제의식과 반전이 교차된 이 영화를 몇몇 '교육 평론가'들은 예술성과 흥행성을 동시에 지닌 영화로 추켜세웠다. 관 객들은 교육평론가의 평에 혹해 관람하지만, 실망하고 발길을 돌리기 일쑤다. 교육은 단절된 것들을 이어붙인 싸구려 영화가 아니다. 교육 을 보고, 교육에 대해 생각하고 말할 적에는 흐물흐물한 몸체를 잡아 주는 틀거리를 세워야 한다.

교육문제의 이해

교육의 문제를 이해하려면, 비인간적인 교육활동의 표본으로 단죄한 후 학교현장에서 모조리 폐기했던 보충수업을 다시 화려하게 부활시킨 교육정책의 위력을 꼼꼼하게 따질 수 있어야 한다. 죽은 지 2년 만에 부활된 보충수업 같은 교육계 사건이 도대체 우리 국가권력과 무슨 연 관이 있는지를 파악할 수 있으면, 교육문제의 핵심이 무엇인지도 알게 된다. 관심이 집중되어야 할 부분은 정부가 부활시킨 체벌 그 자체나 보충수업 그 자체가 아니다. 그런 단순한 해프닝보다는 교육을 둘러싸 고 일어나는 학생, 당국, 학부모 간의 긴장과 대립에 더 신경을 써야 한 다. 팽팽한 긴장과 대립[34] 그리고 어줍지 않은 이해 당사자들간의 타협 이 교육을 사회문제로 만들어가기 때문에 그것에 대한 면밀한 관찰이 필요하다. 보충수업 허용을 반대하는 사람들과 그것을 허용하겠다는 국가권력 간의 갈등과 대립은 단순히 교육정책에 대한 좋고 나쁨의 선 호도 파악 문제가 아니라, 교육은 무엇이어야만 하는가에 대한 보다 원초적인 문제제기가 우선해야 풀 수 있는 문제이기 때문이다.

학생이라는 개인적인 입장에서 보면, 교육은 개인의 성장과 자아실현을 위한 하나의 도구이자 수단이다. 교육을 제대로 받으면 개인의 삶에 도움이 되는 여러 가지 지식과 기술을 익히게 되고, 그것을 토대로 안정된 직장을 갖게 된다. 이런 것들은 개인의 성장과 출세로 이어지는 자아실현의 수단이다. 개인의 단순한 욕구에 비해 국가는 교육을 보다 집단적인 입장에서 활용한다. 국토를 지키기 위해 병력이 필요하고, 경제발전과 같은 사회사업을 위해 교육받은 인력이 필요하게 마련이다. 국가는 필요하다면 그 어떤 조건을 내세워서라도 개인의 욕구와 대립되는 교육정책을 집행할 수도 있다.[35] 결국, 교육이라는 것은 다른 사회부문에서처럼, 개인적인 자아실현과 사회적인 국가실현 간의 갈등과 긴장 혹은 화해가 늘 엉키고 꼬이고 풀리기를 기다리며 반복되는 사회적 공론감이다.

사회공론은 필연적으로 사회 이곳저곳 여론의 장을 거치면서 사회정책으로 여과되기도 하고 혹은 사회문제로 악화되기도 한다. 개인과 국가가 그런 사회공론을 제대로 여과하면 그것은 그대로 의미 있는 교육정책으로 집행된다.[36] 그러나 제대로 여과되지 않고 꼬이면 문제도 더불어 꼬이게 된다. 개인이나 시민운동단체가 보여주는 '개인권력'과 국가가 보유하고 있는 '교육행정집단의 권력'이 서로 꼬이게 되면, 그것은 곧바로 교육문제로서 사회적인 쟁점으로 비화되곤 한다. 교육문제의 실체는 교육정책의 내용에 따라 그 성격이 결정된다기보다는, 개인과 국가 간에 벌어지는 긴장이나 갈등 유형에 따라 결정된다. 서로가 합의하면 사회적으로 유효한 교육정책으로, 반대로 서로가 갈등하면 사회문제로 변모된다. 이런 점에서, 교육문제는 단순히 교육목적과 활동 간의 불일치를 지칭하거나 혹은 지금까지 사회적으로 무시되거나 경솔하게 취급되어온 교육활동에 대한 새로운 주목을 지칭하는 것이 아니다. 그런 식으로 교육의 쟁점이 교육문제가 된다는 이해는 교육문제의 성격을 너무 단순하게 이해하는 태도이다.[37]

보충수업과 체벌의 부활이라는 교육정책은 정부가 의도적으로 교육문제를 공론화시킨 사회적 쟁점이었다. '교육에 대한 개인적인 독점욕구'를 제한하겠다는 의사를 분명하게 밝힌 국가교육정책이었다. 체벌을 금지했더니 학생들에 대한 '효율적인 통제'가 어려워졌다는 일부 교사의 항변을 수용하는 것에서 시작해서, 학원수업으로 인한 교실교육의 붕괴 문제까지 정면으로 돌파하겠다는 국가권력의 의지였다. 그렇게 함으로써 교사의 권위, 교육정책의 권력이 가질 수 있는 위력과 괴력을 교육현장에 드러내 보이겠다는 교육문제 해결의 한 해법으로 채택된 것이 바로 체벌을 거느린 보충수업의 부활이다. 그러나 이런 국가독점적인 보충수업 부활 정책에 대해 교육시민운동단체들이 반발하고 있으며, 교육지자체인 서울시 교육감도 보충수업 정책에 공식적으로 반대의사를 표명했다. 그 결과, 국가의 교육행정권력은 '문제정책'으로 학교교육 문제를 풀어내려고 우기고 있다는 이상한 위치로 전락했다.

사회문제의 속성

교육문제로서의 사회문제가 드러내 보이고 있는 성격은 사회문제라고 말해지는 내용의 그 실체나 진상보다는 그 사회문제로 등장하는 형식에 의해 달라진다. 사회문제를 바라보는 시각은 사회문제라고 지적되고 있는 사회현상에 관여하는 사람들이, 자기들이 직면한 상황을 어떤 식으로 바라보는지에 대한 인지(認知) 수용의 태도와 직결되어 있다. '상당수의 사람에게 부정적인 영향을 끼치는' 식으로 제시되는 사회문제에 대한 이해방식은 사회문제에 대한 객관적인 입장을 취하는 방식이다. 반면, 해당문제와 연루된 이해관계집단의 관심과 이해정도에 반(反)하는 사회현상이나 조건을 사회문제의 핵심개념으로 수용하는 입장은 주관적인 방식에 속한다.[38] 예를 들어, 정부가 지식강국과 디지털문화를 강조하면서부터 인터넷 인구가 늘어나고, 웹사이트에는 자살동호회까지 생겨났다. 그런 현실로 인해 동반자살이나 청부자살 사고까지 등장하고 있다. 인터넷을 통한 청탁자살 혹은 동반자살 사건은 객관적으로나 주관적으로 모두 사회문제이다. 왜냐하면, 청탁자살 그 자체가 이미 수많은 국민들에게 심리적으로나 정신적으로 부정적인 영향을 끼치고 있으며, 이런 동반 혹은 청탁자살은 자살을 윤리적으로나 종교적인 관점에서 하나의 사악한 일로 간주하는 이해관계단체에 의해서도 공식적으로 사회문제로 단죄 받고 있기 때문이다.

사회문제의 성격을 바라보는 입장은 사람들마다 서로 다르다. 나라마다[39] 혹은 사람들의 눈에 포착되는 사회문제의 형태 역시 다르다. 그렇기는 하지만, 사회적으로 쟁점이 되는 사회문제의 유형은 세 가지 정도로 간추려질 수 있다. 첫째 유형은 주·객관적 정의방식에 의해 공통적으로 사회문제라고 지적되는 것들이다. 말하자면, 핵, 환경공해, 암(癌), 외환위기 같은 것은 주관적 그리고 객관적으로 모두에게 포착되는 구체적인 사회문제이다. 둘째 유형의 사회문제는 집단이해관계 중심의 사회문제로서, 이는 객관적인 증거의 확보보다는 주관적인 감성에 의해 강조되는 것들이다. 말하자면, 혼수장만, 학벌, 부동산투기 같은 것은 이해관계 중심의 사회문제로서 사람들을 심리적으로 압박한다. 이런 사회문제와는 달리, 이 사회에는 사회변동의 추이에 따라, 사회문제로 등장할 문제거리도 만만치 않다. 이런 사회문제는 앞으로 사회문제로 쟁점화되기 위해 시기를 기다리는 대기성 사회문제들이다.

많은 사람에게 실제로 피해를 주고 있지만, 아직 사람들에 의해 그런 피해가 강하게 인지되고 있지 않은 문제들이다.

사회문제의 형태가 다양함에도 불구하고, 사회문제라고 확정되기 위해 동원해야 할 객관적 정의방식에는 증거확보의 어려움, 인간들의 감성적 판단의 우선성, 지적된 사회문제에 관련된 대응책 마련의 어려움들이 존재한다. 그래서 사람들은 그냥 편하게 사회문제를 주관적으로 판단하려고 한다. 이런 식으로 사회문제를 정의할 경우, 사회문제는 사회적 진보를 위한 낙관주의 속에서 사회문제 그 자체의 성격을 상실할 수도 있다. 즉, 어떤 사회이든지 사회조건의 개량 등을 내세우는 수많은 이해관계단체를 많이 가지면 가질수록, 그 사회에는 더욱더 수많은 종류의 사회문제가 발생하게 된다. 이렇게 되면, 상대적으로 이해관계집단이 많은 사회일수록 사회문제의 종류나 그 수는 더 많아지게 된다. 이런 이해관계집단이 사회적 개량과 진보에 대한 확신을 갖고 있을 경우, 사회문제의 수와 그 내용 역시 다양하게 나타나며, 교육문제 역시 예외가 아니다 [40]

그런 교육문제를 사회쟁점으로 만들었던 여러 가지 교육정책들은 한두 가지가 아니었다. 말하자면 고교평준화 개혁, 7·30 과외금지 개혁, 2년 전의 보충수업금지 개혁, 교원정년단축 개혁 등등 모두가 끝내 사회적인 쟁점으로 번지곤 했었다. 이런 것들은 교육개혁을 겨냥한 것들이었지만 그 어느 것 하나 기대대로 교육개혁을 위한 성과를 가져본 것이 없다. 어느 교육개혁정책 하나 일관성 있게 추진되어오고 있거나, 혹은 그것의 성과가 교육현장에 만족할 정도로 추진되었다는 평가를 받고 있지 못하는 실정이다. 일관성 있는 교육개혁정책 추진보다는 개인과 국가권력 간의 긴장 유형이나 정도, 그 수준에 따라 그 어느 교육개혁정책은 가차 없이 사장되기도 했고, 또 어느 경우에는 교육계에서 죽어 묻혀버렸던 교육개혁정책들이 한두 가지 수식어를 달고 변신한 채 느닷없이 교실 속에서 부활되곤 했기에 교육개혁 그 자체가 사회문제의 한 영역으로 들어서고 있는 중이다.

교육본질의 이해

교육이란 무엇을 의미하는지에 대한 학자들의 이야기를 종합하면, 교육의 본질과 교육에 대한 사람들의 기대는 서너 가지 형식으로 정리되어왔음을 알 수 있다.

동양, 말하자면 중국이나 한국에서 통용되는 교육의 본질은 비교적 단순하게 정리된다. 문자 그대로, 한편으로는 아버지가 자식에게 종아리를 치며 훈계하는 일, 다른 한편으로 어머니가 자식을 쓰다듬으며 애정의 감정을 불어넣는 훈육의 내용과 방법이 바로 교육의 본질이라고 정리된다. 이런 관점에서 보면, 교사나 학교는 말 그대로 아버지 대신 훈계를, 어머니 대신 애정을 베푸는 사람이자 장소이다.

교육의 본질에 대한 고전적인 문자풀이 대신 요즘에는 우리도 서구 학자들의 관점으로 교육의 본질을 다루고 있는데, 그런 견해 중의 하나가 바로 서구사회에서 통용되는 교육의 본질에 대한 이해이다. 그들은 교육의 본질을 개인의 성장이라는 관점으로 정리한다. 유아기에는 개발되어 있지 않은 개인의 능력이나 잠재력을 개인의 자아실현에 도움이 되도록 이끌어내는 일을 교육의 본질이라고 본다. 교육이 개인의 능력실현 수단으로서 제 기능을 발휘하면, 학교는 개인의 잠재력을 자연스럽게 겉으로 끌어내주는 교육기관으로 작동하게 된다. 반대로, 학교가 교육적 기능을 제대로 발휘하지 못하면, 학교는 개인의 기대와는 달리 개인의 능력을 오히려 끌어내리는 사회문제의 장으로 변질된다.

두 번째로, 서구사회와는 달리 서아시아에서는 교육을 '타비야(tarbiya)'라고 부르는데, 이는 '성장'을 의미한다. 이들이 말하는 '성장'이란 동식물이 자라는 것과 같은 생물학적인 현상이 아니다. 그것보다는 개인의 '체험'[41]과 그 체험을 통한 '삶의 숙성'을 의미한다. 사막에서 낙타를 몰고 무역을 하기 위해서는 낙타에 대한 체험이 우선해야 한다. 낙타란 무엇인지에 관해 수많은 정보를 익혔다고 낙타를 몰 수 있는 것은 아니다. 정보는 사건을 이해하는 데에는 도움을 줄 수 있으나 사건해결에는 낯설 수밖에 없다. 사건해결은 체험을 통한 살아 있는 지식과 기술, 그리고 사건에 임하는 개인의 정신자세와 태도로 완결된다. 이처럼 사건에 대한 체험으로 삶의 질을 숙성시키는 일이 타비야이다. 마치 위스키의 알콜농도를 순화시키는 참나무통처럼 삶의 의미를 두텁게 만들어가는 수단이 바로 타비야이다. 개인의 삶에 대한 체험을 봉쇄한 채, 삶과 유리된 수많은 정보나 쓰임새 없는 지식을 교육의 이름으로 학교가 개인에게 주입할 때, 그것은 성장을 위한 학교가 아니라 죽어 있는 송장을 위한 학교가 될 뿐이다.

세 번째로, 교육에 대한 또 다른 전통을 가능하게 해준 것이 동남아시아 지역을 풍미했던, 고대 힌두교를 중심으로 한 교육 개념이다. 고대 인도인은 교육의 본질을 밭이랑을 일구는 농부의 작업 같은 것으로 간주했다. 그들은 자기네 삶이었던 지역공동체와 자연친화적인[42] '인간행동의 일구어냄과 그 골라냄'을 교육의 본질이라고 보았다. 교육은 개개인에게, 개인을 둘러싸고 있는 자연과 환경에 대한 존엄성을 일깨워주는 자연스런 상호작용이다. 자연과의 흠허물 없는 상호작용을 통해 인간이 자기의 성향과 기질, 그리고 본성을 일구어 나갈 때, 그 인간은 공동체의 일원이 되는 것이며 자연의 친구가 되는 것이다. 길섶에

피어 있는 잡초 한 줄기에도 공감하는 삶, 나뭇잎에 붙어 있는 풍뎅이 한 마리와도 속삭일 수 있는 미적인 마음을 길러주었을 때, 교육이 제대로 시작하고 있는 것이다. 학교교육으로 인해 학생들이 오히려 자연친화적인 것을 거부하고, 서로 배움과 서로 즐김의 공동체윤리를 멀리하게 된다면, 그것은 개인이 갖고 있는 텃밭을 갈아 엎어버리는 것과 비슷하다.

교육이 무엇인지, 혹은 무엇으로 규정해야 되는지 아무리 반복해도,[43] 교육이라는 용어 그 자체로는 '인간 특유의 앎과 익힘에 연관된 배움행위'를 충분하게 설명할 수 없다. 게다가 인습적으로 '교육'이란 말에는 '가르친다/기른다'는 의미가 강조되어 왔기 때문에 교육에 대한 오해는 더욱더 가중되어 왔다. '가르친다' 혹은 '기른다'로 규정되는 교육행위가 누구를 위해서 하는 행위인가를 논의할 때, 그 의미상의 혼란은 더욱더 가중된다. 그때 그 교육의 대상은 어른과 아이의 관계 속에서 '어른이 아이를 재단한다'는 뜻으로 제한되기 때문에 더욱더 혼동된다.[44]

이런 의미 규정은 이미 플라톤이 그의 저서 《법률》에서 밝힌 교육에 대한 언명에서 보다 분명해진다. 플라톤은 "나는, 적절한 습관을 통해 아이들의 마음속에 가장 중요한 덕성을 양성하는 것이 교육이라고 본다. 이럴 때만이 어린아이의 비합리적인 영혼 속에 쾌락과 고통이 올바르게 심어진다"고 교육을 제한적으로 규정한 바 있다. 아동교육을 지칭하는 '파이데이아'라는 말은 더욱더 교육이 아동에 관련된 행위임을 보여준다.[45] 따라서 교육이라는 행위는 그 의미에 있어서 '생물학적으로 어른이 된 사람'에게는 어딘가 어색하고 선택적이며 특수한 행위로 오해되어버렸다. 교육에 대해 서구사회에서 일관되게 유지된 이런 식의 의미 제한은 우리, 혹은 동양적인 교육관 전통과는 상당히 어긋나고 있다. 왜냐하면 우리는 기본적으로 가르치는 일보다 배우는 일을 더 중요시해서, 배움을 생활의 한 모습으로 간주하는 학습문화를 갖고 있기 때문이다.[46]

교육과정문제의 이해

교육과정의 문제를 이해하려면 교과서 교육정책을 파악하는 일부터 시작해야 한다. 인류의 모든 지식을 집대성해서 한 곳에 모아놓은 것을 교과서로 간주하고 있기 때문이다. 교과서를 교육과정의 핵심으로 간주하는 사람들은 교과서가 교육의 본질에 접근하기 위한 효과적인 도구라고 생각한다. 학생들이 배워야 할 지식이나 기술, 혹은 태도를 한 곳에 모아놓기 위해 고안한 것이 바로 교과서이기에, 교과서에서 다루는 지식은 모든 이를 위해 표준화된 지식이며 학생에게 지적으로 무해한 지식으로 간주된다. 그런 교과서의 내용을 학생들이 제대로 이히면 사회생활과 개인생활에 도움이 된다는 것이다. 이런 식으로, 무엇을 가르칠 것인가에 관한 그 모든 것이 담겨 있는 것이 교과서라는 생각은, 교과서를 지식의 보고(寶庫), 혹은 표준화된 지식을 담는 그릇으로 간주하는 데서 온다.

교과서를 '그릇으로' 간주하는 입장은 교육아 무엇이어야만 하는가 보다는, 무엇을 교과서에 담을 것인가, 그것을 어떻게 가르칠 것인가를 더 중요시하는 교육정책의 기초가 된다. 교과서에서 다루는 지식을 표준화하기 위해서 교육정책은 더욱더 진지할 수밖에 없다. 그런 진지함은 국정, 혹은 검인정 교과서 발행정책으로 제한된다. 그런 점에서 우리나라는 표준화된 교과서정책을 채택하는 대표적인 나라에 속한다.

다른 나라와는 달리,[47] 초등학교 전 과목과 중·고교의 국어, 국사, 도덕 등이 국정(國定), 나머지 대부분은 정부가 합격 여부를 판정하는 검정(檢定) 교과서 정책을 고수하고 있다.

그러나 교과서를 지식을 담고 있는 그릇으로 간주하는 교과서교육정책은[48] 그 의도와는 다르게 교육의 본질을 훼손시키고 있다. 무엇보다도 첫째로, 그런 관점일수록 교과서에서 다루고 있는 지식만이 학습자가 익혀야 할 유일한 지식으로 간주함으로써, 인간의 이해의 폭을 제한시키는 것이 가장 큰 문제이다. 학교 스스로 사회의 지식생산속도에 인간의 이해능력이 뒤처지게 하여, 학습자에게 '인지지체(認知遲滯)' 현상을 초래하고 있다.

예를 들어, 인간에게 필요한 음악을 '음악으로서의 음악'이 아니라 '지식으로서의 음악'으로, '건강한 몸'으로서의 체육이 아니라 '단순한 지식'으로서의 체육으로 오해하도록 만들어놓고 있다. 시험시간에 남의 답안지를 훔쳐보기를 단호히 거부해서 0점을 받은 학생은 윤리가 엉망인 학생으로 평가될 수밖에 없다. 반대로, 부정행위를 해서라도 윤리시험에 100점을 맞은 학생은 윤리가 곧은 학생, 윤리의식이 탁월한 학생으로 학생부에 기록되도록 되어 있다.

둘째로, 교과서에서 다루는 지식은 누구나 익혀야 할 표준화된 지식으로 간주되기 때문에[49] 학습자는 교과서의 지식을 불변의 진리로 인식하게 되고, 이는 지식과 배움의 본질을 왜곡하는 결과를 낳는다.[50] 이런 왜곡은 학생들에게 역사와 문명의 전개에 대한 그릇된 인식을 심어주고, 앎과 삶에 대한 편협함을 갖게 한다. 사실, 제대로 된 교육은 교과서보다는 제대로 된 교사를 필요로 한다. 지식을 담는 그릇으로 오인되는 교과서 100권보다는 제대로 된 지침서/매뉴얼 한 권이 더 요긴하며, 매뉴얼 100권보다는 배움의 길잡이가 되주는 친구가 더 필요한 법이다. 그래서 교사가 교과서보다 더 중요한 것이다. 교사가 배움의 친구가 되어주기만 한다면, 교사 그 자체가 이미 100권의 교과서보다 위대한 '학습서'로 작동하는 것이나 마찬가지이다.

학생은 교과서로 배우는 것이 아니라 삶과 더불어, 저들과 더불어 이것저것을 익혀 자기의 것으로 만들어가는 배움의 일꾼이다. 그런 것 속에는 잡다한 정보덩어리도 있지만, 피카소가 보여주었던 미적인 능력과 소크라테스가 지니고 있던 예지력도 함께 묻혀 있게 마련이다. 교사는 그런 보배를 캐내어 학습자 스스로 자기 것으로 만들어 갖게 도와주는 살아 있는 교과서이다. 학생을 둘러싸고 있는 그 모든 것이 지식이며 앎의 대상이기에, 단순히 '보기의 배움'만으로 인간의 학습이 끝날 수는 없다. 물론 인간의 삶은 그런 정보덩어리를 캐내는 '보기의 배움'도 필요하지만, 그것을 실제로 삶과 매일매일 접속하게 하는, 그래서 온전한 삶을 가능하게 만드는 '자기만의 삶의 기술과 태도'를 익히는 배움이 더 필요하다. 자기만의 생각, 자기만의 멋과 맛, 그리고 자기만의 성깔과 자기만의 결을 갖게 만드는 학습을 '날기의 배움'이라고 부른다.[51] 원래 인간의 삶은 보기의 배움과 날기의 배움 그 두 가지 모두를 함께 아우르고 있는 배움과 익힘의 장이기에, 두 종류의 학습 모두가 필요하다.

'보기의 배움'과 '날기의 배움'은 늘 같이 존재한다.[52] 그래서 가르침 중심의 교육, 그릇으로서의 교과서 중심 교육은 '날기의 배움'에 그 언제나 외롭고 낯설기만 하다. 왜냐하면, 날기의 배움은 행함의 배움과 익힘, 그리고 그것을 가능하게 만드는 '해냄의 용기'[53]를 전제로 하기 때문에, 보기의 배움은 초라할 뿐이다. 날기의 배움은 인간의 원초적인 삶의 자세인 의문과 질문에서 시작하기 때문에 보기의 배움보다 더 심오하다.

질문하기 위해 의심하며 의식(意識)하는 마음은 알고 싶어하며 날고 싶어하는 의지의 첫번째 단계이다. 알기를 원하고 날기를 원한다면, 그 사람은 틀림없이 질문할 수밖에 없다. 배움이란 원래 좋은 질문을 의미하기에, 배움과 익힘은 바른 의심, 좋은 질문으로부터 시작된다.[54] 질문함이란, 하이데거가 이미 지적했듯이,[55] 앎과 삶을 향한 의지이다. 앎과 삶이란 것은 진리 안에 서 있을 수 있는 것을 말하며, 진리는 있는 것의 '열어-보임'이다. 앎과 삶이란 있는 것의 열어-보임 안에 서 있을 수 있는 동시에 '견뎌-버팀'을 말한다. 그래서 단순한 지식이란 그것이 제아무리 폭넓은 것이라 할지라도 앎의 전부가 될 수 없다. 앎의 시작은 배울 수 있는 의지이며 살아갈 수 있는 의지이다. 어떤 사람은 이미 모든 것을 다 배웠기 때문에 앎을 소유했다고 우길지도 모르지만, 진정 그 무엇을 아는 사람은 그래도 끊임없이 또다시 배워야 한다는 것을 알아듣는 사람이다. 이런 사람들이 깨우친 사람이며 이런 사람들이 문맹을 벗어난 자기실현의 사람들이다. 이미 토플러가 이야기했듯이,[56] 지금 이 시대에서 '낫 놓고 기역자도 모르는' 문맹인이란 단순히 글자를 읽을 줄 모르는 사람을 지칭하는 것이 아니다. 이 시대의 문맹자는 '배울 수 없거나, 배운 것을 잊을 수 없거나, 혹은 다시 배울 수 없는 사람들'이다. 그래서 무엇보다도, 언제나 배울 준비가 되어 있는 태도가 바로 배우는 사람의 본성에 부합하는 행동이다.

일상생활에서 끊임없이 날기의 배움을 도와주는 삶의 지혜가 학습자들에게 자꾸 질문을 하도록 부추긴다. 말하자면, 예술과 문명에 대한 접촉, 인류가 쌓아온 지성의 흐름에 대한 독해, 자연과 삶을 체험하는 율동과 음율, 그리고 가락에 대한 접속, 자기 신체에 대한 이해와 강건한 몸매 만들기 같은 체험적 접속이 바로 자기실현의 인간이 익혀두어야 할 학습의 내용과 목표(aims)이다.[57] 모든 교육의 내용을 튼튼히 다지기 위해서는 그 토대에 제대로, 그리고 철저하게 양성된 언어습득과 활용이 자리잡고 있어야 한다.[58] 언어는, 촘스키가 이미 밝혀놓았듯이, 인간이 태생적으로 지니고 있는 뇌의 능력인 동시에 배움을 다지게 만드는 플러그 같은 접속점이기에, 인간에게는 끊임없이 적절한 환경의 자극이 제공되어야 한다.

언어는, 르네상스운동의 한 주역이었던 알베르티도 강조했듯이, 인간이 평화롭게 살기 위한 도구이다. 언어는 특별히 자연이 인간에게 부여한 도구이자 굴레라는 이중성을 갖고 있다. 그래서 학습하려는 사람들에겐 더욱더 제대로 된 언어의 양성이 필요하다. 말하기, 글쓰기와 글읽기, 생각하기 등등으로 이어지는 체계적인 언어 양성에 실패하면, 그 어떤 교육이나 학습도 실패하게 마련이다. 제대로 된 언어습득만이 배움과 사람 간의 언어 교통과 대화에 도움을 줄 수 있다. 대화를 제대로 하기만 하면, 사람들이 주고받는 다양한 모든 견해는 서로 보완되어 진리로 향하게 마련이다. 그 어떤 하나의 주장이나 견해만이 보편적일 수 없기에, 설득과 포용, 그리고 변화 속에서 공통의 진리로 합하게 되어 있다. 그러나 그것은 단순한 언어 교통으로는 불충분할 뿐이다. 학습인들에게 필요한 것은 단순한 언어의 교통이 아니라 의식소통에 기반을 둔 견해의 차이가 필요하다. 그것은 다양성을 향한 배움의 새로운 시작과 같다. 사람들은 그런 배움과 익힘의 운동을 제대로 만들어보기 위해 학교를 만들었는데, 이 학교라는 기관은 인간이 만들어낸 사회적인 발명품 가운데 가장 멋있는 발명품이다.

학교교육기관문제의 이해

학교교육기관의 문제를 이해하려면 학교라는 곳이 무엇을 하는 장소인지부터 제대로 파악해야 한다. 원래 학교라는 이름은 기원전의 문명권에서도 발견되곤 한다. 기원전 2000년대에 고대 중동의 수메르(Sumer)는 학교라는 기관을 만들어 학생을 가르치기도 했다. 인류 최초의 학교기관이었던 수메르의 학교는 필경사(筆耕士)를 만들어내는 직업훈련을 중시했으며, 그런 직업훈련 과정에서 체벌은 필수적이었다.[59] 수메르에 이어 고대 그리스 도시국가에서도 학교라는 기관의 흔적이 발견된다. 플라톤의 '아카데미'나 아리스토텔레스의 '리세' 같은 것이 바로 그것이다. 이들 교육기관은 지금 우리가 이해하고 있는 식의 보통교육을 위한 학교기관이라기보다는, 그 당시 유행했던 학파 혹은 배움의 독회집단, 더 나아가 원시적인 고등학문공동체 정도의 성격을 갖고 있었다.

그리스 도시국가의 저들과는 달리, 학교기관으로서의 면모를 제대로 갖춘 교육기관은 르네상스시대인 1400년대 중반에 확실하게 나타난다. 대표적 르네상스 연구자인 알베르티는 그의 책 《가족론》에서 1440년대의 학교교육에 대해서 이렇게 서술하고 있다.

"아이들은 5~7세부터 17세까지 공립초등학교에서 읽고 쓰기, 상업에 필요한 산수를 배웠으나 …… 교육이 충분히 행해지지는 못했다. 남자 아동의 경우 상류계층인 30% 정도가 학교를 다녔으나, 여성의 경우는 극히 예외적이었다. 우리의 중·고등학교에 해당하는 사립기숙학교는 상류계층 자녀를 상대로 휴머니즘의 전인교육을 목표로 삼았으나, 그 내용은 어디까지나 순종하는 인간을 육성하는 것이었고, 유아기의 가정교육이 빚는 비남성화를 교정해 재남성화시키는 데 중점을 두었다. 대학에서의 인문학도 상류계층 자녀를 위한 것으로, 메디치가에 의해 관리되어 권력조작의 중요한 도구 노릇을 했다. 하층민 자녀는 교육에서 제외되었다. 교육뿐 아니라 거의 모든 사회생활에서 제외됐다."[60]

학교교육의 중요성은 그후에도 지속되어, 18세기 후반부터는 지금과 같은 학교기관이 등장한다. 1750년을 정점으로 일어난 산업혁명의 기운 아래 학교기관이 등장했다. 이런 학교기관들은 산업인력을 양성하기 위한 사회 발명품이었다. 이 당시 학교교육기관의 원형은 공장이었고, 학생들은 표준화된 갖가지 부품으로 조립된 규격제품으로 간주되었다. 교과과정 역시 컨베이어 벨트의 생산라인과 그것에 관련된 기술습득 요령 같은 것으로 짜여져 있었다. 공장이 호각으로 사람들의 작업을 독려했다면, 학교는 종소리로 학생들의 수업을 독려하며 그들의 학습을 작업일지대로 찍어갔다. 그 모든 것이 생산의 효율을 높이기 위한 테일러리즘의 관행이었는데, 그것은 학교운영에서도 예외가 아니었다.[61] 그래서 학교를 졸업하는 것은 일련번호로 찍혀 나오는 졸업장을 받는 것과 같으며, 그것은 공장에서 발급되는 제품 보증서와 똑같은 구실을 담당했다. 이런 관행은 지금 이 시대에 와서도 예외가 아니다.

이처럼 시대에 따라 변형되는 학교 형태와는 별도로, 우리 시대의 학교의 모습을 풍자한 그럴듯한 비유가 있다. 그 중 하나가 학교를 '학생동물원'으로 견주어보는 비유이다.[62] 동물원은 자연의 넓은 공간에서 멀쩡히 놀고 있던 갖가지 야생동물을 붙잡아 가두고 있는 장소이다. 궁극적으로는 동물을 보여주기 위한 인위적인 틀이며 감시를 위한 우리일 뿐이다. 자연의 야생동물은 정상적인 상황에서는 결코 자해행위나 자위행위를 하지 않는다. 위암에 걸리거나 비만문제도 생기지 않는다.

그러나 이들에게 인위적인 자극이나 행동을 가하면, 그들이 지니고 있던 자연성은 이내 깨지게 된다. 동물우리 속에 갇혀 있는 동물들도 인간사회에서의 비정상적인 행동 모두를 그대로 하게 된다.

그래서 모리스(Morris) 같은 학자는 조밀한 도시라든가, 병원, 감옥, 정신병동, 혹은 학교와 같은 사회조직을 '인간동물원'으로 비유하는 것이다. 이렇게 물리적으로나 정신적으로 비좁기 그지없는 동물원에 갇혀 있는 동물들간의 폭력은 피하기 어렵다.[63] 동물들의 정신건강을 위해서는 콘크리트 벽과 철창 그리고 정신적인 그물을 거두어야 한다. 인위적인 벽으로 둘러싸인 동물원을 자연 속의 동물놀이터로 바꾸든가, 그들을 자연으로 되돌려 보내는 해방작업이 필요하다. 이런 비유는 청소년 학생들의 정신건강을 위해 우리 학교교육 현실에도 똑같이 적용될 수 있다.

두 번째로, 학교기관의 성격을 이해하는 데 도움을 주는 또 다른 비유는 '오리농장 학교'이다. 이 비유는 학생을 오리 같은 잡식성 동물로 비유하고, 학교를 오리 사육장으로 간주함으로써 학교교육의 한계를 지적하고 있는 것이다. 오리는 조류(鳥類)에 속하기는 하나, 다른 조류에 비하면 새라고 보기에 초라하기 그지없다. 독수리처럼 매섭게 날지도, 황새처럼 우아하게 걷지도, 타조처럼 재빠르게 달리지도 못하는 주제에, 어정쩡하게 날갯짓은 할 줄 알며, 게다가 몇 미터 정도는 날아갈 줄도 안다. 행동거지가 촌스럽기 그지없지만, 뒤뚱거리며 달리는 시늉은 내고 물 속에서 자맥질까지 할 줄 아는 '공/수/륙' 전천후 조류에 속한다. 식성은 좋아서 어지간한 독극물을 먹어치워도 끄떡없는 생명력 하나만큼은 다른 동물에 비해 탁월한 새가 바로 오리이다. 따라서 '오리농장 학교'란, 이런 '머저리' 새들을 가두어 키우는 곳이 바로 학교라는 뜻이며, 이 비유 속에는 뭐 하나 제대로 가르치지 못하는 학교, 뭐 하나 제대로 할 줄도 모른 채 학교를 졸업하는 학생들에 대한 측은지심이 담겨 있다.

배움과 익힘에 관한 학교기관의 현실적인 한계를 드러내놓는 세 번째 비유는 학교를 '오븐(oven)이나 찜통'으로 간주하는 것이다. 학교란 학생을 마치 칠면조 요리처럼 12년 동안 푹 익혀서 시장에 내놓는 찜통과 같으며, 대학이란 그중 더 잘 익은 칠면조 몇몇에게 4년 동안 양념맛을 곁들이는 오븐과 같은 요리기구일 뿐이다. 이런 비유는 지금의 학교기관이 시대 요구에 '절대적으로' 어긋나는 기만적인 노동력 양성기관임을 상징적으로 드러내놓고 있다.[64]

학교기관의 사회적 문제점을 정신분석학의 관점에서 고발하고 있는 마지막 비유가 있는데 그것이 바로 학교를 '토탈 인스티튜션(total institution)', 즉 감호기관으로 상정하는 방식이다. "학교에 간다는 건 12년 형의 판결을 받고 수감생활을 시작하는 것이나 다름없습니다. 거기서 진정으로 배우는 교과과정이란 나쁜 습관뿐입니다. 나는 학교에서 가르쳤고 상도 탄 사람입니다. 그러니 알 수밖에요"[65]라는 전직교사의 고백에서 드러나듯이, 그 교도소 같은 모습은 감호기관의 한 속성을 보여주고 있다.

교도소나 정신병동 같은 감호기관은 관료주의적인 관행과는 질적으로 다른 '고질적인 제3의 관료주의' 절차와 규율에 의해 움직인다.[66] 그 속에 갇혀 있는 사람들은 그 무엇인가 교정과 치료를 받아야 하는 '환자 혹은 문제인'으로 간주된다. 그들의 치료를 위해서는 징벌이나 체벌도 허용된다. 치료에 도움이 된다고 생각이 들면 치료와 교정을 위한 교육, 혹은 학습이라는 이름으로 그 안에서 그 무엇이든 허용된다.[67] 그런 교육상황 속에서, 아이들은 학교교육이 재미 없으며 그저 졸릴 뿐이다.[68]

치료기관으로서의 학교기관, 감호기관으로서의 학교기관의 모델은 교육본질을 찾기에는 역부족인 모델일 뿐이다. 그것은 치료모델로서의 학교기관 운영 그 자체가 인간에 대한 이해를 갖고 있지 못하기 때문이다. 그 치료모델은 사랑에 대한 이해를 결여하고 있다.[69] 치료에 더 필요한 인간적인 모습은 사랑이다. 타인을 배려하는 사랑하는 연인들 사이의 애틋한 사랑, 부모와 자식 사이의 떼어놓을 수 없는 사랑, 좋은 친구들의 우정과 같은 흠집이 생기지 않는 사랑을 요구한다. 사랑이 없는, 사랑이 결여된 치료는 병리적인 것이 되고 만다. 교사에게 일방적으로 학생을 사랑하라고 강요할 수 없듯이, 친밀성은 강요한다고 해서 생기는 그런 것이 아니다. 친밀성을 강요할 경우 오히려 사람들은 서로 더 미워하고 증오하게 되는 경우가 흔하다.

교사문제의 이해

교사들이 안고 있는 무기력은 자생적인 것도 있지만, 대부분은 외생적으로 부여되는 것들이다.[70] 그래서 그들이 경험하는 무기력의 본질을 제대로 파악해야 한다. 그럼에도 불구하고 교사에게 따가운 질책을 가하는 비판적인 소리가 높다. 교직의 전문성에 관한 대부분의 논의는 교사의 사회적 신분을 높이는 일에 상당히 인색한 듯싶다. 교사는 단순히 가르치는 일에 종사하는 교육받은 '교직계의 부속품'이 아니라 정신적으로 학생들의 영혼을 어루만지는 인격자이기에, 사회적으로 의미있는 대접을 받아야만 하는 사람이다. 사회적으로 교사는 지식인과 지성인의 성격을 버릴 수 없는 직종의 종사자이기에 더욱더 그렇다.

교사를 지식인으로 간주할 때, 지식인이란 수많은 정보 속에서 교과에 관련된 지식을 다루는 사람을 말한다. 말하자면, 지식의 쓰임새에 보다 많은 시간이나 관심을 두는, 지식의 응용에 앞장서 있는 사람을 말한다. 지식인에 비해 지성인은 사람들의 태도와 의식을 바꾸는 데 큰 관심을 갖는 사람들이다. 이들 지성인은 권력을 다루는 사람들이다. 미셸 푸코의 견해에 따르면, 권력이란 단순히 정치가의 정치적인 힘이나 폭력의 크기를 말하는 것이 아니다. 권력의 본질은 사물에 힘을 가해 사물의 변화를 꾀하는 데 있는 것이 아니라, 인간의 행동에 힘을 행사하는 데 있다. 그래서 권력을 행사하는 지성인은 인간행위를 이끌어내는 행위구조에 힘을 행사하는 사람을 의미한다.

학생의 태도를 바꾸는 사람이라는 의미에서 교사는 진정한 권력자이며 지성인이다. 이들이야말로 인간을 만들어내는 카리스마, 말하자면 상황 장악력을 갖고 있는 사람들이다. 글이든, 말이든, 행동이든, 태도든 관계없이, 그 어떤 형식이든 간에 상황 장악력을 갖고 있는 사람만이 지성인으로 대우받을 수 있다는 점에서 교직이야말로 지성인을 대표하는 직종에 속한다.

바로 이런 점에서, "교사는 지성인이다"라고 절규하는 지루(Giroux)의 말은[71] 레지 드브레가 지적한 야만성으로부터 지성인의 탈출을 요구한다.[72] 지금까지 지성인이라고 자임하던 사람들은 '자기도취, 현실도피, 무식의 학습, 억측적인 예측, 순간적 임기응변'과 같은 다섯 가지 오류 속에서 탐닉하는 데[73] 익숙해져 있다. 그런 지성인일수록, 피에르 부르디외가 절규하는 것처럼, 세상을 지금보다 더 나아지게 하기보다는 오히려 이 세상을 더 비참하게 만드는 데 공헌한 사람들이다. 그들은 여론조사를 동원하고 수치를 인용하며, 이 책 저 책의 단편적인 인용과 연구를 통해 사실을 왜곡하고, 집단적 패거리를 만들어 정치권력의 한편에 서왔던 인물들이다. 이런 패거리 지성인들은, 오스카 와일드의 지적처럼, 민중 속에 잠재되어 있는 헛된 욕망이나 비이성적 욕구와 같은 '지성의 아래쪽'에 그 초점을 맞추어 겨냥하고 그들에게 밀착하면서 권력의 주위를 맴도는 일로 그들의 소임을 감당한다.

지루는 교사의 모습을 달리 해석한다. 교사는 가르치는 일을 달성하는 기계적인 근로자로 볼 수 없다는 것이 그의 주장이다. 교사는 단순한 노동자가 아니라 자유인이자 학생들의 지력을 불러일으키는 지성인이기에, 노동자로서의 교사와 교육정책 입안자로서의 교육행정가라는 이분법적인 구별을 해체시켜야 한다고 주장한다. 지성인으로서의 교사라면, 그들이 무엇을 가르치는지, 어떤 방법으로 가르치는지, 무엇을 달성하고자 애쓰는지에 대해 보다 확실하고 전문가다운 질문을 제기할 수 있어야 한다. 마치 대학에서 교수들이 학문의 정당성을 주장하듯이, 일선 교사 역시 지성인으로서 그렇게 해야 한다. 가르치는 역할이 기술의 훈련에 머물지 않고 자유로운 사회를 개발하는 데 필요한 지성인을 교육하는 것이기에, 교직은 민주사회를 개발하는 원리와 결합할 수밖에 없다. 그렇게 하기 위해서 교사는 비판적 언어에 익숙해야 한다. 그때의 비판적 언어란 타인을 향한 것뿐만 아니라, 자기 자신의 내면에 대한 귀기울임이기도 하다.

지루가 비판적 언어를 지성인으로서의 교사에게 필수적이라고 말하는 까닭은 교사의 활동을 문화정치의 한 형태로 이해하기 때문이다. 변혁적 지성인의 핵심은 '교육적인 것을 더욱 정치적으로, 정치적인 것을 더욱 교육적'으로 만드는 데 있다. 정치적인 것을 더욱 교육적으로 만든다는 의미는 정치적 관심이 교육의 장과 밀접하다는 의미이다. 학생들을 비판의 행위자로 키우는 교육을 하며, 지식의 타당성에 대해 문제를 제기하고, 모든 이들이 질적으로 더 나은 학습을 하도록 강력히 토론할 수 있게 만드는 가능성은 비판적 언어에서 나오게 된다. 이런 뜻에서 지루는 단순히 자기네 호구지책이나 근무조건을 염두에 두고 학생을 마치 자기들의 인질로 간주하는 듯한 일부 교사의 단순한 교직관에 제동을 걸고 있다.

교사와 체벌행위

적자생존(適者生存)의 기관에서는 생존을 우선하게 된다. 감호기관 같은 곳에서 살아남기 위해 사람들이 유용하게 활용하는 기술이 바로 '리모티베이팅(remotivating)'이다. 이 기술은 단순히 상대방에게 잘 보이기 위한 순종적 태도로서의 아양을 넘어서는 기술이다. 비굴하기 그지없는 수치스러운 성적인 아양떨기라고 번역될 수 있는 리모티베이팅은 영장류 동물사회에서 흔히 약자가 취하는 행동이다. 교실에서는 이런 일이 빈번하게 벌어지곤 한다. 학생이 교사를 향해 리모티베이팅을 하기도 하지만, 반대로 교사가 학생을 향해 리모티베이팅하는 경우가 흔하다. 물론 리모티베이팅의 모습은 다양하다. 리모티베이팅에는 자발적인 것도 있지만 타율적인 것두 있다. 타율적인 리모티베이팅의 하나가 바로 체벌이다. 모리스(Morris)는 원숭이의 세계를 관찰함으로써 '체벌이 성적 유희의 한 흔적'임을 상세하게 설명해 놓고 있다.

"원숭이 수컷은 자기보다 우세한 수컷이 공격하려 하면, 수컷을 유혹하는 암컷의 자세를 취한 다음 엉덩이를 내밀어 올라타게 할 때가 많다. 우세한 암컷도 역시 지위가 낮은 암컷의 몸 위에 올라탈 수 있다. 성적 행동 양식을 성행위와 무관한 상황에서 활용하는 것은 영장류 사회에서 흔히 볼 수 있는 특징이 되었고, 집단의 화합과 조직을 유지하는 데 큰 도움이 된다는 사실이 입증되었다.…… 이런 행동은 정말로 성행위와 관련된 상황에서 일어나는 것이 아니라, 공격적인 상황에서 종속적인 남자 또는 여자가 지배적인 남자 또는 여자에 대해 '여성적'인 태도를 취하는 경우에 나타난다. 이런 행동은 널리 퍼져 있지만, 수컷이 암컷의 엉덩이에 올라타는 원래의 성교 자세가 사라짐에 따라 상대편을 달래기 위해 동물의 암컷처럼 엉덩이를 내미는 특수한 경우는 사실상 사라졌다. 이제는 주로 남학생이 벌을 받을 때에만 엉덩이를 내미는 자세를 취하고, 우세한 수컷이 올라타고 치골을 규칙적으로 움직이는 행위는 회초리를 규칙적으로 내리치는 행위로 바뀌었다. 학생들을 회초리로 때리는 것이 실제로는 옛날부터 내려온 영장류의 의식적인 성교 형태라는 사실을 학교 선생님들이 완전히 이해한다면, 그래도 이런 체벌을 계속할지 의심스럽다. 구태여 복종적인 암컷의 자세를 취하도록 강요하지 않아도 희생자들에게 똑같은 고통을 줄 수 있을 것이다. (여학생이 엉덩이를 맞는 경우가 드물다는 사실은 의미심장하다. 이 행위가 성교 형태에서 유래했다는 것은 그것으로도 분명해진 셈이다.) 선생님들이 이따금 남학생에게 바지를 내려 엉덩이를 드러내고 벌을 받도록 강요하는 이유는 더 많은 고통을 주기 위해서가 아니라, 매질이 진행되는 동안 엉덩이가 점점 빨개지는 것을 우세한 수컷이 직접 눈으로 볼 수 있기 때문이라고 상상력이 풍부한 어떤 권위자는 말했다. 빨개지는 엉덩이는 영장류 암컷이 완전히 발정했을 때 엉덩이가 홍조를 띠는 것을 생생하게 상기시켜준다."[74]

모리스의 원숭이 관찰기 중에서도 강한 원숭이와 힘이 약한 원숭이들 사이에 벌어지는 리모티베이팅의 본질을 이해하기 시작하면, 엉덩이를 매질하는 인간의 체벌의 의미는 상당히 우수꽝스럽다. 표현하기 흉하기는 하지만, 학급 이곳저곳에서 교사가 학생의 궁둥이를 때리는 체벌은 공공연한 성희롱의 한 표현, 그 이상이 될 수는 없다. 국가는 교사들에게 그 짓을 하라고 공공연하게 부추기고 있는 것이다.

교사들은 체벌을 하기 전에 아동이나 학생에게도 에로티시즘이 존재한다는 사실부터 인지해야 한다. 젖먹이가 우유를 먹고 젖을 빨거나 손가락을 빠는 것은 배고픔에 대한 표현의 전부가 아니다. 그것은 성적 욕구 충족을 위한 유아기적 에로티시즘의 표현이기도 하다. 킨제이는 청소년들의 에로스적인 감각과 행위가 바로 몸에 꼭 끼는 옷, 피부와의 마찰이나 광적으로 자전거 타기, 열광적으로 스포츠에 몰입하기 등으로 나타난다고 보고 있는데, 이런 것들이 학교 교실에서 여러 가지 형태로 나타난다. 동시에, 이런 애정의 표현이 교사에 의해 아는 듯 모르는 듯 수용되고 있다. 그래서 학교 교실은 청소년들에 의해 표출되는 이런 에로스 지향성이 강하게 드러나는 곳이다. 물론, 학생들의 문화는 교사를 직접적인 에로스적 사랑의 대상으로 접촉하는 힘으로 작동하기보다는 간접적 대상물로서 유희하고 있다. 이런 의미에서 교사와 학생이 매일같이 만나는 터이자 장소인 교실은 교사와 학생이 체벌과 같이 성도착적이며 가학적인 관계로 형성되기에는 너무나 인간적인 곳이다. 그런 체념과 파괴보다는, 서로 수용하고 서로 긍정하는 뮤화생성의 관계를 형성하는 인격의 장이 바로 학교 교실이다.[75]

제2장 이 교육이 사는 법

세계 각국은 교육력 있는 두뇌자본을 양성하는 데 총력을 다하고 있다. 21세기 각 국가는 두뇌자본만이 국가의 운명을 좌우한다고 굳게 믿고 있다. 그래서 각 나라는 국가적 차원의 교육개혁이야말로 국가 성패를 좌우할 것이라는 공통된 인식을 갖고 있다. 변화와 생존의 핵심으로서 교육의 역할에 관한 인식을 공유한 이들 국가는 기존의 교육체제를 새롭게 변신시키려는 노력을 기울이고 있다. 우리나라 역시 생존을 위해, 세계의 중심국가로서, 역사의 선도자가 되기 위한 준비로 교육개혁의 틀 전환을 시도했다. 이것은 지금도 진행중이고 앞으로도 계속 진행될 것이다.

국민 주도의 교육정책으로

국민의 정부는 그 어느 정부보다도 더 교육개혁에 주력했다고 볼 수 있다. 그것은 김대중 대통령 스스로 교육대통령으로 남기를 바라는 모습으로 나타났다. 국민의 정부 출범과 함께, 국제구제금융으로 인한 실업자 문제, 대통령 공약으로 내세운 사교육비 문제 등은 국민의 정부로 하여금 교육이 경제성장의 견인차임을 확실히 확인해 주었다. 물론 해방 이후 우리나라 교육은 경제성장의 일등공신이었고, 교육열이 우수한 인력을 배출함으로써 세계적인 경제 대열에 서는 역할을 해왔던 것도 사실이다. 해방 이후 우리나라 교육은 양적 성장을 지속해 왔고, 그 결과 세계 주요국처럼 초중고등학교 취학률이 완전취학수준에 달했다.

그러나 의욕과는 다르게 교육의 총체적인 모습을 그려내는 질적인 성과는 기대 이하였던 것도 숨길 수 없다. 예컨대 초등학교 취학률은 완전취학에 이르고 있으나 학급당 학생수는 31.8명으로, OECD 평균

18.8명에 비해 1.5배의 수준에 이르고 있다. 이렇게 우리 교육이 질적으로 뒤떨어지게 된 것은, 여러 정부를 거쳐 실시된 교육정책이 교육논리를 벗어나서 정치권력의 논리 속에서 와해되는 일이 빈번했기 때문이다. 각 정부마다, 그들의 치적을 가시적으로 드러내는 하드웨어의 변화에만 주력했다. 말하자면, 교육현장을 우물이라고 비유했을 때, 그 우물물 몇 바가지만 퍼내버리는 일에 몰두했지, 교육이라는 우물터를 새로 개조하는 작업에는 소홀했던 것이다.

이런 현상은 바로 국민의 정부 직전, 문민정부의 교육개혁 공과만 보아도 여실히 드러난다. 문민정부 대통령이 요구했던 교육개혁 의지를 교육행정가들이 따르지 못했다는 비판이 그것이다. 문민정부는 그 어느 때보다 양적으로 많은 교육개혁안을 내놓았지만 문민정부의 마감과 함께 결말을 보지 못했고, 단지 엄청난 양의 과제를 차기 정부의 몫으로 남겨놓는 데 그쳤다.

교육개혁이 그렇게 새로운 정부로 이월되는 그곳에서도 우리가 늘 염려하던 학력인플레 현상은 있는 그대로 드러났다. 누구나 다 말로는 '여러 줄 세우기 교육'을 해야 한다고 했지만, 현실은 누가 뭐라 해도 서울대는 '그대'로, 연세대는 '저대'로, 고려대는 '고대'로, 이화여대는 '이대'로 남아 고교 교육의 멱을 짓누르고 있을 뿐이다. 이런 교육풍토는 학력과 학위의 인플레이션을 부추겼고, 학력인플레 현상은 인간교육을 파먹어 들어가고 있었다.

이런 교육의 병폐를 잘 알고 있는 국민의 정부는 인간교육의 디플레이션 현상과 학력의 인플레 현상을 해소하고, 인간이 인간답게 되는 인간중심의 교육을 실시하기 위한 교육개혁의 시동을 걸었다. 인간이 주체가 되는 교육 토양을 배양하기 위해 갖가지 교육정책을 펼쳐나갔다. 사람다운 사람을 기르는 교육, 지식과 정보화사회를 선도하는 교육, 국민의 고통을 덜어주는 교육개혁을 원했다. 그것을 위해 국민의 정부는 국민이 교육의 주체가 되는 교육개혁을 지향했다. 구체적으로 이 정부는 입시위주의 교육풍토 쇄신과 사교육비 경감에 초점을 두고 학생의 입시 고통 완화, 학부모의 사교육비 경감, 기업에 필요한 인력 공급, 사회에 협동하는 인간 배출, 교사의 명예와 교권 보장을 교육개혁의 기본 방향으로 설정했다. 이런 교육개혁 추진 방법은 교원, 학부모, 지역사회가 참여하는 상향식 교육개혁, 교실과 학교의 변화를 체감할 수 있는 현장중심 교육개혁, 책무성과 효율성을 높이는 방향으로 추진되었다.

우물물만 퍼내서야

인간이 중심이 되는 교육풍토를 조성하기 위한 주요 교육정책은 대학입시 제도의 개선, 사교육비 경감 대책, 실직자를 위한 교육 지원, 21세기 대비 정보화 교육, 범국민적 참여를 통한 교육개혁 등으로 추진되었다. 인간중심의 교육풍토를 조성하려는 교육개혁으로서의 대학입시 제도의 개선, 사교육비 경감을 향한 국민의 정부의 고뇌가 없었다면, 아직도 우리 사회는 단선형 학제 혹은 출세 수단으로서의 교육을 벗어나려는 시도조차 어려웠을지도 모른다. 국민의 정부가 행정논리에 지배된 교육정책을 교육의 논리로 풀어내려고 노력한 것도 사실이었다.

그래서 교육부는 우선 입시 과외비 부담을 매년 20~30% 경감시키는 장단기 대책을 수립하고, 2002년 대입전형을 무시험전형으로 실시하기로 함으로써, 과외를 진정시키고 학교교육의 정상화를 꾀할 수 있는 제도적 기틀을 마련했다. 특히 대입제도 개선의 하나로, 수능시험 과목은 인문계, 자연계 각각 4과목씩을 감축하고, 수능시험을 쉽게 출제하며,

다양한 전형방법을 도입해 학생과 학부모를 입시지옥에서 해방시키려는 노력이 무척이나 돋보였다. 또한 학교교육의 정상화와 사교육비 경감을 위해 추진되었던 방과후 교육활동은, 학교 밖 과외를 교내로 흡수하여 학부모의 사교육비 부담을 경감시키고, 학생들의 창의력과 적성을 개발하는 교육기회를 제공했던 것도 상당히 인상적이었다. 방과후 교육활동은 학교운영위원회에 강사선임권 등을 부여하면서 학교의 자치적 운영과 함께 부모와 지역사회가 교육에 적극 참여하는 계기도 마련했다.

실직자 대책과 관련해 교육부는 다양한 정책으로 실직자 교육을 지원했다. 대학과 전문대학을 비롯한 전국 216개 교육기관에서는 고용보험 미적용 실직자를 대상으로 교육을 실시했다. 뿐만 아니라 대학도서관과 박물관 등 293개 시설에 공공근로사업을 실시했다. 실직자 자녀를 위한 중식 지원과 등록금 지원 정책은 전국민의 호응을 얻었다.

이렇게 교육중심, 인간중심으로 교육풍토를 바꾸려는 노력은 교육현장의 우물물을 퍼내고 새로운 물로 바꾸어보려는 전략에서 비롯된 것이었다. 그런 논리로 교육현장을 개혁하려는 국민의 정부의 갖가지 노력은 엄청나게 많은 교육정책으로 드러났다. 물론, 그런 정책들이 교육현장에서 순조롭게 실천되는 것 같지는 않았다. 예컨대, 학교문화 쇄신을 위한 촌지비리 근절로부터 과외단속, 교직자 정년단축 등은 이해관계 당사자들의 끊임없는 반대와 저항에 부딪혔다. 그 과정에서 우물물 교체의 교육정책은 몇 차례 위기를 맞는 듯하였으나, 결국 교육현장에 서서히 정착되기 시작했다. 특히 교사의 정년단축과 학교선진화 운동, 사교육비 경감, 교사들의 촌지비리 척결 등은 서로 뒤엉켜 웃지 못할 정치적 해프닝까지 불러일으키면서 학교현장에서 하나 둘씩 제자리 매김을 해나가고 있다고 볼 수도 있다.

우물터를 개조하려면

지난 교육개혁은 매우 강도 있게 행해졌지만, 국민이 직접적으로 민감하게 체감할 수 있는 그런 교육개혁이었는가는 곰곰이 따져보아야 한다. 게다가, 교육개혁의 진정한 효과가 학교현장에 보다 구체적으로 드러났는지도 면밀히 따져볼 필요가 있다. 보다 더 강력한 교육개혁을 실천하기 위해서라도 그래야 한다.

속 편히 이야기한다면, 과거의 교육개혁은 강력한 정책 의지의 표명과 결단력 있는 실행에도 불구하고, 그 효과를 드러내는 데에는 여러 가지 한계를 지닌 교육개혁이라고 볼 수 있다. 사교육비 경감을 위한 대학입시 제도의 개선과 불법과외 근절 대책은, 들인 노력에 비해 얻어낸 결과가 의외로 기대 이하였다. 국민의 교육정서에 너무나 어긋나는 것도 있었다. 예를 들어, 학생과 학부모, 일선 학교가 온갖 방법을 다 동원하여 대학진학률 높이기에 열을 올리고 있는 현실에서, 일선 학교에 강요한 인간중심 교육 방법은 원래의 정책과는 달리 일부 학교장에 의해 악용되었다는 지적이 바로 그것이다.

고등학교의 방과후 교육활동은 개인의 적성과 창의력을 양성한다는 미명 아래, 프로그램의 90% 이상이 입시준비를 위한 자율학습과 보충수업으로 편성되었다. 위성과외방송의 경우도 예외는 아니었다. 사교육비 경감, 과외 근절, 입시지옥으로부터 학생의 해방이라는 교육정책의 기본방향을 걸고, 국가가 나서서 과외방송을 한다는 목표는 선명했지만, 사교육비 경감과 과외방송 간에는 아무런 관계도 없다는 여러 가지 실증적인 연구결과도 있었다. 게다가 사교육비 경감을 위한 갖가지 정책은 애초의 목적을 이루기는커녕, 단지 사교육비 시장을 학원에서 학교나 위성방송으로 전환시키기만 했다는 학부모단체의 비판도 잇따

랐다. 불법과외 단속은 국민의 학습자율권 침해라는 논쟁을 야기하기도 했다.

실직자를 돕는 교육 지원 대책도 가시적인 효과에만 주력한 채, 실직자교육이 근본적으로 노리고 있는 '취업'을 고려하지 못하고 있다는 지적에도 귀를 기울여야 할 판이다. 왜냐하면, 실직자를 교육기관에 수용함으로써 일시적인 실직 상태를 면하게 하는 것일 뿐, 실업자를 위한 취업교육의 효과가 실제로 취업현장에서는 나타나고 있지 않다는 지적이 끊임없이 나돌고 있기 때문이다.

무엇보다도, 교육개혁의 청사진이 현장의 교육과는 동떨어진 공론이었다는 일선 교단의 비판에는 더욱더 긴장해야 한다. 교육개혁에 대한 일선 교육현장 교사들의 목소리라 어느 정도는 빼놓고 새겨들어야 하겠지만, 그들의 분노만큼은 아직도 뜨거운 형편이다. 촌지비리 근절로 시작된 교사의 사기 저하, 학생과 교사의 관계가 마치 검사와 죄지은 사람인 양, 교사는 학생의 생활지도를 위한 학부모 면담마저 조심스럽다는 지적 같은 것은 교육정책자에게 시사하는 바가 한두 가지가 아니다.

촌지비리 근절을 둘러싸고 강력하게 진행된 교직의 구조조정은 교사의 정년단축 문제와 맞물려 가면서 사회적 공감보다는 교직계의 강력한 반발을 일으켰다. 사기가 저하된 교사들은 더 이상 명예도 없고 학생들의 감시 눈초리도 두려워진 데다, 결국 학교 밖으로까지 내몰리게 되었다는 것이다. 교원의 정년단축은 경력 있는 교사들을 값 없는 골동품으로까지 전락시키는 사회 분위기 속에서 교사 퇴출의 형식으로 잇달아 진행되었다. 동료가 떠나는 교단은 쓸쓸하기보다 비정하기마저 하다는 일선 교사들의 지적에 눈시울을 적시는 학부모도 있다는 것을 무시해서는 안 된다. 일시에 벌어진 대량 퇴직은 결국 교사 공급 부족과 함께, 자질이 없는 교사를 젊다는 이유로 신규 임용하는 하는 사태만 빚었을 뿐, 교육의 질을 약속하지는 못했다. 이제 서울시의 경우, 교사 부족은 학급 수 감축으로 이어질 조짐까지 보이고 있는데, 학급 수 감축은 결국 학급당 학생 수 증가를 의미하게 된다. 이렇게 되면, 교육부가 지난해 내건 과밀학급 문제 해소를 위한 개혁정책에 전적으로 역행하는 일로 번지게 될 것이다.

결국 그동안 실시한 교육개혁이 당초 의도와는 달리 부정적인 결과를 빚어낸 원인이 무엇인가를 정책자들은 곰곰이 되새길 필요가 있다. 정부의 노력은 끝내 교육현장이라는 우물에 고인 썩은 물을 몇 바가지 퍼내는 정도의 효과밖에는 얻어낸 것이 없다는 비판에 그들은 귀를 기울여야 한다.

하수도와 연결된 썩은 우물물을 퍼내고 또 퍼내기만 하는 것은 마치 신화 속의 시지프스처럼 무의미한 수고로 끝나도록 돼 있다. 예컨대, 대학입시 제도 개선이 바로 그런 것이다. 대입시험을 통한 중등교육의 정상화 추진은 정책상으로는 가능한 것처럼 보이지만 현실 경험은 그런 것이 아님을 잘 보여주고 있다. 이런 현상들은 결국, 우물물을 교체하는 교육개혁은 우물 밖에서 지켜보는 국민의 가시적 효과만 염두에 둔 것이지, 실제 그 우물물을 마셨을 때 나타나는 맛의 변화를 근본적으로 가져오기에는 역부족일 뿐이라는 것을 가르쳐준다. 솔직히 말해, 우물터를 개조하지 않고서는 물맛을 바꾸기가 어려운 것이 지금 우리가 경험하는 교육개혁의 현실이다.

행동하는 교육개혁이 되어야

교육인적자원부는 미래를 약속하는 교육발전 5개년 계획을 내놓았다. 창조적 지식기반 국가건설이라는 목적을 실현하기 위해서였다. 교육발전 5개년 계획은 교육부가 주체적으로 우리나라 교육의 백년지대계를 염두에 두고 추진하는 것임에 틀림없다. 이런 교육부의 노력이 성공하기 위해서는 우물물만을 교체하는 것이 아닌 우물터를 개조하는 교육개혁이 되어야 한다. 즉, 교육개혁의 주체는 목표를 분명히 설정해야 한다. 추상적이고 모호한 말이 아닌, 보다 더 가시적이고 평가 척도가 명료하게 드러나도록 설정해야 한다. 무엇을 개혁의 대상으로 삼든 지간에, 지금과 같은 교육체제와 교원의 전문성으로서는 경쟁력 있는 교육 역량을 갖추기에 역부족이다. 돈이나 줘야 구조조정을 하겠다는 한국의 대학들과 신경전을 벌이느니, 그런 구태의연한 대학교육 체제를 과감히 털어내고 새로운 형태의 교육, 다시 말하면 평생학습체제로 교육정책의 모습을 바꾸어볼 필요가 있다.

물론 교육부는 그 어느 때보다도 더 평생학습체제를 기초로 한 교육개혁을 시도했다. 말하자면, 학사학위 취득을 원하는 성인들이 평소 학원이나 대학의 시간제 등록을 통해 얻은 학점을 인정해주는 학점은행제나, 자격인증을 학점으로 인정해 주는 제도가 바로 그런 것이었다. 그러나 아직까지는 이런 제도가 현장에서 국민들이 평생학습을 느낄 수 있을 정도로 충분한 것은 아니다. 국민감동의 평생교육정책을 입안하고 그것을 실천하기에는 아직 더 보완할 것이 많이 있다. 교육부가 국민감동 교육정책을 입안하는 교육정책 집행기관이 되기 위해서는 지금의 우리 학제부터 뜯어고쳐야 한다.

먼저, 지금과 같은 '한 길로 가기, 한 줄로 세우기, 모두 하나를 따라가기' 식의 단선형 교육체제보다는 '모두가 각자 가기, 서로서로 따로 가기, 자기 능력껏 달려가기'가 가능한 다차선 고속도로 같은 다선형 교육체제로 바뀌어야 한다. 다시 말해서, 모든 이를 위한 평생학습체제의 교육정책을 취해야 한다.

둘째, 학습현장의 지능화 및 학습담당자의 지능화가 가능한 교육정책을 실현해야 한다. 정보지식의 보고인 사이버공간을 자유로이 드나들며 학생과 더불어 배우며 가르치는 교육을 실시할 수 있도록 교사 먼저 정보화의 화신이 되어야 한다. 정보화에 뒤떨어진 교사가 미래의 지도자를 키운다는 것은 뱁새가 황새 알을 품고 황새를 부화시키겠다는 욕심과 같다. 교사는 새로운 정보문화에 적응할 수 있도록 끊임없이 자기수련에 힘써야 한다.

마지막으로, 교육부 스스로 교육정책의 책무성을 높이기 위해 정책실명제를 실시해야 한다. 교육정책 목표 설정과 계획 입안에서 평가에 이르기까지 정책의 효과를 끝까지 책임지겠다는 교육부의 약속이 필요하다. 그것을 확인하기 위해 학부모와 더불어 교육정책을 평가하는 민간합동 교육정책평가기구를 설치할 필요가 있다. 이 기구에는 학부모 운동단체와 교육전문가, 그리고 교육행정가가 다 함께 참가해야 한다.

교육 문제는 교육학자 탓인가?

미래의 교육부총리께

다시 한 번 더 교육부총리가 되신 것을 축하합니다. 부총리 되시기 바로 전에 함께 나누던 그대로 이야기하는 것이 편한 듯하여 이렇게 몇 말씀 드립니다.

우리 교육을 이 모양 이 지경으로 망친 것이 바로 교육학자라는 말을 아마 지겹도록 들으셨을 것입니다. 우리 경제가 이 모양 이 꼴이 된 것이 바로 경제학자들의 탓이라는 말은 별로 없지요. 또는 우리 정치가 이 모양 이 꼴이 된 것 역시 정치학자 탓이라는 소리도 적기는 마찬가지이지요. 그렇지만, 유독 교육학자들만은 동네북처럼 이리 몰리고 저리 끌리고 있지요. 말도 안 되는 소리입니다만, 그래도 변변한 대꾸 한번 해보지 못한 것은 교육학자들의 심성이 착해서 그런 것이 아니라 못났기 때문에 그랬을 것입니다.

그래서 교육학히고는 담을 쌓은 무지렁이들민을 골라 교육행정 현장에서 이렇게도 써보고 저렇게도 써보았지만, 교육의 정상화를 위해 무엇 하나 제대로 해놓은 것이 있었던가요. 교육계에 박사가 많은 현상도 마찬가지이지요. 행정관리의 교육실력이 부족하다고들 해서 생긴 현상이지요. 그 말 역시 말이 안 되기는 마찬가지지만, 그 소리 듣기 싫어 저 박사 이 박사들로 행정해본들 교육행정이 뭐 하나 나아진 것이 있던가요. 박사 수백 명이 있어본들 믿지 못하기는 마찬가지이지요. 박사학위 받아놓고도 제대로 된 글 한 줄, 새로운 논문 한 편 써내지 못하는 그런 명함용 박사가 수만 명이 있어본들 교육발전하고는 아무런 상관없는 일이지요.

악성 사교육비를 근절시켜야

그저 이런 군소리 저런 군소리가 많다는 그것 자체가 교육에 대한 국민적인 관심이라 생각하시고 매서운 맛 한번 보여주세요. 교육의 정상화를 논하던 그 시절 그 기백으로 교육개혁의 진수를 보여주시기 바랍니다. 잡스런 일에 연연하시기보다는 정론대로 본을 보여주시기 바랍니다. 그렇게만 한다면 도와주실 분 많이 있습니다.

그러려면 무엇보다도 첫째, 중등교육의 정상화를 위해 악성사교육비 퇴출 하나라도 바로잡아주시기 바랍니다. 중학교 1학년생들이 학원에서 이미 중3교육과정을 모조리 마스터한 후 학교 교실에서는 꾸벅꾸벅 졸고 있는 실정들이니, 교실교육이 붕괴된다는 표현이 어찌 불가능하겠습니까? 잘 체감하고 있겠지만, 학부모의 사교육비 지출이 이미 IMF 이전 수준으로 회귀하고 있습니다. 악성사교육비 증가는 교육개혁을 위해서는 독약입니다. 이해찬 장관 시절, 장관 스스로 사교육비 근절을 위한 범국가적인 대책을 발표한다고 약속해놓았지만, 아직까지도 공식적인 발표는 유보되고 있습니다. 이 점 유념해 주시기 바랍니다.

실험적 퍼포먼스는 이제 그만!

둘째로는, 교육부총리의 소관 사항인지 어떤지는 모르겠지만, 현재 추진되고 있는 교육개혁의 진로를 바로잡아주시기 바랍니다. 원론적인 이야기입니다만, 교육개혁은 새로운 패러다임을 요구합니다. 교육개혁의 일을 해보셨겠지만, 교육개혁의 새 패러다임은 지난 것의 패러다임에 비해 무엇보다도 미래예측력이 뛰어나야 됩니다. 교육현장에서 혁신성도 강해야 합니다. 동시에 교육현장의 변화를 위해 실천력도 아주 우수해야 합니다. 그렇다고 교육개혁추진 형식이 실험적이거나 유행을 따르는 식으로 진행되면 실패하도록 되어 있지요. 서너 명의 투사들이 그동안 보여준 교육개혁추진 방식의 실험성이나 퍼포먼스는 이제 그 정도면 충분합니다. 교육개혁은 단호하면서도 일관성을 지녀야 합니다. 과거 국민의 정부의 교육개혁이 보여주려는 그런 전위적이고도 실험적인 퍼포먼스로서는 곤란합니다. 전위교육의 무대 총감독을 교육대통령과 동일시하는 것은 잘못된 일이기에 무대

연출부터 바로잡아야 합니다.

신의 있는 교육부총리로 우뚝 서기를

셋째로, 교육부총리는 무엇보다도 교육자들에게 신의를 지키는 교육행정의 어른임을 보여주시기 바랍니다. 하루라도 밥을 먹지 않으면 사람인 이상 내가 죽게 됩니다. 그러나 사람을 믿지 않으면 모든 사람이 다 죽게 됩니다. 밥은 개인의 생명에 관계되지만, 신의는 모든 사람의 생명에 관계되기 때문입니다. 바로 이런 평범한 이치를 어겼기 때문에 교직계가 몸살을 앓았고, 그 때문에 과거 교육부장관들의 처신이 어려워졌던 것을 생각하신다면 교직에 대한 신뢰의 회복은 무엇보다도 중요합니다. 교단의 개혁을 한다고 해도, 교사에 대한 이 믿음만큼은 버리지 말아야 합니다. 배우지 못하는 애들로 교실이 가득 찼다고 믿는 교사가 잘 가르칠 리가 없듯이, 교사를 불신하는 교육행정가가 믿음직한 행정을 펼칠 수는 없는 것입니다.

모쪼록, 새로운 교육부총리의 고감도 교육정책에 대한 타는 목마름이 속 시원히 해갈됨으로써, 백년대계(百年大計)의 교육정책이 '백년대로(百年大路)'를 질주할 수 있기를 간절히 기원합니다.

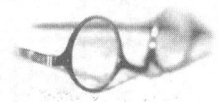

제2부 이 교육의 현장

제1장 옴살스런 학교교육

아이러니하게도 논리적이고 냉철하게 교육을 진단한 결과, 그 처방은 감성적이고 따뜻한 '사랑'으로 나왔다. 수술 집도를 하는 의사가 수술대에 올라와 있는 몸뚱이를 어떻게 바라보는가에 따라 수술 결과가 다를 수 있다. 사람에 대한 존경과 애정을 가진 의사와 사람 몸을 마치 시체 해부 내지는 개구리 해부하듯이 하는 의사의 집도가 어찌 같을 수 있겠는가? 교실 안의 학생들이 모두 인간임에도 불구하고, 그들은 지금껏 받아야 할 사랑을 받지 못한 실험대상이었다. 학생들에 대한 사랑이 가득한, 그래서 옴살스러운 학교교육은 이런 방향으로 나아가야 한다.

공교육 정상화, 발상 전환을

우리 국민이 한 해 동안 사교육비로 쓰는 돈이 무려 7조 원에 이른다는 정부의 발표는 충격적이었다. 무엇보다도 정부 스스로 사교육 시장의 위력과 현실성을 공식적으로 확인했고, 둘째는 공교육의 패러다임이 바뀌지 않으면 우리 교육은 앞으로도 암울하다는 것에 대한 암시였기에 더욱더 그렇다. 어떤 정권은 과외금지를, 또 언젠가부터는 모든 이를 위한 TV과외를 도입하고 있지만, 오히려 고액과외 수요만 높여놓았다. 마치 매춘을 풀어놓으면 매춘시장의 가격이 인하되어 손님을 더 확보해야 하기 때문에 결국 문을 닫게 된다는 식의 발상이 허구임이 사교육 시장에서 확인되는 꼴이었다. 어려운 경제 상황에서도 과외비만큼은 매년 증가하고 있는 것이 그 증거이다.

사교육 시장의 괴력은 그 어떤 방정식으로도 필적하기 어렵기에 학부모들만 윽박지를 것이 아니다. 자녀교육에 대한 학부모의 의식이 바꾀는 것과 브랜드 대학을 위한 과외 수요를 잠재우는 것하고도 무관하다. 도시가정에서는 아무렇지도 않게 쓰는 고액과외비가 농촌가정에서는 빚을 내어야 하는 돈이라면 정부는 오히려 국민간의 사교육 위화감을 줄이는 교육정책 마련에 주력해야 한다.

이를 위해, 첫째 정부는 공교육의 정상화가 공교육 재정 투자의 확대에 있다는 생각부터 버려야 한다. 공교육 재정을 늘리는 길이 사교육을 억제하는 방법이라는 생각부터가 어눌하다. 공교육 재정을 GNP의 6%로 늘려도 사교육의 수요는 줄어들지 않을 것이 뻔하다. 정부가 정말로 모든 국민을 위한 공교육제도를 구상하겠다면, 교육의 기본 지키기와 교육정책 구상에 있어서 치밀해야 한다. 무리한 교육재정 확대를 위한 납세는 하지 않겠다는 국민의 의지를 읽었다면, 국민의 세금을 무작정 공교육에 투자할 수 없을 것이다. 그래서 공교육 재정 확충보다는 오히려 공교육 재정 축소의 효율화로 나아가야 한다. 사교육 시장을 우리 교육의 한 축으로 삼아 모든 이를 위한 인적자원개발 전략을 만들려면, 국민에게 자녀학습선택권을 보장해 주는 개혁적 교육조치가 필요하다.

둘째, 정부는 공교육의 정상화가 사교육의 통제로부터 가능하다는 생각도 재고해야 한다. 학생들이 저마다 능력을 발휘할 수 있는 여건을 만들어주는 것이 공교육의 정상화이다. 학생 개개인의 학업성취 개별화가 공교육 정상화인데, 이것이 없으니까 학교교육은 재미가 없다. 그래서 학교에서 폭력도 난무하고 교실마저도 붕괴되고 있는 중이다. 학교를 왜 다녀야하는가에 대한 답이 서 있지 않은 상태에서 교육 재정을 늘린다고 해도 공교육의 정상화는 불가능하다. 공교육의 재정 확대로 재미를 보게 될 사람이 어차피 브랜드대학에 들어갈 수 있는 극소수, 또는 한 학교에서 50명 남짓한 학생들이라면 공교육의 정상화는 잘못이다. 저들 소수의 대학진학을 위해 국가의 교육 재정을 늘리는 것은 낭비이며, 그 돈으로 학교가 이것저것 쓸데없이 수많은 교과목을 가르치게 하는 것도 낭비이다. 영재를 키우는 일과 쓰임새 높은 인적자원을 길러내는 일은 성격이 다른 교육문제이기에 구별해서 생각해야 한다.

우리의 학교제도는 해방 이래 가장 탄력성을 잃어버린 비능률적인 공공기관이다. 학교제도의 변화를 위해 외국은 재택학교도 운영하고, 기업으로 하여금 학교도 운영하게 하고 있다. 홈스쿨링도 사실은 우리식 옛 서당교육이나 학원교육의 교육적 발전에 지나지 않는다. 모든 이를 위한 교육의 정상화를 염두에 둔다면, 국민학습권을 공교육 중심의 학교 입시훈련에 맡기지 말고 지역사회가 공동으로 책임지게 해야 한다. 이를 위해 국민을 위한 사교육 시장의 선택과 집중의 교육정책을 생각해 볼 때이다.

공교육의 내실화는 사립학교 육성책으로 시작해야

헌법재판소가 정부의 과외금지조치를 위헌이라고 결정하자, 정부는 여러 가지 대응조치를 내놓았다. 과열과외 예방 및 공교육 내실화 방안이 바로 그것이다. 형편이 어려워 과외를 받을 수 없는 농어촌 지역 자녀 48만 명에게 영어회화나 컴퓨터 같은 다양한 특기적성교육을 지원하기 위해 연간 15만 원씩 지출할 것을 진지하게 검토하는가 하면, 오는 2004년까지 1191개 교의 초중고등학교를 신설하고 교원 6만여 명을 충원하여 학급당 40여 명 이상의 과밀학급이 생기지 않게 하는 방안을 내놓았다. 한마디로 정리하면, 공교육의 강화가 교육정상화의 처방이라는 것이다.

공교육의 정상화는 과외 예방을 위한 유일한 조치라기보다는 교육의 질을 높이기 위해 당연히 필요한 조치이다. 그럼에도 불구하고 정부가 크게 간과했던 것은, 바로 한국 교육에서 공립학교 교육보다 더 무거운 책임을 지고 있는 사학에 대한 정부의 책임문제이다. 우리 교육이 지금과 같은 소모적인 형태로부터 생산적인 형태로 나아가기 위해서 국가는 사학의 질을 향상시키는 일부터 진지하게 생각해야 한다. 현실적으로 우리 중등교육의 60%를 감당하고 있는 사립 중고등학교의 질을 향상시키지 않고서는 그 어떤 공교육의 내실화도 결국은 부실해질 수밖에 없다. 국민교육의 기본인 초중등교육은 모든 이를 위한 생산적인 교육이어야 하기에, 사학의 정상화야말로 국민교육의 질을 향상시키는 지름길이다.

대안교육의 출발점은 사학

원래 사학은 공립학교 교육의 문제를 치유하기 위해 생겨난 대안교육(代案敎育)의 효시이다. 지금 우리나라에 편협하게 소개되고 있는 얄팍한 의미에서의 대안교육이 아니라, 공교육에서는 생각해볼 수 없는 새로운 교육과정이나 인재육성, 혹은 학교 설립자의 이상을 교육적으로 실현하기 위한 새로운 교육의 형태로서의 대안교육이다. 물론, 우리의 사립학교는 그런 식의 대안교육 형태로 출발한 것이 아니라, 국민교육을 전체적으로 추스르지 못하는 국가의 어려운 형편을 도와주기 위해 국가의 요청으로 들어선 것이라는 점을 감안하더라도, 사학에 대한 정부의 규제는 지나쳤다. 동시에 선진국의 사학정책에 비해 상당히 뒤처진 감이 있다. 우리의 사학들은 정부의 재정 지원을 받는 공교육도 아니고, 사학 나름대로 혁신적인 독자적 교육과정을 행할 수 있는 대안학교도 아닌 어정쩡한 상태에서 국민교육을 책임지는 의무만 떠맡고 있다.

이제 우리의 교육이 생산적인 교육으로 변화하기 위해서는 공립은 공립대로, 사립은 사립대로 각각의 교육적 특성을 살려나가는 교육정책의 내실화가 필요하다. 그렇게 하기 위해서는 사학 설립의 정신이 분명하고, 그것에 걸맞는 재정 규모나 체계, 그리고 나름대로 특성 있는 교육과정이나 시설을 갖고 있는 사학재단을 정책적으로 도와주어야 한다. 사학 나름대로 새로운 교육을 행할 수 있게 교육과정 운영의 독립권, 교육행정 관리의 사립권을 실질적으로 되돌려주어야 한다. 이런 사립학교정책이 바로 선진국이 추구하는 모든 이를 위한 생산적 교육정책이다. 사실, 국가교육이 제대로 되려면 사립은 사립대로 사학의 정신을, 공립은 공립대로 더욱더 공립교육의 정신을 구현해 나갈 수 있어야 한다. 과외금지가 위헌으로 판결났듯이, 정부가 사립학교의 건학정신을 구속하는 것도 국민의 학습권을 억압하는 불필요한 조치로 간주되어야 한다.

헌법이론적으로 볼 때도 사립학교에게 교육의 독립권을 보장해야 한다는 점은 너무나 당연하다 사립학교 교육의 자유는 자유주의적 법치국가 원리나 문화국가 원리로 보아도 당연히 보장되어야 한다. 헌법적으로 자유주의적 법치국가 원리는 교육을 상업활동이나 종교활동과 같은 자유로운 사회의 영역으로 간주한다. 교육이란 개인이나 개인적 결합체의 자유로운 의지에 우선적으로 맡겨 있는 것이지, 국가의 독점적인 과제가 아니다. 사립학교 교육을 인적자본양성으로, 동시에 사립학교를 교육생산을 위한 독립경영체로 보아야 한다.

국가적 공교육제도는 그 비효율성, 개혁 불감증, 노동시장에 대한 피상적인 책무성, 교육운영의 관료주의화 현상 등으로 시달리고 있다. 이런 것을 시정하려면 마치 정부기업이 민간기업과 경쟁하듯이, 사립학교와 공립학교 간에 자유로운 경쟁이 필요하다. 시장의 합리성으로 국가적 관리의 합리성을 대체할 때 비로소 우리 교육의 질도 전반적으로 향상될 수 있다. 그것이 공교육의 내실화를 다지는 길이기도 하다.

사립학교 교육의 자유에 대한 또 다른 헌법이론 근거인 문화국가 원리는 교육과 학문의 자율성과 다양성의 보장, 그리고 그 밖의 정신적, 예술적 자유의 보장에 근거하고 있다. 헌법상 문화국가란 개인적 자유 및 학문과 교육의 자율성과 다양성을 인정하고 지원하며, 이러한 자유 및 자율성과 다양성을 위한 기구를 조직하게 도와주는 국가를 의미한다. 따라서 학습자는 자기의 뜻대로 자기가 원하는 학습을 선택해서 받을 수 있고, 국가는 그런 교육기관을 제도화시켜야 하며, 문화국가의 뜻에 합당하게 설립된 사립교육기관에게는 교육독립권을 실질적으로 보장해 주어야 한다.

고교 평준화 폐기하고 교육 균질화 채택하라

모든 학습자가 자기 능력을 제대로 발휘하는 생산적인 교육을 실천하기 위해서는 우리가 취하고 있는 평준화제도 역시 재고되어야 한다. 원래 평준화제도는 모든 학습자가 빈부, 능력상의 차이에도 불구하고 같은 조건 속에서 교육 받게 함으로써 계층간의 갈등과 위화감을 최소화하기 위한 강제조처였다. 1960년대 국가의 재정적 어려움을 정치권력의 강압으로 막아보자는 교육적 취지가 바로 평준화 조처였다. 대도시와 농촌, 사립학교간의 현실적인 교육적 격차를 정치적으로 무시한 조처였다.

형편상 평준화제도를 유지해야 하겠다면, 한 가지 대안은 공립은 평준화체제에 남아 있게 하더라도, 사립은 사학의 정신과 대안교육의 정신에 합당하게 다양화하거나 특성화시키는 식으로 생산적인 교육의 균질화정책이 필요하다. 교육선진국처럼 균질화된 교육을 촉진하려면,

이제는 그동안 정부가 특별한 이유 없이 억제해 왔던 학생선발권과 교육과정편성권을 사학에게 되돌려주는 일부터 시작해야 한다.

21세기 중등사학의 과제

중등사학은 '만인을 위한 중등교육 제공'이라는 교육의 보편화 과제가 있지만, 중등사학에게는 아직도 교육의 질과 수월성을 제고해야 한다는 또 하나의 과제가 남아 있다. 사학이 교육의 질과 수월성을 제고하기 위한 여건은 무엇인가? 그 해답이 바로 21세기 중등사학의 과제이자 비전이다. 21세기 중등사학의 과제는 한국적 현실을 기초로 국공립과 같은 통제를 받으면서도 사학만의 특수성을 가미할 수 있는 여건을 정비하는 것이다. 21세기 중등사학은 평등이념을 기본틀로 사학의 독자성과 자율 및 경쟁의 원리를 가미함으로써 교육의 질을 향상시킬 수 있어야 한다. 사학의 특수성과 자율성은 공립학교교육과 더불어 우리 교육체제의 다양성을 이룰 수 있도록 제도를 보완해 준다.

중등사학은 국공립과 차별화되도록 독창성, 자율성을 보장받아야 하고, 사학들간의 유형과 기능을 다양화해서 21세기 학습자의 요구를 충족시킬 수 있어야 한다. 중등사학이 그 공공성을 담보할 수 있으려면 모든 학생에게 질 높은 교육을 실시하도록 교육 여건을 쇄신하고, 사학재단의 재정적 지원을 확보해야 한다. 이제는 시대가 바뀌었다. 정부도 더 이상 사학 통제에 정력을 낭비할 때가 지났다. 그런 일에 시간을 낭비하면 할수록, 국가의 교육은 영원히 2류 교육의 신세를 벗어나기 어려울 것이다.

학습의 패러다임을 빨리 바꿔라

중등사학의 발전 초점은 학습패러다임의 전환으로 인한 사학의 활성화에 맞춰져야 한다. 학습자의 개인차 인정, 그에 따른 다양한 프로그램의 제공, 다양한 형태의 학습방법 활용 등 수요자 중심의 중등교육이 필요하다. 앞서 나가는 교육선진국의 교실환경을 필요하다면 과감하게 벤치마킹해야 한다.

이미 선진국에서도 앞서가는 중등사학에서는 칠판 가득한 필기와 강의, 한 학기에 교재 한 권을 떼는 이른바 '책거리' 교육은 찾아보기 힘들다. 시시각각으로 넘쳐나는 정보, 인터넷, 멀티미디어 등 첨단 교재의 발달은 교육과 교사의 역할을 바꾸어놓고 있다. 사학 스스로, 18~24개월 단위로 두 배씩 증가하고 있는 인간의 지식이 2010년에는 2~3년에 두 배로 폭증하는 현실에 민첩하게 대처하려고 노력하고 있다.

'더 많은 양'의 지식을 취하는 교육보다는 내가 필요한 지식에 보다 빠르고 효율적으로 접근할 수 있는 메타학습법 개발에 전력하고 있는 것이다. 모든 학생이 전자도서관을 이용해 학습하고 과제를 해결하도록 한 미국의 에듀포트 프로젝트, 캐나다의 원격학습 네트워크인 텔레에듀케이션 엔비(Tele-Education NB: New Brunswick) 등이 바로 그것이다.

또한, 영국의 학교는 칠판이 사라지고 연필과 종이도 없어지는 교실환경을 구축하려고 하고 있다. 칠판은 흰색의 디지털보드로 바뀌고 분필 대신 무선 필기도구가 등장한다. 자외선을 이용해 디지털보드에 정보를 입력하기 때문에 교실 어디에서든지 사용할 수 있다. 학생이 칠판까지 걸어 나와 문제를 풀 필요 없이 센서패드에 글씨를 쓰면 디지털보드에 나타난다. 학생들에게는 핸드셋(Handset)이 지급된다. 핸드셋에는 필기해야 할 내용이 들어 있으며 간단한 문제도 담겨 있다. 학생들은 핸드셋을 보며 키보드로 선생님의 질문에 응답하거나 문제를 푼다. 선생님은 학생 개개인의 핸드셋 코드를 알아 그들이 어떻게 답을 작성했는지 알 수 있다. 학생들의 지식수준을 정확히 파악할 수 있어 능력별 수업도 가능하다.

이러한 전자교실은 하나의 공간에 있을 필요가 없다. 인터넷을 통한 화상강의가 현실화되면 전세계로 확산될 수 있다. 미국에 있는 학생과 영국에 있는 학생이 같은 시간에 같은 시험을 치러 실력 비교가 가능한 교실혁명이 진행중이다.

특수성을 최대한 살려라

사학의 특수성이란 공학이 가질 수 없는 특성을 살려 나갈 수 있다는 것을 의미한다. 사학이념의 실현, 개성적인 학교운영, 자율적 의사결정 등이 그것이다. 사학의 특수성을 보장하기 위한 과제는 건학정신과 설립이념을 실현하는 여건의 구비이다. 그리고 설립이념에 따라 개성적인 학교운영을 할 수 있도록 운영의 다양성을 인정해야 한다. 예컨대 어떤 사학의 설립이념이 수월성 교육이라면 그 학교는 그것을 자유롭게 추구할 수 있어야 하고, 혹은 기술자의 양성이라면 역시 그 건학정신에 맞게 학교운영을 할 수 있어야 한다. 정부는 이를 위해 기존의 중등교육정책을 재검토하여 사학의 자율성과 특수성을 최대한 보장하도록 제도를 정비해야 한다.

사학은 교육목표, 교육내용, 학사운영, 교육재정 운영 등에 있어서 독자성을 확보하여 창의적인 교육활동을 해야 한다. 그것이 사학이 존립할 수 있는 근거가 된다. 그러나 이제까지 사학은 공학의 보조적이며 부수적인 존재로 취급당하며 획일적인 통제와 감독 위주의 정책에 수동적으로 대응하여 왔다. 따라서 앞으로 사학의 재량권을 최대한 허용하여 사학이 자율적으로 발전할 수 있는 여건을 조성해 주고, 다양하고 창의적인 교육활동이 전개될 수 있도록 지원, 육성 정책을 추진해야 한다.

자율성은 최대한 확보하라

중등사학이 21세기 새로운 학습패러다임을 수용한 학사운영을 할 수 있게 하기 위해서는 사학의 자율성을 최대한 허용, 보장해야 한다. 사학의 자율성은 교육선진국을 가늠하는 잣대이다. 사학이 정부의 규제와 간섭을 벗어나 자유롭게 건학이념에 따른 교육을 수행할 수 있는 여건이 어느 정도 마련되어 있는가 하는 것이 그 나라 교육수준을 말해 준다. 사학의 자율성은 국가의 규정 내에서 사립학교가 독자성을 유지할 수 있도록 자율적인 의사결정을 하는 것이다. 사학의 자율성에는 교육내용에서부터 학사행정에 이르기까지 다양한 영역이 있으며, 교육내용 선정과 학생선발 등의 학사관리, 학사운영의 자주성과 공납금 결정 등이 포함된다.

사학의 자율성 확보는 기본적으로 사학의 공공성과 책무성에 기초하고 있다. 중등사학은 그 설립주체가 국·공립 학교와는 다르지만, 국가로부터 교육을 위임받고 있다. 중등사학은 스스로 행정·재정 운영이나 인사 등의 측면에서 공공성과 책무성을 실현시켜야 한다. 아울러 국가의 교육사업을 위임받아 수행함에 있어서 학생의 교육권을 보장하고, 질 높은 교육이 이루도록 자율권이 확보되어야 한다.

사학이 살아남으려면 앞으로는 공립보다 발 빨라야 한다. 먼저 중등사학의 거북이 걸음 패러다임부터 빨리 바뀌어야 한다. 공립의 눈치나 보다가는 끝내 재정 보조 문제에 걸리게 된다. 사학의 발전에 관한 모임이나 회의, 새로운 방안 모색도 아주 열심히 해야 한다. 사학의 목소리를 높여야 한다. 등록금 차별화며, 평준화 해제며, 기여금 문제 같은 것은 당장은 소득이 없더라도 목소리를 높여야 한다. 영향력 있는 학자, 정치가, 기업가, 행정가, 학부모와 서로 서로 교류하면서 끊임없이 그들의 목소리가 사학발전의 신경세포를 건드리게 해야 한다. 조직의 발전은 시간이 걸리는 일이다. 아이디어를 많이 내고, 새로운 아이디어로 교실교육의 현장을 바꾸려고 노력해야 한다. 중등사학의 발전과 개혁에 성공한 선진국의 경영자에게서 배울 것이 있다면 바로 그것뿐이다.

교육당국은 사학분규 해결방안을 제대로 마련하라

사립학교가 경영면에서 어렵다는 것은 누구나 알고 있다. 사립고등학교 917개교 중에서 재정 결함으로 지원을 받은 학교가 868개교로 94.7%를 차지하고 있다. 정부도 어쩔 수 없이 지원하는 형편이었다. 그러나 재정결함보조금 지원방식이 결과적으로 마치 미국의 인디언 보호정책처럼 오히려 사학 경영의 자립심을 꺾어놓는 결과로 나타나고 있다. 또 사립학교가 비리의 온상인 양 매도하는 바람에 경영주체들의 사기는 말도 못할 정도로 떨어지고 말았다.

학교 재정의 90% 이상이 인건비로 소요되는 현재의 사립학교 재정은 투명이고 뭐고를 따질 형편도 되지 못할 정도이다. 도서벽지 소규모 사립의 경우, 학교를 통폐합하고 싶어도 그것마저 쉽지 않은 형편이다. 극심한 이농 현상으로 인한 학생 수 격감으로 학교운영이 현실적으로 어려운 소규모 사학들이 통폐합을 하여 새로운 경영을 하려고 해도, 과다한 증여세 부과 때문에 어렵다. 이런 상황 속에서, 일부 사학의 비리는 국민의 눈총을 받기 십상이다.

일부 사학에서 드러나고 있는 것처럼, 학교를 바르지 못하게 운영하는 사학재단이나 이사장의 처신은 당연히 바로잡아야 한다. 수없이 이야기하지만, 이들 사학재단 관계자들은 거듭나는 자성의 노력이 있어야 한다. 이런 노력이 선행되지 않으면 모든 책임은 사학재단이 일차적으로 지게 되어 있다. 그간의 사학분규를 되돌아보면, 사학 스스로 내 책임이 아니라고 강변할 수도 없는 처지임을 고뇌해야 한다.

그러나 또한, 사정이 그렇다고 해서 사학의 학교운영을 행정적으로 관장하는 교육당국에게 책임이 없는 것은 아니다. 교육당국도 잘 알고 있는 것처럼, 학교 분규는 거의 예외 없이 학생의 학습권을 볼모로 삼는 교사들의 집단행동으로 인해 더욱더 걷잡을 수 없이 번져나가고 있다. 이 점을 교육당국이 수수방관해서는 곤란하다. 문제가 발생했다 하면 관선이사를 파견하는 일도 따지고 보면 그런 류의 대처라고 볼 수 있다. 관선이사를 파견하는 것만이 능사인 것처럼 생각하지만, 학교의 당면 문제는 속 시원히 풀린 적이 한 번도 없다. 그래서 지방교육청의 문제해결 능력이 기대 이하라는 소리를 면하기 어려운 것이다. 이런 예는 한두 가지가 아니다.

서울에서는 상문고등학교에 임시 관선이사가 파견됐고, 김포 방화동 한서고에도 임시 이사가 파견됐었다. 상문고의 경우, 재단이사장이 비리·부정을 저질러 사립학교법 제20조 규정에 따라 임원취소처분을 받고 재단이사장에서 물러났다. 그러나 상문고 이사장은 서울 교육청의 재승인을 얻어 재단이사장에 재취임되었고, 재단이사장의 취임을 반대하는 교사들이 서울시 교육청과 교육부에서 시위농성을 벌이는 지경에까지 이르게 되었다. 그러자 서울시 교육청은 다시 승인취소처분을 내리고 임시 이사를 파견했다.

한서고의 경우, 재단이사장은 지난 95년 저지른 횡령 등의 비리·부정 때문에 임원취소 승인처분을 받았고, 한서고에는 임시 관선이사가 파견되었다. 그후 재단이사장은 유용한 돈을 모두 환불했고, 동시에 형 집행까지 모두 치른 뒤 99년 재단이사장에 다시 취임하게 되었다. 그러나 교감인사발령문제로 교사들과 갈등을 빚기 시작했다. 이 사건이 학내분규로 발전되면서 교사들이 학생, 학부모과 더불어 이사장 퇴진촉구운동을 벌였다. 이어 시교육청 앞에서 집단시위로 이어지자 교육청은 관선이사를 파견했다.

충남의 송죽학원의 경우도 이와 비슷한 경로를 걷고 있다. 이런 식으로 전개되는 상황을 보고 있노라면, 학내분규사건에 대한 잘잘못이나 그것의 시시비비에 관계없이, 사학분규를 처리하는 교육당국의 문제해결능력과 방식에 의구심을 갖지 않을 수 없다. 교사들의 단체행동권이 현실적으로 학교 내에서 그 힘을 발휘하는 처지에, 이것에 대처하는 학교재단의 대처능력은 아주 미약하기 그지없다. 일반기업과는 달리, 교사의 단체행동에 대해 적절하게 대응할 수 있는 사학 나름대로의 학교 운영의 방어권이 보장되지 못한 형편이다. 이런 형편이니, 사학은 자연히 지역 교육청에 하소연할 수밖에 없다. 그러나 지역 교육청은 툭하면 관선이사 파견으로 일을 봉합하려고 한다.

교육당국 역시, 학교재단이나 교사를 막론하고 자기들의 이해관계를 관철하기 위해 학부모와 학생을 방패막이로 삼아 학습권을 침해해서는 안 된다는 점에 동의하고 있다. 이런 일이 제대로 지켜지지 않으니까, 충남 서천군 모 여중고 현장에서 본 것처럼 어처구니없는 가스총 발사사고가 발생하는 것이다. 이는 당사자 모두에게 비극이며, 이런 문제를 효과적으로 해결하지 못한 교육청에게는 행정력의 공백을 드러내는 수치스런 기록이다. 앞으로 이런 사고가 더 나타나지 말라는 보장도 없고 보면, 교육당국은 사학분규를 다스리는 보다 효과적인 방법을 마련해야만 한다.

이와 아울러, 교육당국은 사학에게 자율성을 보장하는 새로운 전기를 마련할 필요가 있다. 중등사학에서는 교육과정 자율편성권이 공립과는 달리 더욱더 가속화되어야 하는데, 그것은 첫째로, 1974 고교평준화 이후 사학의 특성은 이미 사라졌으며, 25년간의 사학 황폐화를 더이상 지속시킬 수 없기 때문이다. 사학의 발전수준이 한국의 경제 등 타 분야의 발전에 못 미치는 것도 사학을 통제하고 규제 일변도로 묶어놓았기 때문이다. 둘째로, 사학간에, 그리고 사학과 국공립 간에 잘 가르치기 경쟁을 위해서는 각자 특성화된 교육과정을 실질적으로 허용해야 하는데, 사학의 특성을 없애버렸기 때문에 오로지 학교가 할 수 있는 일은 성적 경쟁에 매달리는 일뿐이라 그렇다. 셋째로, 사학의 발전이 더딘 것은 교육과정 편성의 획일화뿐만 아니라, 재정과 시설지원, 행정상의 지원이나 학교운영의 비효율화가 극심하기 때문이라는 지적이 바로 그것이다. 이런 지적들이 사학의 자율성을 보장하는 정책의 밑거름이 되기 바란다.

공사립 균형발전을 위한 재정지원제도 개선

현재 우리나라 중등사학은 고등학생의 60%와 중학생의 24%를 길러내고 있어 그 국가적, 사회적 역할은 막중하다. 해방과 더불어 급속도로 요구되었던 교육 수요를 당시의 정부 재정으로서는 도저히 감당할 수 없었던 때, 뜻있는 독지가에게 희생적으로 학교부지를 마련하고 교사를 지어 수많은 학생들에게 배움의 터전을 베풀라고 요구한 것도 정부였다. 그 결과 오늘의 사립중고등학교기 이 정도로 발전한 것이다. 따라서 우리나라 보통교육이 교육선진국의 수준에 이르게 된 배경이야 많겠지만, 그 중에서도 사학의 기여를 빼놓고는 이야기할 수 없다.

국가교육 발전에 기여는 크게 했지만, 그것에 상응한 대접만큼은 소홀했던 부문이 사학이라는 것도 부인하기 어렵다. 물론, 제 밥그릇도 제대로 챙기지 못하는 사학에게도 문제가 없는 것은 아니지만, 사학 스스로 제 몫을 아무리 주장해도 그것에 귀를 기울여주지 않았던 교육행정당국에도 그 책임이 없다고 할 수는 없다. 일이 그렇게 된 이유는 행여 보통교육에 대한 몇몇 오해뿐만 아니라, 사학의 기능에 대한 교육행정당국의 폄하 때문에 그런 것은 아닌지 하는 우려가 있기에, 차제에 사학에 대한 이해를 다시 정리해 볼 필요가 있다.

첫째, 국공립학교와 사립학교는 그 설립주체만 다를 뿐, 다같이 국민의 보통교육인 공교육을 담당하는 주요한 교육주체이다. 교육기능에 있어서나, 교육내용에 있어서나, 교사의 질에 있어서나 그 어느 하나라도 공립학교와 엉뚱할 정도로 다른 것이 있는지 진지하게 검토해 볼 필요가 있다.

둘째, 사학에 대한 국가의 재정적 지원이나 행정적인 지도는 사학재단의 이윤 보장을 위한 지원이나 지도가 아니라 모든 국민이 교육받을 권리를 보호하기 위한 지원이며 지도인 것이다. 국가의 간섭이나 지도가 국민교육권과 학습권 보장에 별반 기여하지 않았다는 증거가 있는지 꼼꼼하게 살펴야 할 것이다.

셋째, 그래서 중학교 의무교육을 위해 국가는 중등사학의 재정 부족을 당연히 책임져야 한다는 결론이 나올 수밖에 없다. 현실적으로, 정부는 국가적인 차원에서 물가억제, 중학의무교육, 평준화시책 등의 당면한 이유 때문에 사립학교의 수업료를 통제해 왔다. 이것은 중등사학에 치명적인 재정 결손을 초래시킨 것이고, 그로 인해 생겨진 결손액은 마땅히 정부가 메워줘야만 한다는 사실도 명백한 것이다.

사학에 대한 국가지원은 국고보조금이라는 직접지원 방법과 세제혜택 등 제도적 장치를 통한 간접지원 방법으로 구분할 수 있다. 그러나 지금까지 이 중 어느 한 가지도 시원스럽게 이루어진 것이 없다. 현재 공공예산에 의한 사학 지원(보통교육부분)은 크게 나누어 1) 사학재정 결함 보조, 2) 교육환경 개선비 지원, 3) 특별교부금 지원, 4) 국고보조 사업 등으로 이루어지고 있다.

1) 사학재정 결함 보조는 시설비든 인건비든 사업비든 가릴 것 없이 사립학교 수준을 국공립학교 수준으로 맞추는 데 모자라는 부분에 대한 지원이다. 이는 대체로 인건비 부족분을 메우는 데 이용되어 왔다. 이 밖에도 투자교육사업비, 경상교육사업비, 현안사업비 등이 있으나, 이것은 공립 위주로 편중 지원함으로써 공사립간의 학생 1인당 공교육비 격차가 계속 심화되고 있다. 96년의 경우 사립중고등학교 학생 1인당 공교육비의 수준은 국공립학교의 74.5%이었다. 중학교의 경우는 약 19만 원, 고등학교의 경우는 약 108만 원 정도의 차이를 보여주고 있다.

2) 교육환경 개선비는 교육환경개선특별회계법에 의하여 1996년부터 2000년까지 5년 동안 한시적으로 지원되는 특별지원금인데, 1990~1992년에도 3년 동안 매년 3700억 원씩 총 1조 1100억 원을 지원한 일이 있었다. 이 교육환경개선비 지원은 공사립의 모든 초등학교, 중학교, 고등학교 및 특수학교가 지원 대상이 되며, 지원 대상 사업은 노후 교실 및 책걸상의 개체(改替), 교실의 난방시설 · 화장실 · 급수시설 및 기타 부속시설의 개선, 교무실 · 교원휴게실 및 교원 편의실의 확충, 학교시설의 안전제고 등 네 가지로 대별하고 있다. 지원 규모는 5년간 매

년 1조 원씩 총 5조 원 규모가 되는데, 국고에서 매년 7000억 원을 시도의 교육비특별회계에 교부하면, 시도는 교육비특별회계 자체 재원으로 국고지원액의 7분의 3에 해당하는 연간 3000억 원을 보태어 개별 학교에 지원하게 되어 있다. 그렇지만 현실적으로 현재의 지원 방식은 사립학교가 불이익을 당해도 하소연을 할 수 없도록 상당히 자의적이다.

3) 특별교부금은 지방교육재정교부금법상 보통 교부금의 주종이 되는 내국세 총액의 1000분의 118에 해당되는 금액의 11분의 1을 지방재정교부금에 대한 예비비적 성격으로 계상하는 교부금이다. 지방교육재정교부금법이 정한 교부 요건으로는, 기준재정수요액의 산정방법으로 포착할 수 없는 특별한 재정수요가 있을 때, 보통교부금의 산정기일 후에 발생한 재해로 인하여 특별한 재정수요가 있거나 재정수입의 감소가 있을 때, 교육행정기관 등 교육 · 체육에 관한 시설의 신축 · 복구 · 확장 · 보수 등의 사유로 인하여 특별한 재정수요가 있을 때로 한정하고 있다. 교부방법은 시도 교육행정기관의 장에게 교부하게 되어 있어 사립학교의 경우는 이것 역시 지방자치단체를 통하여 간접적으로 지원을 받게 되는 상황 속에서 투명성이 그 언제나 드러나 있는 것은 아니라는 점이다.

4) 국고보조사업에 의한 지원은 국가가 주체가 되어 보조사업자에게 보조하는 형태의 지원이다. 재정결함 보조나 환경개선비 지원 및 특별교부금에 의한 지원은 시도가 주체가 되어 지원하되 그 재원을 국고에서 부담하는 형태의 간접지원 방식인 반면, 국고보조사업은 국가의 직접지원 방식이다. 지방자치법상 보통교육은 시도의 사무로 되어 있기 때문에 보통교육기관에 대한 대부분의 지원은 시도가 지원의 주체가 되는 간접지원의 형태가 되고 있다. 그러나 현재 국가재정의 한계 때문

에 국고보조에 의한 직접지원은 특수교육 분야, 직업교육 분야 등으로 제한되어 있어 일반 사립고교로서는 그림의 떡을 보는 심정이다.

결국 우리나라 보통교육의 건실한 발전을 계속하기 위해서는 사학에 대한 현행 국고지원의 방식을 과감히 바꾸어야 한다. 사학에 대한 재정적인 보조를 건실하게 하고, 그에 대한 사학의 책무성을 철저하게 점검하는 교육행정당국의 정책 자세가 필요하다. 국민 모두가, 동시에 사학 모두가 국가의 재정지원은 무료가 아니라 국민 모두의 학습권을 위한 하나의 국가적인 약속이라는 데 합의한 이상, 국가지원에 대한 사학의 책임의식도 매우 필요하다.

이런 관점에 서서, 국가교육의 발전을 위해 교육부로서는 탈규제학교나 실험학교를 만들어 국민의 학습권을 보장하고, 국가교육을 위한 재정지원 방식을 바꾸는 등의 일이 그리 어렵지 않을 것이다. 왜냐하면, 이미 교육부 스스로 영세한 사립학교를 공익법인으로 바꿀 수 있는 법안도 실행할 것으로 알려지고 있는 이상, 보통교육의 완성을 위해 사학 재정지원 방식의 개혁을 반대할 국민은 없을 것이기 때문이다.

첫째로, 재정결함보조금은 계열별, 학교급별, 학급수별에 따라 공립학교 수준으로 총액제로 지원하되, 미정산 교부금 지원 방식으로 해야 한다. 이때 학교간의 호봉 차이 등 몇 가지 걸림돌이 있겠으나, 필요한 경우 예외규정을 두어 충분히 해결할 수 있다. 회계 연도 말 정산을 하지 않고 교부금으로 지원함으로써 학교운영을 보다 효율적으로 처리할 수도 있다.

둘째로, 교육환경개선비 역시 재정결함보조금과 같이 총액제로 지원하되, 회계 연도 말 미정산 교부금으로 교부해야 한다. 학교마다 대상 사업을 선정하게 함으로써 총액지원규모를 결정하게 하고, 관할 교육청의 승인을 받아 시행하는 절차를 밟게 하면, 최근 3년간 지원된 환경

개선특별비 지원으로 인해 개선된 교육환경은 더욱더 개선될 수 있을 것이다.

셋째로, 특별교부금 역시 법조문 하나에 근거를 두고 교육당국이 막대한 재량권을 행사할 것이 아니라, 교부 요건에 관한 세부규정을 구체적으로 마련해서 그것에 따라 집행해야 한다.

의무교육시대 이후, 무엇을 해야 하나?

수능이 보통학생들이 기어오르기 힘든 암벽수능이라고 아우성들이었다. 이런 상황 속에서 정부는 본격적으로 중학교 의무교육을 실시한다는 정책을 발표했다. 바람직하고도 좋은 일이다. 1959년 초등학교 무상의무교육을 시작한 이후 45년 만에, 초등학교 6년, 중학교 3년 등, 9년간의 의무교육이 전국민에게 실현된 것이다. 의무교육이 실시되면 교육상 달라지는 것이 여럿 있다. 비행학생에 대한 퇴학조치가 불가능해지고, 휴학이나 유급이 불가능해져 학생들의 학력관리가 느슨해질 수도 있다. 이런 교육의 질 저하를 막기 위해 교육부는 유급제는 현행대로 유지하고 과거의 정학제도와 비슷한 등교정지제를 도입할 계획이었다.

계획이 그렇기는 해도, 지금과 같은 교육현실로 보아 의무교육이 본격화되면 본질적인 문제가 야기될 가능성도 크다. 서구의 의무교육은 기본적으로 아테네식으로 자유분방하고 민주적이다. 어릴 적부터 민주시민으로 배워야 될 것을 몸에 체질화시키는 교육을 받는다. 그렇지만 그들의 대학교육만큼은 마치 스파르타식으로 치열하다. 전세계를 향한 경쟁력 교육을 시킨다. 그들에 비하면 우리의 중등의무교육과 대학교육은 정반대로 되어 있다. 어릴 때는 대학진학만을 겨냥한 스파르타식 암기교육, 대학에 들어가서는 방종을 위한 아테네식 자유교육으로, 내용이 잘못되어도 한참 잘못되어 있다.

이런 잘못된 우리 교육과 학생들의 학력을 제대로 관리해 줄 수 있는 수단 중의 하나가 바로 수능인데, 우리는 수능의 품질보다는 수능 여론몰이 때문에 골머리를 썩이고 있다. 이런 논쟁이 얼마나 국력 소비인지 외국인들이 따끔하게 지적해 주고 있다.

일본 가고시마대학 부교수로 재직중인 로버트 화우서(Robert Fouser)씨는 한국이 치른 암벽수능은 국가를 위해서는 잘된 것이라고 예찬했다. 최근 몇 년 동안 수능시험의 하향평준화와 비교했을 때, 2003학년도 수능시험의 높아진 난이도는 학생들의 학력신장을 위해 환영할 만하다는 것이다. 이런 것을 보고 일부 식자들이 수능이 교육계의 테러라고 말한 것은 부당하기 그지없는데, 정말로 한국의 교육에 '테러'가 일어난다면, 그것은 대중의 여론 속에 숨어 자신의 개인적인 이득을 위해 교육계를 이용하려는 사람들의 조작이라는 것이다. 그래서 내년 대학수학능력시험 출제자들은 대중 여론에 의해 좌지우지되는 정치적 기회주의자들의 '테러'에 반격할 용기를 가지고 임해 줄 것을 바랄 뿐이라는 간곡한 부탁마저 곁들였다.

전체적으로 그의 논조에 동의하지만, 교육의 질을 높이기 위해 한국에서 개인과외는 존속되어야 한다는 그의 마지막 조언에는 한사코 실망할 수밖에 없다. 왜냐하면, 학생들의 학력은 학교가 책임질 일이지 과외가 책임질 일이 아니기 때문이다.

바로 이런 점에서 수능이 학교교육의 질 관리를 위한 준거가 되기를 바라는 마음 간절하다. 수능은 말 그대로 학생들이 대학에 들어가서 공부를 제대로 할 수 있는가 하는 여부를 조금 객관화시켜 알아보려는 시험도구 중의 하나이다. 그러니까 수능은 학생들의 대학수학능력을 알려줄 수 있으면 된다. 문제가 쉬웠느냐 어려웠느냐로 수능의 본질을 논하기보다는 문제의 질이 어느 정도였느냐로 수능을 따져야 한다. 문제가 아무리 쉽게 나왔어도 고등학생의 학력수준을 제대로 잴 수 있었다면 수능은 제 기능을 제대로 한 것이다. 그 반대도 마찬가지이다. 이런 점에서 수능은 우리 중등교육에 있어서 아주 중요한 역할을 감당하고 있다. 전국의 학생들이 일 년에 단 한 차례 치르는 시험이기에, 일선 교사는 이 수능시험으로 학교교육의 수업방식이나 교과내용, 심지어 인성지도의 방향까지도 시사받게 된다.

사실 암벽수능에서 교육적으로 눈여겨볼 것이 여러 가지이다. 그것은 학교 모의시험에서는 성적이 잘 안 나오는 학생이 수능시험의 언어영역에서는 높은 점수를 받았다는 점이다. 평소에 독서를 많이 했던 것이 주요했다는 것이다. 이런 것이 사실이라는 사례는 한두 가지가 아니다. 실제로 학생들에게 최소한 1백 권 이상의 책을 읽어야 졸업시키는 전북의 어느 고교는, 3학년 6개반 180여 명 중 상업계 4개반은 해마다 전원 취업, 인문계 2개반(60여 명)은 1백% 가까이 소위 일류 대학에 진학한다. 이런 것을 본받아 모방하는 것은 아니겠지만, 일본정부는 그들 고등학생에게 앞으로 교양서적 30권을 읽고 졸업논문을 써야 학교를 졸업하도록 할 전망이다. 문부성 심의회는 각 고등학교가 독자적으로 일본 문학, 고전, 국내외 명저 가운데 30권을 필독서로 정한 후 학생들이 반드시 읽도록 했다. 또 교육과정에 토론을 포함시키며 졸업논문도 반드시 쓰도록 했다. 이유는 간단하다. 인터넷의 발달로 정보습득은 쉬워졌지만 정보를 논리적으로 이해하는 능력은 매우 부족하다. 자연과학에 필요한 논리적 사고와 표현력을 높이기 위해 '생각하는 교육'으로 전환하는 것이 시급하기 때문이다.

앞으로 의무교육의 질을 제대로 관리하기 위해서는 수능문제의 품질을 제대로 관리하는 데 신경 쓸 필요가 있다. 국민보통교육의 실력을 재는 척도가 바로 수능이라면, 더욱더 수능문제의 질은 제대로 점검되어야 한다. 97년에는 평균이 68점이던 것이, 99년 75점, 2000년 84점, 다시 2001년에는 70점대가 되지 못했다면 수능문제 출제의 노하우가 제대로 쌓여져 있는 것인지 제대로 짚어보아야 한다. 수능은 수능시험이어야지 수능실험이 되어서는 누구에게도 곤란하기 때문이다. 지금처럼 수능이 대학수학능력 측정도구로 신뢰할 만하지 못하다는 여론몰이가 성공하면 본고사 부활이 고개를 들 것이기 때문에 더욱더 그렇다.

재능과외는 삶의 안전판이다

과외 시킨다고 학부모를 죄지은 듯 대하는 나라는 아직까지 우리나라 밖에 없다. 사실, 과외를 좋지 않게 바라보는 현상은 우리의 교육 전통이 아니다. 단지 시대의 특수성 때문에 70년대부터 생긴 현상이다. 원래 인간은 학습하는 동물, 교육학적인 전문용어로는 '호모 에루디티오(Homo Eruditio)'이다. 그래서 배우고자 하는 인간 특유의 본능을 어느 누가 강제로 억제할 수는 없다.

하지만, 우리나라가 과외를 규제하는 것은 파렴치한 입시과외 때문에 학교교육이 죽어가고 있기 때문에 고안해낸 임시변통의 처방일 뿐이다. 물론, 지금과 같은 학교교육에 문제가 많은 것이 사실이지만, 그렇다고 과외 때문에 밤잠을 설친 아이들이 학교에 와서 낮에는 꾸벅대고 졸기만 한다면, 학교의 체면은 말도 아닐 것이 분명하다. 게다가, 한 과목당 월 500만 원의 고액과외를 하게 놔둔다면 돈 없는 서민은 그야말로 더욱더 서럽게 살 수밖에 없다. 그래서 학교교육의 정상화나 계층 간의 위화감을 줄이기 위한 고육책으로 사회적으로 용인되지 않는 파렴치한 과외를 행정적으로 금지해 왔던 것이다.

그러나 이제는 헌법재판소의 결정으로 과외문제도 풀려서 그런 걱정은 하지 않아도 된다. 부모들은 한껏, 마음껏 자녀를 가르치면 된다. 솔직히 말해, 학교교육이 제대로만 된다면 과외는 필요없다. 그러나 현실이 그렇지 못해서 과외가 필요한데, 과외도 그 성격별로 나누자면 마치 악성종기와 양성종기처럼 악성과외와 양성과외로 나누어진다. 악성과외는 지금과 같이 공교육의 기능을 마비시키는 입시과외 같은 것이고, 양성과외는 학교교육을 보완해 주는 것으로, 학생의 개인적성이나 특기를 살려주는 재능과외이다. 학부모가 자녀에게 주력해야 될 과외는 양성과외이다. 입시과외는 대학입학으로 그 효력이 끝나버리는 소모교육이지만, 재능과외는 한 개인의 평생 동안 그의 삶을 풍요롭게 만드는 삶살이 준비교육이기 때문이다.

그러나 우리 학부모는 이런 재능과외보다는 악성과외에 더 민감하다. 그 심정에는 충분히 공감하나, 그것은 자녀의 삶에 대한 안전불감증에서 비롯되는 것이라는 생각이 든다. 솔직히 말해 우리 부모는 자녀의 안전에 대해 너무 무지하다. 지난 어린이 날이다. 가정마다 하나둘씩 귀여운 자녀를 데리고 들로, 강가로, 거리로 나들이를 나왔다. 어린이마다 롤러블레이드도 타고 자전거도 타고 마냥 즐겁게 놀고 있었지만, 내가 만난 수백 명의 아이들 중 머리를 보호하는 헬멧을 쓴 어린이는 단 몇 명에 지나지 않았다. 헬멧을 착용하지 않고 자전거를 타게 하는 부모는 교육선진국, 어린이보호선진국에서는 상상하기 어려운 일이다. 자전거나 롤러블레이드를 사주면서 절대로 잊지 않는 것이 바로 헬멧이며 안전교육이다. 헬멧을 사주지 않는 것은 우리 부모에게 돈이 없어서가 아니라, 자녀 안전에 대한 감이 없어서일 것이다. 정말로 자녀를 사랑하는 부모라면, 그들의 자녀에게 안전모와 안전교육부터 시켜야 한다.

재능과외는 자녀의 인생살이에서 삶의 안전망과 같다. 입시교육은 무리하게 강요하면서 반대로 재능과외를 도외시하는 것은, 헬멧 없이 자전거로 고속질주하게 하는 것이나 마찬가지이다. 재능과외는 삶을 풍요롭게 만들어준다. 우리 주위에는 수십 년을 공부했지만, 악기 하나 제대로 다루는 아빠가 없으며, 외국어 하나 변변하게 구사하는 엄마가 없다. 삶의 질이 그만큼 답답할 수밖에 없다. 정말로 자녀가 살아갈 삶에 관심이 있거든 적성특기과외 하나에 투자하라. 앞으로 그 누구든 풍요로운 삶을 살기 위해서는 외국인과 대화하는 데 어색하지 않을 만큼 외국어 하나쯤은 익혀야 한다. 그림을 그리든, 악기를 다루든, 가족과 더불어 즐길 수 있는 재능 하나쯤은 있어야 한다. 우리나라 정치 지도자나 경제계 지도자 중 우울한 삶을 사는 사람들에게서 공통적으로 발견하는 것이 있다. 그것은 '세계는 넓고 익힐 것은 많은데, 뭐 하나 제대로 익혀두지 않았기 때문에 겪고 있는 인생의 수모' 이다.

영재 컴플렉스를 벗어나자

서울시내 6개 외국어고교 1학년 학부모연합회 소속 학부모들이 헌법소원을 낸 적이 있다. 자녀들의 교육받을 권리를 되찾기 위해 헌법재판소에 헌법소원을 냈던 것이다. 교육부가 1996년 8월에 정한 종합생활기록부의 상대평가제도 시행방침이 그들 자녀의 교육권을 침해한다고 판단되었기 때문이다. 먼저 발표된 종생부의 절대평가제도와는 달리,

학생부시행방침은 대개가 성적이 우수한 학생들로 구성된 외국어고교 학생들의 내신점수에 불이익을 주기에 바로잡아야 한다는 것이다. 이들 학부모를 무시하는 교육부의 권위주의 행정관행을 차제에 바로잡겠다는 것이다. 이 모두는 정부청사 앞에서 보여준 이들 학부모시위를 새롭게 연장하고 있는 것이다. 한편으로는 교육부에게 그 책임을 묻고, 다른 한편으로는 자기 자녀의 교육권을 보호하겠다는 학부모의 노력은 학부모운동의 새로운 모습이라고 볼 수도 있다.

교육열, 욕만 할 일 아니다

헌법소원을 낸 그들의 심정은 충분히 이해되지만 개운치 못한 것도 사실이다. 어느 외국어고교 학생 400여 명이 고졸검정고시에 응하기 위해 고시 응시 마감일인 월말 이전에 자퇴원서를 냈다는 소식을 접한 후에는 더욱더 그렇다. 명문 대학에 졸업생의 90%를 입학시키는 그들의 입시전략이 경이로워서도 아니다. 그들 학부모가 돈 있고 힘 있고 목소리 큰 사람들이라 하는 소리도 아니다. 일선 교육청이 어떤 식으로 그들을 전입학시키고, 어떤 식으로 학교운영을 지켜보고 있는지 궁금해서 하는 소리도 아니다. 아마 이번 대입 응시생 면접 때 본 상당수의 검정고시 출신 학생에 대한 밉상한 마음이 되살아나서 그러는지도 모른다. 하나같이 번듯한 집안 자제들로 모두가 멀쩡한 허우대를 갖춘 그들에게 대입을 위해 자퇴시키는 것에, 심사가 뒤틀려 그러는 것이다.

물론 그들 학부모에게도 이유가 있기에 화를 낼 수만도 없다. 오히려 그들의 교육열에는 상을 주어야 한다. 공교육비보다 더 많은 그들의 사교육비가 없었다면 이 정도의 국가발전은 엄두도 못 냈을 테니 말이다. 사정이 아무리 그렇기는 해도, 우리는 영재 기르기에 넋 잃고 쓸개 빼놓고 있는 국민임에는 틀림이 없다. 영재교육에 대한 열망이 병적이다.

나라를 책임지는 사람들이 툭하면 하는 말이 바로 영재교육이고, 어느 기업치고 영재 뽑기에 열을 내지 않는 곳이 하나도 없기에 하는 말이다. 이 모두가 영재 컴플렉스의 상처 자국이다. 때만 되면 방송이나 신문지면 곳곳에 실리는 수석입학, 수석졸업자 명단이 그렇고, 영재를 팔면 장사가 되기에 1조 원 규모로 창궐한 영재교육 프로그램 시장이 바로 그렇다. 이 모두가 영재병 전염 증세이고 신음소리이다. 대도시 지역에 우후죽순으로 설립되어 있는 특수목적고교 역시 토종 영재콤플렉스의 부산물이다.

억지로 만드는 영재교육

"억지로 만들어내는 영재엔 한계가 있다." 이는 아인슈타인이 쓴 자서전 어디에선가 읽은 구절이다. 스위스의 취리히 의과대학 박물관에 세워져 있는 아인슈타인 박사의 흉상을 쳐다보노라면, 영재는 우리처럼 구겨지듯 만들어지는 게 아니라는 걸 호소하는 듯하다. 언제였던가, 서울대에 일등으로 들어가면서 그의 인생살이에서 공부가 가장 쉬웠다고 큰소리쳤던 어느 학생 역시 그렇게 호소하고 있다. 그는 아이큐는 113점에, 내신은 5등급이었다. 그래도 서울대 정도는 거뜬하게 들어갔던 것이다.

작년에 경제협력개발기구는 우리나라 초중등학생의 수학실력이 회원국 중에서 1위라고 보고한 바 있다. 미국은 꼴찌에 가까운 21위였다. 그런데도 미국 초중등학생의 과학실력은 단단하기 그지없다. 그들이 커서도 마찬가지이다. 우리는 게임에 강한 교육을 시키고, 그들은 원리와 응용에 강한 교육을 시키는 탓일 게다. 그러니까 우리는 영재교육을 시키는 것이 아니라, 그것을 빌미로 입시교육을 시키는 것이다. 그래서 우리 주위에서는 변변한 아르키메데스 한 명 찾아볼 수가 없다.

미국의 교육학자 역시 그들의 영재교육에 비판을 가하기는 마찬가지이다. 영재교육이 거품교육이라는 것이다. 영재를 모아다가 영재교육을 시킨 구 소련을 보라는 것이 그들의 주장이다. 학교교육에 별로 관심이 없는 학부모들에게 교육적인 자극을 주기 위한 전략으로 써먹은 영재교육에 신물이 난다는 것이다.

교육환경을 영재로 만들어야

새로운 시대가 필요로 하는 영재는 지금까지의 영재와는 그 모습이 달라야 한다. 컴퓨터의 왕이라고 불리우는 빌 게이츠는 정신과 의사가 구제불능이라고 처방했던 소년이었다. 그래서 미국에서는 학생들이 이곳 저곳에서 모두 영재처럼 느끼면서 공부할 수 있게 교육환경을 영재급으로 만들자는 운동이 번지고 있다. 범재도 영재급 교육환경만 주어지면, 영재급으로 커나가기 때문이다. 아이큐(IQ) 대신 이큐(EQ)나 엠큐(MQ), 말하자면 '눈치지수', '됨됨이지수'를 학교교육과정에서 더 중요시하는 것도 다 이런 연유에서 기인한다. 이런 짓을 보고 우리노 '눈치특목고'를 세워 눈치영재를 키워내자는 사람들이 있을까 겁부터 난다. 영재를 억지로 만들려고 하기보다는 교실환경을 영재급으로 만들어야겠다는 그들의 생각이 부럽기만 하다.

과외문제를 해결하려면

헌법재판소의 개입으로 과외에 대한 행정규제조치가 위법으로 판결났다. 그러나 지금과 같은 우리 교육 현실에서 입시과외는 교육의 발전을 저해하는 요소이며, 동시에 정상적인 교육활동을 파괴하는 괴력과 위력을 갖고 있는 비정상적인 사교육이다. 그래서 적절한 시기가 올 때까지 입시과외는 적절히 규제되어야 한다. '적절한' 시기란 '모든 이를 위한 고등교육체제'로의 다선형 학제가 실천되는 그때까지를 의미한다. 과외는 우리 교육에서 한 번도 실패해 본 적이 없는 '과외불패(課外不敗)'의 역사를 갖고 있다. 해방 이래 그 어느 정부도 과외 추방에 성공한 적이 없었고, '국가 인증 과외'를 싼값으로 공급하기 위해 교육방송을 동원했어도 학부모의 과외 수요를 잠재울 수 없었다.

입시교육의 사적인 수단인 입시과외의 수요를 적절하게 제어하기 위해서는 우선 우리 사회에 만연되어 있는 학벌의식과 그것을 부추기는 학력주의부터 적절하게 제어할 수 있어야 한다. 학력주의는 첫째, 브랜드대학, 둘째, 학연에 의한 후원적 인간관계 유지, 셋째, 그로부터 얻어지는 사회적 지위 등으로 구성된다. 이런 세 가지 조건은 브랜드대학 선호도, 핵가족화, 중산층 증가, 산업화와 같이 학력주의를 구성해 주는 지표의 사회적 의미를 더욱더 강하게 부각시킨다. 그리고 너나없이 모두가 대학에 들어가야 한다는 식으로 학력의 인플레이션과 브랜드대학에의 수요를 높여놓는다. 이 학력주의가 사회적으로 그 위력을 발휘하면서 신분집단, 말하자면 학연으로 연결되는 사회세력을 형성하게 된다. 신분집단을 위한 대학교육은 경제적 유용성 못지않게 문화적 상징성도 가져다주기 때문에 사회에서 지속적으로 진행된다. 결국, 사람들은 학력주의의 결과인 학력인플레이션 현상이나 비인간적 입시교육의 병폐 같은 것에는 무관심할 수밖에 없다.

학력주의는 이 사회에서 완전히 사라질 수가 없다. 그러나 학력주의를 구성하는 사회적인 지표 요인을 적절하게 통제함으로써 학력주의를 어느 정도 제어할 수는 있다. 학력주의의 문화적 상징성이 학력주의의 사회적 지표성과 꼭 일치되지는 않기 때문에 그런 통제가 가능하다. 학력주의의 지표들이 사회적으로 완화된다고 해도, 학력주의가 갖는 문화적 상징성은 사람들에게 사회심리적인 효용가치를 준다. 결국, 학력주의를 완화하거나 적절하게 제어하기 위해서는 학력주의의 문화적 상징성을 약화시키는 정책이나, 브랜드대학에 대한 선호도, 핵가족화, 중산층 확대, 산업화 등과 같이 학력주의 지표가 발휘하는 사회적인 힘을 약화시키는 정책의 도입이 필요하다. 사정이 그렇기는 해도, 학력주의를 제어하기 위해 현실적으로 우리가 선택할 수 있는 것은 학력주의의 사회적 지표성에 대한 미약한 통제일 뿐이다. 그 중에서도 학력주의와 그로부터 얻어질 것이라고 기대하는 신분사회로의 문화적인 통로인 브랜드대학에 대한 국민적 선호도를 현실적으로 약화시킬 수 있을 뿐이다. 이러한 제어책이 바로 모든 이들이 자신의 능력에 따라 자유롭게 출세할 수 있는 기회를 보장해 주는 다선형 학제의 도입이다.

지금과 같은 방식으로 초중고등학교의 공교육을 강화한다고 해도 과외문제는 제대로 풀리지 않을 것이 분명하다. 지금과 같이 브랜드대학 진학을 위한 입시교육이 사라지지 않은 채 진행되는 공교육의 강화는 재정의 낭비만을 가져올 뿐이다. 우리나라 현실에서 공교육의 정상화는 학제개편과 분리해 생각하면 곤란하다. 교육재정의 투입을 통해 공교육이 교육적 의미를 지니려면 대학교육제도의 개혁은 필수적이다.

교육재정 투입을 효율화하고 동시에 교육의 공공재적인 효과를 최적화하기 위해서는, 무엇보다도 브랜드 국공립대학들간에 입학 기회의 평준화와 교육내용의 균질화 정책이 도입되어야 한다. 국공립대학들은 기본적으로 납세의무를 수행한 모든 국민에게 입학과 전학의 문을 개방해야 한다. 동시에 사학에게는 학생선발권의 자율을 보장해야 한다. 앞으로 우리나라는 모든 사람에게 고등교육 기회를 주는 쪽으로 변화될 수밖에 없기에, 모든 대학은 '열려 있는 평생학습 고등교육기관'으로 개혁되어야 한다.

이런 일은 국공립대학에서부터 먼저 시작되어야 한다. 국립대학 입학이나 교육은 국민에게 결코 특권이 아니라는 인식과 그런 교육정책적 조처가 필요하다. 국립대학은 공교육 재정으로 운영되는 한, 납세하는 국민들의 실질적인 평생학습을 위한 열린 고등교육기관으로 거듭나야 한다. 모든 이를 위한 이러한 고등교육정책은, 공공재정으로 개인의 출세를 추구하는 개인의 욕심부터 순화시킬 때 가능하다. 이런 일이 제도화되면, 국립고등교육기관의 공공재적 성격은 더 한층 분명해질 것이고, 이로부터 입시과외에 대한 학부모의 열기도 줄어들 것이다.

악성 사교육비를 바로잡으려면

교육선진국치고 우리처럼 연간 18조 원이나 들어가는 사교육비 때문에 멍들고 있는 나라는 없다. 외국 신문마저 우리나라 과외를 들먹이는 판국이니 사교육비 망국론이 틀린 말은 아니다. 사교육비가 사회발전을 가로막고 있는 공적(公敵) 제1호라고 성토하는 나라도 우리 말고는 없다.

물론, 사교육비 모두가 몽땅 문제덩어리인 것은 아니다. 사교육비 중에서는 등하교에 필요한 교통비, 준비물 구입에 쓰이는 학용품비와 같이 국가가 공적으로 지불하지 않지만 아이들의 성장에 꼭 필요한 양성 사교육비도 있다. 학원비도 마찬가지이다. 국가가 감당하지 못하는 기술계 학원이나, 특기, 재능 혹은 심성 기르기 학원은 양성 사교육비에 속한다고 볼 수 있다.

화근덩어리는 바로 악성 사교육비이다. 입시훈련을 목표로 하는 학원들이 바로 악성 사교육비를 먹고 사는 암세포들이다. 학원과외가 그렇고, 과외 뚜쟁이가 그렇고, 틈만 나면 학교를 파고드는 모의고사 모두가 다 그 판이다. 교육 정상화하고는 거리가 먼 각종 부교재들이 모두 악성 사교육비의 군락이다. 이런 악성 사교육비가 우리 교육을 반신불수로 만들며 우리나라 교육에 구멍을 내고 있다. 교육의 생산성이라고는 하나도 없는 낭비의 교육을 부추기고 있으며 교육을 파괴하고 있다. 이제는 이런 괴기스런 망령이 이 가정 저 가정의 가계부를 밤낮으로 훑어보고 있다.

이를 막으려면, 악성 사교육비가 자라나는 토양을 갈아엎어야 한다. 그 뿌리부터 캐내버려야 한다. 이들과 연결되는 정치권과의 연결고리가 있다면 그것도 절단하고 처단해야 할 것이다. 놀랍게도 이런 악성 사교육비의 주인공은 로비에는 일가견을 갖고 있는 귀재들이다. 그래서 섣불리 했다가는 큰코 다치게 된다. 가진 것이라고는 돈밖에 없다는 그들 나름의 우스갯소리가 결코 예사롭지 않은 대목이 바로 여기다. 언론의 유비통신을 통해 이렇게 저렇게 들려오는 소문이기는 하지만, 그들의 로비활동비가 연간 수십억 원에 이른다는 이야기에 등골이 오싹해진다. 때때로 정치권이 뒤에서 돌봐주기도 한다는 소리도 들린다. 모두가 해괴한 소문이겠지만, 과외와 학원을 경영해서 학원재벌도 가능한 이 나라의 탁한 토양이고 보면, 그들에게 로비자금은 그까짓 것쯤될 것이다.

대학 본고사가 폐지되었을 때, 한사코 그것의 부당성을 지적한 사람도 그들이었다. 그것을 트집잡아 국가 망하게 만드는 조처라고 힐난한 것도 그들이었다. 그러나 상황이 바뀌자마자, 속전속결의 수능전략을 만든 사람도 그들이었고, 그것의 효능을 최대한 부풀린 사람도 그들이었다. 이제는 논술시험도 그들의 상업성 때문에 사경 속에서 신음하고 있다. 그들의 손에 들어가면, 무엇이든 서민의 가계부를 조각 내는 비수로 변하고 만다. 이번의 수강료 인상이 교육감 독단의 결정이 아니라 학부모도 참여하는 위원회의 결정이기는 했지만, 서민들은 막무가내로 그들에게 후한 점수를 주지 않는다. 오히려 학원수강료 인상이 학원로비의 성과라는 말에 더 솔깃해한다.

악성 사교육비의 원천이 되는 것은 그 무엇이든 막아야 한다. 과외는 물론이고, 입시학원 구멍도 조건 없이 틀어막아야 한다. 그러나 무지막지하게 막는 것보다는 오히려 악성 사교육비가 필요 없는 교육제도를 만드는 것이 더 경제적일 것이다. 그것은 바로 대학의 문을 손질하는 일이 될 것이다. 이런 의미에서 정부가 고려하고 있다는 서울대학교의 대학원중심대학 방안과 지방대학 통합 정책은 크게 기대해 볼 만하다.

국공립대학 평준화정책의 한 형식으로 보이는 이른바 열린 국공립대학 정책을 강력히 추진해야 할 것이다. 국민의 세금으로 운영되는 대학은 국민의 것이 되어야 하며, 정부예산을 줄이기 위해서라도 모든 국민이 시험 없이 입학할 수 있어야 한다. 간단한 수능시험이라고 하더라도 시험 당일은 고사하고, 350여만 장에 이르는 OMR 답안지를 컴퓨터에 입력하는 데 15일, 성적통지표를 인쇄하는 데 10여 일 걸리는 등 단 한 번의 시험을 위해 쓰는 정부예산이 100억 원 정도나 된다고 한다. 단한 번 쓰면 더 이상 용도가 없는 일회용 자격고사를 위해 한순간에 수천억 원을 날려버리는 시험을 왜 매년 치러야 하는지 알다가도 모를 일이다. 현재 수능이 갖고 있는 단순기능을 다수기능으로 배가시키지 않는 한 수능시험의 용도 역시 재고해야 한다. 이런 저런 것을 면밀히 검토하면, 국공립대학의 대중화를 위한 차기 정부의 학제개혁방안은 효과가 클 것이 분명하다.

사교육비와의 전쟁에서 승리하려면, 정부는 차제에 잘못된 결정은 바로잡고, 그것에 빌붙은 악성 사교육비는 화근부터 도려내야 한다. 교육을 파괴하는 악성 사교육비를 도려내서 생길 손해래야 별것이 아니다. 그까짓 표 몇 개 때문에 나라 교육의 꼴을 엉망으로 만들지는 말아야 한다. 악성 사교육비의 척결은 선택의 문제가 아니라 결단을 내려 처리해야 할 사안이다.

대학무시험을 위한 치열한 입시준비교육은 막아야

무시험 대학입시의 시대가 열리고 있다. 학생선발에 대한 대학의 독점권이 해체된다고 보면 된다. 대학무시험전형으로 그동안 피멍으로 얼룩졌던 고교교육이 제대로 일어날 수만 있다면 좋겠다. 이제까지는 대학입시 공정성에 관한 논란의 책임이 대학에 있었지만, 앞으로는 일선고교가 그 책임을 져야 하기에 그렇다.

학생들의 내신성적, 학교장 추천, 고교차에 대한 객관성이나 공정성 보장이 급하다는 여론이 있다. 그러나 그런 자질구레한 대책 마련은 급할 것이 없다. 정부가 대학의 무시험전형제도를 제대로 정착시키려면 침착해야 한다. 우선, 모든 교육정책을 학벌중심교육정책으로 유도하는 것이 화근이라는 사회의 여론부터 진정시켜야 한다. 서울대로 하여금 무시험전형을 선창하게 하고, 나머지 대학들에게 제각기 후렴이나 따라 부르게 하는 관행부터 불식해야 한다는 것이다. 소수 대학 중심의 입시정책 때문에 한국교육이 이 모양 이 꼴이 되었다는 여론이 섬뜩하기조차 하다. 무시험전형이라고 해도, 소수 대학 입학을 겨냥하고 있는 학력경쟁이 초등학교부터 시작될 것이라는 학교 여론에는 질식할 만하다. 무시험 입시를 위한 입시 준비만큼은 이전보다 더 치열해질 것이라는 고교생의 불신에도 예리하게 대처해야 한다. 무시험전형이 지금까지는 총칼을 들고 한 판 승부를 벌였다면, 앞으로는 맨주먹으로 한 판을 벌이라는 주문과 비슷해서는 모두가 곤란하다.

대학 무시험전형제도가 제대로 시행되려면 고교교육이 전면적으로 개혁되어야 한다. 교장의 학교 경영 능력과 교사의 전문성이 보다 강화되어야 한다. 지금까지는 대학입시 훈련이나 시키고 학부모의 과외 능력을 믿으면 되었지만, 앞으로는 고교가 주도적으로 새로운 교육을 이끌어나가야 한다. 현재의 일선 고등학교로서는 이 모든 것이 버겁기만 하다. 고등학교가 변화하지 않으면, 무시험제도는 끝내 무용지물이 된다. 수능시험의 종말을 봐도 그렇고, 논술고사의 운명을 봐도 그렇다. 위성과외의 비운 역시 마찬가지이다. 수능시험이 학생들에게 고차원의 사고력을 재는 시험이라고 우기던 때와는 달리, 이제는 사교육비의 주범으로 단죄받고 있다. 학생들에게 독서력을 진작시키고 학교교실에서 탐구교육을 장려한다던 논술의 운명 역시 끝이 좋지 않게 되었다. 사교육비를 경감시켜줄 것이며, 저렴한 과외를 제공하기 위해 추진되었던 위성교육방송 역시 학생들에게 외면당하는 수모를 겪고 있다.

학교장의 추천과 학교평가의 공정성을 보장하기 위해 학교운영위원회의 개입이 불가피하다는 생각도 있는가 보다. 지금의 고교 현실로 보아 일리가 있기는 하나, 무시험전형의 자생력을 기르기 위해서는 그래서는 안 된다. 학운위가 입시과정에 참여하고 싶더라도 좀 참아야 한다. 학교와 교사부터 믿어야 한다. 교사에게 평가권을 일임해 주는 것이 고교교육을 살리는 지름길이다. 학부모의 학교 참여가 교사의 평가권과 긴장을 일으켜서는 학교장, 교사, 학부모 어느 누구도 제 구실을 못하게 된다. 교사가 소신 있는 평가를 하기도 어려울 것이고, 학교장이 확신 있는 추천을 하기도 어려울 것이다. 학교장이 학생에게 겉치레용 추천서나 써주면 무시험전형은 그날부터 비판의 과녁이 될 것이다.

대학이 전국 고교간의 학력 차이를 비교 검증하겠다고 우기면 정부는 적극적으로 말려야 한다. 도시와 농촌 고교간에 평균 20~30점 정도의 학력 차이가 있는 현실을 몰라서 그런 것이 아니다. 전국의 고교 서열화를 확실하게 만들어놓는 일은 중등교육을 죽이는 길이다. 물론, 고교 학력차를 고려하지 않으면, 특목고와 대도시 중산층 고교학군, 비평준화 지역 유명고교의 학부모들이 들고나설 것도 분명하다. 특목고는 원래 취지대로 특수목적교육이나 잘 시키라고 한다고 해서 설득당할 그들이 아니다.

그래서 무시험전형의 성공을 위해서는 '고교 살리기'부터 먼저 시작해야 한다. 중등교육환경의 질을 높이는 일이 무엇보다 급하다. 대학 구조조정의 협조 대가로, 몇몇 대학에게 몇천억 원을 나눠주지 말고, 전국 중등교육의 환경부터 먼저 개선해 줘야 한다. 대학에게 밑 빠진 독에 물 붓기하듯 투자해서 얻는 득보다는 중등교육에 과감하게 투자하는 것이 장기적으로는 더 득이 될 것이다. 고교교육만 제대로 받아도 인생살이에 구김이 안 가도록 중등교육의 질과 환경을 전폭적으로 개혁해 주어야, 무시험입학제도도 제 명을 누릴 수 있다.

수능시험과 교육과정평가원

고등학교에서는 수능시험을 앞두고 기묘한 일이 벌어진다. 학생들이 모의고사를 입시학원에서 준비하는 것이 바로 그것이다. 학교에서는 집단모의고사를 2회 이상 치를 수가 없기 때문이란다. 교육부의 지시이기에 그렇게 따를 수밖에 없다는 것이 학교의 변이다. 그러나 학부모로서는 아무리 교육부의 지시라고 하지만, 그런 지시를 따르기가 역겨울 뿐이다. 학부모의 사교육비를 줄여주기 위한 목적으로 제시된 집단 모의고사 시행 횟수 제한이라는 교육부의 지시가 오히려 학부모의 호주머니를 더 축낸 꼴이 되었다. 왜냐하면 학부모는 자녀가 시험문제를 더욱더 잘 푸는 데 도움이 된다고 믿어지는 시험이라면 수천 번이라도 치르게 할 수밖에 없기 때문이다. '두뇌한국' 지원을 받는 서울의 몇몇 명문대가 재정지원의 대가로 입학정원을 줄였기 때문에, 대학 들어가기가 어려워져서 더욱더 그럴 수밖에 없다.

일이 이쯤으로 되니, 학부모들은 두 가지 질문을 할 수밖에 없다. 교육부의 고교정책이 무엇이냐는 것이 첫번째 질문이고, 초중등교육의 교육과정과 평가에 관한 전문적인 연구기관인 교육과정평가원은 도대체 무엇을 하는 곳인가 하는 것이 두 번째 질문이다. 요즘 심심치 않게 사설 평가기관의 기사가 학부모에게 관심 대상이 되고 있다. 그 기사는 바로 사설 입시학원의 학력평가 결과이다. 우리나라 학생들의 학력이 예전에 비해 줄었느니 혹은 어쨌느니 하는 기사를 읽게 되면, 도대체 우리 교육부의 교육정책은 무엇인가 하는 의구심을 저절로 갖게 된다. 초중등교육이나 학생들의 학력평가에 관한 것은 정부가 관장해야 하는 고유기능일 수밖에 없다. 교육당국이 고교생의 대학진학지도를 사설 평가기관에게 맡기고 있다는 의구심이 들면 들수록, 국민은 자녀교육을 사교육에 더 의존할 수밖에 없다. 일이 이렇게 되면, 사교육비를 줄이겠다고 만든 정책이 국민의 사교육비를 키워놓는 꼴이 된다. 교육부에 대한 국민의 곱지 않은 시선을 교정하려면, 우선 교육부 스스로 학생의 학력평가와 학력정책은 국가의 공신력으로 처리하겠다고 약속해야 한다.

교육부가 그런 일을 하려면 교육과정평가원이 전문적으로 교육부를 뒷받침해 주어야 한다. 원래 교육과정평가원은 학생들에게 고차원의 수학능력을 길러줄 수 있는 평가도구를 만들어내기 위한 전문연구기관으로 출발했다. 그런데도 평가원 스스로 수능시험의 위상이나 성격이 무엇이어야 하는지에 대해서도 아직까지 유동적이라면 전문성을 의심받기 꼭 알맞다. 수능시험 문제가 쉬워야 한다고 미리 정책적으로 결정하는 것도 한 나라의 교육을 위해서는 제대로 된 출제정책이라고 보기가 어렵다. 교육과정평가원은 학생 스스로 자기 주도적으로 생각하며 학습할 수 있는 능력을 길러줄 수 있는 평가문항을 자신 있게 출제할 수 있음을 보여주기만 하면 된다. 그러므로 평가원이 만든 문제가 학생이 풀기에 어느 정도로 쉬운지 혹은 어려운지 하는 것은 부차적이거나 기술적인 문제일 뿐이다. 자신이 없기 때문에 부차적인 것이 가장 중요한 관심거리로 등장하는 것이다.

교육과정평가원이 사설 평가기관과의 경쟁에서 이기려면 시험문제 출세 서간史 노릇부터 청산해야 한다. 교육과정평가원은 매년 시험문제 출제 모집책 역할을 위해 동분서주하며 아까운 시간이니 소모시킨다. 수능시험문제 출제를 위해 대학교수나 교사를 불러모아 호텔에 가두어놓고 시험문제를 출제하는 것이 바로 그것이다. 평가원이 제아무리 시중에 나도는 사설 기관의 시험문제와 구별되는 시험문제를 내려고 하지만 그 노력은 밤낮 허탕이다. 출제자들의 문제 출제의 지력에 한계가 있기 때문에 그럴 수도 있지만, 더 중요한 이유는 사설 평가기관의 입시문제전략을 당해낼 수가 없다는 데 있다.

어떤 교수가 어떤 유형의 시험문제를 출제할 것인지를 파악하는 것은 식은 죽 먹기보다도 더 쉽다. 이맘때쯤 대학가에서 장기간 자리를 비우는 교수는 틀림없이 시험문제 출제에 차출되었다는 증거가 된다. 그런 교수 밑에서 공부하고 있는 대학원생을 골라 시험문제를 출제하게 하면 게임은 거의 끝난다. 시험문제 출제에 차출 당한 교수가 출제할 수 있는 가능성이 큰 시험문제를 대학원생이 출제해주기 때문이다. 이런 시험문제를 미리 갖고 가르치는 아르바이트생이나 학원강사가 바로 족집게 과외선생이다.

교육과정평가원의 전문성을 기르기 위해서는 미안한 말이지만, 수능 시험문제를 공개하는 일이 필요하다. 공개하면 비판이 뒤따르게 마련이고, 그렇게 되면 시험문제 출제 능력도 더욱더 전문화된다. 시험문제 출제 때문에 생기는 혼란은 곧 전문성이 결여되어 있다는 자기고백이 될 수밖에 없다.

교육과정평가원이 이런 일을 할 수 없다면 차라리 사설 평가기관에게 역량을 몰아주는 것이 보다 더 경제적일 수가 있다. 사설 기관의 컨소시엄을 만들어 시험출제부터 평가에 이르기까지의 모든 과정을 객관화시키고 전문화시키면, 지금까지 우리가 겪었던 시험출제와 평가에 대한 혼란을 극소화시킬 수 있다. 이렇게 되면 오히려 사교육비는 훨씬 더 절감될 수 있다.

교실붕괴를 막기 위한 문화교육과제

앞서 나가는 여러 나라는 새 천년의 학교교육 과제로 새로운 문화에 성공적으로 적응하는 것을 들고 있다. 새 천년의 문화는 지난 세기의 문화와는 질적으로 너무 상이하기 때문이다. 새로운 문화에 발 빠르게 적응하지 못해 생기는 '문화 지체(cultural lag)'는 교육의 낙후를 초래한다. 새로운 천년의 문화는 디지털의 문화라고도 하고, 새로운 감성의 문화라고 불리기도 한다. 이 모두는 시침, 분침, 초침의 기계적인 시계 중심의 시간관이 아니라 사람 중심의 시간관으로 새롭게 거듭나는 '신감성(新感性) 문화'가 뒷받침한다.

지금까지는 시계가 우리의 일상사를 결정해 왔다. 밥을 먹는 것도 그렇고, 출근하는 것도 그렇고, 잠을 자는 것도 그렇고, 모든 것은 '학교 종이 땡땡땡' 식의 시계관으로 시작했다. 시간의 개념을 간직하고 있는 시계가 발명된 것은 1275년경이었다. 물시계와 해시계의 시작이 바로 그것이었다. 시침의 시간을 더욱더 세분화시키는 분침은 1500년대쯤이 되어야 등장했다.

왕이나 제후 모두는 이런 시침의 시간으로 인간생활의 하루를 결정했다. 옆 사람의 얼굴을 구분할 수 없을 만큼 어두워지면 모두가 일을 끝냈다. 그러니 당시에는 시간뿐만 아니라 모든 것이 모호한 기준에 의해 측량되었다. 그 중에서도 시간은 무엇보다도 제멋대로 결정해서 썼다. 무역과 상업이 잘 발달한 베네치아의 1년과 플로렌스의 1년은 서로 같지 않았다. 자기의 나이를 정확히 알고 있는 사람도 거의 없었다. 그래서 미켈란젤로의 나이나, 나폴레옹의 나이가 실제로 몇인지도 불분명했다. 개인마다 사회마다 서로 다른 시간관이 지배하는 사회가 중세 사회였다.

톱니바퀴와 추를 이용한 시계가 등장하면서부터 세상은 달라지기 시작했다. 사람들의 일상생활은 일정 척도로 구획된 초침, 분침, 시침에 따라 통제되기 시작했고, 개인의 삶 역시 시계의 시침, 분침, 초침에 따른 감정과 논리로 구획되기 시작했다. 이때부터 인간의 모습은 시계 끝에 매달려 사는 그것과 비슷해지기 시작했다. 시계 기술자이자 발명가인 아더 갠슨이라는 예술가가 만든 유명한 시계 조각이 바로 그것을 보여주고 있다. 시계바늘은 그야말로 과학문명의 총아인 전기모터로 돌아간다. 시침 끝과 시계 꼭대기에 매달려 있는 사람 모양의 인형들도 전기에 의해 규칙적으로 움직인다. 그들의 불안한 춤을 조종하는 것은 사람이 아니라 시침과 분침, 초침이다. 그 초침은 다시 그것들을 잇댄 기어와 활차, 스프링에 의해 움직인다. 이 시계 작품이 우리에게 알려주는 이 시대 마지막 교훈은, 인간은 시간을 다스리는 법을 배우면서 동시에 시간의 멍에를 뒤집어쓰게 되었다는 점이다.

이제 새로운 천년의 시간관은 시침에 얽매여 있던 인간에게 정반대의 갈 길을 보여주고 있다. 시간의 멍에를 뒤집어쓰고 있었기에 시간을 다스리는 법을 배우면서부터 시침, 분침, 그리고 초침의 시간들이 무의미해지기 시작했다는 역설이 바로 그것이다. 그것의 시작이 바로 디지털 중심의 새로운 인간 중심 시간관이다.

호모 에루디티오의 평생학습문화

'침침침'의 문화는 지난 한 세기 동안 산업화 과정이 만들어낸 즉석 시간 문화이다. 이 문화는 모든 것이 바빠진 생활 속에서 초침과 분침으로 살아가도록 요구하는 몰개성의 문화였다. 모든 것이 순간적인 사랑과 이별, 순간적인 선택과 만족, 순간적인 쾌락을 추구한다. 그래서 이 사회에는 인스턴트 식품, 인스턴트 사랑, 인스턴트 부부, 인스턴트 복장, 인스턴트 정치, 인스턴트 의학, 인스턴트 정책, 인스턴트 교육으로 대표되는 인스턴트 문화가 탄생되었다. 비아그라라는 약품이 그렇고, 핵가족이라는 말 역시 인스턴트 가족을 지칭하는 말처럼 들리도록 되었다. 이런 초침, 분침, 시침의 인스턴트 문화를 이끌어가는 것은 가르침의 교육이었다. 무엇이든 즉석에서 가르쳐야 될 것은 곧 바로 교육의 과제였다.

학습은 없고 교육만 있는 사회가 인스턴트 교육사회이다. 반대로, 새로운 천년의 사회는 가르치는 즉석 교육사회가 아니라 배우고 익히는 학습사회이다. 인스턴트(instant)는 보내버리고 컨스턴트(constant)를 익히는 학습사회이다. 학습이 가능하려면 무엇이든 후딱후딱 임기응변으로 때우는 '즉석'은 보내고, 자기 삶의 의미를 파내는 감성적 지구력의 항상심이 필요하다.

지식을 익히는 데도, 지식을 만들어내는 데도, 삶을 살아가는 데도 무엇인가 새롭게 자기 식으로 배우려고 하는 학습의 항상심이 있어야 한다. 우리는 새 천년의 새로운 인간을 학습인간, 즉 호모 에루디티오(Homo Eruditio)라고 부른다. 모든 이가 배우는 배움의 사회에서는 배우는 이가 문화의 주체가 되며 자기 시간을 자기 식으로 쓸 수 있다.

이것이 새 천년의 새로운 학습문화이다. '새로운 학습'이란 새로운 지식습득과 직업활동을 위한 학습일 수도 있고, 삶의 질을 높이기 위한 학습일 수도 있다. 평생학습문화에서는 학습자가 자기의 끼, 자기의 멋, 자기의 맛을 자기 색깔대로 드러내는 자기표현의 문화가 일상생활의 한 장이 된다. 자기표현문화는 모든 이들이 문화적인 주체가 되도록 만드는 문화민주주의, 문화생활의 일상화를 요구한다. 예술가만이 문화를 만들어내는 것이 아니라, 보통사람들이 문화를 만들어내고 그것을 소비하는 문화가 중요하다.

새 천년의 학교교육이 제 기능을 발휘하려면, 학생들에게 '침침침'의 침 튀기는 가르침이나 획일적인 시간의 구속성을 가르치는 데서 빨리 벗어나야 한다. 이것이 불가능하다면, 교실붕괴, 학교해체, 교육와해의 속도는 문명사적으로 더욱더 가속화될 수밖에 없다. 학교는 가르치는 곳이 아니라 배움의 장터이고, 마치 진짜 장터처럼 분주하고 즐거우며 끝내기가 아쉬운 곳이어야 한다.

학교의 '왕따문화'를 바꾸려면

우리나라 학교에 집단따돌림을 당하는 '왕따' 학생이 대략 5400명이나 된다고 한다. 전국 초중등학교 학생을 대상으로 실시한 무기명 조사의 결과다. 교육부의 공식적인 보고인데도 그 숫자가 사실로 믿겨지지 않는다. 너무 많아서 그런 게 아니라, 의외로 너무 적어서이다. 조금 더 심층적으로 조사해 보면 이런저런 이유로 교실에서 따돌림받는 학생수는 상당할 것이다.

5400이란 숫자가 적다고 생각되는 것은, 우리의 학교문화는 학생 인권보호에 관한 한 사각지대라 그렇다. 또한, 교실에서 일어나는 따돌림은 학생들간에 거래되는 은밀한 학생문화이기에 그것이 제대로 포착될 리가 없기 때문에 그렇다. 요즈음은 춥고 배고파서 무료급식을 받는 학생들마저도 왕따로 찍히고 있다고 한다. 큰일날 일이다. 왕따 때문에 자살하는 학생도 늘고 있다. 왕따는 학생문제이기에 앞서 사회문제이지만, 이 문제의 해결을 위해서 일단 학교교육에 기대를 걸어보는 것이 좋을 듯하다.

그러려면 무엇보다도 학교는 첫째로, 집단따돌림을 없애기 위해 타문화 접촉 교육부터 철저하게 해야 한다. 더불어 살아가며, 더불어 성취하는 신뢰문화가 교육의 토대가 되도록 해야 한다. 왕따 현상은 학생 개인의 문제가 아니라 병든 집단문화의 한 단면이다. 사람간의 서로 다름은 아름다운 것이라는 신뢰문화가 싹터야 한다. 유색인종 차별문제로 골머리를 앓던 미국교육도 교실과 사회현장에 타문화 신뢰교육을 제도화한 뒤로 그 문제를 제대로 풀 수 있었다. 신뢰문화를 교실교육에 정착시키려면 집단따돌림에 대한 이해부터 달리해야 한다.

집단따돌림은 단순히 학생들의 개인주의 성향 때문에 생기는 것이 아니다. 오히려 그 반대다. 다른 아이를 부정하고 약자로 만들어 우월해지고 싶은 욕심 때문에 생기는 것만은 아니다. 학교교육에 대한 분노 때문에 생긴 것이다. 약자나 이단자에 대한 배려가 집단압력을 이겨내지 못할 때 왕따 현상이 자연스럽게 만들어진다.

우리의 왕따는 일본의 이지메(집단괴롭힘)에 다름 아니다. 일본이나 우리 사회 같은 집단주의문화, 대화와 토론 부재의 문화, 단일민족사회의 교육 현장에서 자주 발견되는 집단병리 현상이 바로 왕따다. 남의 것은 나와 다르다는 생각을 참아내지 못하는 문화적 병리증세이다.

둘째로, 왕따문제를 포함해서 학생인권이 존중받는 학교교육이 우리에게 필요하다면, 두말할 것 없이 우리의 닫힌 교육부터 열어젖혀야 한다. 지금과 같이 학교 스스로 앞장서서 아이들을 시험으로 가두고 성적으로 왕따하는 한, 학교에서 왕따 현상이 사라지기는 매우 어렵다.

학교는 사회의 축소판이다. 그래서 학교가 학생에게 교육적으로 좋은 깃만 가르쳐줄 수는 없다. 학교는 가정환경이 엄청나게 서로 다른 아이들이 모여서 공부하는 곳이다. 이런 학교문화가 조화롭게 이루어지려면, 더불어 사는 법부터 가르쳐야 하며 서로가 서로를 신뢰하는 법부터 먼저 익히게 해야만 한다. 그런데도 우리나라 학교가 실제로 하는 일은 그렇지가 못하다. 학교처럼 나 먼저 사는 법을 가르치는 곳도 드물고, 학교만큼 경쟁과 이기주의를 가르치는 곳도 드물다.

이것저것 말로는 다 열어놓고도 학교는 끝내 성적으로 학생들을 닫아놓는다. 이것이 닫힌 교육이고 왕따의 시작이다. 이런 닫힌 교육에서 아이들은 폭력의 위력도 배우고 따돌림의 정당성도 익히게 된다. 교사가 체벌을 가하면서 폭력의 부당성을 가르친다면 그것이 제대로 배워질 리가 없다. 꼴찌에게 성적순으로 창피나 주면서 인권존중이 중요하다고 가르친다고 해서 그것을 곧이곧대로 익힐 그들도 아니다. 지금처럼 학교가 일등과 꼴찌를 생산해 내며 그들에게 성적순으로 창피나 주는 한, 아이들 마음속에 생기는 학교에 대한 분노를 막을 길이 없다.

일본에서 기승을 부리고 있는 학급파괴 현상이 학생들의 학교에 대한 분노 때문에 생기고 있다는 점을 우리 역시 귀담아 들어야 한다. 학교가 자녀들이 편안하게 공부할 만한 그런 안전한 곳이 되려면, 학생의 개인권리에 대한 학교의 기존 관행부터 바꾸어야 한다. 교육청이 이런 왕따문제를 학교문화개혁 차원에서 바꾸어놓지 않으면, 어느 학부모처럼 교육운동단체를 통해 법에 호소해서라도 바로잡을 수밖에 없다.

청소년 자살 모두가 막아야 한다

우리의 아이들이 죽음을 택하고 있다. 청소년 자살은 가난해서가 아니다. 경제적으로 풍요로운 뉴질랜드나 핀란드의 청소년 자살율이 세계 1, 2위인 것을 봐서도 그렇다. IMF 위기를 거친 나라에서 성인 자살자가 증가했던 것은 사실이지만, 아이들이 이처럼 떼로 자살하지는 않았다. 이 아이들이 속세에 그 무슨 한이 커서 세상 떠나는 일을 연습하는 것도 아니다. 역경을 이겨낸 나라의 정신적 토대가 허약해서 모두 이런 일이 벌어지고 있는 것이다.

물론 선진국도 열댓 살 청소년 때문에 몸살을 앓고 있다. 청소년 폭력이나 자살이 매 15초마다 터지고 있지만 우리하고는 사정이 다르다. 일본에서는 중고등학교 학생들의 칼질 때문에 교사가 교직을 포기하고 있다. 버터플라이라는 예리한 칼로 평소에 찍어놓은 교사를 표적 삼아 공격을 하고 있다.

미국에서는 청소년의 총기난사 때문에 학교가 공포에 떨고 있다. 교정에서 총기를 발포하는 일이 한두 번이 아니다. 마약중독 청소년도 점점 늘어나기에, 국가교육개혁의 첫번째 과제로 청소년 마약퇴치를 들고 나서고 있는 실정이다. 12~16세 청소년의 30%가 적어도 일주일에 한 번 이상씩 자살충동을 겪는다고 한다. 그렇다고 이들이 모두 자살하는 것은 아니다. 자살예방대책이 든든한 결과이다. 실제로 자살을 하는 청소년은 10만 명당 22명 꼴로, 청소년 자살자의 60%는 가정과 사회의 냉대 때문에 생긴 것이다.

청소년 폭력이나 자살은 가정의 무관심, 학교의 냉대, 그리고 사회가 그렇게 가르친 탓이다. 그들의 폭력이나 자살은 모두가 다 어른을 모방한 것이고 어른에게서 배운 것이다. 그래서 칼질 잘하는 나라에서는 청소년들 사이에 칼질 사고가 흔하고, 총질 잘하는 나라에서는 그들 사이에 총질 사고가 빈번하게 마련이다. 유전무죄, 무전유죄의 사고가 잘 터지는 나라에서는 청소년들 사이에 그런 유형의 일탈 사고가 잘 터지게 마련이다.

경우야 어떻든 간에, 청소년의 사춘기는 인생살이에서 꼭 앓고 지나는 홍역과 같은 것으로, 잘만 앓고 나면 평생 면역이 되는 인생의 병이다. 그들에게 이 병을 잘 앓고 살아가도록 이 사회가 희망의 예방주사를 주어야 한다. 텅빈 가정, 속빈 교육, 무기력한 부모, 무관심한 교사가 청소년들을 외롭게 만든다. 부모에게서 상처받고 교사로부터 소외받은 자존심은 더욱 우울해지게 마련이다. 어느 누구한테서도 칭찬 한번 듣지 못하고 하루를 살아가는 그들이라 무엇이든 저지르고 싶고, 일을 내고 싶어한다. 학교에서도 그렇고 가정에서도 그렇다. 반복되는 실패와 따가운 손가락질을 거부하려면 일을 내야 한다고 믿는 그들이다. 어른들이 옳다고 이야기하는 것은 그곳이 설령 천국에 이르는 길이라고 하더라도 한사코 거부하는 그들이기에 더욱더 그렇다. 그들을 향해 일 저지를 놈, 죽어 없어져야 될 놈, 대학 떨어질 놈이라고 몰아붙일 때 그들은 정말로 일을 저지르게 된다. 이 사회를 향해 도리어 욕을 하게 되고, 학교를 향해 분노를 터뜨리게 된다.

주변이 외로운 청소년들에게는 위험한 시간대가 있다. 오후 세 시부터 아홉 시 사이가 청소년에게는 죽음의 시간대이다. 이 시간대에 자살도 빈번하고, 폭력과 범죄도 난무한다. 이런 것을 막으려면 방과후 사고예방교육이 강화되어야 한다. 집에 돌아와서 제일 먼저 접하는 것이 TV이기에, 범죄예방 텔레비전 캠페인을 벌여야 한다. 제아무리 학교가 대학입시훈련에 혼을 빼고 있다고 하더라도 아이들을 위해 학교가 할 일은 해야만 한다.

그들을 대학에는 못 들여보내더라도 정신건강만큼은 튼튼하게 해줘야 한다. 청소년 자살과 폭력 예방을 위한 실질적인 방과후교육을 해야 한다. 혼자 못하겠으면 청소년단체와 함께 해야 한다. 행정직은 줄이더라도 생명의 전화, 도움의 전화는 더 늘려야 한다. 각 지역마다 청소년 쉼터와 놀터도 있어야 한다. 아파트 단지마다 노인정이나 어린이 놀이터는 있어도 청소년 쉼터가 없는 것도 잘못된 일이다. 동네에 약간의 빈 터가 있다면 간이 농구대라도 설치해야 한다. 청소년의 소외와 분노에 김을 빼주는 제도적인 장치 마련이 시급한 일이다.

학교를 24시간 개방하는 길이 교육 살리는 길

학교는 학생들에게 늘 열려 있어야 한다. 학교는 학생의 삶을 끌어당기는 즐거운 곳이어야 한다. 방과후 교육프로그램은 바로 그런 일을 한다. 그것은 학생들에게 학교가 늘 열려 있는 곳, 즐거운 곳, 학생에게

봉사하는 곳임을 알리는 안내서와 같다. 방과후 교육프로그램의 활성화는 학교교육의 질과 교육서비스를 향상시키는 지름길이다. 시민의 일상적인 삶과 가장 밀접한 서비스산업은 24시간 개방을 원칙으로 삼고 있다. 서비스가 사용자에게 어느 정도로 열려 있느냐 하는 개방 정도는 사회의 선진성을 알아보는 척도이기도 하다. 병원의 24시간 개방이 그렇고, 은행 서비스의 전천후 개방이 다 그렇다. 서비스의 질을 높이는 것은 곧바로 시민들이 누려야 할 삶의 질을 높이는 걸이기도 하다. 교육의 본질이 병원이나 은행 서비스의 그것과 다르다고는 하나, 수혜자를 위한 서비스의 질을 높일 때 그 어느 것이든 각자의 본질에 충실해지게 된다는 그 정신적인 토양만큼은 놀랍게도 서로가 같다. 선진국이란 바로 그런 서비스에 충실한 나라이다.

우리 교육의 경우, 방과후 교과과정이 제대로 운영되기만 하면 교육의 질적 향상을 위해 얻을 수 있는 이점은 한두 가지가 아니다. 첫째로, 사회적 지탄의 원흉인 사교육비를 상당한 정도로 줄일 수 있다. 입시를 위한 아선 과외비 지출을 교육현장에서 축출할 수 있는 좋은 기회이기도 하다. 둘째로, 학부모의 교육열을 제대로 관리해줄 수 있는 계기가 된다. 학부모의 학교 참여를 학교행정에 대한 간섭이 아니라 학교교육을 위한 동참과 협력으로 활성화시키는 큰 계기를 마련해줄 수 있다. 그동안 학부모의 학교 참여가 학교행정에 대한 간섭이나 무관심으로 변질되어온 것은 학부모의 교육열을 관리하는 학교행정가들의 비교육적 운영방식에서 비롯된 것이다.

셋째로, 무엇보다도 방과후 교육프로그램의 활성화는 학교 교과과정의 정상화를 위한 보완적인 기능을 갖고 있다. 현실적으로 제한된 학교교육과정은 학생들에게 민주시민으로 살아가기 위해 필요한 핵심능력을 제대로 익히게 만드는 데에는 역부족이다. 방과후 프로그램은 학생들에게 인간으로서 살아가는 데 필요한 핵심 평생학습능력을 길러주는 데 제격이다. 학생 스스로 배우는 자기주도학습능력과 논리적으로 자기의사를 표현하는 데 도움을 주는 포괄적인 생각하기 능력을 기르는 데 방과후 학교프로그램은 필수적이다.

마지막으로, 제대로 된 방과후 교육프로그램은 청소년 일탈을 예방하는 데에도 큰 효과가 있다. 무엇보다도 학교는 학생들에게 즐거운 곳이어야 한다. 이를 위해 학교 프로그램은 학생들의 호기심을 교육적으로 이끌어낼수록 좋다. 학생의 학교 일탈은 정상인을 교도소에 가두어 두었을 때 일어나는 일에 견줄 수 있다. 교도소에서 그들이 살길은 탈출밖에는 없는데, 탈출하다가 적발되면 그때부터는 정말로 범죄자로 낙인 찍히는 그런 것과 엇비슷하다면, 교도소와 정상인 중에서 무엇을 먼저 고쳐야 할지는 너무나도 분명하다.

지금 이 시간에도 길거리에서 배회하는 비행청소년이 있다면 그것은 일단 학교교육의 책임으로 보아야 한다. 학교는 무엇보다 즐거운 곳이어야 한다. 원래 학교라는 것은 아동의 놀이에서 시작된 것이다. 문화적인 속성을 들어 이야기한다면 인간은 놀이하는 동물이다. 다른 동물도 놀이를 즐기지만, 그것은 여가로서 하는 행위가 아니라 본능으로서 하는 행위일 뿐이다. 학교는 아이들의 자연스런 놀이본능을 인간 그대로 지니게 만드는 곳이다.

현 시점에서 우리에게 필요한 방과후 교육프로그램의 활성화는 외국과는 달리 교육개혁의 관점에 충실해야 한다. 교육개혁의 한 방안으로 방과후 교육을 활성화시키기 위해서는, 무엇보다도 학교시설의 완전개방이 필요하다. 이런 일이 제자리를 잡아가기 위해서는 학교행정조직의 변화도 불가피하다. 이제는 '다수 교장 제도'가 도입되어야 한다. 여러 명의 교장이 교육프로그램의 성격에 따라 제각기 서로 다른 책임을 분담하는 제도가 활용되어야 한다.

　교사도 가르치는 일 못지않게 유스워커(youth worker)로서의 청소년 지도 능력이 요구된다. 이를 위해서는 교육대학의 교육과정이 근본적으로 바뀌어야 하며, 교사의 재교육은 필수적이다. 이 모두는 학교교육과정의 미래집착적인 개혁과 변화를 요구한다. 그렇기 위해서는 지금의 네 살배기 코홀리개가 성인이 되었을 때 즉각적으로 써먹을 수 있는 학교교육을 만들어갈 수 있는 교육행정가의 열린 시각과 패러다임의 변화가 필수적이다.

제2장 대학교육의 손익계산

대학을 상아탑으로 불러도 좋고, 우골탑으로 불러도 좋다. 혹은 메가 버시티로 불러도 좋다. 그 무엇으로 부르든 간에, 대학이 앞으로도 존속하기 위해서는 특성화된 박물관, 그리고 살아 있는 시장의 기능 같은 것을 발휘해야 한다. 미래의 대학에서 고려되어야 할 것은 박물 관의 문명유지 정신과 시장같이 매일 살아 움직이는 다양화된 특성화 교육이다. 박물관이 한 사회의 문화와 역사적, 정통성을 대변하듯, 대 학도 그 어떤 식으로든 한 나라의 문화를 대변해야 한다.

대학, 아직도 정신 못 차리고 있다

우리나라 대학들은 학교 재정을 학생 등록금으로 충당한다. 대학에 대한 정부의 지원 역시 쥐꼬리만 하다. 교육부 예산의 10% 미만 정도 일 뿐이다. 대학교수 한 명이 가르치는 학생 수는 32명 정도이다. 교수 1인당 15명 정도인 교육선진국에 비해서는 엄청난 학생 수이다. 그래 서 정부의 대학 재정 보조를 늘리라는 것이 설득력을 갖는다고는 하나, 곰곰이 생각해 보면 이 모두는 대학 스스로 만든 일이다. 학생 수 머리 채워 대학등록금으로 대학을 꾸리기 위해 대학 스스로 정원을 마구 늘 려놓은 자승자박의 결과이다.

그런데도 대학총장들 서넛만 모였다 하면 신세한탄으로 시간을 보낸 다. 국가의 장래나 새로운 지성적인 이야기보다는 죽어가는 소리로 시 간이나 축낸다. 정부를 향해 돈을 더 지원해 달라는 애걸의 소리가 그 첫째이고, 기회만 있다 싶으면 학생 머리 수 늘려 대학 재정을 불려볼 양으로 기부금입학을 허용하라는 소리가 그 둘째이다. 어떻게든지 행 정부와 잇댄 연결고리를 이용해서 한 푼이라도 더 타내려는 노력 역시 애처롭기는 마찬가지이다. 그래서 행정부 고위관료를 지낸 인사일수록 군소 대학 총장으로는 인기가 있는 모양이다. 그러나 대학과 관(官)과의 유착 역시, 재벌과 정치권의 정경유착처럼 위험하기는 마찬가지이다. 이런 것을 막기 위해 외국의 유명 대학일수록 조건부 정부보조를 거부할 수 있는 사람들로 이사나 총장을 삼는다. 품격은 제 스스로 높여야 하는 것이지 남이 봐줘서 될 일이 아니라는 뜻에서 나온 조처이다.

이 모두는 대학총장의 어려운 처지를 몰라서 하는 소리가 아니다. 우리나라 대학총장의 애타는 구원과 호소의 소리를 듣다보면, 우리나라에서 대학과 박물관을 구별하는 것이 그리 어렵지 않다. 보물이 많이 쌓여 있는 곳은 박물관이고, 고물이 많이 쌓여 있으면 그곳은 영락없이 대학일 것이기 때문이다. 연구실험 시설도 케케묵은 것 일색이고 가르치는 교육 시설도 폐품에 가까운 것들이니 그런 하소연이 나올 만하다. 30년 전이나 지금이나 대학의 교육환경이 극적으로 바뀐 것은 별로 없다. 바뀐 것이 있다면 고작해야 대학마다 컴퓨터 몇 대를 더 늘렸다든가 대학평가를 준비하기 위해 몇몇 가지 실험기자재를 새로 들여왔다는 대학총장의 너스레 정도이다. 학생 때 자기가 강의를 들었던 강의실에 페인트 칠 한 번 더 한 것뿐이고, 자기가 앉아 있던 나무의자에 니스칠을 한 번 더 한 것뿐이니, 그들의 호소가 가슴에 와 닿는 것도 사실이다.

이제 대학의 교육환경은 초등학교 교실만도 못하다. 초등학교는 흑판 없는 교실로 바뀌어가고 있다. 물론 시범학교이기는 하지만, 교실마다 고액의 실물화상기와 OHP는 기본 교수설비이고 어떤 학교는 43인치 프로젝트까지 갖추고 있다. 교내 TV방송국을 통해 아침방송을 내보내는 초등학교 역시 한둘이 아니다. 신문방송학과를 버젓이 차려놓고

방송시설 하나 설치해 놓지 않은 대학에 입학하라는 대학들의 그 독설은 도대체 무슨 배짱으로 하는 것인지 도무지 이해할 수가 없다는 학생들의 불만을 새겨들어야 한다.

대학이 초등학교보다 더 우수하다고 행세하려면 자세부터 가다듬어야 한다. 무엇보다도 첫째로, 지금과 같이 방만한 대학은 대학 스스로 구조조정부터 해야 한다. 구조조정에 실패하는 기업은 살아남을 수 없다는 것이 대학에서도 예외가 되지 말아야 한다. 2000년대 초반이면 대학 입학생 수가 줄어들기 때문에 그러는 소리가 아니다. 대학다운 대학이 필요해서 하는 소리이다. 시카고 대학은 미국 교육의 초석을 다진 존 듀이와 그의 교육학이 완성된 100년 전통의 교육학과도 폐과하기로 했다. 반대 의견이 없었던 것도 아니지만 그 길만이 대학을 살리는 길이었음을 보여준 성공사례이다. 둘째, 우리나라 대학도 외국 대학처럼 '전교적 질 관리(全校的 質 管理)' 경영체제로 바뀌어야 한다. 대학행정에 서비스실명제가 도입되어야 하고, 교육환경의 첨단화와 교수 연구 인력의 고급화도 도입되어야 한다. 마지막으로, 대학도 졸업생에 대해 책임을 져야 할 것이다. 우리나라 4년제 대학의 의미 있는 취업률은 20%를 넘지 못한다. 지방대학은 10% 미만일 뿐이다. 졸업생 100명 중 90명이 빈둥거리게 만드는 것은 대학의 직무유기에 해당된다.

이런 낭비 교육을 시켜놓으면서도 대학총장이 말을 많이 한다는 그 자체가 대학 비극의 서장에 가깝다. 대학이 제 일을 다 해내려면 돈이 필요하고 새로운 지도력도 필요하다. 그래서 지금과 같은 고답적인 대학총장 역할과 재단의 역할은 다시 정리되어야 한다는 것이다. 그러려면 대학 특유의 고질적인 구걸 자세부터 버려야 한다. 정부의 대학 지원이 제아무리 몸집을 불려도 빈궁하기는 예전과 마찬가지인데, 목을 놓아 돈을 더 달라고 하는 것도 억지일 뿐이다. 아니면 고작해야 세금이나 감면해 달라고 애걸하는 것도 궁색하기는 마찬가지이다. 오히려 대학에 보태줄 돈이 있으면 초중등학교 살리는 일에 써야 한다는 여유를 가져야 한다. 그러려면, 대학재단 스스로 재벌 못지않게 고소득, 고액납세자가 되도록 현실성 있는 고수익사업을 해야 한다. 이와 관련해서, 필요하다면 2년마다 대학총장에 대한 업적평가도 실시해 볼 만하다. 초등학교에서조차 교육의 질을 높이기 위해 교장재임용제와 교장업적평가제를 도입하고 있는데, 한국의 대학총장에 대한 질 관리는 너무 느슨한 편이라는 어느 외국 대학총장의 지적은 대학총장 먼저 가슴에 새겨들어야 할 말이다.

대학의 특성화가 살길이다

어떤 식자들은 대학은 상아탑이라고 말한다. 그리고 그렇게 홀로 고고하게 살아남을 수 있다고 이야기한다. 대학이 사회와 거리를 두고 떨어져 있으면 그럭저럭 살아남을 수 있다는 생각인 것이다. '대학교'라는 '유니버시티(university)'가 대학생의 권익보호조합 혹은 대학교수의 권익보호조합으로 창출되어 각각의 이해관계 유지를 위해 갈등하고 투쟁했던 역사에 근거하고 있다. 학자와 지식인의 공동체로 출발한 상아탑이라는 대학을 발판으로 사회의 요구와 동떨어져 있던 것도 사실이다. 그러나 그때 그들이 지켰던 학문적인 고고함은 그 당시 사회가 지금과 같이 분화되지 않았던 시절의 이야기일 뿐이다.

그때 그대로의 대학 모습은 더 이상 곤란하다. 대학이 살아남으려면 이제는 사회와 학생들의 요구에 밀착된 특성화밖에는 없다. 여러 가지 캠퍼스를 갖고 있는 '멀티버시티(multiversity)' 혹은 모든 것을 다 연구하고 모든 지식을 모조리 생산한다고 자랑했던 '메가버시티 (megaversity)' 그대로는 살아남을 길이 없다. 서울대나 연세대처럼 몸집이 커다란 공룡조직의 대학으로는 정보화시대에 성공적으로 살아남기 어렵다. 멀티버시티나 메가버시티는 일류라는 명성을 지키기 위한 그 옛날의 관료조직을 그대로 끌고 나가는 조직이다. 대학생활 4년 동안에 대학총장의 얼굴은 겨우 입학식과 졸업식 때나 구경하는 공룡조직의 대학은 죽어가는 대학이다.

대학의 특성화는 그 옛날 로마의 전투군단처럼 크기만 한 덩치를 단위별로 특성화하는 것이다. 전투군단을 고성능 개인화기를 보유한 전투팀으로 분화시키듯 미국에서는 하버드대학교가, 캐나다에서는 토론토대학교가, 영국에서는 옥스퍼드대학교가 특성화된 문제해결대학으로 핵분열을 거듭하고 있다.

이런 특성화 교육과정의 형태는 크게 세 가지이다. 첫째는 기존의 대학을 전문대학처럼 실용적인 대학으로 만들기 위해 교육내용을 바꾸는 것이다. 옛날처럼 대학이 일방적으로 기업에 졸업생을 공급하는 것이 아니라, 기업이 요구하는 전문화된 졸업생을 당장이라도 쓸 만한 인력으로 키워 보내는 것이다. 이런 것이 바로 대학의 '주문식 교육과정 (Curriculum of demand)' 개편 바람이다. 기업이 대학 졸업생에게 요구하는 특수지식이나 능력을 대학이나 학과가 직접 나서서 그 기업에 알맞은 교육과정으로 새로 구성해서 가르치므로, 기업이 이들을 즉각적으로 쓰지 않을 수가 없다. 이런 주문식 교육과정은 기업과 대학이, 사회와 대학의 전공학과가 교육내용에 있어서 하나가 되는 산학협력교육의 새로운 실천이다.

대학이 취하고 있는 두 번째 특성화 정책은 대학이 '학습자 맞춤식 교육과정(Tailored customer curriculum)'을 수용하는 것이다. 이는 성인교육을 특성화하는 개혁으로, 대학이 고교졸업생만을 신입생으로 받아서는 생존할 수 없기 때문에 생겨난 새로운 대학 자구책이다. 대학은 이제 성인교육의 새로운 문화 센터가 되고 있다. 미국의 경우, 신입생의 80%가 성인이다. 18세부터 70세에 이르기까지 성인들이 대학의 주요 고객이다. 이들 성인은 대학을 연습 삼아 다니는 것이 아니다. 돈이 남아돌아 교양과목을 수강하러 대학에 다니는 것이 아니다. 이들은 취업에 도움이 되는 대학을 원한다. 삶에 직접적으로 쓰임새 있는 대학교육을 원한다. 따라서 대학은 성인 학습자들이 원하는 교육과정을 개별화시킬 수밖에 없다. 이제는 대학이 성인 학생의 필요에 따라 안성맞춤식 교과 혹은 주문 식단식 교육과정을 제공하고 있다. 학생이 원하는 교수, 학생이 원하는 기술과 지식을 카페테리아처럼 열어놓고 있다.

오늘의 대학은 새로운 시장민주주의 결핍증을 이기려고 안간힘을 쓰고 있다. 이에 비해 우리나라 대학은 심한 중풍증세로 온몸을 떨고 있다. 유명하나는 4년제 대학들이 몇몇 앞서 나가는 특성화된 전문대만도 못한 교육을 시키고 있으니 당연한 떨림새일 것이다. 앞으로는 지방대학이, 혹은 군소 대학이 서울의 한 대학에서 가르치는 교과목을 그무슨 진리나 되는 듯이 모방하고 획일적으로 가르치는 일부터 벗어던져야 한다. 그렇게 하지 않으면 그들 대학은 틀림없이 폐업할 것이고, 그런 교육으로 졸업하는 학생들은 틀림없이 실업자가 될 것이다. 이미 100명의 졸업생 중 의미 있는 직장에 10명도 취직 못 시키는 대학이 전체 대학 가운데 60%를 넘고 있다. 대학교육의 부도, 대학교육의 파산을 우리가 지켜보는 것이다.

대학무시험전형과 서울대 구조조정의 과제

2002년부터 대학무시험전형이 본격적으로 실시되었다. 그러나 이것 역시 우리나라 입시고교교육의 문제를 해결해 주는 데 별로 큰 도움은 되지 않을 것이다. 그것은 대학무시험전형이 첫째로 대학의 정원령을 묶어놓은 채 실시될 수밖에 없고, 둘째로 그런 대학일수록 그 어떤 형식으로든지 고교 간의 학력차, 학생간의 등수차이를 고려하는 학생선발을 고수할 수밖에 없으며, 셋째로 서울대에게 학부생을 선발하도록 허용하고 있기 때문이다. 이것은 무시험전형 제도 그 자체에 문제가 있다는 것이 아니다. 무시험전형 제도 역시 교육개혁성이 뒤떨어질 뿐만 아니라, 한국교육문제의 핵심을 슬쩍 비껴나가고 있기 때문에 효과가 미지수라는 것이다.

결론적으로 말해서, 대학무시험전형 역시 첫째, 대학의 완전 입시자율정책 아래 대학정원령이 해제되지 않는 한, 둘째, 초중등교육 평등화 정책을 실시해서 국민의 토대교육을 단단하게 하지 않는 한, 마지막으로 서울대학과 국립대학들을 성인교육을 위한 열린 국민의 대학으로 구조를 완전히 개혁하지 않는 한, 우리 고교교육의 정상화에는 별반 기여하지 못할 것이다. 국립대학인 서울대학교가 대학입시와는 아무런 관련이 없는 대학이 되도록 이 일을 나서서 제일 먼저 해주어야 하는데, 국민의 정부 역시 이것을 놓쳐버렸다.

정보화 시대에 우리가 살아남는 길은 대학입학을 슈퍼마켓이나 병원처럼 출입을 자유롭게 해야 한다. '모든 이를 위한 교육정책'으로 교육정책을 바꾸어야 한다. 현실적으로 정부와의 싸움에서 한 번도 패해 본 적이 없는 것이 바로 서울대를 겨냥한 고교들의 입시전략이다. 이런 판국에, 모든 이를 위한 교육은 세 가지 정책으로 뒷받침되어야 한다. 즉,

첫째, 대학정원령을 해제하고 대학입시자율주의를 채택해야 한다. 둘째, 초중등교육평등화 정책을 실시해야 한다. 셋째, 서울대학은 '국민의 대학'이 되어야 한다. 물론, 이러한 세 가지 조건 역시 당장은 교육적으로 고통받는 국민들을 위한 필요조건일 뿐이지 충분조건은 아니다.

'대학무시험시험'

대학무시험전형은 학생선발의 책임과 몫을 대학과 고등학교가 서로 분담한다는 새로운 발상을 갖고 있는 것은 사실이다. 그동안 고교는 학생의 입시사정자료나 대학에 넘겨주면 되었으나 이제는 학생선발에 강한 영향력을 미치게 되었다. 학교장의 추천이 바로 그렇고, 학교 내외에서의 학생활동에 대한 제대로 된 평가를 대학이 수용하겠다는 것이 바로 그렇다. 대학이 고교교육을 믿어만 주면 아무런 문제가 없는데, 실상은 그렇지가 않다. 대학은 고교교육을 신뢰한 적이 한 번도 없기 때문이다.

설령 대학이 무시험전형을 채택한다고 하더라도, 한 가지 점은 분명히 해두어야 한다. 그것은 아무리 대학 무시험전형을 치른다고 해도 대학교에서 대학입시가 사라지는 것은 아니라는 점이다. 단지, 그동안 대학이 대학 본고사라고 우기며 선발권을 행사했던 그간의 대학학력고사를 대학이 나서서 주관하지 않겠다는 것뿐이다. 대학무시험전형을 마치 입학을 원하는 학생 누구나 아무런 조건 없이 입학시키겠다는 식으로 이해했다면 그것은 잘못 이해한 것이다.

무시험전형에 대한 국민의 오해가 커진 것은 정부의 여론 확산 과정에서 생긴 부작용이다. 무엇보다도 언론이 '서울대 무시험전형'이라는 정부의 대학입시 정책 중에서 '무시험'이라는 용어에 필요 이상의 무게를 실어준 탓이다. 밤낮 그 모양인 대학입시정책에 싫증이 나 있던 언론들이 무엇인가 새롭고도 참신한 것을 기다리고 있던 차, 서울대 무시험전형이라는 단어에 매력을 느꼈던 것이다. 결국, 대학무시험전형을 고통받는 국민이 알아듣기 쉬운 식대로 이야기하면, '대학무시험시험'이 2002학년도부터 각 대학에 도입되었다는 것일 뿐이다. 서구에서 하는 것처럼, 입시 준비 없이 모든 학생이 정규교육만 제대로 받으면 일류 대학에도 손쉽게 들어갈 수 있다는 식으로 몰아가는 것은 잘못된 일이다. 이미 그런 증후들은 수없이 발견되고 있다. 서울대가 고통받는 고교생을 입시에서 해방시키기 위해 취했다는 고교장 추천입학제가 벌써부터 무기력해지고 있다. 이미 일부 비평준화지역 유명고교, 특목고와 학부모, 지역사회인사들의 뒤틀린 경쟁심으로 인해 흔들리고 있다. 교장추천원서를 마감한 결과, 대부분의 고교가 거의 학교성적순으로 학생을 추천했음이 드러났다. 원래는 학생의 인성이나 진로 등을 종합 평가하도록 돼 있지만 교사들은 어떤 기준으로 학생을 추천하느냐가 학부모들 사이에 시비가 되고 있어 학교성적을 기준으로 할 수밖에 없었던 것이다.

한국교육의 허실: 고교간 학력차

서울대 입시에서 내비친 이런저런 입시 파행을 종합해 보면, 대학무시험전형은 그 어떤 식으로든 고교간의 실력차를 갈라내는 작업부터 시작될 것이 분명하다. 각급 대학이 준비하고 있는 학생선발지침을 주마간산 식으로 훑어보아도, 그 속 내용은 대학이 고교교육을 믿을 수 없다는 것들이다. 우수학생을 선발하기 위해 고교 학력차를 갈라내겠다는 발상이 그렇고, 고교생의 내신등급을 따지지 않겠다고 하면서도 다른 한편으로는 대학 스스로 학생들에게 논술시험을 치르게 하겠다는 것 같은 것이 다 그런 뜻이다.

　그것도 그럴만한 근거가 있어서 허용할 수밖에 없었을 것이다. 우리 나라 고교간의 학력차가 너무 나서, 대학은 교장이 추천하는 대로 그냥 학생을 뽑을 수 없다는 입장이 현실로 증명되고 있기 때문이다. 현실적으로 고교간의 학력차가 엄청난 것이 사실이다. 어느 사설 입시기관이 전국 610개 일반계 및 특수고를 대상으로 실시한 모의수능시험 점수를 비교 평가한 결과만 보아도 이 말은 사실이다. 일반계 고교에서 수능 평균점수의 차이는 4백 점 만점에 무려 232.8점이나 되었다. 특히 과학고 등 특목고를 포함하면 최고와 최저 간 학력차는 255.4점이나 됐다. 서울 등 평준화 지역내 일반계 고교만을 비교할 때도 166점의 차이가 났다. 한 나라의 같은 지붕 아래에서 같은 교과서 비슷한 교사 아래 배우는 고교생들의 학력차가 이 정도로 엄청나게 벌어지고 있다면 그것은 정부의 책임이라고 보아야 한다. 학력의 불균형 현상을 그대로 놔두고는 한국교육의 정상화는 어려울 것이다.

　어쨌거나, 유명 대학일수록 고교 학력차를 반영하는 노력을 기울일 것이다. 그렇지 않으면, '도(都)—농(農)' '평준—비평준' '일반—특목고' 간에 역차별을 유발해 학부모들의 저항이 거세질 것이 분명하다. 자기 자녀가 일류 대학에서 '엉뚱한 실력차'로 떨어진 데다가, 그로부터 생기는 인생의 낙오를 정부가 나서서 책임질 것이 아니기에 학부모가 가만히 있을 리가 없다.

　우리 고교의 현실이 바로 그렇게 비극적이기에, 정부는 중등교육에 대한 새로운 정책을 세워야 한다. 한글을 못 깨우친 까막눈들이 중학교 학급당 10여 명씩 있는 현실을 그냥 놔두고 교육입국을 이야기하는 것도 곤란하기는 마찬가지이다. 초중등교육은 한 나라의 뼈대교육인데, 이것을 제대로 육성해야 하는 책임은 정부에게 있다. 정부가 고교 학력차를 반영하는 대학별 전형을 그냥 얼버무리면, 고교의 학력이 떨어지는 지역 주민들은 헌법소원이라도 해야 하고, 그 책임을 국회의원과 정부에게 물어야 할 것이다. 농촌과 어촌, 그리고 지방의 학부모들이 대도시 주민을 위한 희생양이 될 수는 없다.

2002학년도부터 제대로 된 특기를 가진 학생이 한두 명씩이라도 대학에 들어갈 수 있게 된 것은 천만다행한 일이다. 농촌에서도 이런 특기생이 나올 수만 있으면 좋겠지만, 현실적으로 특기생일수록 돈으로 키워지는 현실이니 이것 역시 그들에게는 어려운 일이다. 서울대학이 소 풀 잘 먹이고, 모 잘 심고, 거름통 잘 푸는 학생을 특기생으로 뽑아줄 것도 아니기에 그렇다. 대학은 몇 명 안 되는 특기자만을 뽑는 곳이 아니라 수많은 범재와 평재를 선발하는 곳이다. 그래서 대학들은 여러 학생 중에서 제한된 수의 우수한 학생만을 뽑아야 한다. 대학의 정원이 정해져 있으니, 그 어떤 경우라도 끝내 학생선발은 점수대로, 등수대로 가를 수밖에 없다. 그래서 91점 맞은 천재는 서울대학에 들어가고 90점 맞은 천재는 '떨어져 주어야' 한다. 이것은 천재들의 능력차 때문에 그러는 것이 아니고, 정원 때문에 그래야 하는 것이다. 결국, 현재의 정원대로 대학이 학생을 뽑으려면, 대학무시험전형 아니라 그 어떤 입시정책을 바꾸더라도 대학의 학생선발의 근거는 등수일 수밖에 없다.

제대로 된 고등교육을 국가가 하겠다면 범재를 뽑아다가 그들을 영재로 만드는 그런 교육기관으로 바꾸는 정책부터 먼저 개발해내야 한다. 교육선진국일수록 대학입시는 대학이 알아서 하는 열린 입시정책을 채택하고 있다는 평범한 사실부터 받아들여야 한다.

서울대학의 개혁과제

서울대는 한국중등교육의 정상화에 대해 국립대학으로서 책임이 있어야 한다. 그래서 서울대의 입시문제와 구조조정은 다른 대학에 대한 작은 이해관계를 떠나, 좀더 대국적인 견지에서 큰 눈으로 논의해야 한다. 이것에 대한 논쟁이 필요하다면 모두가 기꺼이 응해야 한다.

서울대가 국민의 세금으로 운영되는데도 아직도 고교생 몇천 명을 위한 가르치기 중심의 대학으로 군림해 온 것은 교육적으로는 낭비였다고 볼 수 있다. 국립대학으로서 서울대학은 국민의 평생교육을 위한 곳이 되어야 한다. 대학의 문은 국민에게 활짝 열려야 한다. 국민의 세금이 그들 교육과 무슨 관련이 있는지에 대한 제대로 된 반성이 있어야한다. 국민의 혈세로 운영하면서 국민에게 교육적으로 고통을 주는 원인으로 지적 받아서는 곤란하다. 국립대학들은 대학교육을 원하는 국민 모두에게 교육의 기회를 주는 국민의 대학으로 그 구조를 바꾸어야한다. 그러기 위해서는 가장 먼저 학부학생 모집부터 폐기하고 참신한 연구중심의 고등교육기관으로 거듭나야 한다. 이런 일을 위한 서울대학의 구조개편을 위해 정부가 나서서 파격적인 재정지원을 해주어야한다. 서울대학은 자질구레한 학부생 몇천 명을 선발하는 일에서 손을 떼고, 세계수준의 성인교육과 세계수준의 지식생산을 위한 대학원교육만을 전담하는 대학으로서 국제적인 명성을 얻어내야 한다. 100% 지식현장응용과 지식생산형 계속교육을 위한 곳으로 서울대학의 기능과 역할이 완전히 바뀌어야 할 것이다.

서울대학이 고교졸업생을 선발하는 한, 어떤 방법으로도 지금과 같은 입시경쟁은 피할 길이 없다. 모든 출세의 길이 서울대를 거쳐야 하는데, 그것을 놔둔 채로는 그 어떤 것도 무기력하다. 이미 각급 고교에서는 새로운 서울대 입시를 겨냥한 '서울대 보내기 전쟁'이 본격적으로 시작되고 있다. 일선 고교에서는 '서울대반'을 편성해 밤늦게까지 자율학습을 시키고 있다. 사립대학 인기학과 진학을 목표로 하고 있는 학생에게도 서울대 비인기학과에 지원하도록 유도하고 있다. 서울대 지망생에 대해서도 하향지원을 권장하거나 서울대 합격생에게 장학금을 줌으로써 우수학생이 서울대에 지원하도록 유도하고 있다.

이것이 일선 고교의 현실이다. 결국, 지금처럼 국립서울대가 한국 중등교육의 정상적인 흐름을 차단하거나 왜곡하는 상황 속에서는 무시험전형도 2년을 못 넘길 것이다. 무시험전형이라고 해서 국민의 교육적 고통이 제거되는 것이 아니다. 오히려 우리가 치러야 할 교육적 고통과 비용만 더 늘어나게 될 것이다. 정부 스스로 한국의 입시문제는 국립대인 서울대학교 입시 때문에 벌어지고 있다고 솔직히 말하고, 필요하다면 심야 · 주야 · 난상 토론이라도 벌여서 이것부터 바로잡아야 한다.

대학평가는 대학교육의 책무성을 점검하는 것이어야

대학에게 경쟁력을 묻는다는 것은 대학이 쓰임새 있는 교육을 얼마나 시키느냐를 점검하는 것이다. 학생들에게 제대로 된 교육을 시키는 것은 대학이 해야 할 사명이다. 이런 일을 게을리 하는 대학은 비판과 단죄의 대상이 된다. 우리 대학교육에 대한 판정은 기대 이하의 수준에 맴돌고 있다.

대학은 많아도 수준이 너무 낮은 것이 걱정이라고들 한다. 대학교육의 수월성을 위해 그동안 무엇을 해왔느냐 하는 질책에 허를 찔린 교육부 못지않게 이제는 대학이 꼼짝없이 개혁의 수술대에 오르게 되었다. 이제는 대학교육에 문제가 있다는 점을 지적하는 수준이 아니라 대학교육의 환부를 도려내고, 결과에 따라 대학교육의 재편까지도 추진하는 대학개혁의 대수술이 시작될 모양이다. 그것은 종전과는 다른 식의 대학평가와 학과평가로 시작될 모양이다. 이제는 정부가 나서서 대학의 학과평가를 주도하고 결과마저 공개하겠다는 것이다. 그동안 외형적인 평가에만 치중한 채 평가 결과에 안이했던 대학에게는 새로운 시련이 될 것이다.

정부주도의 대학평가는 도산하는 대학이 생겨도 정부가 개의치 않겠다는 입장 표명인 것 같기도 해서 대학가는 전과는 다르게 긴장하고 있다. 학과평가가 본격화되면 대학의 학문 분위기가 살벌해질 것이라는 우려도 만만치가 않다. 학과평가가 시작되면 학과들이 서열화되고, 그 결과 대학이 도산하게 된다는 논평에는 언제나 그렇듯이 진부함이 가득하다. 우리나라 대학의 문화가 서양과 다르기에 학과평가는 현실과 동떨어진 것이라는 반응은 코믹하기마저 하다. 아직까지도 대학에게 학문성도 없는 학과를 방만하게 설치해 주고 있는 장본인이 바로 교육부인데 새삼스레 그들이 학과평가를 운운할 자격이 있는가 하는 볼멘소리는 차라리 애처롭기소자 하다. 학과평가를 하더라도 평가방법만큼은 객관적이어야 한다는 제언은 언제 들어도 일반론의 수준을 넘어서지 못하고 있다. 대학의 반응이야 어떻든 간에, 교수임용비리사건이 연일 터지고 재단비리로 대학이 도산하는 판국에 대학에게 할 말이 있을 리가 없다. 그래서 모두가 정부의 강경론에 꿀 먹은 벙어리처럼 냉가슴만 앓고 있다. 물론 대학학과의 평가가 대학간의 경쟁력을 기르는 지름길이라는 주장 역시 급하기는 마찬가지이다.

학과평가에 대해 한 가지 분명히 짚고 넘어갈 것이 있다. 대학의 학과를 평가하는 일은 학과의 서열을 매기는 일이 아니다. 학과간에 서열을 만드는 것은 평가의 목적이 아니다. 대학교육이 제 일을 제대로 하고 있는지 제대로 알아보기 위한 발빠른 한 단계일 뿐이다. 제대로 된 평가의 결과에 대한 책임은 마땅히 대학이 져야 한다. 학생이나 학부모는 대학에게 그 책임을 물을 권리가 있다. 그동안 우리의 대학교육이 학생들에게 책임지는 서비스를 해왔다고 보기 어렵다. 경제가 아무리 어려워도 국공립대학의 학생은 연간 250만 원의 등록금을 내야 하고, 사립대학 학생은 연간 450만 원을 학교에 내야 하는 실정에 비추어보면 더욱더 그렇다. 이런 등록금은 앞서가는 외국 대학에 비해서는 저렴하다고 할 수도 있다. 그러나 우리 대학교육의 서비스에 비추어 그것이 과연 그만한 가치를 갖고 있는지 어떤지는 곰곰이 따져볼 때가 되었다.

물론, 대학학과에 대한 평가가 대중적인 지지를 얻기 위해서는 평가기준이 제대로 된 것이어야 한다. 대학교육의 생산성을 따지기 위해 학과가 얼마나 학문적인 수월성을 갖고 있는가를 재는 것이 필요하다. 또한 학과가 생긴 이래 업적을 얼마나 냈는가를 알아내는 것도 중요하다. 게다가 학과의 졸업생들이 얼마나 높은 사회적인 평판을 얻고 있는가를 평가하는 것도 빼놓아서는 안 될 잣대가 될 것이다.

이런 것을 점검한다고 하면서 실제로는 종래처럼 학과에 교수가 몇 명이니, 시설이 어느 정도이니 하는 외형 평가로 학과평가가 끝나서는 곤란하다. 이 말은 대학의 교육환경을 제대로 점검하는 일이 불필요하다는 말이 아니라, 그것은 너무나도 당연히 해야 할 일이기에 그렇다는 말이다. 대학의 외형을 주로 점검하는 평가로는 대학교육의 수월성이나 대학교육의 질을 높이는 데 도움이 되지 못한다. 요즘 웬만한 대학은 대우교수의 인플레 때문에 몸살을 앓고 있는데, 바로 이런 현상이 대학의 평가가 외형에 치우쳐진 결과이다. 기존의 대학평가는 교수 충원의 한 방법으로 대우교수의 수를 인정하고 있다. 교수 충원 평가에서 높은 점수를 받기 위해 대학마다 시간강사를 1년제 계약제 강사로 만들고 그들을 대우교수로 부르고 있는데, 정말 어처구니 없는 일이 아닐 수 없다. 이런 일은 대학의 경쟁력을 부추기기보다는 오히려 대학교육의 질을 약화시키는 데 일조해 왔다.

이제는 대학교육의 책무성을 묻는 기준을 만들어 대학을 제대로 평가해야 한다. 대학이 무엇을 어느 정도로 쓰임새 있게 가르쳤는지를 드러내는 평가가 되어야 한다. 그것 중의 하나가 바로 학과의 취업률을 묻는 것이다. 지금 앞서 나가는 외국의 대학은 대학평가기준의 하나로 대학의 취업률을 제시하고 그 결과를 대중에게 공개하고 있다. 이쯤 되면, 대학은 교육과정으로부터 대학교육환경에 이르기까지 모든 것을 새롭게 시작할 수밖에 없다. 우리 국민도 이런 대학평가를 원할 권리가 있음직하다.

지방대학이 경쟁력을 찾으려면

앞으로 지방대학은 점점 더 어려울 수밖에 없다. 신입생이나 재학생이 하나 둘씩 지방대학, 지방 캠퍼스를 기피할 터이니 어쩔 수 없다. 이제 대학은 빙하기에 접어들고 있다고 보아야 한다. 이번 어느 대학의 부도사태 역시 그랬다. 변화하지 않으면 대학이라고 예외가 될 수 없다는 사실부터 직시해야 한다. 학생등록금 위주의 대학경영은 시한폭탄과 같다.

지방대학이 살아남으려면 지금이라도 당장 교육서비스실명제를 도입해야 한다. 지방 실정에 맞게 등록금 차등화 같은 것이 필요하다. 대학의 교육환경부터 엄청나게 바꿔주어야 한다. 오늘의 대학은 일반 시장에 비해 한없이 뒤처져 있다. 예를 들어, 똑같은 음식을 똑같은 가격으로 파는 두 음식점이 있다고 치자. 한 음식점은 위생시설도 깨끗하고, 손님에 대한 서비스도 좋고, 음식을 다 먹고 나면 맛있는 후식도 준다. 그러나 다른 음식점은 서비스도 엉망이고 지저분할 대로 지저분하고, 후식은커녕 나가는 손님에게 인사 한 번 제대로 안 한다고 치자. 어느 음식점이 앞으로 망할 것인지는 주인 먼저 잘 알고 있을 것이다.

이런저런 것을 곰곰이 생각해 보면 대학 스스로 시장논리에 뒤지지 않게 변신해야 한다는 것은 당위이다. 오늘의 대학은 시설을 보나 교육내용을 보나 학생서비스 내용을 보나 그 모두가 시장보다 뒤처져 있다. 유독 교육기관만이 그렇게 뒤처져 가는 것은 이해하기 힘들다. 재정이 빈약해서 그렇다고는 하는데, 솔직히 말하면 돈 문제만은 아닌 것 같다. 실제로는 정신적인 문제라고 보아야 할 것이다. 새로운 것, 더 나은 것에 대한 익숙하지 않은 거부감 같은 것이라고 보아야 한다.

대학이 살아남으려면 지금의 대학교육과정부터 엄청나게 뜯어고쳐야 한다. 앞서 나가는 외국 대학을 보면 한 가지 경영철학이 그들을 지배하고 있다. 대학의 서비스를 높이기 위한 변화, 이것이 앞서 나가는 대학의 경영철학이다. 지방대학 졸업생 100명 중 10명을 의미 있는 직장에 취업시킬까 말까 한 지금의 교육내용을 놓고 대학이 제대로 된 교육을 시키고 있다고 이야기할 수는 없을 것이다. 그런 처지에 대학경영에 이상이 없다는 그 소리도 곤란하기는 마찬가지이다. 피가 튀는 시장현실, 학생들의 불만에 대한 정확한 인식은 대학 스스로에게 생존에 필요한 신뢰 확보와 유연한 경영조직을 위해 귀한 자료가 될 것이다.

지방대학이 살아남으려면, 대학을 특성화시키는 수밖에 없다. 대학의 특성화는 전공을 벗어나는 새로운 대학개혁을 요구한다. 지금의 4년제 대학은 특성화된 전문대학만큼의 경쟁력도 갖고 있지 못한 실정이다. 조그만 전문대학일수록 과감하게 특성화하기에 용이하다. 4년제 지방대학도 가능한 여러 모습으로 분할하고, 또 분화시켜야 한다.

그러나 대학의 특성화는 엄청난 재정적 투자를 요구한다. 재정을 줄이면서도 지방대학의 특성화를 촉진하기 위해 대학간의 빅딜이나 스몰딜을 강력하게 추진해 볼 수 있으나 이것이 쉬운 일은 아니다. 지방대학끼리 서로의 발전을 위해 과감하게 연구시설이나 자료, 심지어는 행정의 효율화를 위한 상호 인력 교환 같은 스몰딜도 가능하나, 이것이 성공하려면 아주 강력해야 한다. 적당히 해서는 끝내 실패하게 된다. 서구 대학이 이런 방법으로 돌파구를 찾으려다가 실패한 사례가 한둘이 아니다. 어느 지방대학 하나가 아닌 모두가 살아남을 수 있는 길은 확실해야 한다. 그러려면 과감하게 대학간의 빅딜, 말하자면 우호적인 인수합병 같은 것도 심각하게 고려해야 한다. 먼저 하는 대학이 살아남게 된다.

미국의 경우, 빅딜을 한 대학 중 90%가 이미 우수한 대학으로 다른 대학과 경쟁하고 있다. 대학간의 빅딜은 대학재단이 미래를 생각하는 비전을 갖고 있지 않으면 거의가 다 공염불로 끝난다. 재단도 살아남고, 학생과 교수도 살아남을 수 있는 방법으로 특성화된 빅딜을 생각하는 것은 미래를 위한 첫걸음이 될 것이다. 이를 위해, 학생들도 대학발전을 위해 진지하게 논의하고, 대학발전을 위한 모금캠페인이라도 과감하게 벌여야 한다. 앉아서 공짜로 얻어낼 수 있는 것은 무료함과 하품 두 가지뿐이다.

대학 도산을 막아야 한다

IMF 구제금융을 졸업했다고 하지만, 아직도 불안감이 이어져오고 있다. 이제 이런 불안감은 업계의 경계를 넘어 교육계에서도 흘러나온다. 대학이 쓰러지고 있다는 신음소리가 바로 그것이다. 우루과이라운드가 개방 압력을 가했던 때와는 성질이 다른 탄식이기에 교육계도 바짝 긴장하고 있다. 우루과이라운드의 개방 압력 당시만 하더라도 교육부 나름의 준비와 대학 나름의 주장이 있어서 그런대로 견디어 나갈 수가 있었다. 그러나 지금의 상황에서는 거센 말만 가지고는 더 이상 통할 수가 없게 되었다. 시쳇말로, 돈이 있어야 대학도 가능하다는 현실이 대학 캠퍼스의 목을 조이기 시작하자 대학들이 속수무책이다.

흔들리는 대학이 한둘이 아니라는 소식이 부쩍 늘고 있다. 신입생을 뽑으려고 대학마다 분주하지만 속이 타는 대학이 한둘이 아닌가보다. 물론 떠도는 소문이겠거니 하지만, 대도시의 어떤 중급 크기의 대학은 이미 사채놀이업자의 농간에 놀아나 대학 최대의 위기를 맞고 있다고 한다. 대학 재정이 바닥나 교수들에게 벌써 몇 달째 봉급도 주지 못하는 딱한 사정에 있다는 것이다.

조그만 지방의 어느 사립대학은 이제 거의 파산 지경에 빠져 있다는 소식도 들린다. 이 대학의 재단이 경기불황을 이기지 못해 부도를 냈다는 것이다. 상황이 급하다손 치더라도 신입생을 받아야 되는 입시철이기에, 어떻게든 대학을 살리려는 모임이 여러 곳에서 열리고는 있지만 속수무책인 것 같다. 교수회의도 열어보고, 지역인사 모임에서 중지도 모아보고는 있지만, 뾰족한 수는 없을 성싶다. 궁여지책으로 교수 일인당 천만 원씩 융자를 받아 학교재단에 기부하자는 결의 정도는 얻어냈지만, 그 효과가 어느 정도일지는 아직도 미지수다.

여러 가지 경우의 수를 가늠해볼 때, 대학도 경기불황의 벽을 뛰어넘을 수 있는 안전지대는 아니다. 재단의 수익사업이 제대로 자리를 잡고 있지 못하는 사립대학의 경우는 더욱더 그렇다. 학생 등록금으로는 더 이상 버티기 어려운 시대에 있는 것이다. 경기불황 시대의 위기를 제대로 넘어갈 길이 대학에게 있을 리 없다. 대학이 기업처럼 합리적인 경영에 앞서 있던 것도 아니고 보면 더욱더 그렇다. 그렇다고 지금 당장 대학을 살릴 수 있는 대학구제금융기금이 정부에 있을 리도 만무하다. 이런 상황이 아니더라도 대학이 교육부의 재정적인 지원을 받기는 현실적으로 어렵다. 이제는 교육 예산도 긴축 예산으로 다시 편성될 것인데, 이런 상황에서 대학이 손을 벌려보았자 결과는 뻔하다.

대학이 살아남으려면 우선 급한 대로 기업이 하는 대로 대책을 세워야 한다. 필요하다면 직원의 급료도 동결해야 될 것이고, 방만했던 구조도 조정해야 하며, 불필요한 인력도 조절해야 한다. 더 나아가서는 대학도 과감하게 개방하든가 통폐합 시도까지 해야 될지도 모른다. 이런 것을 위해 전문대학이든 4년제 대학이든 대학의 문제를 서로 숙의하는 고등교육 협의기구들이 각 수준별로 대학 도산을 대비하는 현실적인 대책을 세워야 한다.

이런 일을 제대로 해놓지도 않고, 대학 신입생을 무작정 뽑아놓고 보는 일은 위험천만한 일이다. 혹여 재학생 등록금을 받으면 대학 파산에 숨통이 트일 것이라는 계산이 있을 수도 있지만, 그랬다가는 학생들에게 발목을 잡힐 것이다. 신학기가 되면 기다렸다는 듯이 재학생들부터 들고 일어설 것이 뻔하다.

미국 대학의 자율을 지키는 힘

한국의 대학이 빙하기에 들어섰다고 아우성들이다. 대학 재정이 어렵다는 것이 그것이고, 학생 수가 줄어든다는 것이 그것이다. 어쩌면 이런 표현은 정당하지 않을 수도 있다. 그동안 학생 등록금으로 연명해온 처지들이라, 그런 말은 어쩌면 가당치도 않을 수 있다. 이런 사태는 앞으로 더욱더 우리 대학의 목을 조여올 것이 뻔하다. 앞으로는 짜임새 있게 구조조정한 대학만이 살아남을 수 있을 것이다. 이미 미국의 대학은 지난 1960년대부터 이런 구조조정을 거치면서 경쟁력을 길러왔던 것이다.

정부 보조는 대학 간섭의 꼬리표

미국의 대학은 모든 것을 자율적으로 처리한다. 신입생 선발부터 졸업생 취업에 이르기까지 모든 것을 자율적으로 처리한다. 대학의 형편과 재정에 맞게 학생을 뽑는다. 무턱대고 학생을 선발하지 않는다. 무작정 뽑아놓고 보면 대학이 오히려 손해를 보기 때문이다. 학생 수가 많으면 대학 재정이 늘어나는 우리의 실정으로 보면 도저히 이해가 안 되는 부분이다. 미국에서 경쟁력 있는 대학일수록 그들의 희망사항은 학생 일인당 대학의 교육비를 늘리는 일이다. 대학의 교육환경이 나쁘면 신입생이 발길을 돌리고 재학생도 다른 대학으로 전학을 가버린다. 그래서 그들은 필요 이상으로 대학 정원을 늘리지 않는다. 매년 대학이 신입생 정원의 110% 정도를 초과해서 합격통지서를 발급해도, 실제로 입학하겠다고 통고하는 학생은 60% 정도에 지나지 않는다. 그래서 대학은 신입생을 맞아들이기 위해 안간힘을 쓰고 있다. 학생들에게 대학이 무엇을 할 수 있는지, 대학의 서비스가 무엇인지를 실감나게 신입생들과 학부모에게 보여주고 있다. 미국의 대학은 이런 조건 속에서 학문의 질을 높이고 연구의 경쟁력을 키우고 있다.

기부금 천국의 미국 대학

미국의 대학은 정부로부터 불필요한 재정적 보조를 받지 않는다. 정부가 대학에게 조건 없는 공짜돈은 주지 않기 때문이다. 작은 대학은 작은 대학에 걸맞게 정부의 재정적 보조를 금기시한다. 지방의 조그만 대학들은 연구보다는 잘 가르치는 일에 열중하기만 하면 되기에 정부에게 돈 달라고 손을 내밀지 않는다. 학부모도 자녀를 잘 가르쳐 주기만을 기대하기에 교수들에게 연구하라고 조르지도 않는다. 큰 대학은 사정이 다르기는 하지만 그렇다고 조건이 달린 돈을 좋아하는 것은 아니다. 조건이 달린 돈을 받으면 그만큼 대학이 정부한테 시달려야 하기 때문이다. 정부에게서 재정적 지원을 받을 경우에도 정부가 정부의 필요 때문에 먼저 대학에게 대규모 연구 용역을 의뢰하는 경우가 태반이다. 정부가 특별사업으로 대학에게 보조를 해준다 해도, 조건 없는 보조이기에 대학은 여유가 있게 마련이다. 그만큼 대학의 재단이 튼튼하고 힘을 갖고 있기 때문에 정부의 행정적 간섭을 원치 않는 것이다.

미국 대학의 자율은 대학 기부금과 비례한다. 물론 최근 들어 우리의 대학도 기부금이 많이 들어오고 있다. 하숙 쳐서 한평생 모은 4억 원을 기부한 이느 힐머니도 그렇고, 새우젓 팔아 모은 몇억 원을 선뜻 대학에 내놓은 어느 할머니의 기부금도 우리의 눈시울을 뜨겁게 만들고 있지만, 이런 기부금은 대학의 자율권 행사와는 아무런 관계도 없다.

우리의 이런 실정에 비해, 미국에서 대학의 기부금은 대학 자율권 행사에 엄청난 힘을 보탠다. 경쟁력 있는 대학일수록 지역사회의 기부금을 많이 받은 대학이다. 작년 한 해 동안 미국에서 지역사회 인사나 동문이 대학에게 기부한 돈은 무려 20조 원에 이른다. 하버드대학은 약 1조 5천억 원의 기부금을 받아 학교 살림에 보태고 있다. 북미주에서 일류 대학이란 바로 이처럼 기부금 액수가 많은 하버드, 콜롬비아, 예일, 프린스턴, 스탠포드, MIT, USC, 캐나다의 토론토대학이나 맥길대학인데, 이런 대학일수록 정부 앞에서 강력한 목소리를 내고 있다. 보탠 것 없으면 가만히 있으라고 강력히 주문해도 별다른 대꾸를 하지 않는 곳이 바로 미국 행정부이다.

서비스 실명제의 대학교육

유명한 대학일수록 등록금도 비싼 것이 사실이다. 어쩌면 일류 대학과 삼류 대학의 차이는 등록금의 차이에서 비롯된다고 봐도 무리는 없다. 잘 가르치면 잘 가르치는 만큼 더 많은 등록금을 받고, 서비스하는 만큼 더 높은 수수료를 받는 것이 미국 대학의 특징이다. 많이 받으면 많이 받은 만큼 장학금 혜택도 많고, 그만큼 대학생을 위한 각종 복지혜택도 많게 마련이다. 미국 대학에서는 쫄면 먹여놓고 불갈비 요금을 받는 폭리도 없고, 얼렁뚱땅 졸업시키는 그런 황당한 일은 거의 찾아보기 힘들다.

기초직능인증제와 국가인적자원개발

앞으로 대학에 입학하는 학생은 예전처럼 적당히 졸업할 수는 없을 성싶다. 정부가 강도 높은 인적자원개발정책의 하나로 대학생 학력인증제를 추진할 예정이기 때문이다. 학생들은 국가가 세운 일정 기준을 통과하지 않으면 졸업할 수 없게 된다. 이를 위해 산업계와 학계가 공동으로 대학 졸업생의 학업 성과를 인증하는 제도적 장치를 개발 중이다. 동시에 정부는 각종 국가고시제도를 대학교육과정과 연계하는 방안도 마련하고 있다. 이런 모든 것들은 앞으로 제정될 국가인적자원개발촉진특별법에서 보다 더 구체화될 전망이다. 좀 때늦은 감마저 있는 이런 인적자원개발정책은 각급 학교의 교육과정을 대폭 변화시키기에 충분하다.

그러나 지금 우리가 추진하고 있는 대학생 인적자원개발정책 그 자체가 과연 다른 나라에 비해 경쟁력이 있는 것인지는 한 번 더 심사숙고해야 할 것이다. 앞서 나가는 나라에서는 국가경쟁력을 높이기 위해 모든 국민을 위한 직능인증제의 도입을 실천중이다. 이런 외국의 경향을 살피면 우리가 진지하게 고려해야 할 것이 한두 가지가 아니다. 그들과 견줄 수 있는 강도 높은 국가인적자원정책을 실천하기 위해서는 첫째로, 기초직능인증제를 고등학교 수준에서 도입해야 한다. 외국어, 특히 영어와 컴퓨터 기술을 대학에서 향상시키겠다는 것 그 자체가 이미 늦다. 그런 생각을 가진 교육정책가가 많을수록 대체로 국가경쟁력이 뒤떨어진다. 앞서 가는 나라는 교육경쟁력을 초중고등학교에 걸고 있다. 지금 우리나라의 몇몇 대학에서 실시하고 있는 학력인증제는 솔직히 말해 대학 수준의 개별적 자구책이기에 그것을 국가 수준에서 고려할 필요는 없다.

둘째로, 기초직능인증제가 고등학교 수준에서 빛을 보려면, 우리 학교의 교육과정은 획기적으로 개혁되어야 한다. 핵심 교과 수를 대폭 축소하고, 직능개발 교과와 실험실습 교과 시간을 늘려야 한다. 학교에서는 개론서 내용이나 가르치고, 직능기술 실습은 학원에서 따로 받는 실업계 고교교육 같은 것을 그대로 방치한 상태에서는 인적자원개발정책의 효과는 미지수일 수밖에 없다. 동시에, 모든 이를 위한 직능인증제 도입이 제 효과를 보려면, 지금과 같은 입시교육은 철폐되어야 한다.

마지막으로, 기초직능인증제가 성공하려면 교사 양성 교육이 쓰임새가 있어야 한다. 가르치는 인력의 직업능력이 빈약해서는 그 어떤 직능교육도 성공하기가 어렵다. 영재교육 문제도 넓게는 모든 이를 위한 직능인증의 테두리 속에서 체계적으로 검토해야만 한다. 모든 이를 위한 직능인증제의 효과적인 실천을 위해서는, 우리보다 세련된 프로그램을 갖고 있는 선진 여러 나라들의 직능개발정책을 포괄적으로 벤치마킹할 필요가 있다.

대학생 실업, 사회문제 되기 전에 막아야 한다

취업희망 대학 졸업자의 수는 계속해서 사회적 인지도가 높은 기업 채용인원의 몇 배를 초과하고 있다. 그런 기업에 들어가려면 무려 20:1의 경쟁을 치러야 한다. 자기의 전공과도 맞고 야심을 불태울 수 있는 기업에 들어가기 위해서는 재수, 삼수라도 해야 할 판이다. 장차 우리 사회에서 대통령을 제대로 뽑는 일보다 더 화근이 될 것이 바로 취업문제이다. 대학생 실업문제를 이런 식으로 곪아터지게 만들면 결국은 사회를 대수술해야 한다. 새 정부가 어떤 정부가 될지 알 수는 없지만, 앞으로는 대학생의 민주화투쟁이나 통일투쟁을 걱정할 때가 아니다. 이제는 학생들의 취업투쟁을 더 걱정해야 할 때다. 취업투쟁이 캠퍼스에 확산되면, 그것은 사회 구석구석에 널려 있는 갖가지 사회문제를 비화시키는 쌈지불이 될 것이다.

대학 졸업생 고용대책이 제대로 서지 않으면, 현재 6.5%에 달하는 실업자의 사회복지문제와 잇대어져서 새로운 사회문제로 터지게 되어 있다. 그런데도 국민 대부분은 대학생의 노동력에 대해 막연한 편견을 갖고 있다. 이 모두는 정부가 발표한 통계를 과신한 데서 생긴 편견이다. 발표에 따르면, 대학 졸업생 100명 중 50여 명 정도가 완전하든 불완전하든, 그 어떤 형태로든 취업하고 있는 것으로 되어 있다. 그래서 국민 대부분은 대학만 졸업하면 어떻게든 어디에든 취업할 것이라는 자연스런 오해의 늪에서 헤어나지 못하고 있다. 물론, 대학 졸업 후 죽지는 않고 어디에서든지 생업을 꾸려나가고 있기에 정부통계의 신뢰 그 자체에 커다란 관심을 두고 있지 않다. 한 마디로 말해, 취업에 대한 국민의 체감과 정부의 고용대책과는 거리가 멀다.

사실 대학생 취업문제는 그동안 민주화투쟁이니 보혁갈등이니 하는 정치적인 사안 때문에 제대로 사회적인 조명을 받지 못했다. 취업문제 는 일류 대학 졸업생이라고 해서 예외가 아니다. 그들의 순수 취업률 역시 30% 정도를 조금 웃돌고 있을 뿐이다. 그것도 대학원 진학이나 군입대, 유학, 휴학 등등을 모두 포함한 수치이다. 이런저런 경우를 다 빼고 나면, 그들의 순수 취업률은 평균 20%대를 벗어나지 못하는 형편 이다. 지방 대학의 경우는 아예 10%대를 넘어서지 못하고 있다. 대학 에서 채용박람회를 열어도 그렇고, 대학총장이 기업의 채용 현장에 적 극 나서도 밤낮 그 모습 그대로이다. 결국, 대학생 100명 중 70여 명은 자기의 전공이나 인생의 계획하고는 아무런 상관도 없는 그런 직종에 서 한평생을 일하기 위해 대학에서 공부하는 꼴이 된다. 도대체 대학이 무엇 때문에 존재해야 되느냐는 반문과 자조의 목소리가 매년 터져나 와도, 대학에 들어가고 보자는 오기만큼은 수그러지지 않는 수수께끼 같은 사회가 바로 우리 사회이다. 학생이나 학부모는 늘 좋은 직장, 적 성에 맞는 직업을 찾아 나서고 있지만, 현실은 늘 우울한 결말로 끝나 고 있다.

대학교육이 대중화된 시대로 진입한 이상, 대학이 굳이 학생의 취업 을 책임질 이유가 없다면 할말은 없다. 기업의 불황 때문에 생긴 일시 적인 현상이라고 보면 그것 역시 그럴 듯한 설명처럼 들린다. 그러나 그런 것들은 대학생 취업을 가로막는 주요 원인이 아니다. 물론 부분적 으로는 노동시장과는 동떨어진 대학교육에도 그 책임이 있다. 게다가 90년대 들어 눈에 띄게 드러난 경기침체 때문에 대학생 취업이 낮아지고 있는 것도 사실이기는 하지만, 이것 역시 대학생의 취업을 어렵게 만드는 결정적 원인은 아니다.

대학생 취업에 관한 정부 나름대로의 대책이 수립되어 있다는 것을 들어본 적이 없는 시민과 학부모의 입장으로서는, 정부의 고용대책 미비를 따지는 사람들의 지적에 귀가 솔깃해질 수도 있다. 미국의 경우, 대학생 고용대책은 상당히 전략적이다. 이미 그들은 2050년대에 필요한 새로운 대학생 인력의 모습까지 그려 내놓고 있다. 심지어 고등학생 100명 중 40여 명에게 갖가지 형태의 채용 경험을 갖도록 해주기까지 하고 있다. 프랑스의 경우, 나타날 채용의 효과는 다르기는 하지만 일반시민의 고용시간을 줄여서까지 대학생의 고용창출을 촉진하고 있다. 현재 주당 39시간으로 되어 있는 법정근로시간을 35시간으로 줄여 근로자 10명당 1명 꼴로 신규 고용을 장려하기까지 하고 있다. 이 신규 채용의 범주에 대학생을 포함시켜야 한다는 것이 바로 교육관계자들의 강력한 주장이다. 이들이 그러는 이유가 다 있다. 진로와 취업이 불안해지자, 대학생들이 줄지어 길거리로 뛰쳐나와 정부에게 정치적인 곤욕을 안겨준 일이 한두 번이 아니었던 것이다.

어떤 부모는 기업이 잘되면 혹시나 취업률이 높아질 것이라는 생각을 할지도 모른다. 물론 지금의 어려운 숨통을 터줄 수는 있지만, 사실상 이 둘은 별 상관이 없다. 큰 기업일수록 스스로 살아남기 위해 블루칼라의 인력을 스틸칼라(Steel Collar)의 철력(鐵力)으로 과감하게 줄여가기 때문이다. 인공지능과 정보화로 무장된 로보트의 철력이 인력 고용을 억제시킨 지도 이미 오래된 일이다. 재벌기업이 세계화되면 될수록 국민들의 취업에 크게 기여할 것이라는 생각 역시 현실과는 괴리가 있다. 재벌기업의 글로벌라이제이션은 현지 채용과 현지 고용의 전략을 밑받침하고 있기 때문에 국내 고용창출에 끼치는 효과는 미비할 뿐이다. 국내총생산이나 국민소득은 오를 수 있지만, 국민의 취업률은 상대적으로 내릴 수도 있다는 것이 서구의 세계화된 자본주의 기업경영이 우리에게 알려준 중요한 교훈이다.

대학생 실업문제 역시 국가적인 걱정거리인 구조실업 혹은 기술실업의 여파이기에, 대폭적인 고용정책의 변화 없이는 제대로 풀리지 않을 것이다. 왜냐하면 대학생 실업문제는 급한 산업구조조정 때문에 어떤 부문에는 사람이 남아돌고, 어떤 부문에는 사람이 형편없이 부족한 인력수급의 불균형이 계속 이어지는 데서 온 문제이기 때문이다. 혹은 기술발달로 인해 기업에서 필요한 기술의 내용이나 수준은 달라지는데 남아도는 인력은 이것에 제대로 적응하지 못해서 생기는 기술실업의 부작용이기 때문이다.

결국 우리나라의 경우, 대학생 취업문제는 일단 정부가 두 가지 점에서 주도권을 잡고 나서야 한다. 첫째는, 새로운 직종을 지속적으로 만들어내는 고용창출 대책을 마련해야 하고 이를 위한 상설기구를 두어야 한다. 고용대책을 기업의 인력수급에 따라 맞추거나 일방적으로 위탁하는 것으로는 더 이상 효과가 없다. 둘째는, 고용창출에 따른 직업훈련과 재훈련을 21세기 국가적 전략과제로 삼아 성인교육과 훈련의 체계화를 도모해야 한다.

대학 개방과 인수합병 불가피하다

결국은 4년제 종합대학이 부도를 냈다. 상당수의 군소 대학이 이미 파산 일보직전에 와 있다는 소식마저 들린다. 환차손이나 고금리, 등록금 동결, 휴학생 증가, 국고보조 삭감 등으로 경영이 어려운 대학은 열

손가락도 넘는다. 등록금으로 운영하기에는 결과가 뻔하다. 대학마다 걱정이 태산 같다. 이미 재학생 절반 가량이 눈물로 휴학을 하고 있다. 그 옛날 신파처럼 동생 위해 누나가 휴학하고, 오빠 때문에 여동생이 대학을 쉰다.

대학총장들이 발 벗고 나서보았지만 사후약방문 격이다. 재학생 등록금을 계열별로 차등화시킨다든가, 교직원의 연공서열제보다는 능력급제를 채택한다든가, 등록금분납제, 혹은 대여장학금 확대가 그것이지만 효력이 없다. 이런 방안들도 그저 밖에서 도는 말뿐, 실제로 각 대학은 편입생 받기에 안간힘이나 쓰고 있다. 지방 대학이나 전문대학의 재학생을 편입으로 받아 휴학생의 결원을 채우는 방식이 전부이다. 그런 대학 경영으로는 군소 대학에게 죄만 짓게 된다. 멕시코 대학들이 붕괴된 예를 봐서도 그렇고, 세계대공황시절 대학의 파산을 봐서도 그렇다.

우리 대학의 파산을 IMF의 여파로 몰고 가는 것도 온당치 않다. 대학 파산은 이미 90년대 중반부터 한 차례 밀어닥쳤던 대학 개방의 파고에 코웃음을 쳤기 때문에 초래된 일이다. 대학이 경쟁력을 갖추고 살아남으려면, 대학 스스로 변화하는 현실에는 발빠른 적응력을, 학생으로부터는 신뢰를, 그리고 유연한 대학 경영조직을 갖추어야 한다는 교훈을 비웃었던 대가치고는 너무 가혹하다. 배우는 사람도 안중에 없고, 가르치는 사람마저도 심중에 없이 비대해진 행정조직으로 경쟁력을 기르겠다는 발상 자체가 어색하다는 어느 외국 대학총장의 한국 대학 비판을 업신여겼기 때문에 이런 일을 겪고 있는 것이다.

대학교육의 실명제 필요하다
앞으로는 변화를 주도하는 대학만이 큰 대학으로 살아남을 수 있을 것이다. 로마의 그 개방정신을 대학도 벤치마킹할 필요가 있다. 로마가 세계를 지배했던 큰 이유는 그들의 개방정신에 있다. 지력은 그리스의 머리를 빌리고, 체력에서는 게르만인의 힘을 빌리고, 기술에서는 에트루리아의 재간을 빌리며, 경제에서 카르타고의 솜씨로 세계를 하나로 이끌었던 로마인의 지혜야말로 개방성의 총화이다. 세계경영의 현주소인 미주 신대륙은 스페인의 이사벨라 여왕이 고용한 로마의 항해사 콜럼버스가 발견했다. 이제 우리 대학들의 교정에서도 외국 국적의 교수나 총장을 보는 일이 흔해야 한다. 대학총장의 임기마저도 4년으로 묶어둘 필요가 없다.

대학이 살아남으려면, 대학의 개방을 '빼앗기는 것'이라고 생각하는 시각부터 교정해야 한다. 소 잃고 외양간 고치겠다고 아우성칠 것이 아니라, 아예 방목으로 소를 키워 소 스스로 우리를 찾아가게 하는 지혜가 필요하다. 대학을 개방한다고 해서 잡아먹힐까 겁부터 낼 일도 아니다. 일본의 예를 봐서도 그렇다. 우리 대학시장에 기껏 관심을 갖고 있는 외국의 대학이란 대개가 미국의 어느 대도시에 있디는 호바드 (Hovard), 프린스텐(Prinstern), 혹은 스탠후드(Stanfood) 같은 싸구려 정크류 대학들이기에 그렇다.

대학간 인수합병도 필요

이제는 대학이 파산해도 정부가 갚아줄 것 같지 않다. 정부에게 현재 그럴 재정적 여유가 있는 것 같지도 않다. 이제는 우리 대학간에도 인수와 합병이 불가피하다. 기업과 대학의 구조가 달라서 여러 가지 현실적인 제약이 있기는 해도, 이번 기회에 경쟁력 있는 대학으로 발돋움하기 위해서는 대학간의 인수합병이 제도화되어야 한다. 대학간의 인수합병은 이미 선진 외국의 대학가에서는 흔히 볼 수 있다. 미국의 경우,

대학간의 인수합병으로 경쟁력을 갖게 된 대학도 한둘이 아니다. 메릴랜드대학교나 반더빌트대학도 합병으로 경쟁력을 키운 대학이다. 영국의 런던대학도 성공적인 합병의 결과로 경쟁력을 기른 경우이다. 그러나 1990년대에 들어서면서부터 대학간 인수합병은 대학의 도산이나 파산을 막기 위한 방법이 아니라, 대학간의 상호발전과 성장을 위한 발전적인 전략으로 채택되고 있다.

우리의 경우, 대학들은 학점 교환, 도서관이나 전산시스템 공유 등과 같은 학문적인 전략적 제휴를 선호하고 있으나, 이런 것으로는 대학의 위기를 넘기기 힘들다. 한번 해보면서 적당히 넘기겠다는 발상으로는 대학의 파산 위기를 넘기기 힘들다. 대학들이 경쟁력을 기르면서 살아남기 위해서는 극적인 변화가 필요하다. 외국에서는 대학의 경쟁력을 기르기 위해 보다 적극적으로 대학간의 인수합병을 권장하고 있다. 이제는 우리 대학 역시 국내 대학간의 우호적인 인수합병이나, 혹은 국내 대학과 외국 대학 간의 인수합병 등도 적극적으로 생각해 보도록 고등교육법을 보완해야 한다. 아무런 조치도 없이 도산하는 대학을 하나 둘씩 바라보고 있을 때가 아닐 성싶다.

외국대학시장개방: 선택 아닌 필수!

서울대 최고자문위원단(블루리본패널: Blue Ribbon Panel)이 한국에 와서 일을 냈다. 서울대를 세계 일류 대학으로 보기 어렵다고 단언한 것이다. 서울대의 경쟁력을 분석해 보니 서울대 교수 1인당 연구 효과는 고작해야 미국 중하위권 주립대와 엇비슷하다는 것이었다. 위원단의 면면도 육중해서 함부로 반박하기도 조심스럽다. 헨리 로조브스키 하버드대 전(前) 문리대학장, 하스미 시게히코 도쿄대 전(前) 총장, 휴고 소넨샤인 시카고대 전(前) 총장과 같은 세계의 석학이 연구한 결과라 싸잡아 헛말이라고 몰아세울 수만도 없다. 아무리 그렇기는 해도 한 국 대학을 대표하는 서울대 자연과학계열 교수의 1인당 논문 출판 횟 수가 일본 도쿄대나 미국 하버드대의 4분의 1 수준에도 못 미치며, 논 문의 질 역시 그리 내세울 만한 것이 못 된다는 지적에는 슬며시 화까 지 치민다. BK21이라는 이름 아래 서울대에 투자한 돈이 얼만데…… 본전 생각마저 슬며시 고개를 쳐든다. 그렇지만 단순 암기력과 지능지 수(IQ)는 높은 것 같지만 창의적 사고력만큼은 한참 뒤떨어지는 주제 에 놓고 보는 일에는 이골이 나 있다는 우리 대학문화의 현실을 직시해 준 대목에서는 창피해서 얼굴이 화끈거렸다.

심사가 뒤틀리기는 해도, 그들의 따끔한 조언에 귀기울여 볼 것이 한 두 가지가 아니다. 그들의 지적은 크게는 우리 지도층, 우리 대학 정책 의 입안 능력과 작게는 대학의 개방에 관한 새로운 활로 찾기에 대한 문제제기라고 보면 된다. 사실, 서울대생이 암기력은 뛰어나지만 창의 력만큼은 한참 뒤떨어진다고 저들 위원단에게 조언해 준 우리 인사들 마저도 한사코 그 범주를 벗어나 있지 못하다. 게다가 그런 뒤떨어지는 생각의 틀에 가장 앞서 있는 사람일수록 사회 이곳저곳에서 최고의 신 분으로 군림하고 있어 더욱더 그렇다.

현실적으로 대학을 제대로 변화시키려면 교육정책가들은 무엇보다 도 변화의 속도에 동물적인 감각을 지녀야 한다. 변화는 속도를 먹고 커 나간다. 사회적으로 요구되는 변화의 속도보다 한 발 앞서 나가면 그것은 개방이 되는 것이며, 한 발 뒤처지면 쇄국이 된다. 그러니까 블 루리본패널은 우리에게 대학쇄국보다는 대학 개방의 이득을 권고하고 있는 것이다. 세계적으로 우수한 외국 대학들이 우리가 대학 개방을 한 다고 해서 그냥 들어올 리도 없다. 그래서 말로만 하는 개방정책보다는 공격적이고도 극적인 유치정책이 필요하다. 그것은 돈만의 문제가 아니다. 열고 배우고 성장하겠다는 태도가 앞서야 한다. 필요하다면 교수도, 행정가도, 대학교육 정책가도 이곳저곳에서 영입해 대학경쟁력의 모델로 삼아야 한다.

물론 대학의 경쟁력을 살리는 방법이 한 가지일 수는 없다. 대학 개방의 속도와 대학 자율의 속도를 적절하게 조절하는 방식으로 대학의 경쟁력을 살리자는 방안도 생각해 볼 수 있다. 대학 개방도 적절하게, 대학 규제도 적절하게, 대학 자율도 적절하게 조절해야 모든 대학이 경쟁력을 기를 수 있다는 대학 개방 적절론도 가능하지만, 그것 역시 대학교육의 쇄국이기는 마찬가지이다. 대학의 균형적인 발전론은 해방 이래 되풀이되던 주장이며, 거론되었던 대학 발전책이 효과가 없기는 마찬가지였다. 저들에게는 구조조정이나 벤치마킹, 소비자중심교육이나 대학다운 대학이라는 말 등은 그저 지나가는 이야기였을 뿐이다. 대학 개방 쇄국론자들이 내세우는 대학 발전 보완책이란 언제나 그렇듯이, 대학간·대학내·대학별 발전을 위한 조건의 정비와 점검, 그리고 감독들로 보완된다. 저들이 내세우는 내용의 핵심은 고등교육법이나 사립학교법, 수도권정비촉진법으로 완성되게 마련이다. 그렇지만 그 속에는 개방하면 당한다는 피해의 메시지로 그득하다. 지금 하버드대학이 세계적으로 자랑할 수 있는 대학이 된 것은, 그들 역시 유럽 선진 대학의 모든 것을 하버드의 것으로 만들었기 때문에 가능했다는 점을 기억해 둘 필요가 있다. 어쩌면 서울대 최고자문단은 우리에게도 그들처럼 국제 경쟁력 있는 대학교육 정책능력이 있는지를 면밀하게 가늠질하고 있는지도 모른다.

대학에게 자유의 날개를 달아주어라

Why not? 왜 우리나라에서는 기업이 대학을 개설하지 못하는가? 왜 외국의 명문 대학이 우리나라에 들어오기를 꺼려하는가? 왜 우리는 우리의 발목을 옥죄는 규제조항을 벗어던지지 못하는가? 무엇이 두려워서 과감히 열어젖히지 못하는가?

우리 대학이 세계의 우수 대학과 경쟁해서 이기려면 먼저 막힌 담을 허물어야 한다. 보약이 아무리 귀중해도 시간을 맞추어 먹지 못하면 오물만도 못하다. 개방의 시기와 속도를 더 이상 늦춘다면 세계 일류 대학은커녕 만년 꼴찌를 벗어나지 못할지도 모른다. 꼴찌 학생을 뽑는 것은 수치로 알면서, 대학은 어째서 그들 스스로 꼴찌됨을 부끄러워하지 않는가? 알듯하면서도 모를 일이다.

대학의 경쟁력이 뒤처지고 있다고 아우성들이다. 한국에서는 최고라고 하는 서울내학교가 세계 100대 대학의 축에도 끼지 못하니 당연히 들어주어야 될 핀잔이다. 외국으로 나가는 초·중·고 유학생들이 작년에만 20,000명을 넘어서서 이대로 가다가는 큰일나겠다고 아우성들이다. 박사취득 후 고국으로 돌아오지 않는 사람도 부지기수이다. 한마디로 두뇌 유출이 심하다고 야단들이다. 해외유학 송금액이 연간 8억 5천에서 11억 달러에까지 이르는 것도 문제지만, 하버드대학에 붙으려면 서울대학교 떨어지라는 세상이니 그런 핀잔들이 이해되기도 한다. 이 모두가 대학을 싸잡아 야유하는 소리이니 더욱더 속이 탈뿐이다.

외국의 대학이 한국에 들어오려고 해도, 제한규제가 너무 많아 엄두가 나지 않는다고 푸념들이다. 내국인도 마찬가지이다. 교육구국에 뜻이 있어 대학 하나 열려면, 이것저것 줄잡아 수백억 원이 들어야 한다니 재벌이 아니고서야 엄두도 낼 수 없다. 대학 설립을 위해 이런저런 규제를 따라 비위를 맞추기보다는 중도 포기가 훨씬 더 의미가 있다는 조소마저 여기저기에서 심심찮게 들린다. 대학의 조건이 이런 식으로 조립되어 있어서는 대학의 경쟁력을 향상시키기는 원초적으로 불가능하다. 완전 대학 자율, 완전 대학 개방, 대학 규제 완전철폐, 도대체 안 하는 것일까, 아니면 못 하는 것일까?

날개 꺾는 독소조항

대학 서비스 시장의 개방을 위해서는 무엇보다도 대학 개방을 얽어매고 있는 갖가지 규제부터 풀어야 한다. 이미 일본이나 싱가포르는 대학 시장 개방의 재미를 톡톡히 본 나라들이다. 지금 그들이 누리고 있는 그 즐거움은 규제를 풀어젖히는 행정관리들의 아픔과 정비례했다는 점도 기억해 두어야 한다. 교육개혁을 위해 세계는 그렇게 변하고 있는데 아직까지 우리에게는 너무도 많은 규제 조항이 버티고 있다.

우리 대학들이 창공을 자유롭게 날 수 없는 여러 가지 이유 가운데 첫째가 바로 타의 모범이 된다는 현행 고등교육법 시행령이다. 교육인적자원부는 고등교육법 및 동법 시행령 개정입법예고안을 통해, 선진 외국의 우수한 직업교육 프로그램 교류 기회를 확대하기 위하여 전문대학과 외국 대학, 또는 전문대학과의 전문학사학위 과정을 공동으로 운영할 수 있도록 추진중이라고 발표했었다. 또한 동 시행령 제13조와 제16조에서 외국 대학과의 교육과정 공동운영과 각 시도에 하나씩 외국 대학 분교 설치를 허용하였다. 하지만 아직까지 학교 운영에 따른 수익금의 대외송금은 불가능하게 되어 있다. 또한, 공동학위제를 도입하고자 하는 외국 대학의 경우, 외국 대학에서 2년간 70학점을 받아도 외국 대학 학점은 최대 36학점만 인정해 주는 고등교육법 시행령의 학점 조항에 걸려 본격화하지 못하고 있다. 그러니 어느 누가 큰돈 들여가며 이 땅에 대학을 세우려고 하겠는가?

둘째로, 대학의 자유를 억누르는 조항은 사립학교법에서 찾을 수 있다. 기왕에 자유롭게 개방하기로 했으면, 누구나 언제 어디서든지 마음 놓고 대학을 설립·운영할 수 있도록 해주어야 한다. 하지만 사립학교법에서는 외국 대학이 국내 대학이 아닌 일반 기업체나 연구소, 학원 등과 연계해 학위 프로그램을 운영하는 것은 허용하지 않고 있다. 또한 사립학교의 설립 주체를 반드시 학교법인이어야 한다고 규정하고 있다. 이로 인해, 국내 기업은 전문화된 대학을 만들어볼 엄두도 못 내고 있는 형편이다. 이런 의미에서 대학 설립의 주체를 비영리 학교법인에서 영리 기업조직으로 확대할 수 있는 법적, 제도적 정비가 필요하다. 이것은 대학 경영의 혁신을 위해서는 반드시 필요한 조치이다. 왜냐하면, 경쟁력 있는 대학 경영을 위해서는 교육재정의 확보가 우선되어야 하기 때문이다. 기업이 대학을 설립·운영한다면 사학 운영의 고질병인 재단 비리나 사학 재정의 취약성 등은 손쉽게 해결될 수도 있다. 이미 중국에서는 외국인에게도 한의사 교육과정을 마치면 자국의 한의사 자격시험에 응시할 수 있도록 허용했다는 소식이 들린다. 그렇다면 우리라고 대학 설립 주체에 대한 규제를 풀지 못할 이유가 무엇인가?

셋째로, 대학의 혁신을 거부하는 내용은 수도권정비촉진법에서도 발견된다. 현행 수도권정비촉진법은 수도권에 대학을 신설할 수 없도록 규정하고 있다. 외국 대학들은 보다 많은 학생을 모집하기 위해서 수도권에 분교 설립을 희망할 것이 분명하다. 이럴 경우, 국내 법률간의 모순이 발생한다. 즉, 외국 대학의 유입을 촉진시키고자 하는 힘과 대학의 수도권 설치를 억제하려는 힘 간의 충돌이 불가피한 것이다. 대학 개방과 혁신의 고삐를 유지하기 위해서는 수도권정비촉진법의 개정을 통해 외국 대학의 유입을 촉진하는 것이 바람직하다.

대학 경쟁력의 문법

　대학교육 시장 개방의 현실은 엉성하기 그지없다. 그 부정적 파급 효과를 열거하고 비판할 시간조차 부족할 정도로 엉성하다. 이제는 대학 서비스 시장 개방을 통해 얻어낼 수 있는 것이 무엇인지에 더 신경 써야 할 때이다. 대학교육 시장 개방은 우리에게 시련과 기회로 작용할 것이다. 이제는 개방을 선진 외국과 우리 간에만 벌어질 피해 관계로 파악하지 않고, 우리와 제3세계, 혹은 우리와 선진 외국 간의 공생관계로 수용한다면 입장은 달라질 수 있다. 이렇게 볼 때, 대학교육 시장 개방에 따른 부정적 효과는 오히려 우리 교육의 구조조정과 교육의 질 관리 차원에서, 그리고 우리 교육의 해외 진출 가능성 모색이라는 차원에서 새로운 전기를 마련해 줄 수 있다. 이를 위해, 정부도 대학교육 시장 개방을 통해 얻어낼 이점과 활용 가능한 전략을 마련할 필요가 있다. 즉, 국내 기술 이전과 인력개발 효과가 큰 분야, 국내 교육의 국제화에 기여할 수 있는 분야, 교육·학술면에서 국제 협력 효과가 큰 분야의 개방을 추진해야 한다.

대학 개방의 속도전
　대학 서비스 시장 개방의 첫번째 성공 열쇠는 개방의 속도이다. 우루과이라운드 직후, 즉각적인 개방의 물꼬를 튼 외국어학원들은 우리의 그 어느 집단보다도 시장 개방의 이익을 가장 많이 맛본 기관들이다. 나름대로의 경쟁력 증진과 속도 조절에 성공한 집단들이다. 대학 스스로 경쟁력의 속도를 조절하게 하려면, 규제를 풀어주는 차원을 넘어서 달리는 말에 채찍을 가할 필요가 있다. 즉, 열심히 여는 대학, 잘 여는 대학에게 특혜를 줄 필요도 있다. 대학의 개방이 피할 수 없는 조건이라면 기꺼운 마음으로 한시라도 빨리 열어젖혀야 한다. 먼저 여는 자만이 선도자로서의 입지를 구축할 수 있다면, 굳이 앉아서 기다리고 있을 필요는 없다.

모방과 개방은 쌍둥이

지식기반의 정보화 시대에 대학 서비스 개방의 두 번째 성공 열쇠는 바로 모방에 있다. 모방과 개방은 대학 발전의 양날이다. 개방 없이는 모방도 없고, 모방 없는 개방 역시 무의미하다. 세계 문명 발전사가 다 그렇듯이, 개방과 창조적 모방이 새로운 문명의 줄기를 이룬다. 대학이라고 예외일 수는 없을 것이다.

21세기 대학의 생존 조건은 대학 스스로 세계적 경쟁력을 갖추는 것이며, 바로 그 핵심은 세계적 기준(global standard)에 나를 맞추는 일부터 시작된다. 거기에서 나를 따라오게 만드는 새로운 세계 기준을 창출해낼 수 있는 능력을 만들어내는 것이 바로 대학의 경쟁력이다. 대학을 개방하고 창조적 모방을 하기 위해서는 덩치 큰 대학의 하드웨어나 건물의 새로운 형태를 모방하는 것도 필요하겠지만, 보다 더 적극적으로 대학 운영과 연구의 주체인 교수, 연구자, 전문행정가와 같은 휴먼웨어의 차용도 불가피하다. 필요하다면, 부분별로 요구되는 그 모든 것을 빌려와도 무방하다. 교육의 국적이나 교육의 정체성을 우려할 정도로 우리의 정신문화가 약하지는 않기 때문에, 더욱더 적극적인 개방과 창조적 모방으로 대학의 경쟁력을 일신해야 한다.

대학 서비스의 개방은 외국 대학의 분교를 설치한다거나 학점 교류를 한다거나 하는 물적자원의 활용 차원에서만 행해질 일이 아니다. 대학 구성원간의 자유로운 교류를 통한 인적자원 활용의 극대화를 통해서도 이루어져야 한다. 기존의 교환학생, 교환교수 프로그램 등 인적교류 제도의 양적 확대뿐만 아니라 질적 변화도 이루어져야 한다. 앞으로 교환교수 프로그램은 교환교수로서 한두 학기 강의하고 연구하는 수준에 그치지 않는다. 앞서 가는 싱가포르나 중국의 칭화(淸華)대학처럼, 필요하다면 아예 대학의 학장이나 학과장을 외국인 교수로 채용하여 그들의 전문지식을 창조적으로 모방해야 한다.

국내 대학을 포기하면 하버드?!

대학 서비스 개방의 세 번째 성공 열쇠는 대학 발전에 대한 관점의 전환에 있다. 고교 졸업생에게 서울대를 떨어져야만 외국 대학에 입학할 수 있다고 이야기할 정도라면, 차라리 빗장을 열어젖히는 것이 우리 대학에게 보약이 될 수 있다. 국내에서는 최고의 고등교육기관이라고 자부하는 서울대를 떨어진 학생들이 줄줄이 하버드, 스탠포드, MIT, 예일 등의 외국 명문 대학 합격통지서를 받았다는 이야기는 아예 못 들은 것으로 치부하자. 우물 안에서는 푸른 이끼나, 정신없이 쏘다니는 소금쟁이나, 개구리나 모두가 같은 우물 안 급수들이다. 뛰어봤자 우물 안이고 소리쳐봤자 우물 바닥이다. 학생의 여러 가지 잠재력을 보고 우수한 학생을 뽑는 것이 외국 대학의 원칙이라면, 우리는 그 알량한 점수 순위로 학생을 고른다. 외우고 정답 찍기에 이골이 나도록 곯아버린 학생들을 우수하다고 골라버린다. 우리처럼 경직된 입시제도는 그들에게는 일곱 난쟁이 나라의 관행처럼 이상하기 그지없다. 우수한 두뇌 집단의 해외 유출을 방지하기 위해, 더 나아가 해외의 씽크탱크(think tank)를 유입해 올 수 있는 절호의 기회로 삼기 위해 대학을 개방하는 일은 결코 기이한 일이 아니다.

외국 대학의 진출 유형과 전략

외국 대학의 국내 진출 유형은 대체로 다음의 세 가지 유형으로 생각
해 볼 수 있다. 첫째로, 외국의 대학 본교가 직접 자본을 투자하여 학교
를 설립하고 경영진과 교수의 일부를 파견하는 유형이다. 둘째로, 외국
대학의 분교를 설치하되 분교의 설립과 경영은 내국인이 담당하는 형
태도 있을 수 있다. 셋째로, 외국 대학이 국내의 기존 대학과 계약을 체
결하는 형태이다. 즉, 외국어, 예·체능 등 특별교육과정 같은 것을 국
내 대학에 위탁·설치하고, 본교에서 교수진을 파견하여 가르치는 유
형이다. 한 마디로 말하자면, 외국 대학들이 국내에 진출할 경우, 그것
은 일단 형식상 대학의 신설, 분교의 설치, 국내 대학과의 계약 혹은 교
외학위 수여제도(off-campus program) 운영 등이 될 것이다.

일본의 예를 들면, 일본 내 미국 분교는 주로 세 가지 형태로 나누어
진다. 첫째는 일본 사립학교법에 의해 학교법인 설립 인가를 받아 학교
법인을 만드는 형태이다. 둘째는 학교법인 형태를 취하지는 않지만 일
본 출입국 관계 법령에 의거하여 외국인단체 등록을 하고, 이어서 대학
분교를 설치·운영하는 형태이다. 셋째는 합작 형태로, 대부분의 학교
부지와 시설을 일본 지방자치단체나 기업 등이 무상 제공하고, 미국 대
학에서는 단지 교원을 파견하여 교육하고, 학사 운영을 미국 본교 규칙
과 방식에 따라 운영하는 형태이다.

일본의 대학 시장 개방 정책과 미국 대학의 개방 유형을 유추해 보
면, 대부분 미국 대학은 일본에 분교의 형태로 설치되고 있음을 알 수

있다. 일본의 경우, 미국 대학의 분교는 일본 지방자치단체나 기업체로부터 교지와 시설 등을 투자 받아 설치되고 있다. 이렇게 볼 때, 미국 대학이 우리나라에 진출할 경우, 첫째로, 미국 대학의 한국 분교는 일본에서와 같이 내국인과의 공동투자 형식을 취할 가능성이 높다. 둘째로, 미국 대학은 상대가 되는 국내 대학과 공동 학점 인정, 교수진 교류, 교육과정 개방 등을 통해 우리 대학교육시장에의 진출을 모색할 것이다. 셋째로, 미국 대학의 교외학위제도, 특히 대학원의 경우는 국내 진출 가능성이 매우 높다. 경영, 산업, 교육 분야에서 정규 대학 시설을 갖추지 않은 상태에서 학위 과정의 속성과정(intensive course)이나 주말프로그램 형태가 일반화될 가능성이 높다. 넷째로, 외국 대학의 진출이 치열해질 분야는 인터넷 통신 교육 관련 분야이다. 우편, 컴퓨터 통신, 위성방송 등을 이용한 원격통신 교육은 국내에 적은 투자로도 가능하고, 이는 평생교육의 생활화에도 주요 학습수단이 되어왔기에 교육방법상 있을 수 있는 대학시장개방 전략이다.

대학시장개방이 본격화될 때, 외국의 정규 대학, 즉 순수 외국자본에 의한 정규 대학의 신설이 우리나라에서 얼마나 가능할지는 미지수이다. 왜냐하면, 정규 대학의 신설은 국내 교육법에 저촉된다는 점 이외에도 교지 확보, 건물 신축, 국내 교수 확보, 교육 환경 시설 등을 위한 막대한 고정비 투자가 요구되기 때문이다. 동시에, 대학 설립 승인을 위한 여러 조치에 의해 정규 대학 신설은 당장에는 어려울 것이기 때문이다. 하지만 외국 투자가들의 눈에 한국내 대학 신설이 실제로 황금알을 낳는 거위라고 판단된다면, 자국내 폐교나 전업 위기의 문제에 직면해 있는 외국 대학들이 우리 교육시장에서 대학 신설이나 분교 형태의 대학 운영을 포기할 리 없다.

이런 점은 미국의 경우 명약관화하다. 미국의 4년제 중소 대학들은 자국내에서 해체의 위기와 전업의 위기를 맞고 있다. 이러한 현상은 대학 진학을 원하는 학생들의 절대숫자가 감소한 것에도 기인하지만, 대학교육에 대한 미국 시민들의 부정적 정서 때문에도 더욱 그러하다. 이미 오래 전부터 미국 시민들간에는 4년제 중소 대학교육에 대한 회의론이 대두되어왔다. 미국 시민들은 대학교육을 꼭 받아야 하는가 하는 대학교육 필요성에 대한 기본적인 문제제기를 하고 있다. 이는 대학교육이 각 개인의 기대만큼 자기성장에 충분히 기여하고 있는가에 대한 회의론에 기초하고 있다.

미국에서 대학교육을 받기 위해 4년간 들어가는 학비는 대략 10만 달러 내외이다. 별로 명성도 없는 4년제 중소 대학에 4년간 10만 달러를 투자해 졸업 뒤의 불확실한 보상을 기대하는 것보다는, 차라리 1년에 139달러를 내고 〈월스트리트저널(Wall Street Journal)〉을 구독하는 것이 더 도움이 된다는 것이 사실로 밝혀졌다. 4년제 대학의 학비 인상과 대학의 예산 축소에 따른 강좌 폐쇄 추세는 4년제 대학의 재학생들을 거꾸로 2년제 대학으로 편입하도록 부추기고 있다. 이러한 현실은 미국으로 하여금 4년제 중소 대학의 새로운 활로를 해외에서 찾도록 눈을 돌리게 만들고 있다.

대학시장개방을 강력히 요구하는 외국의 대학 개방 전략도 상당히 체계적이다. 대학시장개방 전략은 주로 개발도상국이 취할 수 있는 각종의 규제책을 자연스럽게 무력화시킬 수 있는 내용을 취하고 있다. 첫째로, 유네스코 총회가 이례적으로 취했듯이, 국가간 대학학력 상호인정을 수용하도록 국제기구를 통해 각국에 외교적 압력을 가하는 방식이다. 둘째로, 각국은 저질 고등교육의 유입과 대학시장을 통한 외국의 영리추구를 방지하겠다는 목표 아래, 외국 진출 고등교육기관으로 하여금 국제교육자격인정제(Accreditation for international education)를 도입하여 자체적으로 교육의 질을 관리하도록 하고 있다. 셋째로, 해외 대학시장에 진출을 원하는 선진국들은 대학시장개방을 촉진시키기 위해 고등교육의 자격인정제를 도입할 뿐만 아니라 고등교육의 질 관리를 강화한다는 차원에서 대학교육의 국제화도 강화하고 있다. 새로운 기술을 배우려고 노력하는 중진국이나 개발도상국 등은 오히려 이런 식의 대학교육과정 국제화나 화상통신과 같은 사이버교육을 더 선호하고 있다.

대학시장개방의 '위험'과 '기회'

새로운 뉴라운드의 출범은 세계 모든 국가들에게 '변하지 않으면 썩는다'는 생존경쟁의 신호탄이 되었다. 1991년 우루과이라운드 협상에서 본격 논의되기 시작한 대학 서비스의 개방은 1996년 기본 계획이 확정되었고, 1997년에는 외국 대학과의 교육과정 공동운영이 허용되었다. 지난 뉴라운드 타결 이후 앞으로 3~4년 내에 교육 서비스 시장의 완전개방이 불가피한 상황이다. 이는 우리 대학에게는 엄청난 위기임에 틀림없다. 동시에 이 위기는 아주 좋은 혁신의 기회이기도 하다. 원래 '위기'라는 단어가 내포한 이중의미(double coding), 즉, '위기(危機)=위험(危險)+기회(幾回)'라는 공식을 생각해 보면 좀더 쉽게 이해할 수 있다.

대학교육시장개방은 우리의 입시위주 교육에 시련과 도전을 동시에 주고 있다. 시련을 준다는 말은 지금까지 정부규제와 지원이라는 정해진 틀 속에서 안주해 오던 교육계의 보수성향과 의존성향을 개혁해야만 한다는 것을 강요받고 있다는 의미이다. 이런 틀 속에서 계속 자생력을 잃어가다가는 우리 교육 스스로 곤란해진다는 점에서 대학교육시장개방은 우리 교육에 큰 시련임에 틀림없다. 반면에, 우리 교육이 무비용, 무경쟁으로는 더 이상 체제변혁이나 경쟁력 강화가 불가능함을 빨리 깨닫고 새로운 변신을 촉진시킬 수 있다는 의미에서 대학교육시장개방은 우리 교육에게 도약의 기회가 될 수도 있다. 이렇게 볼 때, 지금 우리 대학이 맞닥뜨린 개방의 위험은 기존의 낡은 구습을 벗어버리고 새롭게 거듭날 수 있는 기회임에 틀림없다.

시련과 도전의 기회 중에서 어느 것을 택하느냐에 따라 우리 교육의 운명이 좌우된다고 볼 때, 대학 개방은 우리 교육의 위기와 가능성이라는 두 가지 서로 상반된 선택의 기회를 제시하고 있다. 대학서비스시장의 개방에 대해 우리 교육계는 과연 어떤 가치지향성과 대응전략을 갖추어야 하는지 다시 한 번 짚고 넘어가야 할 때이다.

교육열은 세계최고, 대학경쟁력은 최하위

스위스 국제경영개발원(IMD)이 발표한 주요국의 대학경쟁력 순위에 따르면, 우리나라의 대학경쟁력은 OECD 29개 회원국과 18개 신흥공업국 등 47개 국가 가운데 최하위권인 43위였다. 교육열은 세계에서도 손꼽힐 정도로 높은 데 비해, 대학의 경쟁력은 눈에 띄게 낮은 이율배반적인 모습이었다. 이런 결과는 우리 대학의 연구개발(R&D) 능력의 부재에서 기인한다. 연구개발 투자를 게을리하면 대학은 물론이고 우리 경제가 더 이상 생존할 수 없다.

우리나라의 연구개발 투자는 IMF 금융위기를 통해 오히려 감소되었다. 1990년대 초 외환위기를 겪었던 핀란드와 스웨덴이 연구개발 투자 확대를 통해 노키아와 에릭슨 등의 세계적 기업을 키우고 정보기술(IT)산업에서 세계 제1위 국가로 부상한 것과는 극히 대조를 이룬다.

과학기술부가 집계한 우리나라의 연구개발 투자비는 99년말 현재 국내 총생산(GDP)의 2.46%인 100억 2300만 달러 규모이다. 이는 절대액에서 미국의 5%, 일본의 8%에 불과한 수준이다. 절대투자액의 규모는 그렇다 치더라도, GDP 대비 비율마저 일본의 3.06%, 미국의 2.84%보다 훨씬 낮다는 사실은 우리의 연구개발 수준이 어떠한지를 짐작할 수 있게 해준다.

이는 대학 차원에서도 별반 차이가 없다. 국내 대학 전체 연구비가 미국 대학 한 곳의 연구비에도 미치지 못한다는 사실은 이미 공공연한 사실이다. 의대로 유명한 미국 존스홉킨스대학은 99년 연구비로만 5억 9710만 달러(약 7165억 원)를 썼다. 스탠포드대학은 4억 1700만 달러, 하버드대학은 4억 달러, MIT공대는 3억 7600만 달러를 들였다. 반면, 같은 해 국내 대학 연구비를 모두 합친 금액은 대략 7000억 원에 불과했다.

대학 교수들의 연구실적도 OECD 29개 회원국 가운데 최하위급인 25위로, 헝가리와 체코에게도 밀리고 있다. 연구 수준을 가늠할 수 있는 국제학술지 게재 편수를 보면, 지난해 우리 대학들은 자연과학 1만 4633편, 사회과학 325편, 인문과학 23편으로 총 1만 4983편이 등재되어 교수 1인당 평균 0.216편을 기록했다. 이는 미국의 0.429편, 일본의 0.405편의 절반 정도에 불과한 수준이다. 이대로 가면 대학의 연구능력이 떨어져 경제성장에 심각한 악영향을 끼칠 것이 분명하다.

세계 일류 대학으로의 업그레이드 전략

대학교육시장개방에 따른 개혁 과제로는 무엇보다도 첫째로, 대학교육시장개방을 통해 외국의 우수 교육기관의 유입을 촉진시켜야 하고, 국내 교육의 국제경쟁력을 강화해야 한다. 연세대와 서울대, 성균관대

등의 국내 대학이 하버드대학과 스탠포드대학의 MBA과정, 조지워싱턴대학 국제대학원 등 세계 명문 대학의 대학원 유치를 추진 중이라는 보도는 그 좋은 예이다. 이들 대학과의 교류는 외국에 가지 않고도 국내에서 저렴한 비용으로 세계 유명 대학의 대학원 과정을 마칠 수 있는 길을 열어준 것이다. 이는 2001년도 7월 20일 교육인적자원부가 국내 대학원의 국제경쟁력을 제고하고 교육내용과 방법을 혁신하기 위해 외국 대학원의 국내 유치 사업을 추진함에 따라 전격적으로 시도될 수 있었다. '막기보다는 열어주었기에' 가능했던 것이다. 선진국의 우수 교육기관과 그들의 최신 교육프로그램이 유입되면 국내 대학 교육 시장에는 자유경쟁체제가 구축될 수밖에 없다. 이러한 경쟁에서 살아남기 위해서는 교육의 질적 수준을 높이고 획기적인 질 관리를 통해 국제경쟁력을 강화해야 하는 것은 당연한 일이다.

또한, 국내 대학의 경쟁력 강화를 위해 외국 대학과의 '공동강좌' 개설이나 '공동학위제' 도입을 적극 추진힐 필요가 있다. '공동강좌'는 외국 대학과 공동으로 학과목을 개설, 국내에서 외국 대학 교수의 강의를 직접 듣고 양 대학에서 동시에 학점을 인정받는 제도이다. 한림대 사회복지대학원이 2000년부터 미국 알바니 뉴욕주립대와 '가정치료' 등 4개 강좌를 공동으로 개설했고, 서강대는 계절학기에 미국 시카고 로욜라대학 교수 두 명이 강의하는 '국제재정관리' 등 4개 강좌를 개설했었다. 국내 대학에서 일정 기간 공부한 뒤 외국 대학에서 공부하면 양쪽 대학에서 모두 학위를 받게 되는 '공동학위제'도 대학마다 도입할 필요가 있다. 아주대는 96년 미국 일리노이공대와 공동학위제 협정을 체결, 아주대에서 2학년을 마친 뒤 미국에서 2년간 더 공부하면 양 대학에서 학사학위를 받도록 했다. 한양대도 일리노이공대와, 금오공대는 미국 캘리포니아주립대 새크라멘토 분교와 각각 공동학위제 협정을 체결했다.

둘째로, 대학 서비스 시장의 개방을 통해 우수한 인적자원의 상호교류를 촉진해야 한다. 중국의 외국 교수 초빙 사례는 우리에게 많은 시사점을 준다. 현재 중국 경제의 세계화는 중국 대학들이 이끌고 있다. 중국 대학들은 중국의 WTO 가입과 동시에 경제산업의 세계화를 위한 첨병임을 자처하고 있다. 중국 최고 명문 대학 중 하나인 칭화〔淸華〕대학은 산업공학과를 신설하면서 미국 퍼듀대학의 가브리엘 살밴디 교수를 학과장으로 초빙했는데, 그에게 "세계 최고 수준의 산업공학 학당을 만들어달라"는 당부를 잊지 않았다. 살밴디 교수의 연봉은 약 10만 달러로 중국 국내 교수의 20배 수준임에도 불구하고, "학교의 세계화를 위해서라면 돈이 얼마가 들어가든 최고의 해외 인재를 유치하겠다"는 의지를 표명했다. 또한 향후 5년간 50여 명의 해외 석학을 석좌교수로 초빙할 계획도 밝혔다. 이처럼 기존 학사 운영 체제로는 WTO 시대에 적응할 수 없음을 인식한 중국의 발빠른 대응은 중국 대학의 학문적 눈높이를 선진국 수준에 맞추려는 움직임이다. 카멜레온처럼 변화된 환경에 즉각적으로 대처하는 중국은, 변화 속도가 마치 거북이 걸음걸이에도 미치지 못할 만큼 정체된 우리 대학에 자극제가 될 것임에 틀림없다.

셋째로, 대학교육시장개방은 교육 기회의 확대를 의미하므로, 국민 개개인이 학습권을 더욱 폭넓게 보장받을 수 있는 환경을 만들어야 한다. 첨단기술 분야나 최신 직업 기술 훈련 분야, 또는 컴퓨터 소프트웨어 분야 등 국내 교육으로는 공급이 부족한 부분은 대학교육시장개방을 최대한 활용하여 부족분을 보강할 수 있도록 노력해야 한다. 예를 들어 어학의 경우, 우리 한국인에게 적합한 어학교육 프로그램이 우리식으로 개발, 적용될 수 있는 것과는 별도로, 특수어학이나 지역 학문은 본질적 속성상 원어민(native speaker)이 직접 가르치는 것이 보다 효과적일 수 있다. 이를 위해 어느 교육청은 외국인 교사를 특채함으로써 영어교육과 함께 문화교육과 국제화 감각을 키워주고 있다. 이처럼 세계화를 위한 지역 전문가 훈련이라는 측면과 함께, 우리 국민들에게 평생학습의 권리를 보장한다는 측면에서 교육시장의 개방을 긍정적으로 활용해야 한다.

넷째로, 대학교육시장개방을 통해 선진 학문의 수입과 우리 학문의 수출이라는 일석이조의 효과를 누려야 한다. 외국의 우수대학기관과 교육 프로그램을 교환하고 교수 요원들이 국내에 진출하여 강의와 연구활동을 함으로써, 첨단의 외국 기술이 국내 학계와 기술계에 자연스럽게 전수될 수 있도록 해야 한다. 동시에, 국내 교육의 해외 진출을 촉진시킴으로써 우리 문화의 국제적 확산에도 기여할 수 있다. 교육시장의 개방은 외국 교육기관의 국내 진출과 국내 교육기관의 외국 진출을 동시에 가능하게 한다. 따라서 교육기관간의 국제교류와 관계 개선은 물론, 사회문화 전반의 국제적 교류 폭을 증대시켜야 한다. 대학교육시장의 개방을 통해서 다국적 기업뿐만 아니라 다국적 교육기관들이 국제적인 이해의 폭과 관계개선을 도모할 수 있을 것이다.

마지막으로, 대학시장의 개방은 우리 대학 재단의 교육재정 확보에 기여해야 한다. 우리 대학의 교육재정 현황을 미국과 비교해 보면 그 이유는 더욱 극명해진다. 미국 사립대학 재정은 1997년을 기준으로 전체 재원 가운데 학생 납입금이 42.0%를 차지했고, 정부보조금 17.3%, 대학기금 수입 4.6%, 민간 기부 및 용역 계약 8.6%, 판매 및 용역 23.2%, 기타 재원 4.3% 등으로 나타났다. 이에 비해, 우리의 사립대학 재원은 전체의 약 70% 정도가 학생 납입금으로 충당되고, 나머지는 정부 부담 2.3%, 법인 부담 및 기부금 19.8%, 기타 재원 9.3% 등으로 구성된다. 이처럼 영세한 대학 재정으로는 국제경쟁을 치르는 데 한계가 있다. 하버드대학의 경우, 대학이 보유하고 있는 적립금의 시장 가치는 약 17조 원이며 1999년 한 해 동안 모금한 기부금이 5500억 원에 이른다고 한다. 이에 비해 우리 대학의 재정 원천이 되고 있는 학생 등록금이나 동문과 기업의 기부금은 이 수준에 훨씬 못 미치고 있다. 대학의 재정 확보를 위해 정부가 적극적으로 재정지원을 할 수 없을 바에는 대학 자체적으로 기여입학제를 도입할 수 있도록 한다든지, 외부 기업이 대학을 설립·운영할 수 있게 한다든지 하는 법적·제도적 조치가 있어야 한다. 취약한 교육재정의 확보를 위해서라도 비영리기관으로부터 이윤을 추구하는 영리기관으로의 경영 전환이 시급히 필요하다. 우리 대학의 자생적 경쟁력 확보를 위해서는 민간의 기부 활동이나 대학의 교육 마케팅, 용역 계약 등의 다양한 재원 확보 방안은 물론이고, 지역 사회와의 연계, 산학협동, 대학경영을 위한 전문인력자원개발 등도 깊이 고려해야 할 것이다.

세계화, 우리 대학에 있어서 필수적이다. 우리 대학이 세계의 대학들과 경쟁하려면, 대학의 모든 것을 그들의 것과 견줄 수 있어야 한다. 연구도 그렇고, 가르치는 것도 그렇고, 대학의 운영방법 역시 세계적 기준과 어깨를 나란히 할 수 있어야 한다. 그렇게 하려면 대학의 개방은 불가피하다. 개방을 하면 새로운 대학 운영방법을 배우지 말라고 해도 익히게 되고, 경쟁하지 말라고 해도 경쟁할 수 있는 대학 운영의 노하우를 체화시킬 수 있다. 대학이 사회 이곳저곳에 모범이 되려면 서둘러서 빨리 대학의 빗장을 열어젖혀야 한다. 갇혀 있으면 썩을 수밖에 없다는 상식을 대학마저 증명해 보일 필요는 없다.

이를 위해서는 대학을 세우는 일이, 아주 단순하게 이야기하면, 동네에 슈퍼마켓 하나 세우는 것처럼 용이해야 한다. 외국인에게 대학을 개방하는 일 역시, 공중화장실처럼 이용하는 모든 이에게 편리해야 한다. 편하게 대학을 세울 수 있고, 손쉽게 대학을 이용할 수 있어야 대학의 생존력과 경쟁력이 생기게 된다. 이 모든 책임은 법을 만들어내는 '저들'이 져야 할 일이다. 규제하는 저들이 지는 것이 아니라면 더욱더 대학의 개방과 대학의 자율은 공기처럼, 물처럼 순리적으로 흐르게 해야 한다. 손끝 하나 움직이지 않으면서 말로만 대학을 육성했기에 지금의 대학이 이 지경에 이르렀다면, 저들의 책임부터 먼저 물었어야 한다. 대학의 경쟁력은 말로 생기를 얻는 것이 아니라, 발로, 손으로, 그리고 머리로 활기를 얻어내는 것이나. 대학의 경쟁력을 원하거든, 대학의 경쟁력을 일으켜 세우겠다는 '그들'을 행정적으로, 정신적으로 도와주어야 한다. 그렇게 하려면, 대학의 자율과 대학의 개방을 억누르고 있는 그 모든 규제부터 최대한, 아니 완전하게 철폐해야 한다. 이것은 대학 경쟁력 제고를 위한 첫걸음일 뿐이다. 그것이 정말로 이 땅에서는 불가능하겠는가? '그들'은 해냈는데, 우리라고 못 할게 뭐 있는가?

이젠 대학의 닫힌 문을 활짝 열어젖힐 때가 됐다. 설사 엄청난 위기가 도래하더라도 개방하여야 한다. 이를 위해, 정부는 지금까지 대학의 자율과 개방을 가로막는 규제를 과감히 풀어야 한다. 대학 개방은 백화점의 개방처럼 고객들에겐 편해야 하고, 내용은 다채로워야 한다. 잃을 것을 염려하기보다는 얻어낼 것을 더 생각해 볼 수 있어야 한다. 세계적으로 앞서 나가는 대학들은 '이기려면 열어야 한다'는 아주 평범한 상식을 착실하게 지켜낸 대학임을 눈여겨보아야 한다.

소비자의 선택, 즉 학생의 자유로운 대학 선택과 대학의 완전한 자유 경영만이 우리 자녀와 대학이 함께 살길이다. 이름과 간판만 교육인적자원부로 바꿀 것이 아니다. 미래의 소중한 수많은 고급인력이 외국으로 빠져나가고, 동시에 엄청난 외화가 낭비되고 있는 현실에서 무엇이 우리 대학의 살길인지 명확히 알아야 한다.

개방화와 대학교육의 미래상

이 시대의 대학을 논하게 만드는 화두는 대학의 개방화이다. 대학의 개방화는 평생교육의 실현과 밀접한 관련을 갖고 있다. 대학의 개방화는 대학의 문을 연다는 뜻도 있지만, 반대로 대학의 규모가 축소된다는 뜻도 함께 지니고 있다. 대학의 개방화가 가속화되면 지금과 같은 거대 캠퍼스는 20~30년 안에 사라지게 된다. 미니 대학이 지역사회마다 들어서게 된다. 미니 대학은 지역주민의 평생학습을 위한 특성화 대학으로 변화하게 된다. 그래서 대학의 개방화는 대학교육이 더 이상 소수를 위한 교육의 장소가 아니라, 모든 이를 위한 지역공동체의 학습터이며 평생교육의 활동임을 알리는 상징이 된다.

물론, 지금과 같이 각 나라가 취하는 대학 개방화를 제대로 이해하기 위해서는 대학의 개방화에 대한 분명한 이해가 필요하다. 그것은 첫째로, 대학의 개방화가 모든 나라에서 획일적이거나 단선적인 방향으로 움직이지는 않는다는 점이다. 대학의 개방화와 대학교육 부문에서 서비스 영역의 확대, 지식사회로의 전환 등은 사회의 문화적 변화나 학습자들의 평생학습에 대한 욕구와 관련이 깊다. 여러 나라가 당면하고 있는 대학 문제를 단순하게 요약할 때마다, 사회적인 불안정이 오히려 대학을 개방과는 반대방향으로 돌려놓는다는 점만큼은 아주 분명하다. 대부분의 동유럽 대학들은 대학의 개방보다는 전통적인 엘리트를 위한 폐쇄적인 가치로 회귀하는 결과를 보여주기도 한다.

둘째로, 대학의 개방화를 대학의 '미국화'로 보는 것 역시 대학의 개방화에 대한 잘못된 견해이다. 개발도상국들이 대학의 개방화를 이야기할 때, 그것이 모두 미국의 대학처럼 개방화를 추진해야 하거나, 그렇게 되고 있는 것은 아니다. 미국식의 대학 개방화 형태는 오히려 예외적인 대학 개방 형태에 속한다. 일부 미국의 엘리트 대학이 취하는 대학의 개방화 경향을 고려한다면 그들의 대학 개방 형식은 오히려 일탈적이다. 어찌 보면 이들 대학들은 자기 나름대로의 생존을 위한 고객 유치의 한 방편으로서 학습자를 활용할 뿐, 학습자의 교육적 욕구나 학습자의 이익에 둔감하기까지 하다. 그런 데 익숙한 대학들은 성인 학습을 위한 대학의 개방이라는 미명 아래, 대학의 사회적 책무성을 포기하기까지 하고 있다. 전통적인 미국의 대학들은 오히려 다른 선진국의 대학에 비해 더욱더 전통적인 가치와 신념을 견지하고 있는 편이다. 대학 개방의 변화에서 북유럽 국가가 미국보다 더 앞서 있다.

대학의 개방과 대학 기능의 변화

서구에서 대학의 개방화는 일반적으로 사회 변화의 내용이나 속도와 맞물려 있다. 대학 개방을 자연스럽게 이끌어내는 요소는 세 가지이다. 그 첫째는 평생학습의 보편화 경향이고, 둘째는 대학 인구 조류의 변화이며, 셋째는 지식의 디지털화 경향이다. 이런 사회적 변화의 소용돌이 속에서 한 가지 분명한 사실은, 한때 크라크 커(Clark Kerr) 총장이 이야기했던 대학의 세 가지 기능이 더 이상 유효하지 않다는 점이다. 오늘날에는 커 총장이 이야기했던 대학의 연구, 봉사, 교육이라는 3대 기능을 대학의 중요 기능이라고 내세우기가 점점 어려워지고 있다.

왜냐하면, 연구의 기능은 이제 대학보다는 대학 이외의 다른 연구기관이 보다 더 효과적으로 수행하고 있기 때문이다. 기업이나 각종 첨단 연구소는 그들 조직의 사활이 걸린 문제이기에 최선을 다해 새로운 연구에 몰두하고 있다. 물론, 대학과의 산학협동을 취하고 있는 것도 사실이기는 하나, 한 가지 염두에 둘 사항은 이미 세계적으로 주목을 받는 발명이나 과학적인 업적은 더 이상 대학만의 전유물이 되지 못하고 있다는 점이다. 봉사 기능 역시 대학 교수만의 고유한 기능이라고 보기 어려워졌다. 사회 각 분야에서 일하는 전문가의 사회적 봉사가 오히려 더 사회적으로 중요하게 주목을 받고 있기에, 대학 교수의 사회봉사 기능은 상대적으로 축소되고 있다.

대학이 이제 현실적으로 가장 내세울 만한 기능은 학생들을 가르치는 일이다. 이것을 대학의 교수 기능이라고 부르는데, 이것마저 점점 축소되기 시작했다. 왜냐하면 대학의 교수 기능 역시 평생학습시대의 실현에 의해 더욱더 빠르게 변화될 수밖에 없기 때문이다. 현실적으로 대학에서 학습하는 사람들은 더 이상 고등학교를 갓 졸업한 학생만이 아니다. 세계적으로 앞서 나가는 유명한 서구 대학일수록 그 대학의 인구는 성인 학습자로 채워지고 있다. 이미 대학 인구의 68% 정도가 장년이나 노년의 학습자로 채워지고 있다. 이제는 대학들이 18세 짜리 고교졸업생을 위한 진학처라기보다는 성인들의 평생직능개발을 위한 평생학습과 평생연구기관으로 이미 변모한 지 오래다.

한 마디로 말해, 앞서 나가는 서구의 대학은 모든 이를 위한 고등교육을 실현하고 있는 중이다. 대학원 교육도 그 내용과 형식이 이미 성인 학습자의 연구기관으로 변하고 있다. 대학원 이외의 각종 성인교육 프로그램 역시 강화되고 있다. 성인 학습자들의 학습을 위한 갖가지 학습시설과 연구시설을 앞다투어 보강하고 있다. 이제 고교생의 대학 유치는 대학의 일차적인 기능이 아니라 부차적인 기능으로 변화되고 있다. 고교졸업생을 주요 입학 자원으로 겨냥하는 대학들은 세계적 추세에 뒤떨어지는 대학이라는 달갑지 않은 평가를 받고 있다.

에지케이션 시대의 대학 개방화

대학의 개방화는 교육의 구조 변화에 따른 결과이다. 대학의 개방화를 총괄적으로 일컫는 개념이 바로 '에지케이션(edgeucation)'이다. 에지케이션은 학습의 개인화와 학습의 자율화를 지칭하며, 대학의 변화를 이끌어내고 있는 단어이다. 동시에 에지케이션은 모든 이를 위한 대학교육을 촉진하는 '학습아나키즘(Learning Anarchism)'의 개념이기도 하다. 에지케이션이라는 말은 첨단과학기술이라는 '엣지(Edge)'에 교육이라는 '에듀케이션(Education)'을 합성한 단어로, 기존의 에듀케이션(Education)과 차별화하기 위해 만들어낸 새로운 개념이며, 디지털 매체를 중심으로 한 갖가지 사이버 교육매체를 동원하는 교육환경으로 구성된다. 에지케이션은 지금까지 대중의 교육 파시즘(에듀파시즘)의 대명사격인 학교교육에 대한 평생학습의 대안과도 같다. 에지케이션이 창출하는 대안교육으로는 쌍방향 온라인대학(Interactive universities) 등을 들 수 있는데, 바로 이런 평생교육 활동은 그리스 시대의 아고라(Agora)의 기능을 현대화시킨 것과 같은 새로운 학습기능을 발휘하고 있다.

정보화시대에 모든 이를 위한 대학교육의 새로운 형태인 에지케이션은 평생학습망의 전국화에 의해 그 실현 가능성이 더욱더 높아지고 있다. 예를 늘어 미국은 학습정보망을 구축함으로써, 고대 그리스에서 모든 이를 위한 토론의 학습공동체를 세운 것처럼, '전자 아고라' 공간을 마련해 놓고 있다. 미국은 이미 전국토의 학습화와 전국민의 평생학습을 위한 홀로닉 네트워크 교육경영과 그것을 위한 에지케이션의 인프라를 구축했다. 그것이 바로 '학습정보교환(ALX: America's Learning eXchange)' 체제 같은 것이다. 이 네트워크는 인터넷 서비스를 통해 시민들이 교육훈련에 대한 자료나 고용정보 등을 쉽게 찾아볼 수 있도록 개설한 일종의 디지털 정보망이다. 미국의 평생학습정책은 지식기반 경제에 대비해 평생학습·평생고용과 관련한 양질의 정보를 제공함으로써 국민들의 부가가치를 높이려는 멘토팩쳐, 즉 지식중심사회에 부응하는 조처이기도 하다.

이런 대학의 에지케이션은 기본적으로 'Campus-bounded 교육'을 'Campus-based 학습'으로 바꿔놓고 있다. 모든 교육은 대학이라는 울타리 안에서 이뤄져야 한다는 생각을 탈피해서, 대학이라는 캠퍼스는 단지 학습의 한 부분을 감당하는 장소일 뿐이며 의미 있는 학습은 대학의 담장을 벗어나야 가능하다는 생각으로 학습의 패러다임을 바꿔놓았다. 이런 현상은 대학교육의 쓰임새를 현실화해야 한다는 사회적인 추세와 대학 인구의 조류가 성인으로 바뀌어가고 있기 때문에 더욱더 가속화되고 있다.

이미 대학 인구의 70%가 24세 이상의 연령층으로 구성되어가고 있다. 그래서 대학의 교수 기능은 성인학습자의 직능개발이나 평생학습을 위해 새로운 기능과 새로운 모습으로 더욱더 분화되고 있다. 그들이 발휘할 새로운 전문적인 학습기능이나 역할은 대체로 세 가지 정도로 집약된다. 그 첫번째 기능은 향상기능(improvement)이고, 두 번째 기능은 실행기능(implement)이며, 마지막 세 번째 기능은 통합기능(integration)이다.

이런 에지케이션의 평생학습기관으로서의 대학은, 성인학습자의 실생활에 도움이 되거나 쓰임새를 높이는 프로그램만을 전문적으로 제공하고 있다. '한 발 더 낫게(Doing things better)'를 기본 학습목표로 삼아, 지금보다 더 나은 기술을 익힌다든가 새로운 방법을 익힘으로써 과거에 비해 더 높은 생산성을 올릴 수 있는 학습프로그램을 제공하는 것이다. 연구 역시 학습의 통합기능을 강조하는 평생학습기관에 알맞은 형식을 갖추고 있다. 즉, 배우고 익힌 지식이나 기술을 최대한 이용하여 새로운 것을 창출해내거나 만들어내는 벤처 교육프로그램을 강조하고 있다.

대학의 봉사기능 강화

대학과 지역사회의 여러 평생교육기관 간의 연계는 열린 고등평생교육기회를 확대한다. 병원, 양로원, 쉼터 등 지역사회 조직이 대학의 각종 평생교육 프로그램과 교육적으로 연계된다면, 대학의 교육자원을 지역사회에서 활용하는 것과 같다. 이를 위해 대학은 지역사회의 평생학습센터나 학습자의 학습장애를 진단하고 치료해주는 평생학습 클리닉의 기능을 발휘하고 있다. 이런 일은 국공립대학이 모든 이를 위한 열린 평생교육센터로 지역사회에 자리 잡음으로써 더욱더 현실화되고 있다.

미국의 대학병원을 예로 든나면, 병원은 각자 나름대로 의사와 간호사를 대상으로 새로운 병과 환자 관리법에 대한 차별화된 평생학습강좌를 개설하고 있다. 병원의 학습활동에 의료 관계자나 환자들의 참여율도 높다. 강좌의 강사도 대부분 대학의 교수로 구성되어 있어 대학 내에서의 강좌와 질적으로 차이가 없다. 이런 강습들은 강좌 개설의 주체에 따라 고등교육기관의 학점으로 인정되기도 한다. 그래서 이들 각 사회단체의 학습이 대학의 학점과 교환될 수 있는 통로가 필요하다. 다시 말해서, 대학은 자체적으로 학점교환을 지원하는 사회단체의 강좌를 평가하고, 최소 요건을 제시하여 학점으로 인정하고, 더 진보된 계속교육과정을 대학 내에 설치하여 이들을 고등교육으로 흡수하는 방안이 필요하다.

이와는 달리, 미니 대학 설립 운동 역시 대학의 개방화를 촉진하는 사회봉사 기능의 새로운 시도이다. 미니 대학 운동은 학습자에게 연령이나 성별에 관계 없이 학습인으로서의 자존감을 되찾게 만드는 사례이다. 방학이나 야간의 휴면 대학 시설을 이용한 각종 미니 대학의 개설은 다양한 집단을 고등교육기관에 흡수시키며, 그들의 참여를 증가시킨다. 이런 미니 대학은 성인학습자들과 전일제 혹은 시간제 등록 직장인을 위한 교육과정을 개설하고 학습자를 다양하게 분포시킴으로써, 고등교육이 한 세대에 의해 소유되는 것이 아니라 전세대가 함께 학습하는 장이 되도록 한다. 이런 미니 대학은 무엇보다도 '세대간 의식소통'을 촉진하게 도와준다는 점에서 학습자의 학습능력을 자존감 회복과 직접적으로 연결시켜 준다.

지역공동체 내에 설치된 미니 대학에서 연장자와 연소자가 서로 학문적으로 만날 수 있는 학습의 관계는 보호관계, 사명관계, 자격관계, 상호협력적인 관계로 분류될 수 있다. 보호관계는 동일한 수업을 배우면서도 '큰 아동'인 성인 집단이 '어린 아동'인 청소년 집단을 돌보는 관계를 의미한다. 반면, 사명관계란 신·구세대가 동일하게 공동체를 키워나가야 한다는 가치공동체 완성을 위한 상호학습관계를 의미한다. 자격관계는 지식과 경험을 더 갖고 있는 연장자가 그렇지 못한 젊은이나 도움을 필요로 하는 다른 학습자에게 그들의 경험을 서로 나누며 가르치는 상보적인 학습보완관계이다. 마지막으로 상호협력적 파트너 관계는 각자의 관심에 따라 자기의 학습유형에 맞는 학습집단을 형성하고 토론을 통해서 배워나가는 관계이다.

이런 관계 중에서 성인 세대와 젊은 세대 간의 공동체적인 학습관계는 무엇보다도 세대간의 문화교류를 촉진시키고 단절된 의사소통을 이어준다. 세대간 의사소통보다 더 중요한 것은 세대간의 의식소통이다. 상보적인 학습관계가 성인 세대와 신세대 간의 새로운 만남을 촉진하는 '의식소통'을 가능하게 도와준다는 점에서, 지역공동체에서의 미니 대학 개방화는 지역공동체 문화건설의 촉진제이다. 자신의 의식이 타인의 경험에서 동일한 감정의 메시지로 생성될 때, 우리는 비로소 의식의 소통을 느낀다. 이것은 동일한 문화교류를 통해 서로간의 의식 속에서 공감적 지각과 상호이해가 형성될 때 가능한 일인데, 미니 대학의 개방화가 바로 이 기능을 발휘하고 있는 것이다.

성인과 노년층을 위한 대학의 개방화

전 생애에 걸친 평생학습의 중요성을 인식한 대학은 성과 연령, 신분의 차이에 관계없이 모든 이를 위한 평생학습 교육기관으로 확장되었다. 그 대표적인 예가 바로 노인들의 성인교육이다. 노인들의 성인학습 욕구는 전문노인학습센터, 지역사회센터, 혹은 양로시설 등에서 이루어져왔으나, 1970년 이후에는 대학이 노인들의 성인교육에 적극 활용되었다. 노인에게 고등교육기회를 개방할 뿐만 아니라, 노인의 학습을 위해 대학의 각종 자원이 활용되었다. 교수, 강의실, 실습실, 기숙사, 학생휴게실 등이 노인 학습을 위해 제공되었다.

영국과 미국에서 발전한 '엘더호스텔(Elder hostel)'과 프랑스 등지에서 발달된 '제3세대 대학(U3A: University of the Third Age)'은 노인의 성인교육을 위해 대학이 활용된 전형적인 사례이다. 이외에 '방학 대학(Vacation University)' 등의 프로그램도 있으나, 아직은 일반화되고 있지 못하다. '엘더호스텔'과 '제3세대 대학'은 대학캠퍼스를 기반으로 실시되며, 학점 비취득과정으로 운영된다. 학습자들은 시험 없이, 흥미와 요구에 따라 자유롭게 학습한다. 양자는 모두 전세계적 네트워크를 형성하며 평생학습의 기회를 확장시키고 있다.

U3A는 제3의 연령자들을 위한 대학교육 프로그램이다. 이때 연령은

생물학적 개념이 아니라 사회적 개념으로 해석되어야 한다. 생물학적 경과를 지칭하는 숫자적 개념인 연령은 인간의 성장단계를 구분하는 지표로 사용되지만, 인간의 다른 능력도 생물학적 노화과정과 같은 속도로 쇠퇴되는 것은 아니다. 이런 점에 착안하여 노화를 생물학적 과정이 아닌 사회적 과정으로 보려는 견해가 대두되었고, 이것을 노년의 평생학습에 응용하였다. 이런 입장을 갖고 있는 학자들은 연령을 몇 살, 몇 살로 나누기보다는 제1연령기, 제2연령기, 제3연령기, 제4연령기로 구분하여 사회적 삶의 주기를 표현하려 했다. 제1연령기는 아동기 및 사회인으로 생활을 준비하는 과정이고, 제2연령기는 가족을 부양하고 노동을 하는 시기이며, 제3연령기는 퇴직후의 생활로 적극적인 독립생활 시기이다. 제4연령기는 의존적 생활기로 삶의 과정에서 쇠락기를 의미한다.

U3A 평생학습은 원래 프랑스에서 시작되었다. University of the Third Age를 제안한 피에르 벨라(Pierre Vellas)는 프랑스 노인들이 장수하고 있다는 사실과, 그들 역시 젊은이 못지않게 생활의 활력소를 필요로 하고 있다는 것을 인식했다. 그는 노인을 위한 새로운 교수방법, 노인의 개인개발 기회 제공, 노인에 관한 연구의 필요성을 동시에 충족시킬 수 있도록 대학 차원의 노인평생교육을 제안했는데, 그것이 U3A 프로그램의 시작이었다. U3A를 위해 정부는 법 제정을, 기업은 재정 부담, 즉 노인을 위한 학습비용 지불을 맡았다. 대학은 노인을 위한 고등평생학습 프로그램에 착수했다.

1968년, 프랑스 정부가 모든 국민들에게 교육 기회를 제공하기 위해 대학의 문호를 개방할 것을 법으로 정한 이래, 대학은 평생교육체제로 그 구조와 조직을 개편하고, 다양한 집단을 대상으로 하는 고등평생교육 프로그램을 만들기에 이르렀다. 바로 U3A도 이런 개편 중의 하나로, 노인을 위한 성인교육 실현에 초점을 맞추고 있다. 1968년 프랑스 정부는 모든 국민을 위한 대학문호 개방법을 제정하고, 이어 1971년 10인 이상의 사업장은 대학 차원의 평생교육을 위해 직원 봉급의 1%를 지급하도록 했다. 이런 상황에서 프랑스의 U3A가 탄생한 것이다.

최초의 U3A는 1973년 퇴직자들의 자기주도적 프로그램을 기반으로 시작되었다. 1973년 학습자 100명이 모여 문을 연 U3A는 10년 후 학습자 10만이라는 기록을 달성했다. U3A는 1973~1975년 스페인, 이태리, 벨기에, 캐나다에서도 설립되었고, 1975년에는 스위스와 폴란드에도 설립되었다. 영국은 1980년에, 미국은 1990년에 설립되었고, 현재 약 18개 국에서 U3A 교환프로그램까지 갖추고 있다.

U3A가 유럽에 설립되자, 1975년 미국의 대학은 엘더호스텔(Elder hostel)을 개설하기 시작했다. 엘더호스텔은 대학 시설을 이용해서 노인들에게 성인교육의 기회를 제공하기 위한 미국식 고등평생학습 프로그램으로, 노년층에게 저렴한 비용으로 여름 한 달 동안 대학캠퍼스에서 대학(고등)교육의 기회를 접할 수 있도록 한다. 교육 형태는 덴마크의 공민학교(Folk High School) 프로그램과 유스호스텔(Youth hostel)의 운영방식을 결합한 형태이다.

엘더호스텔은 60세 이상의 노인을 대상으로 전세계에 걸쳐 교육프로그램을 제공하며, 각국의 프로그램은 서로 네트워크를 형성하고 있다. 엘더호스텔은 여름방학 기간에 프로그램을 주로 운영하며, 뉴햄프셔주의 각 대학은 여름에 약 220개의 프로그램을 운영하고 있다. 엘더호스텔에는 전세계적으로 50여 개국 23만 6000명 이상이 참여하고 있다.

요즘은 교육프로그램에 유스호스텔의 저렴한 비용과 여행이라는 개념을 결합시켜 새로운 프로그램으로 발전시키고 있다. 방학 중에 대학캠퍼스에 보통 일주일 정도 기숙하며, 학습뿐만 아니라 여행까지 겸비하는 것이다. 엘더호스텔 프로그램은 대학과 정부가 재정적인 지원을 하기 때문에, 참가자들은 최소한의 비용만을 지불한다. 일례로, 일주일 동안 프로그램에 참가하는 비용은 275달러인데, 여기에는 기숙사 사용료, 식사비, 3개 강좌 수강료, 과외활동 비용까지 포함된 것이다.

엘더호스텔 프로그램의 특성은 네트워크식의 접근이라는 점이다. 참여자들은 한 대학의 캠퍼스에서 일주일 정도 배우다가 다시 다른 대학 캠퍼스로 옮겨가며 배우게 된다. 1975년에는 미국에서 단지 다섯 개 대학만이 이 프로그램에 참여했으나 1981년에는 406개 대학에서 4만 명의 노인을 위한 다양한 고등평생학습코스를 제공하기에 이르렀다. 이제는 세계 45개국 1300개의 대학이 성인교육기관과 더불어 엘더호스텔 프로그램에 참여하고 있고, 16만 5000명의 학습자가 매년 등록하고 있다.

엘더호스텔 프로그램에 적극적으로 참여하는 노인은 주로 중산층의 전문직 퇴직자들로, 이들은 자기들의 직능개발에 여념이 없다. 노년층 학습자에게 대학을 개방하는 등, 모든 이를 위한 고등교육의 개방은 바로 국가의 인적자원개발을 위한 선진화된 대학교육정책 프로그램으로 실천되고 있다. 이제 대학교육은 점점 더 성인학습자를 위한 맞춤형 교육과정으로 나아가고 있는 것이다.

대학교육, 성인교육학적으로 개혁해야 한다

대학이 변해야 한다고 아우성을 치던 때가 바로 엊그제 같은데 모두가 조용하다. 대학교육의 개혁이 제대로 되었거나 개혁이 완결되어서 그런 것이 아니다. 냄비 속에 콩 튀듯, 모두가 덩달아 흥분하는 우리네

기질 탓 때문이다. 아무리 정황이 그렇게 조용한 듯해도, 우리 대학교육이 앞서 나가는 외국 대학에 비해 상당히 엉성하기는 예전과 마찬가지이다.

아무리 평가가 잘못되었다고 항변을 해도, 국내에서는 최고라고 자부하는 국립 서울대의 질적 수준이 아시아에서는 중하류급이라는 외국 기자의 객관적인 낙인은 유효하다. 서울대학교가 아시아 대학권에서 기대수준 이하라는 평가는 서울대 당사자에게는 커다란 모욕으로 들릴 수 있다. 그러나 그것을 외국 기자의 치기라고 치부해 버리면, 그것은 서울대의 발전을 저해하는 패배적인 생각으로 수렴될 뿐이다. 오히려 우리나라 모든 대학의 발전을 위해 아주 중요한 충고로 삼으려면, 그런 평가일수록 대학의 책무성을 대학과 교육정책 당국자들이 냉철하게 따져보아야 한다는 국민적인 질책으로 되새겨보아야 한다. 우리의 대학은 대학교육을 제대로 해왔다고 자부할 수 있는가를 스스로 묻고, 그것에 대해 책임을 질 줄 알라는 국민적인 지탄이라고 새기고 또 되새겨야 한다.

외국 대학도 재정이 열악하기는 마찬가지

우리나라 대학인들에게는 이상한 버릇이 한 가지 있다. 그것은 대학의 책무성을 따지려 하면, 대학 책임자일수록 한결같이 대학교육시설과 연구시설이 열악해서 그러니 너그럽게 봐달라고 하는 이상한 습관이 바로 그것이다.

대학교육 환경의 열악함이 대학교육을 부실하게 만든 것은 두말할 필요도 없다. 그러나 이런 일이 하루 이틀 된 일도 아니고 반세기 동안 계속된 것이라면, 그동안 대학은 무엇을 해왔는지 국민의 의심을 피할 길이 없다. 대학총장이 바뀔 때마다 연구와 교육환경의 개선을 약속했을 텐데, 그들은 도대체 무엇을 해왔다는 말인가.

대학교육의 환경이나 재정이 열악하기는 선진국의 대학도 예외가 아니다. 정도 차이가 있기는 하지만, 대학 환경이 얼마나 열악한가 하는 것은 그 사회의 사회·경제적인 수준과 관련될 수밖에 없다. 미국의 어느 대학총장이 우리나라 어느 사립 대학의 공대 실험실을 견학하면서 그 시설의 첨단성에 놀랐다고 한다. 심지어 연구를 위해 자기가 몇 년간 그 대학에 교환교수로 오면 안 되겠느냐고 진지하게 요청하기까지 했다고 한다. 이런 사실을 보면, 미국 대학이라고 해서 우리보다 엄청나게 우수한 연구시설을 갖추고 있는 것은 아닌 것이 분명하다.

대학교육의 발전을 위해 교육환경의 인프라를 제대로 갖추는 일은 엄청난 재정을 요구한다. 물론 이런 것이 뒷받침되어야 훌륭한 연구도 나올 수 있는 것이 사실이다. 노벨상 후보가 나오지는 못한다 하더라도 시설은 갖추어놓아야 하지 않는가.

대학 특성화의 방향을 제대로 잡아야

솔직히 우리 대학교육의 현실을 되돌아보면 학생들에게 미안해 해야 하지만, 그렇다고 인프라 부족을 한탄만 하고 있어서는 안 된다. 우리의 대학은 외국 대학에 비해 교실 수업이 뒤처져 있다. 우리 대학생의 독서량이 적다고 야단만 칠 게 아니라, 대학에서 가르치는 교수부터 교수학습 방법을 개선해야 한다. 연구에 상당한 시간을 투자하면 할수록 교수학습 개선에는 적은 시간이 투입되게 된다. 게다가, 외국에서 석박사학위 과정을 마친 학자일 경우, 학부 학생에게 필요한 과목이나 코스 개발에 대해서는 상대적으로 소홀하다. 이런 상황에서 외국 학위 소지자들이 귀국하자마자 교단에서 가르치는 것도 학부 학생이 제대로 소화하기에 힘에 겨운 부분이다. 우리 대학의 학과 요람과 개설 교과목을 검토한 외국 대학의 교수가 이렇게 어려운 과목을 2학년 학생에게 어떻게 가르치느냐고 경이로운 눈으로 반문했다는 말도 들린다.

이쯤해서 우리 대학은 앞서 나가는 외국 대학의 선진적 개혁 태도에 눈길을 줄 필요가 있다. 그들 역시 첨단시설을 갖추기 위해 노력하지만, 이제는 그것 못지않게 대학교육 발전과 개혁의 초점을 교육 현장 개혁에 맞추고 있다. 대학에서 학생을 가르치는 교수학습 방법이 비효율적이면 대학교육의 수월성은 수포로 돌아간다는 것을 새롭게 인식한 것이다. 대학교실 현장이 개선되지 않으면 대학교육 전반이 비생산적인 상태가 되는 것이기에, 이런 것에 대한 개혁 없이 대학교육의 발전은 불가능하다는 것이다.

대학의 특성화는 그 무슨 전공이나 학과에 전문성을 부여하는 일로부터 시작되는 것이 아니다. 모든 대학이 모조리 다 연구하는 대학이될 수는 없다. 오히려 그렇게 나아가는 것보다, 가르치는 일을 제대로할 것이냐, 연구하는 일을 제대로 할 것이냐를 대학 스스로 선언하는 것이 대학 특성화의 시작이 될 것이다.

대학교육을 안드라고지 원리로 개혁해야

그런 개혁의 원리로 외국의 선진 대학들은 '안드라고지'를 활용하고 있다. 선진외국 대학들은 앞다투어 그들 대학교육의 개혁책으로 안드라고지적인 성인교육의 원리를 대학에 도입하여 대학교육의 구석구석을 개혁하고 있다. 대학교육의 교실 현장과 실험실 현장을 성인교육의 원리에 맞는 안드라고지적인 방법으로 개혁해 내는 일은 대학경영의 효율화를 촉진하는 지름길이다. 이미 세계 최고라는 하버드대학이나 시카고대학, 스탠포드대학, 남가주대학과 같은 유명 사립대학들도 이미 교육과정을 안드라고지적인 원리로 개혁해 내는 작업에 성공을 거두고 있다.

지금까지의 대학교육은 아동교육과 비슷했다. 대학교육과정에서부터 교수학습에 이르기까지 페다고지적인 아동교육의 원리에 의해 짜여진 19세기 구시대 모형이었다. 육체적으로나 정신적으로 다 커버린 성인을 교실에 앉혀놓고 그들을 어린아이 다루듯 가르치니 대학교육의 효과가 제대로 나올 리 없다는 것을 그들 스스로 뼈저리게 경험한 결과이다.

동물의 세계에서는 이런 점이 더욱더 분명하게 드러난다. 제아무리 무서운 사자나 호랑이, 늑대라도 갓 태어난 새끼들은 한 무리로 커 나갈 수가 있다. 늑대 어미가 사자 새끼, 호랑이 새끼, 늑대 새끼를 한 곳에서 한 식구처럼 기를 수 있다. 교육적으로 말한다면 페다고지적인 한 가지 방법으로 사자 새끼나 호랑이 새끼들도 늑대 새끼처럼 키울 수가 있다. 그러나 사자 새끼가 사자의 모습을 드러낼 때, 호랑이 새끼가 호랑이 모습을 드러낼 때부터는 늑대 새끼에게만 적용되는 그런 방법으로는 더 이상 사자나 호랑이를 키워낼 수 없는 것이다. 이때부터는 사자는 사자에게 맞는, 호랑이와 늑대에게는 그들에게 합당한 안드라고지적인 방법으로 키워내야 사자는 더욱 사자답게, 호랑이 역시 더욱 호랑이답게 키워지는 것이다.

마찬가지로 대학은 사자 같은 인재, 호랑이 같은 인재들이 제각기 제 본성을 드러내는 교육을 하는 곳이어야 하기에, 그들을 키워내는 교실 수업 현장은 성인교육의 안드라고지 원리에 따라 재구성되어야 한다.

스무살의 책: 심훈의 《상록수》

매번 입시 때가 되면 나는 교육학과 신입생을 선발하는 면접에서 여러 가지 서글픈 경험을 한다. 내 앞에 앉아 있는 응시생에게 왜 교육학과를 지망했느냐고 질문하면, 늘 그들로부터 듣는 답변이 있다. 교육학과를 졸업한 후에 훌륭한 교사가 되거나, 교수가 되기 위해서라는 대답들이다. 열에 일곱은 그런 소리를 한다. 아마 예상되는 질문에 대한 대답으로 밤새껏 준비해 온 속 편한 답변들인 것 같았다. 그러나 그런 교사가 되기 위해 어떤 책을 읽어본 적이 있느냐는 질문에는 응시생들이 무척 당황해하는 모습을 보면서, 한편으로는 내 스스로 그들 어린 마음에 비수를 찌르는 듯한 미안함 같은 것에 사로잡히게 된다. 책 한 권 읽을 새 없이 수능이네 논술이네 하고 입시 준비에 온 마음과 힘을 쏟아버린 그들을 뻔히 알면서 그런 질문을 한 내가 참 어리석구나 하는 생각이 들 때가 한두 번이 아니었다. 인생살이에 있어서, 책 한두 권도 읽지 않고 젊은 시절을 지나가기란 여가 쉬운 일이 아닌데도, 그런 젊은이들을 마주하고 있는 내가 한편으로는 참으로 한심한 사람이구나 하는 자조의 생각마저 들었다.

있는 그대로 이야기하자면, 우리 같은 쉰세대는 책에 대한 타는 듯한 갈증으로 뒤범벅이 된 세대라고 말할 수 있다. 우리 세대의 사람들이 젊음을 지나쳐버린 그 때에는 변변한 오디오 하나 없었고 기껏해야 트랜지스터 라디오에 온 정신을 팔 때니까, 책을 읽는 데 그리 큰 어려움은 없었다. 오히려 책을 읽을 시간이 없어서 속이 상했다기보다는, 읽을 책이 변변치 못해서 아쉬움이 더 많았었다. 몇 권 있는 책이라고 해봐야, 종이의 질이 나빠서 잘 찢어지거나 인쇄 상태가 나빠 글씨가 잘 보이지 않는 그런 것들뿐인 경우가 많았다. 그런 시절이었지만, 그래도 책 읽는 즐거움, 어쩌면 소설 읽기의 즐거움을 느끼게 만든 책이 바로 심훈의 《상록수》였다.

《상록수》라는 책은, 돌이켜보건대 내가 교육학자가 되는 데 크게 힘을 북돋아준 책이었다. 《상록수》는 소설이기는 하지만 실제 인물이었던 교사 채영신 여사의 이야기를 바탕으로, 우리에게 교육이 무엇인지, 교사란 어떤 모습이어야 하는지를 보여주는 살아 있는 교육에 관한 이야기이다.

《상록수》를 읽으면서 다른 것은 다 잊어버리더라도, 여주인공인 채영신의 모습만큼은 도저히 잊어버릴 수가 없다. 지금 이 순간에도 떠오르는 장면인, 나라사랑과 한글사랑의 화신인 채영신이 한글을 가르치는 그 장면 장면을 하나로 꿰어놓으면, 그것은 그야말로 하나의 교사론이 된다. 한글을 가르치지 못하도록 뾰족당 예배실을 한글 교실로 쓰지 못하게 만든 일제탄압 때문에, 할 수 없이 제한된 수의 학생만을 교실에 들여보내자, 공부하러 왔던 수많은 코흘리개 학생들이 되돌아가기는커녕, 한글을 배우려고 창문 너머에 서 있는 미루나무 꼭대기까지 올라가 창 너머 교실 안의 "가갸거겨" 소리를 따라 읽는 그 소리, 그 눈방울을 영원히 잊어버릴 수가 없다.

교사라면 모름지기, 상록수 채영신의 그 혼을 익혀야 한다. 왜냐하면 채영신은 그야말로 교사의 사표를 우리에게 보여주고 있기 때문이다. 원래 훌륭한 교사는 가르치는 사람이기 이전에 생각하는 순박한 사람이어야 한다. 현대 사회가 혼돈의 세상이며 불확실한 사회이며 정보의 사회이며 하는 식의 이야기를 함으로써, 이런 사회에 제대로 적응하는 삶이 되어야 한다는 이야기를 하고 싶어서 그러는 것이 아니다.

이 세상이 그 어떤 식으로 변하든 교사에게는 변할 수 없는 것이 있는 바, 그것은 모름지기 교사라면 두 가지 질문에 답해야 한다는 것이다. 그 첫째는 다분히 실존주의적인 질문으로, 내가 누구인지 늘 물을 수 있어야 한다. 왜 나는 장사를 하지 않고 교직을 택했는가? 왜 나는 이 교사라는 직업을 좋아하는가? 등에 대한 끊임없는 질문과 그것에 대한 대답이 바르게 서야 한다. 이에 대한 대답은 그가 아이들 앞에 떳떳하게 설 수 있는 근거가 될 것이며, 아이들 앞에서 이야기하게 만드는 힘이 될 것이다. 이런 질문에 대한 바른 대답은, 수많은 선택 중에서 교사를 선택할 수밖에 없었던 결단을 의미한다. 후회가 없는, 후회할 수 없는 결단하는 인간으로서의 교사상은 교사가 새로운 의미에서 실존주의적인 인간으로 생활하게 만드는 것이다.

나는 이런 교사상을《상록수》의 채영신이 우리에게 보여준 나그네로서의 교사상이라고 말하고 싶다. 나그네는 보통 우리가 말하는 여행객과는 그 속성이 다르다. 여행객은 되돌아갈 곳이 있는 삶이다. 그래서 여행객은 경험하는 이곳저곳을 스쳐가며 그 모든 것을 신기하게 바라본다. 적당한 실수도 가볍게 봐달라고 애교를 부리며 마음을 놓는다. 어차피 되돌아갈 고향이 기다리고 있기 때문이다. 그러나 나그네는 그럴 수가 없다. 나그네는 되돌아갈 곳이 없는 사람들이다. 그래서 모든 것이 조심스럽다. 여기저기 스치면서도 그곳이 자기의 영원한 삶을 묻어야 할 마지막 귀착지가 될 수 있다는 행복감과 불안감 그 모두를 동시에 느껴야 한다. 교사들은 이런 점에서 자기들이 가르치는 젊은이들에게 영원한 나그네일 뿐이다.

나그네로서의 교사가 질문해야 할 두 번째는, 타인으로서의 교사가 자기가 가르치는 어린아이를 어떻게 받아들일 것인가에 관한 것이다. 교사가 아이들에게 그들이 필요한 것을, 말하자면 이 세상에 나아가서 사는 데 필요한 지식이나 기술을 가르친다고 하지만, 현실적으로 교사가 행하고 있는 것은 아이들의 관심과는 거리가 먼 것들이다. 실제로 교사가 배우는 학생들이 무엇을 느끼고 있는지, 그들의 마음이 어떠한지를 깨달으며 그들의 의식 한가운데로 헤엄쳐 나아가기는 불가능하다. 어린아이의 마음높이와 눈높이를 갖기는 어려운 일이다. 그렇다고 어린아이들이 경험하는 그런 세계에 직접 참여하기도 쉬운 일이 아니다. 아무리 그들과 가까운 마음거리를 나누거나 좁히려고 해도, 단지 교사로서 그들과 더불어 경험하고 있는 것 같은, 소위 '~인 척하는' 가상접촉에 머물러 있을 뿐이다.

나그네로서의 교사가 어린아이의 관점이나 경험을 받아들이기 위해서는 그들과 학습을 서로 나누어 갖는 길, 바로 그 길로 들어서야 한다. 그 길은 서로가 학습자가 되는 길이다. 서로 배우고 공유하는 서로 배움의 길이다. 지금의 이 정보사회에서 교사가 끝까지 존재하려면 지식을 가르치는 것만으로는 안 된다. 교사가 지식전달꾼으로 남는다면, 머지않아 정보사회의 총아인 컴퓨터가 그 옛날 교사들이 행하던 그런 지식전달의 기능을 송두리째 빼앗아갈 것이기 때문이다.

교사가 교사로서 지속되기 위해서는 배우는 방법을 가르쳐야, 말하자면 서로 배우는 법을 가르쳐야 할 것이다. 서로 배우는 법, 바로 이것을 가르치는 교사만이 젊은이를 받아들이는 길로 들어서는 것인데, 솔직히 말해 우리는 무엇이 배우는 법을 가르치는 것인지 잘 모르고 있다. 철학적으로 교사는 '생각하는 갈대'가 되어야 하며, 교실에서 매일같이 결단하는 나그네가 되어야 한다.

그러나 이런 신(新)실존주의적 철학 못지않게 교사는 행동하는 양심이 되어야 한다. 이 역시《상록수》의 채영신이 우리에게 보여주는 교사상이다. 교사는 모름지기 강직한 삶을 보여주는 문화활동의 촉매자가 되어야 하며, 사회변화의 촉매자가 되어야 한다. 생태계파괴문제, 과외문제, 부정부패문제 등과 같은 사회적인 쟁점에 대해, 교사들은 사회적 문화촉매자로서 다물었던 입을 열고 목소리를 내야 한다. 이 말을 마치 모든 교사는 가두에 서야 하고 시위에 참여해야 한다는 말로 잘못 해석하지 않기를 바란다. 또는 교사가 교수와 같으냐고 반문하지 않기를 바란다.

나는 사회적인 지성인의 역할을 놓고 교사와 대학에서 가르치는 교수 간에 차이를 가르는 그런 행위 자체를 미워한다. 어쩌면 그런 지적인 구획 자체가 교사를 절망의 교육으로 몰아가고 있는지도 모른다. 프랑스의 지식인들은, 모두 다는 아니지만, 상당수가 교사이며 교사 출신이다. 오리 틈에 끼인 미운 오리새끼가 아니라, 그 본래의 백조 모습, 그 모습대로 살아가야 비로소 그들은 희망의 교육을 아이들에게 전할 수 있는 것이다.

교사들이 더 이상 미운 오리새끼가 아님을 젊은이들에게 알리는 방식은 여러 가지가 있을 수 있다. 사회봉사도 그것 중의 하나이고, 헌혈운동에 참여하는 것도 그것 중의 하나이다. 지역 신문에 글을 싣는 것도 그 중의 한 가지 방식이 될 수 있다. 나는 이런 교사들의 모습을 일본에서도 보았고 유럽에서도 보았다. 자기 삶의 일주일을 보낼 계획으로 가득 차 있는 교사를 만나, 차 한 잔을 마시며 담소한 즐거움을 나는 영원히 잊을 수 없다. 《상록수》의 채영신은 우리에게 바로 사회를 위해 봉사하는 교사상을 보여주고 있다. 바로 이런 문화활동의 촉매자, 사회변화의 촉매자로서의 교사상이 서게 될 때, 비로소 교사는 아이들 앞에 당당한 목소리를 낼 수 있을 것이다.

교사가 교실이라는 만남의 장소를 통해 학생들과 대면하는 방식에는 여러 가지가 있을 수 있다. 그러나 교도소의 간수와 죄인, 경찰과 피소인, 동물원의 사육사와 동물과 같은 관계는 그 모두가 다 비인격적인 관계이거나 아니면 착취로서의 비대칭적인 관계들이다. 이런 관계들은 행동하는 양식이나 행동하는 양심과는 모두가 거리가 멀다. 젊은이와의 비인격적, 비대칭적인 관계 속에서 대화는 왜곡되기 일쑤이며, 이해관계 속에서 구부러지게 마련이다. 이런 관계 맺음 속에서는 학생들의 학습참여도 불가능하고, 새로운 것을 향한 실험도 불가능하다. 그들에게 공부하라는 말이나 사회적인 의무와 책무가 있다는 말들은 다 부담이 될 뿐이다.

젊은이들의 연령이나 경험에 따라 교사가 자기들의 경험을 전달하는 과정에서 표현양식이나 표현의 정도 차이는 있을지 모르나, 그들이 학생에게 보여줄 행동하는 양심, 그것은 시류에 따라 변해야 될 것도 아니고, 상황에 따라 이리저리 표백시켜야 될 그런 것도 아니다. 행동하는 양심은 교사가 그 스스로 지성인으로서 행동할 때 비로소 가능하다. 내가 《상록수》를 20대에 읽으며 배웠던 것을 지금의 언어로 풀어 말하면, 교사라는 직업을 택한 그 사람은 자라나는 어린이들에게 처음이자 마지막의 '본이 되어야' 한다는 것이다.

제3부 이 교육의 주체

제1장 지식인 행정가와 지성인 교사

이 교육의 주체로서 교육행정가와 교사에 대한 비판이 쏟아질 때마다 그들이 항상 내놓는 논리가 있다. 바로 '교육'과 '현실'은 다르다는 지론이다. 행정 처리를 하는 교육행정가와 실제 교실에서 아이들과 씨름하는 교사의 입장에서 교육학자의 '교육'은 편하디 편한 '이상'일 뿐이라는 것이다. 하지만 그들의 현실론은 그들이 이 교육의 바람직한 미래를 위해 노력을 기울이지 않는다는 반증일 뿐이다. 교육의 이상은 '지향점'이지 환상이 아니다. 지향점에 도달하기 위한 그들의 노력을 요구하며, 그 역할을 탐색해 본다.

정부에 거는 기대: 학제개혁이 교육개혁!

교육은 국가를 위험에서 구해내기 위해 정부 스스로 국민에게 내놓은 국가적 보험과 같다. 교육에 거는 국민적 믿음이 높아야 정권의 토대도 튼튼해지겠는데, 지금 이 나라 국민은 '보험보다는 모험'에 승부수를 걸고 있다. 교육이민의 증가가 바로 그 증표이고, 각 가정마다 빚을 내가면서까지 족집게 과외에 매달리는 것이 바로 그 증상이다. 이민 앞에 교육이란 말만 붙이면 국민적인 공감을 얻어내는 그 감정이 바로 국민적 모험의 토양이며, 학교 믿으면 손해난다며 사교육에 의존하고 공교육을 불신하는 그 혐오가 바로 국민적 모험의 뼈대이다.

사실, 지금의 교육 위기는 교육정책의 부족보다는 교육 책임자들에 대한 신뢰의 부족 때문에 더 증폭되고 있다. 겉으로는 교육정책가와 국민 간의 의사소통 부재가 교육 위기를 분출시키고 있고, 안으로는 교사와 학생 간의 의식소통 결여가 교육의 위기를 안착시키고 있다. 국민은 교육행정가의 애끓는 설득에 귀 하나를 빌려주지 않고 있는 실정이며,

학생들은 교실에서 교사의 가르침에 코를 골고 있는 현실이다. 그래서 신뢰의 붕괴를 막아내는 일이 더 시급하다.

우리나라 대통령이 교육개혁을 하려고 한다면 제대로 된 개혁 일감을 찾아야 한다. 그런 의미에서 정부는 지방교육청에서나 해야 될 그런 자질구레한 일에는 신경부터 끊어야 할 것이다. 어느 외국 학자가 우리를 향해 쏘아붙였듯이, 여느 때처럼 싸구려 정권이 되어서도 곤란하고, 막바지 떨이로 파는 교육개혁 세일을 해서도 곤란하다. 이제부터는 큼직하게 우리 교육의 르네상스를 맞이할 커다란 토대부터 쌓아야 한다. 비전 있는 단단한 정부로서 교육개혁을 하려면 그 체통에 알맞은 일감을 골라낼 안목부터 갖추라고 권하고 싶다.

그런 교육개혁 일감을 하나 들라면 학제개혁을 추천하고 싶다. 역대 정권들이 한 번도 제대로 건드려보지 못한 것이 바로 학제개혁 과제이다. 구제금융 시대에 제대로 대응하는 효율적인 교육, 고용 중심 교육, 생산성 있는 교육을 하기 위해서라도 학제개혁은 해볼 만한 일감이다. 결론부터 말하자면, 지금과 같이 소수 엘리트 중심의 단선형 학제로부터 대중적인 엘리트를 길러내는 다선형 학제로 바꾸는 것이 우리 교육을 살리는 길이다. 국민 모두가 학벌 때문에 피멍이 들지 않게 하기 위해서라도 학제를 바꿔야 한다.

사교육비를 없애기 위해 제일 먼저 해야 할 일도 학제개혁이다. 지금의 단선형 학제는 정부 수립 이래 50년 동안 엄청난 사교육비만 탕진시키게 만든 고비용 저효율의 학제이다. 출세는 학연이라는 등식을 만들어놓은 것이 바로 이 학제이다. 일류대 입학은 성공, 그 반대는 실패인 2차선 도로와 같은 것이 바로 지금의 단선형 학제이다.

모두가 제 나름대로 달리고 싶고, 출세도 하고 싶은데, 트인 길이 하나이니 도리가 없다. 새 차가 나와도 소용없고, 천재 운전수라고 해도 어쩔 수 없이 정해진 외길을 따라가야 한다. 모두가 제 능력대로 숨통을 트고 제 나름대로 출세하게 하려면 여러 갈래로 길부터 터놔야 한다. 길은 외길, '서울의 대학'으로만 향하라 하니 초중등교육 모두가 이리 꼬이고 저리 일그러지게 된다. 과외가 극성을 떠는 것도 따지고 보면 다 길이 외길, 학벌의 길뿐이라서 그런 것이다. '서울의 대학'을 가지 않더라도 나름대로 다양하게 출세하는 길을 터놓는 다선형 학제로 개혁을 해내는 정부야말로 넓은 아량의 작은 정부가 될 것이다.

학교행정가들의 교육적 해이

초등학교 아이들이 담임교사를 바꿔달라고 해서 그렇게 하기로 덥석 약속해버린 어처구니 없는 일이 어느 초등학교에서 일어났다. 허탈 웃음 한 번 짓고 말기에는 너무 어이가 없는 일이다. 그러나 요즘 애들 겁난다고 지저리치고 말 일 또한 아닌 듯싶다. 이런 일은 선진적인 것도 아니고, 교육적인 것도 아니다. 더구나 민주적인 것도 아니고, 학생을 위한 일이었다고 생각할 수도 없다.

초등학교 학생들이 처음 들고나선 일이라 당황해서 교장 홀로 허겁지겁 결정한 실수였다고 해도 듣기에 민망할 뿐이다. 교장 혼자 결정했을 리 만무하다. 추론이기는 해도 그 학교 교장은 동료 교사와 이 문제를 충분히 상의했을 것이고, 학교운영위와도 심도 있게 논의했을 것이다. 일선 교육행정기관의 지도마저 충분히 받았을 것이다. 만약에 그 어느 누구와의 상의도 거른 채 학교장 홀로 애들의 '조언에 따라' 담임 퇴출을 결행했다면, 앞으로는 우리 교육에 큰 일만 터질 것 같아 걱정부터 앞설 뿐이다. 설령 교사도, 학부형도, 행정관료도 모두가 한결같이 그런 결정을 내리는 데 동의했다고 치자. 그래도 그런 처사가 교육 절차상 옳은 처사였다고 봐주기는 힘들다.

우리 교직계의 선진화를 위해서는 이번 일을 적당히 얼버무리고 지나쳐서는 안 된다. 이 사건이 전례가 되어 이제 교실마다, 학교마다 담임 퇴출 사태가 잇달아 터질지도 모른다. 그러니, 이번 기회에 교직계의 새바람을 위해 한두 가지는 짚고 넘어가야 한다.

무엇보다 첫째로, 학부모가 교사에게 피멍을 들이고 있다면 반성해야 한다. 학생이 담임의 퇴출을 요구했다는 말을 듣고 쌍수를 들고 박수를 친 학부형이 있다면 자기의 자녀 교육을 위해서도 불행한 일을 한 것이다. 속으로는 그럴 수 있어도, 겉으로는 그래도 학생을 나무라는 의젓한 부모의 모습을 보여주었어야 한다. 우리 조상들이 보여준 교사에 대한 극진한 모습을 십분의 일이라도 배워야 한다. 둘째로, 교사의 적(敵)은 교사 자신이기에 교사 스스로 깨어 있어야 살아갈 수 있다. 자기 스스로 왜 교직을 택했는지에 대해 끊임없는 반문과 자성으로 거듭나지 않으면 교직은 평생 그들에게 괴로운 직업일 수밖에 없다. 교사들 스스로 박봉을 서러워하지 말아야 한다. 교사로서 교사답지 못한 것을 오히려 괴로워해야 한다. 이러한 자세가 몸에 배지 않으면 그들은 교직 경시라는 바이러스에 시달리게 된다. 오늘날 교사들은 이 사회적 병원균을 이겨낼 면역체를 갖고 있지 못하다. 이번 담임 퇴출 파문을 해당 교사의 개인적인 성격 문제로 적당히 얼버무릴 수 없는 이유가 바로 거기에 있다.

이제 교사들에게 교직 경시를 이겨낼 면역항체를 집어넣어주어야 한다. 그러려면 교육 당국은 교직자에게 수요자 중심 교육의 본질부터 바르게 세워주어야 한다. 학교교육개혁의 중심축은 수요자 중심에 있다. '가르치는 교육'으로부터 '배우는 학습'으로 바뀌려면, 학교는 학생을 위한 곳으로 바뀌어야 한다. 학교는 미래를 짊어질 학생이 지력을 심고, 체력을 단련시키고, 덕력을 넓히며, 남을 섬기는 법을 준엄하게 배우는 장소가 되어야 한다.

교직 봉사는 무엇보다도 절대적인 신뢰로부터 시작된다. 학생이 교사를 불신하는 곳에서 학생 중심의 교육이 이뤄질 리가 없다. 교직의 신뢰는 교사의 경력에서 나오는 것이 아니고 실력에서 나와야 한다. 오래 가르쳤다고 실력이 있는 것이 아니므로, 교사는 교사로서의 품격을 지니도록 끊임없이 자기개발에 충실해야 한다. 따라서 재교육은 필수적이다. 교사 자격증은 교사가 될 수도 있다는 인증서이지 교사의 질을 보장하는 증명서는 결코 아닌 것이다.

교육 당국은 교단의 민주화가 진정으로 무엇을 의미하는지 보여주어야 한다. 그러기 위해서는 교직의 토론문화부터 복구해 내야 한다. 교사들이 이번 담임 퇴출 해프닝을 남의 집 불 구경하듯 뒷짐진 데는 교단에 논의하는 풍토가 마련돼 있지 않은 이유도 있다. 서로 마주앉아 자유롭게 토론하는 문화가 자연스럽게 형성돼 있어야 이런 사건을 당해서도 학생들이 요구하는 것 중에서 무엇을 받아들이고, 무엇을 거부해야 하며, 무엇은 학생들에게 다시 생각해보도록 일러줄 수 있는지 알게 된다. 그랬더라면 일이 그 지경으로 끝나지는 않았을 것이다. 논의와 토론, 반성, 그리고 새로운 결함으로 상생(相生)하는 민주시민의 풍토를 모두 고사시켜 놓고서는 그 어떤 민주시민 교육도 불가능하다.

스승의 날을 맞이하면서

매년 5월이면 각급 초·중등학교마다 스승의 날을 기념하는 정겨운 행사가 많이 열린다. 대학도 예외가 아니지만, 초등학교처럼 그렇게 떠들썩하지는 않다. 그저 조촐하게 강의실 교탁에 음료수 한 병을 올려놓는 것으로 대신하며, 경우에 따라서는 스승의 노래를 곁들이기도 한다. 사실 스승의 날 강의실에 들어가서 교탁에 올려져 있는 음료수 병을 보았을 때 눈물겨운 적이 한두 번이 아니었다. 그런데 언제부터인지 음료수 병을 대할 때면 슬며시 두려운 마음이 앞선다. 과연 저들에게 무엇을 해주었다고 감사의 말을 들어야 하는가 하는 두려움 같은 것이 온 마음을 짓누르기 때문이다.

요즈음 이 사회에는 '스승 오염 현상'이 극에 달하고 있다. 스승에 대한 존경이나 고마움이 앞서기보다는 가르치는 사람을 그냥 편의상 스승이라고 격상시켰기 때문에 생긴 현상이다. 스승이라고 부르고 싶지 않은데도, 남이 스승이라고 부르니까 덩달아 스승이라고 부르는 것이다. 그래서 한 학생을 오랜 시간을 두고 가르친 사람도 스승이라는 대접을 받고, 단 몇 시간을 가르쳐도 스승이라는 말을 듣게 된다. 정말로 가르침이 고마워서 그러는 것도 있지만, 그냥 의례적으로 스승이라고 부르는 것도 있어 이제는 스승의 인플레이션 현상이 보편화되어 있다. 이제는 스승에 대한 이해가 좀 달라져야 할 필요가 있다. 가르쳤다는 단순한 사실 하나만으로 스승이 되는 것은 아니다. 무엇인가 엄청나게 가르치지는 않았어도 가슴에 영원히 아로새겨지는 그런 느낌이나 정서를 주신 분들이 스승으로 남게 되는 것이다.

실패 없는 교육을 위해서는 지금과 같은 병영식 학교가 아니라 학교 벽을 허물어버리는 대안교육들이 나와야 하지만, 그렇다고 모든 교사가 스승의 사표를 가지게 된다고 볼 수는 없다. 학교 안의 또 다른 작은 학교나 재택학교, 사이버학교 등등 다양한 학습제도가 생겨야 하기는 하지만, 그렇다고 스승의 수가 늘어나는 것도 아닐 것이다. 가르치는 일에 관심 있는 사람은 누구나 가르칠 수 있어야 한다. 학생보다도 물정이 어둡고, 학생보다도 정보 활용력이 뒤진 교사라고 하더라도 그들 중에는 어느 한 학생의 운명을 바꾸어놓는 스승들이 있을 수 있다.

가르칠 만한 사람이 학생을 가르쳐야 한다. 사범대학을 나왔다고 해서 무조건 스승이 되는 것은 아니다. 교사의 질이 자기 연수와 자기 주도 학습으로 닦여진다고 할 때, 스승 역시 자기 연수로 가능해지는 것이다. 교직의 전문성이나 실력은 태어날 때부터 갖고 나오는 것이 아니라 배우고 익히는 것으로 가능할 것이므로, 스승은 배우는 이들에게 바로 그런 일에서 모범이 되어야 한다.

기간계약제를 둘러싼 잡음에 대하여

사립학교 교원의 기간제 임용 문제를 놓고 교육행정 당국과 사학 간의 신경전이 치열하다. 바로 그것이 최근 각 시도교육청이 사립학교 교원 기간제 계약임용을 골자로 한 학교법인 정관변경 승인 요청서 반려 사건이다. 그러나 사립학교 법인회는 그런 교육청의 부당함을 지적하고 다시 정관변경 신청을 강행하기로 했다. 이런 와중에서 세 불리기를 강행하고 있던 교원노동단체들은 여러 방향으로 사후 대책을 생각하는 것 같다. 교원노조의 본격적인 활동과 기간계약제 교사임용문제제기를 바라보는 국민으로서, 기간제 교원임용 문제를 놓고 교육행정 당국이나 사립학교 모두 필요 이상으로 기운 뺄 일이 아니라고 전하고 싶다.

먼저, 교직원노동조합의 활동에 기대되는 바가 많다. 교원노동단체에게 단체행동권과 단체협약권 행사가 각각 제한적으로 유보되어 있기에, 필요 이상의 잡음은 내지 못하도록 되어 있다. 그러나 어떤 경로로든 교원노동단체들은 단체협약권을 행사할 것이고 필요하다면 단체행동 비슷한 의사표시를 할 것이 분명하다. 언젠가는 교원의 단체행동권 역시 실질적으로 보장될 것도 분명하다. 어쨌거나 정부 스스로 교사의 노동자적인 신분을 법적으로 보장해주었기에, 교원노조는 정해진 법의 테두리에서 적극적인 노조활동을 전개해야 한다. 이제는 한국교육의 발전이니 인간교육이니 하는 거창한 대의명분보다는 실질적으로 노조 활동의 근본에 맞는 실행적인 활동을 마련해야 할 것이다. 노조활동을 잘하는 것이 한국교육의 발전에 공헌하는 지름길일 것이다. 그래서 교원노조 활동이 바른 모습을 찾아가게 하기 위해서라도, 교원노조에 대한 오해나 불필요한 말 지어내기는 삼가야 한다. 말하자면, 교원노조의 핵심은 급진주의자라느니, 노조는 천박한 대중주의에 기초해 있다느니 하는 식의 일부 교육학자들의 천박한 논조는 폐기되어야 한다. 그러기 보다는 오히려 교원노조로 하여금 그들이 하는 일이 아동을 위한 휴먼 서비스라는 점을 다시 한 번 확인하며 그것을 진지하게 실천하도록 이 론적으로 도와주어야 한다.

교직이 휴먼서비스인 이상 교사 스스로도 해야 될 일이 한두 가지가 아니다. 교원노조 활동의 우선 순위가 노조원의 복지에 있기는 하지만, 그들의 이해관계의 쟁취가 아동의 학습권을 담보로 해서는 곤란하다. 아동의 학습권을 그 누구보다도 더 보장하는 교원노조가 되기 위해서는 교원 스스로 교직의 질 관리나 교육의 책무성을 보장하는 활동이나 정책을 내세울 필요가 있다. 사학과 교육부가 서로 힘겨루기를 하고 있는 교원 기간계약제 임용안보다 한 차원 높은 정책을 제시해, 선진교원 노조의 모습을 보여줄 것을 기대한다. 외국의 경우를 보더라도, 기간계약제 인사정책의 채택은 불가피하다. 교원의 기간계약제 실시는 언제 실행하느냐에 관한 시간의 문제이지 결코 내용의 문제가 아니다.

동시에 사학도 시대에 맞게 체질 개선뿐만 아니라 합리적인 기간계
약제 모형을 제시하고 교육행정 당국과 진지하게 협의해야 할 것이다.
어떤 사학 운영자가 보여준 객기처럼, 자기들의 안이 관철되지 않으면
사학의 문을 닫겠다는 식으로 쓸데없는 객기를 부릴 필요는 없다고 본
다. 그런 해프닝이 많아질수록 학부모들은 사학이 내거는 정책을 신뢰
하지 않을 것이 뻔하다. 기간계약제에 대한 학부모들의 시선도 곱지 않
고, 무엇보다도 사학재단이 교원의 기간제 임용을 남용하지나 않을까
하는 우려가 큰 것도 사실이다.

사학이 정관변경안으로 제출한 기간계약제에 대해 교육부의 법리적
인 해석은 의외로 새로운 지식경영의 행정과는 맞지 않는 것 같다. 교
육부는, 임기제인 학교장 및 기간제 교원이 아닌 사립 초중등 교원 전
원을 일반적으로 기간을 정하여 계약제로 임용하는 것은 현행 사립학
교법의 취지에 반하기에, 사학 측이 낸 기간계약제 교원 임용을 거부한
다고 했다. 즉, 현행 사립학교법에 기간제 교원에 대한 규정이 없기에
교원의 기간계약제 임용을 허용할 수 없다는 논리인 것이다.

그러나 현행 법이론과 일반적인 상식은 교육부의 입장과는 다르다.
즉, 일반적으로 우리들은 포괄적인 벌칙 규정이나 금지 규정은 위헌으
로 알고 있다. 이 말은, 일반 교원의 기간계약제 임용에 대한 금지조항
이 현행 사립학교법에 명문화되어 있지 않기에 오히려 이것은 사립학
교법인의 재량권이자 경영권일 수밖에 없다고 해석할 수 있다. 결국,
기간계약제의 타당성을 교육의 소비자인 학부모에게 판단하게 하는 식
으로 시간 끌기를 하다가 못 이기는 척하면서 어느 한 편의 손을 들어
주려는 저의가 교육부에게 없다고 할 수 없을 것이다.

둘째, 교원의 정년제 임용은 교원의 신분보장을 통하여 초중등교육
의 안정성과 학교교육의 질적인 수준을 유지하기 위한 제도적인 장치

이기에 기간계약제 교원 임용을 위한 사학의 정관변경 요청을 거부한다는 것이 교육부의 입장이다. 이런 교육부의 입장은 교권을 보장하는 것 같으면서 다른 한 편으로는 교육의 황폐화에 대한 책임을 교원에게 떠맡기려는 구시대적인 발상일 수도 있다. 교육의 모든 책임을 교사가 이토록 처절하게 뒤집어쓰고 있는 나라도 우리나라 말고는 별로 없는 듯하다.

이 점에 대해 교원단체가 오히려 더 긴장해야 한다. 학교교육의 안정은 학교교육의 질적인 수준을 지금보다 더 높일 때 비로소 가능하다. 유능한 교원이 모인 교원단체일수록 교육행정 당국에게 더 새로운 것, 말하자면 정보 선진화나 교육행정의 선진화를 더 요구하게 된다. 그리고 교육의 발전에 대한 실질적인 책임은 교육 당국이 지도록 요구한다.

바로 이런 관점에서, 외국에서는 교원의 정년보장제가 철폐되고 있다. 그리고 교원정년제 철폐가 원래 교원단체에 의해 제기되었다는 점은 우리에게 시사하는 바가 한두 가지가 아니다. 연령으로 교원 개인의 능력을 제한하는 것은 한 마디로 말해 지식경영의 시대정신에 어긋나는 후진국적인 발상이다. 바로 이 점을 진지하게 고려했기에, 우리의 대학이나 각종 연구소도 이미 기간계약제를 거의 다 끝낸 상태이다. 교육부 역시, 우리나라 교육행정뿐만 아니라 일반 행정의 발전된 모습을 보이기 위해서라도, 공무원 임용과 인사행정 역시 기간계약제로 바꾸는 외국 교육행정 기구의 변화에도 민감하게 대처해야 한다.

결론적으로 이야기해서, 교육부나 교원노조 단체는 기간계약제 문제를 무조건 거부만 해서는 안 된다. 다시 한 번 기간계약제를 선용할 수 있는 방안이나 대안을 생각해 보아야 한다. 교육행정 당국은 힘 안 들이고 일선 학교의 힘을 빌어 학교교육의 질과 학교교육의 책무성을 보장하는 일석이조의 효과를 얻을 수도 있다. 그래서 교육행정 당국이 오히려 주도적으로 나서서 기간계약제 교원임용제를 선용할 수 있는 방안과 이것의 남용에 제동을 거는 안전 장치를 만들어내는 일에 더 신경 쓰기를 바란다. 바로 이런 일을 제대로 해낼 때, 교육부나 교원노조는 말 그대로 휴먼서비스를 실천하는 교육활동과 지식경영의 교육행정을 주도하는 곳으로서의 선진적인 위상을 갖게 될 것이다.

수석교사제 도입과 교직의 발전 대책

국민의 정부와 당이 함께 내놓은 교직발전대책에서 핵심 사안은 교장연임제와 수석교사제 도입이었다. 그 외에 교육전문 박사학위제도(Ed.D) 도입도 있었으나, 논문 하나 제대로 쓰지 못하는 명함용 박사를 양산해낼 것이라는 지탄이 이미 극에 달하고 있는 형편이었다. 어쨌거나 당정은, 유능한 교장일지라도 4년제 임기 제한 때문에 학교 운영상 애로가 있으니 교장 재임 기간에 대한 제한 규정을 없애고, 수석교사제를 두어 교직 인사 적체의 숨통을 터주자는 방안을 마련했다.

정부가 추진했던 교직발전대책은 함량미달이었다. 왜냐하면 이 두 대책은 첫째로 65세 정년을 62세로 단축하는 과정에서 피하기 어려웠던 교직 선진화의 후유증 치유 대책이 되지 못하기 때문이다. 둘째로, 교장연임제와 수석교사제를 주장하는 당정의 생각은 우리나라 교직의 보수성과 경직성을 더욱더 보강하는 정책이기 때문이다. 꼼꼼하게 따지면, 정부는 교장연임제와 수석교사제를 도입함으로써 학교교육을 교장 중심으로 이끌어가야 한다는 보수적인 생각에서 벗어나지 못하고 있음을 알 수 있다. 이런 교직발전정책은 교육 선진국의 교직 개혁의 추세와도 맞지 않을 뿐만 아니라, 교단의 민주화나 교직의 전문화와도 거리가 멀다. 게다가 앞으로 더욱더 극심해질 교실붕괴를 제대로 예방할 수 있는 교직발전대책으로도 함량미달이다.

교장임기제 철폐가 교직 선진화의 조건이 아니라는 점은 너무나도 분명하다. 얼핏 보면, 유능한 교장은 정년퇴직 때까지 교장을 할 수 있어야 한다는 말에 일리가 있다. 그러나 현실적으로 교장임기제 철폐는 교직의 전문화와 무관하다. 그 어느 사회보다도 연공서열이 분명하고 체계화된 보수적 교직 사회로부터 그 보수성을 탈피시키고자 정년을 단축시킨 것이었는데, 이제 이런 취지가 무색해지고 있다.

동시에 교장임기제 철폐는 현실적으로도 커다란 효과가 없다. 사립학교를 제외한다면, 일반적으로 교장이 되려면 제아무리 눈에 불을 켜고 달려들어도 교직 경험이 25년 이상은 되어야 한다. 이때쯤 교사의 연령은 대체로 50대 초중반이 된다. 그때 교장이 되어 중임을 한다고 해도 이미 60세 전후인 퇴직 연령이 된다. 게다가 교장 임기 도중 장학관 같은 전문직으로 발탁되면 교장중임조차도 해볼 수 없게 된다.

학교 조직도 기업 조직과 성격이 비슷해서 한 사람이 오래 장(長)을 하면 행정부도(行政不到)를 내도록 되어 있다. 그런 학교일수록 학교교육의 적자(赤字) 현상이 커진다. 흑자교육을 하려면, 교직의 전문화와 교단의 민주화가 이뤄져야 한다. 그렇다면 교장임기제 철폐가 아니라 교장, 교감의 순환보직제가 도입되어야 한다. 일정 기간 이상의 교직 경력과 학교 운영의 자질이 있는 교사들에게 교장직을 하나의 순환보직으로 만들어 교단의 민주화를 촉진하는 일이, 밀어닥쳐 올 교육 해체를 막아줄 대책이다.

수석교사제는 교직의 인사 적체 현상에 숨통을 트는 효과를 가져올 수도 있다. 동시에 운영만 잘하면 수업의 질을 향상시키거나 교직의 전문화를 촉진시켜 줄 수도 있다. 그러나 진급 위주의 우리 교단의 실정을 감안하면, 수석교사제 도입의 효과는 극히 단기적일 수밖에 없다. 수석교사는 15~20년의 경력자 중 교감이나 교장으로 승진하지 못한 평교사들 가운데서 선발하겠다는 것인데, 바로 이 조건이 문제의 화근이다. 수석교사제가 교감이나 교장이 되지 못한 평교사들을 위로해주는 보상제도로 악용되면, 그것은 교직의 전문화와는 무관할 수밖에 없다.

수석교사제도가 교직의 전문화를 촉진하기 위한 제도로 작동하기 위해서는 교감제도부터 폐지되어야 한다. 현재 5% 미만의 교감 점유 비율을 대폭적으로 늘리는 방안으로 수석교사제를 운영해야 한다. 교장직은 수석교사 중에서 자유롭게 순환 겸임할 수 있는 순환보직제로 검토되어야 한다. 이런 제도의 보완이 없이 수석교사제를 도입하면, 진급 위주의 우리 교직 풍토에서 수석교사제는 오히려 학교수업을 뒷전으로 밀어놓는 계기가 될 것이다.

수석교사가 매년 학교마다 쌓이게 되면, 이들은 마치 무임소 교직처럼 교직의 황폐화를 초래시킬 수도 있다. 효율적이고 생산성 높은 조직일수록 무임소 간부들이 없는 것을 생각하면, 이번의 교직발전대책은 시계추를 뒤로 향하게 만드는 조치처럼 여겨진다. 물론, 수석교사를 한 학교에 몇 명이나 두며, 수석교사직의 임기와 역할 등에 대해 더 면밀한 검토가 있어야 하겠지만, 가장 중요한 것은 교직의 전문화를 위한 연수제도의 강화이다. 공부하는 학생만 필요한 것이 아니라 공부하는 교사들이 더 많아야 교육의 책무성이 높아진다. 이것을 위해서는 지속적인 자기 주도 연수가 약이다. 정부 역시 연수의 질을 높여야 한다. 정부 단가의 저렴한 연수로는 제대로 된 연수를 할 수 없다. 교직발전대책에 보다 강력한 교원연수 정부 방안이 나오기를 기대한다.

"교사는 지성인이다"

헨리 지루의 글은 언제 읽어도 생기를 느낀다. 현재 미국 펜실베이니아주립대 석좌교수인 그가 보여주는 교육에 대한 열정과 분노는 '맞서 싸우는 희망'이라고 표현할 수 있을 정도로 교사들에게 희망의 목소리를 전달한다.

지루는 신지식사회학의 토대 위에, 이탈리아 이론가 안토니오 그람시와 브라질 교육자 파울로 프레이리, 그리고 프랑크푸르트학파의 아도르노, 호르크하이머, 하버마스, 마르쿠제나 발터 벤야민과 같은 비판이론가의 사상을 흠뻑 적셔놓고 있다. 그래서 교사를 지성인으로 선언하는 그의 글은 사상적으로 육중할 수밖에 없다.

지루가《교사는 지성인이다》라는 책에서 강력하게 드러내 보이는 메시지는 두 가지다. 먼저 교사를 변혁적 지성인이라고 선언하고, 이어 교사가 지성인으로 자리잡기 위해서는 교사 스스로 사회적으로 의미 있는 비판언어를 사용할 수 있어야 한다는 메시지다.

그는 교사를 단순히 "교사를 위해 만들어진 어떤 목표를 효과적으로 달성하는 기계적인 근로자로 볼 수 없다"고 본다. 교사는 단순한 노동자가 아니라 자유인이자 학생들의 지력을 불러일으키는 지성인이기에, 지금처럼 노동자로서의 교사와 교육정책 입안자로서의 교육행정가라는 이분법적 담론을 해체시켜야 한다고 주장한다.

지성인으로서의 교사라면, 그들이 무엇을 가르치는지, 어떤 방법으로 가르치는지, 무엇을 달성하고자 애쓰는지에 대해 질문을 제기할 수 있어야 한다. 마치 대학에서 교수가 학문의 정당성을 주장하듯이, 일선 교사 역시 지성인으로서 그렇게 할 수 있다. 가르치는 역할이 기술의 훈련에 머물지 않고 자유로운 사회를 개발하는 데 필요한 지성인을 교육하는 것이기에 교직은 민주사회를 개발하는 원리와 결합할 수밖에 없다.

지루가 비판적 언어를 내놓은 까닭은 교사의 활동을 문화정치의 한 형태로 이해하기 위해서다. 변혁적 지성인 범주의 핵심은 교육적인 것을 더욱 정치적으로, 정치적인 것을 더욱 교육적으로 만드는 데 있다. 정치적인 것을 더욱 교육적으로 만든다는 의미는 정치적 관심이 교육의 장과 밀접하다는 의미다. 학생을 비판의 행위자로 대접하는 교육을 하며, 지식에 대해 문제를 제기하고, 모든 이들이 질적으로 더 나은 학습을 하도록 강력히 논쟁하는 것이다. 이는 학생들에게도 적극적으로 자기 목소리를 낼 것을 요구한다.

이런 뜻에서 교사 스스로 변혁적 지성인이 되어야 한다고 주장하는 지루는, 단순히 자기들의 호구지책이나 근무 조건을 염두에 두고 학생들을 마치 인질로 간주하는 듯한 일부 교사들의 천박한 교직관에 제동을 걸고 있는 것이다.

초등 교사는 사회변화를 위한 지성인

교육은 개인을 사회의 틀에 가두기 위한 사회적인 정책이 아니다. 오히려 교육은 그 정반대이다. 개인이 사회를 올바로 바라볼 수 있도록 도와주기 위한 것이다. 교육은 삶살이에 필요한 지식(knowledge)을 습득하고, 쓰임새 있는 기술(skill)을 연마하며, 건전한 삶의 태도 (attitude)를 형성함으로써, 인간 내면에 숨어 있는 학습본능이 겉으로 드러나게 만들어 주는 것이다. 이런 일을 하는 사람을 바로 교사라고 하는데, 교사는 사회변화에 관여한다는 점에서 지식인의 기능을 감당한다. 우리는 교육기능을 발휘하는 사람 중에서 지식과 기술의 전달을 강조하는 사람을 '지식인'이라고 하고, 삶을 대하는 태도에 가치를 부여하는 사람을 '지성인' 이라고 칭한다.

교사가 지성인이어야 하는 이유는 무엇보다도 첫째로, 초등학교 교사는 이제 막 자아를 발견하고 자신의 모습을 드러내고자 하는 새싹들을 직접적으로 도와주는 도우미이기 때문이다. 교육은 빈 잔을 물로 채우듯이 '들이붓는' 행위가 아니라, 새싹이 움터서 '겉으로 나올 수 있도록' 영양을 공급하는 햇빛과 같은 것이다. 이러한 교육을 하는 사람이 바로 초등학교 교사이다.

둘째로, 초등학교 교사는 왜곡된 학교 공간을 회복시킬 수 있는 존재이기 때문에 그들의 기능은 사회적으로 더욱더 강하게 요구된다. 학교는 교사와 학생의 만남의 장소이면서, 동시에 풍년을 기약하는 논밭이다. 하지만 지금의 학교 공간은 영양을 공급하는 부엽토이기보다는, 오히려 씨앗이 뿌리조차 내리지 못하게 방해하는 자갈밭과 같다. 서로 가르치고 서로 배우는 상호학습의 왕복도로가, 한쪽은 계속 주기만 하고 다른 한쪽은 지속적으로 받기만 하는 일방통행길로 왜곡된 것이다. 이런 잘못된 '도로정책' 을 수정하고 바르게 고칠 장본인이 바로 초등학교 교사이다. 왜곡된 학교의 일방향성을 순환적 상호작용성, 혹은 무방향적 · 전방위적 다양성으로 변화시키는 역할을 초등교사가 담당해야 한다.

이런 사회적인 기능이 요구되기에 초등학교 교사 스스로 '지식인' 의 탈을 벗고 '지성인' 으로 거듭나야 한다. 요즘에는 놀랍게도 교사들 스스로 교과서의 내용을 어떻게 학생들에게 전달할 것인가에 만족하고 있다. 효율적인 수업방법 연구에 매달리다 보니, 아이들에게 무엇을, 왜 가르치는가에 대한 본질적이고 철학적인 질문으로부터 멀어지고 있다. 초등학교 교사들이 교육 내용의 교육적 타당성을 철저하게 분석하지 못하고, 단순히 교과서를 아이들의 머릿속에 '들이부으려는' 지금의 교실 상황은 교육의 기능을 교사 스스로 축소시키는 것이다. 교사 스스로 지성인임을 포기하고 지식 전달꾼으로 '추락' 하고 있는 것이다.

진실을 가르치기보다는 정확히 전달하라

촘스키는《실패한 교육과 거짓말》이라는 책에서 교육이라는 이름을 달고 있는 것들의 탈교육적인 위력을 고발하고 있다. 학교나 교사는 물론이고, 언론 매체가 사실 보도라는 이름으로 저지르는 정치적이고도 문화적인 횡포에 대한 고발이다.

이 책의 의도를 제대로 이해하기 위해서는 두 가지 배경 지식이 필요하다. 첫째, 이 책은 미국인의 시각에서 정치권력을 살펴보게 만든다. 특별히 미국인의 사회·정치적인 상황에서 세계의 정치문제, 특별히 남미문제의 과거와 현재에 대한 이해를 요구한다. 둘째, 저자인 촘스키가 미국 교육학계에서 주변부에 위치하고는 있지만, 미국 현대 교육의 문제에 날카로운 메스를 가하고 있는 파울로 프레이리 사단에 처음으로 가담하기 시작했다는 점이다. 프레이리는 교육사회학자인 헨리 지루, 도날드 마세도, 경제학자인 스탠리 아노위츠와 더불어 미국 교육의 문제를 파헤쳐왔다. 이들에게 언제나 부족했던 부분이 바로 정치분석이었는데, 이번에 촘스키가 그들에 제공한 현대 정치의 분석은 교육학계에 새로운 의미를 주고 있다.

촘스키의 교육사상은 이 책에서 그렇게 분명히 드러나 있지는 않다. 그의 논조로 보아 자유주의적이고도 비판이론적이기는 하지만, 그래도 촘스키가 주장하고 있는 교육적인 것은 두 가지 관점이다. 첫째, 교육이라는 이름을 붙일 수 있는 것들, 말하자면 학교, 교사, 혹은 언론은 젊은이에게는 교화기관이나 선동기관일 뿐이다. 처음부터 진리는 가르칠 수 없는 것이기에, 오로지 선동을 일삼을 뿐이다. 둘째, 그런 기관에 종사하고 있는 교사라고 하는 지식인들은 권력층에 노동을 제공하고 자기 이익 추구에 가장 민감하게 반응하는 기생충적인 기질의 전문가들이다. 그래서 이들은 젊은이들에게 진리를 가르칠 수 없다. 진리보다는 그의 생존을 위한 이해관계가 눈앞에서 더 아른거리기 때문이다.

이런 의미에서 출판사가 이 책의 원제목인 '오도된 교육 (MisEducation)'을 '실패한 교육과 거짓말'로 붙인 것은 적절하다. 촘스키는 아직도 교육이 젊은이와 국민에게 진리를 가르치는 곳이라고 믿는다면, 시민들은 무엇보다도 이 세상을 비판적인 눈으로 바라보아야 한다고 충고한다. 이어, 교사가 학교에서 그리고 이 사회에서 살아갈 의미 있는 지식인라고 불리우고 싶다면, 젊은이들에게 진실을 가르치겠다고 우기기보다는 차라리 진실을 정확하게 전달하는 데 더 주력하라고 충고한다. 진실을 정확히 전달하는 것이야말로 교사에게 필요한 도덕적 명령이다. 그리고 그런 진실을 젊은이들에게 일방적으로 전달하려고 하기보다는 그들과 더불어 진실을 공유하라고 권고하고 있다. 젊은이들과 함께 진실을 이야기하고 그것을 함께 찾아가는 것이야말로 교사가 교실 현장에서 지켜야 할 교육적 덕목이기 때문이다.

사랑의 매와 체벌의 상관관계

초·중등교육법에 교사의 학생 체벌을 인정하는 개정안이 발의됐다. 그 근거로 "합리적이고도 교육적인 체벌마저도 금지하는 것은 현실과 어긋나기 때문"이라는 이유를 들었다. 이런 주장은 체벌의 허용을 묻는 여론조사에 응답한 학부모 중 70% 이상이 체벌을 찬성하고 있다는 여론조사 결과를 입법부가 수용하는 것이어서 별 변동 없이 국회에서 통과될 것으로 보인다. 그러나 이런 우리나라의 전망은 '선진국 입법계의 교육 역량과 선진국 교육계의 체벌 현실과 어긋나기' 때문에 우리나라 국회의 참 역할에 대해 다시 한 번 더 생각해 보게 만든다.

사랑의 매와 교육적인 체벌의 모순

일부 교사들이 사랑의 매나 교육적인 체벌이 가능하다는 주장을 하고 있기는 해도, 어쨌든 체벌을 당하는 학생 입장에서는 체벌의 시간은 틀림없이 평생 동안 나쁜 기억으로 남을 것이다.

제대로 된 사람이라면 사랑하는 사람을 때리고 꼬집기보다는 얼싸안고 칭찬하며 보듬어줄 것이 분명하기에, 사랑하는 기분으로 때린다는 말은 합리적이지 않다. 체벌은 때리는 교사 개인에게는 영원히 잊을 수 없는 추억의 단상이 될 수는 있어도, 얻어맞는 학생에게는 고통과 체념의 연속일 뿐이다. 체벌의 효과를 경험한 교사는 체벌을 즐겨 사용하게 마련이다. 체벌에 한 번 맛을 들이면 그후로도 교육적 수단이라는 미명 아래 체벌을 자기의 화풀이 방법으로 계속 사용하게 되는 것이다.

이를 뒷받침하는 증거는 한두 가지가 아니다. 어느 연구소의 최근 조사에 의하면, 우리나라 학생들의 62% 정도가, 중국에서는 51% 정도가 학교에서 빈번하게 체벌을 당하는 것으로 조사 보고된 바 있다. 신체를 난타당하는 식의 화풀이 체벌을 당한 우리나라 학생은 중국에 비해 무려 열 배도 넘는 41% 정도에 이르고 있어, 우리나라 교실은 교사가 '매질하는 교실'이라는 오명을 쓰고 있는 것으로 나타났다. 학교 폭력 신고 중 7%가 교사 폭력 신고로 드러났다. 또 벌을 받은 학생 10명 중 2명은 교사가 교육 목적과 무관하게 '편애'나 '화풀이' 때문에 체벌을 가한다고 느껴, 학생들의 교사에 대한 불신감이 심각한 것으로 나타났다. 이 같은 사실은 대검이 〈자녀 안심하고 학교 보내기 운동 백서〉에서 밝힌 것이다. 백서에 따르면 97년 9월부터 지난해 말까지 접수된 1만 7,641 건의 신고 중 학교 폭력이 5,733건(29.1%)을 차지했으며, 이가운데 교사 폭력에 관한 것이 403건이나 됐다. 교사 폭력의 원인은 선도명목이 43.5%로 가장 많았으나, 편애와 화풀이도 각각 6.4%, 13.4%나 된 것으로 나타났다.

사실 교사가 학생에게 체벌을 가하는 이유라야 별것도 아닌 경우가 허다하다. 체벌로 학생들을 통제하기 위해서이다. 그런 체벌이 효과적인 통제수단이라고 한다면, 매를 맞고 자라는 학생들은 그 교사의 값싼 통제수단 때문에 엄청난 정신적인 대가를 지불하게 되는 셈이다. 얻어맞고 자라는 학생들은 거의 대개가 체벌 때문에 생긴 불안감, 우울증, 학교 강박증, 적개심 등 부정적인 감정을 버리지 못한다. 체벌을 한 교사와의 인간적인 관계는 원천적으로 불가능하다. 학교라는 공식석상에서 가해지는 체벌로 사랑과 개과천선을 기대하는 것은, 달마가 동쪽으로 간 이유를 캐묻는 선(禪)문답처럼 어렵기만 하다. 학교는 정말로 사랑이 무엇인지를, 사랑이 어떻게 자라날 수 있는지를 모든 학생에게 더불어 보여주는 공공적인 민주시민의 광장이어야 할 것이다.

학교는 체벌 사용에 관해 학생들에게 보다 솔직할 필요가 있다. 학교 현장에서 체벌이 아직까지도 존재하는 이유는, 우리 교육 모두가 체벌 만취증에서 헤어나오지 못하고 있기 때문이다. 동시에 체벌이 학생을 손쉽게 관리하는 데 제격이기 때문에 그런 것일 뿐이다. 입시 공부에 전념할 수 있는 '입시형 인간'과 학교와 교사의 명령에 복종하는 '순종적인 인간'을 만들어내는 데 가장 저렴하게 활용할 수 있는 도구가 바로 체벌인 것이다. 이렇듯 곰곰이 따져보면, 교권 확립이란 체벌과 아무런 상관이 없다는 것이 확실하다.

가정의 매와 학교 체벌의 차이

여기에서 한 가지 분명하게 구별해야 할 것은 가정에서 부모가 행하는 사랑의 매와 교사의 체벌이 서로 다른 것임을 확실하게 정리해둘 필요가 있다. 부모는 자녀가 사회에서나 가정에서나 바르게 자라도록 일정 수준의 매를 가할 수 있다. 그것이 사랑의 매임은 의심의 여지가 없다. 그 이유는, 자식을 사랑하는 보통 부모라면 그 어떤 부모도 자녀에게 툭하면 매를 대지는 않기 때문이다. 또한 눈에 멍이 들거나 팔이 부러지는 등 학대받는다는 느낌을 가질 정도로 때리지도 않으며, 아이를 때린 후에 부모 스스로도 가슴이 아파 아이를 안고 울거나 더 다정히 대해주는 것이 보통 우리네 가정의 모습이다. 그래서 매를 맞는 자녀도 무엇이 사랑의 매인지 잘 알며, 자기가 무엇을 잘못했는지도 잘 알게 된다. 그러나 학교에서 체벌을 가하는 교사들이 학생 체벌 후에 보통 부모가 하듯 여러 가지 애정 표현을 한다는 것은 거의 들어본 적이 없다.

학급에서 행하는 체벌이 사랑의 매가 될 수 없는 이유는, 교실에서의 체벌은 징벌의 한 종류이기 때문이다. 공공장소에서 모든 학생이 보는 곳에서 행해지는 체벌은 합법적이고 민주적인 절차를 거친 것이어야 한다. 학생이 잘못했을 경우, 그 잘못에 대한 징벌이 체벌이어야 할 이유와 그것에 대한 학생의 동의가 필요하다. 그것이 학교에서 가르치는 국민윤리의 기초이다. 학교는 바로 그런 민주 절차와 사법 절차의 정당성을 가르쳐야 될 뿐만 아니라 그것을 존중하는 곳이어야 한다. 따라서 이런 합법적인 절차를 생략한 체벌은 폭행과 같은 성질을 지니고 있을 수밖에 없다. 이것은 학생간의 폭력을 학교에서 우정의 싸움으로 용인하지 않는 것과 같은 이치이다.

따라서 교사가 이런 모든 학교 규율과 상벌 규정을 다 지키고 체벌을 한다면, 그것은 '교육적인 가치를 갖는 체벌'로 간주할 수도 있을 것이다. 그럴 경우 학부모는, 체벌을 통해 교육적 효과를 거둘 수 있다는 교사의 '교육적 확신'을 존중해주어야 한다. 그러나 대개의 경우 그런 절차를 꼭 다 지키면서까지 체벌을 해야겠다는 교사도 드물며, 절차를 다 지키려고 하다 보면 이미 교사들은 체벌을 할 흥미를 갖지 못하게 될 것이 뻔하기에, 교실에서 가해지는 체벌은 사랑의 매라기보다는 즉흥적인 매라고 볼 수밖에 없다. 교사 스스로 1) 체벌 전에 학생에게 체벌 수용 여부를 물은 뒤 매를 맞겠다고 하는 경우에만 체벌하고, 2) 매의 횟수는 종류에 관계없이 열 대 이내에 한하며, 3) 매는 회초리인 경우 길이가 60cm, 지름이 1.5cm 이내로 하고, 4) 매를 대는 신체부위도 가장 안전한 곳으로 골라 때리려고 준비하는 동안 이미 학생에 대한 분노가 사라질 것이 뻔하기 때문이다.

교사의 행위가 교육적이라는 전제

학교에서 체벌을 행할 수도 있다고 간주한 외국의 학교에서도 체벌 규정만큼은 까다롭다. 그 내용을 자세히 살펴보면, 우리 학교의 고뇌가 고스란히 그들의 체벌 규정에 스며들어 있음을 알게 된다. 그들의 규정은 체벌에 대한 강제 규정이라기보다는 체벌 집행이 얼마나 어렵고도 힘든 일인지를 교사에게 넌지시 일러주고 있다고 보아야 할 것이다.

체벌 실시에 대한 규정이 의외로 까다로운 데에는 네 가지 이유가 있다, 첫째는, 교사가 학교에서 행하는 활동 모두가 교육적일 수는 없다는 것에 대한 교육학적인 인식이다. 교사가 학생 교육이라는 명목으로 체벌을 한다는 것은, 체벌을 통해 학생의 인성을 바로잡겠다는 교사 나름의 순수한 동기 여부를 떠나, 교사가 학교에서 취할 수 있는 교육의 한계를 넘어서는 것임을 교사에게 확신시키고자 하는 노력인 것이다.

둘째로, 체벌은 학생 징계의 한 종류로서 학생의 신체에 손상을 주는 합법적인 강제행위라는 점을 확신시키기 위해서이다. 적법한 학교 규정에 따른 심의와 합의, 말하자면 사법 절차(Due process)를 거친 후 확정되어야 하는 '징벌'이기에, 이런 징벌에 대한 학생, 교사, 학부모 모두의 동의가 필요하다. 사법 질서 지키기의 중요성에 대한 인식이 무엇보다 중요한 것이다.

셋째로, 각급 학교가 체벌의 당위성을 논리적으로나 실천적으로 홍보할 만한 연구 결과가 빈약하기에 실제로 체벌을 기피할 수밖에 없기 때문이다. 학교에서 체벌이 있을 수는 있지만, 체벌로 인해 교육적인 효과가 있다는 연구 결과는 의외로 발견되지 않기에, 체벌의 효과에 대한 확신을 가질 수가 없다. 따라서, 자칫 잘못하다가는 쇠뿔 빼려다가 소를 죽여버리는 실수만큼은 최소화시켜야 한다는 강박감의 표출이 바로 체벌 규정의 까다로움으로 나타난 것이다.

넷째로, '신세대'와 '쉰세대' 간에는 자기 몸에 대한 엄청난 인식의 차이가 있기 때문이다. 새로운 세대일수록 자기 몸에 대한 절대적인 애착을 갖고 있으며, 이런 이해의 차이는 줄이기 어려울 정도로 현격하다. 신세대에게 나의 몸이란 나에게 가장 존귀한 것이기에, 그 어느 누구로부터도 부당하게 훼손당할 수 없는 것이다. 이런 확신은 인권수호 차원에서 그들에게 중요하다. 복잡한 체벌 규정은 바로 그 점을 교사들에게 분명하게 알려주고 있다.

체벌은 교직 전문성의 결단이어야

교직이 전문직이라면 체벌의 문제는 아이에게 손을 대는 마지막 순간까지도 교사의 교직 전문성에 맡겨야 하며, 그에 대한 책임 역시 교사가 져야 한다. 어찌 보면 이 말은, 교직의 전문성을 체감하는 교사라면 제아무리 밖에서 체벌을 하라고 강요해도 그의 교직 전문성에 비추어 체벌을 하지 않을 것임을 믿어보자는 소극적인 소리로 들릴 수도 있다. 그러나 모름지기 교사가 학생을 다루는 전문가라고 자칭한다면, 그는 결단코 학생을 때리지는 않을 것이다. 초기 감기 환자에게 무턱대고 주사하거나 항생제를 남용하는 의사나 약사에 대한 비판처럼, 걸핏하면 즉흥적인 체벌이 습관화된 교사라면 결코 좋은 교사라고 말할 수는 없을 것이다. 모름지기 좋은 교사란 《상록수》의 채영신, 영화 〈죽은 시인의 사회〉에 등장하는 키팅 선생이나 〈인생은 아름다워〉의 '귀도' 같은 애정 가득한 아버지의 감정은 가져야 될 것이다. 다시 이야기하지만, 체벌 유무는 교직의 전문성에 맡기고 그것에 대해 교사가 교육적인 책임을 지는 것이 올바른 길일 것이다.

교사가 정말로 교직을 전문직으로 생각한다면 교사부터 체벌을 억제해야 한다. 정치권이 나서서 체벌하라고 허락하더라도 그것을 전문성에 비추어 강력하게 거부해야 한다. 교사의 체벌은 그 옛날 자기가 얻어맞으며 학교 다니던 습관의 반복이며, 매에 대한 중독의 결과로 볼 수 있다는 현대 정신분석학자들의 진단에는 등골이 서늘해진다.

교권-학생인권 경계 긋자

학생이 교사를 폭행하고, 교사가 교장한테 얻어맞는 일이 교실과 교무실에서 또 일어났다. 시쳇말로 교사는 죽도록 가르치는데도 맞기만 하니 죽을 맛이고, 교육 관계 당국 역시 일은 하느라고 하는데도 일이 꼬이기만 하니 모두가 죽을 상들이다. 이런 교내 교사 폭행 소식에 국민들이 망연자실하고 있다. 교사들은 대경실색하고, 학생조차 어리벙

병한 실정이다. 정부는 이런 사실을 아주 심각하게 받아들여야 한다.

교사 폭행 사건이라는 교육계의 이상 징후를 교육개혁의 한계라고 보는 시각이 강하다. 교직개혁을 주도하는 집단들이 보여준 교직 전문성의 한계라는 지적도 눈에 띈다. 한 마디로, 정부의 교직 천시가 바로 교사 폭행 사건 같은 것으로 나타났다는 것이다. 교사는 교육개혁을 완성하기 위한 수단이었어야 했는데, 교사를 교육개혁의 대상으로 지목해서 무리하게 교원 정년 단축을 강행한 후유증이라는 것이다. 교육개혁의 절차와 수순이 거꾸로 되어 벌어진 일이라는 것이다.

정부는 달갑지 않은 이런 소리에 귀를 막으면 곤란하다. 귀를 막는다고 해결될 일이 아니기 때문이다. 귀를 막을수록 정부가 원래 추진하려고 했던 교원능력평가제도는 말도 꺼내기가 어렵게 될 것이다. 물론, 교원 정년 단축 조치로 인해 된통 곤욕을 치른 정부로서는, 이번에마저 교직계가 반발하면 정권 유지의 차원에서 모든 것이 덩달아 어려워질 수밖에 없다는 것을 잘 알고 있기 때문에 망설일 수밖에 없지만, 어차피 해야 될 일은 해야 한다. 교직의 전문성 향상은 묵혀둔다고 해결될 사안이 아니다. 국민은 교직의 전문화와 교직의 능력 평가를 무엇보다도 바라고 있다. 이번 사건도 단순하게 이야기하면 체벌이 불러낸 불상사이기에 하는 소리다. 학부모는 체벌 없이도 학생을 전문적으로 지도할 수 있는 교사를 원한다.

부끄럽기는 하지만, 앞으로도 교사를 폭행하는 학생이 더 이상 나오지 않는다는 보장도 없다. 폭행 학생을 이 학교 저 학교로 전학시키거나 퇴학시킨다고 일이 해결되는 것은 아니다. 좀더 새로운 대책을 강구해내야 한다. 교육행정 관계자는 무엇보다도 첫째로, 학생을 푸근하게 쉬게 하는 활동을 교육과정에 도입해야 할 것이다. 말로만 하는 인성교육은 그만하고 움직이는 여가교육을 도입해야 한다. 무리한 입시 준비교육으로부터 학생을 쉬게 하는 교육활동이 필요하다. 보충수업이나 자율학습을 하지 말라고는 하지만, 아직도 어김없이 고교 교정은 밤 10시나 되어야 불이 꺼지는 실정이다. 사정이 이러니 학생들이 학교를 미워하지 않을 수 없다. 공부에 염증을 갖지 않는 것이 오히려 이상하다. 그래서 청소년기의 열기와 격정을 완화할 수 있는 교육활동을 생각해내야 한다. 이제는 전문 청소년 단체들이 학교교육 활동에 구체적으로 참여할 수 있는 길을 열어주어야 한다. 이들 전문단체가 학교의 재능교육, 특기교육, 놀이교육의 한 장을 맡으면, 청소년들의 객기와 분노는 확실히 줄일 수 있다.

둘째로, 이제는 학생인권과 교권의 경계 짓기가 필요하다. 더 이상 미룰 일이 아니다. 자라나는 새로운 세대의 성향을 생각하면 체벌로 모든 문제가 풀릴 것 같지는 않다. 교사 폭행 사건이 이번에 처음 있는 일이 아니고 보면, 교직계가 나서서 교권과 학생권 간의 경계를 긋는 작업을 해야 할 것이다. 교사도 살고 학생도 사는 상생법을 찾을 수밖에 없다.

빈번하게 일어나는 교사 폭행 사건에서 보듯이, 스승은 어버이와 같이 존귀하다고 외친다고 해서 해결될 세상은 이미 지난 것 같다. 스승이 아무리 귀하다고 강조해도, 지금의 어린 학생들은 '두사부일체'는 알아도 '군사부일체'는 무슨 뜻인지 모르고 있다. 이들 학생들은 인권이 무엇보다도 중요하다고 배운 세대이며, 그래서 자기들의 인권이 교권보다 더 중요하다고 생각하는 세대이다. 앞으로 교권과 학생인권 간의 갈등에 대해 세대간 이해의 격차가 더 커질 것이 분명하다. 교실에서 행해지는 교사의 모든 행위가 교육의 관점에서 정당하게 수용되는 시대는 이미 지나가버렸다. 이제는 교사도 교실에서 할 수 있는 것과 할 수 없는 일을 구분해놓은 교권 직무 지침을 준수해야 한다.

교원단체의 활성화와 교육적 책무성

학교마다 여러 개의 교원노동단체들이 각기 제 목소리를 내는 교원 노동운동의 열린 시대가 되었다. 한국노총의 지원을 받는 교원노조도 제 활동을 할 것이고, 노동운동을 혐오했던 한국교원단체총연합회마저 노동조합을 결성하기로 했으니, 이제는 교원노동운동의 춘추전국시대 가 되었다. 이런 교원단체들은 서로가 세력싸움에서 지지 않으려고 엄청난 노력을 기울일 것이 분명하다. 이런 틈새에서 이것도 싫고 저것도 싫은 중도파나 또 다른 민주교원노동단체가 생기지 말라는 법도 없다. 어쨌거나, 교원노동운동을 제일 먼저 시작했던 전교조가 교원노조운동 에는 가장 앞장서 있어 다른 단체보다 더 단단한 논리를 갖고 있음직하 다. 모든 교원노동단체들이 각자의 목적에 따라 서로 다른 기능을 잘 발휘해 주기를 기대한다. 그러한 것이 한국 교육의 발전을 위해 서로가 고심해야 될 교육적 과제이다.

학습권 보호가 우선

교원노조가 몇 개가 되든 관계없이 그들은 교원노조를 향한 학부모 의 문제제기에 진지하게 귀를 기울여야 한다. 부모들은 이렇게 우후죽 순격의 교원노조의 결성에 대해 내심 불안해하고 있다. 노동조합으로 서 세력을 과시하게 될 교원들에 대해 국민의 정서가 고울 것이라고 보 면 곤란하다. 교원노조는 일차적으로는 노동조합에 가입한 교원의 권 익을 위한 것이지, 결코 학생의 학습권을 위한 것이 아니기에 그렇다. 그들이 학생의 학습권 보장과 관련된 일을 한다고 해도, 그것은 교원노 조활동에 따른 부수적인 부산물일 뿐이다. 학생의 학습권이 교원노동 조합원의 노동권과 배치되거나 갈등하게 될 경우, 교원노조는 자기네 권익보호를 우선할 것이 분명하다. 이럴 경우, 학부모나 학생의 학습권 보호는 빛 좋은 개살구가 되고 말 것이라는 사실을 국민은 잘 알고 있다.

그래서 교원노동조합은 그 어떤 경우든 학생의 학습권과 학부모의 교육권을 볼모로 잡지 않겠다는 서약이 필요하다. 이런 보장이 없는 한 학부모들은 교원노조를 어떤 식으로든 의심할 것이 분명하다. 실제로 교원노조에 의해 그런 불상사가 일어난다면, 학부모나 학생은 그들에게 강력하게 저항할 수밖에 없다. 외국의 교원노조 활동의 예를 보아서도 이런 점은 충분히 감지된다. 결국, 교사의 노동조합운동의 방향은 우리 교육과 우리의 문화적 전통에 합당하게 수용되는 선에 서 있어야한다. 교육개혁을 위해 교사가 주체가 되어야 한다고 이야기할 때도 그것을 정치적, 이데올로기적으로 해결하는 것이 아니라, 그들 스스로 교육의 전문성을 지키고 그것이 발휘되는 교육정책 개선안을 제시하는 식으로 정리되어야 한다. 이를 위해서는 교직의 전문성이 보다 더 요구되는데, 솔직히 이야기해서 교원단체들에 대한 학부모의 입장은 이 부분에 대해 높은 점수를 줄 형편이 아니다.

어쨌거나 교원노조가 교육 전문 단체로서의 전문성과 교육적 역량을 의심받게 되면 학부모는 그들의 자녀 양육권을 보호하기 위해서라도 이들 교원노조의 활동에 제동을 걸 필요가 있다. 사정이 그렇기에, 교원노조는 혁신편에 서 있든지 혹은 보수편에 서 있든지 간에 관계없이, 그들의 교육 역량과 정치적 능력, 그리고 개혁 역량에 대한 국민적인 신뢰를 쌓는 일이 무엇보다도 중요하다. 그것은 교육자 집단의 교육적 책무성과 전문성을 강화시킴으로써만이 가능하다. 따라서 노동운동단체 조합원으로서 교사가 지켜야 될 교육적 책무성을 무엇보다도 강하게 드러내놓는 일이 필요하다.

엄격한 자기 평가

교사 스스로 교직 전문성을 신장시키기 위해서는 교원단체부터 자기 평가에 잔인할 정도로 엄격해야 한다. 교사들간의 실력 차이는 없는지, 학교간의 차이는 없는지, 교사로서 제대로 가르치고 있는지 등등에 대한 정당한 전문적인 평가가 이루어져야 한다. 제대로 된 교원노조라면 그들 스스로 그런 평가를 수용하여야 한다. 교육 선진국의 교원노조에게서 배울 것이 있다면 그것은 목소리 높이는 일보다 바로 그런 교육적 책무성을 높이는 일이다. 외국에서는 교원노조 가입 교사 활동에 대한 교사 자신들의 엄격한 평가활동이 우선하고 있다.

교사들의 노동운동이 활성화되고 합법화되면 될수록, 학부모는 교사의 교육 활동이 어느 정도 책무성 있게 실행되고 있는지에 관한 평가와 보고를 요구하고 있다. 미국의 경우, 학부모들은 이미 10년 전에 각급 공교육기관이 학교 책무성 보고서를 제출하도록 하는 법안을 상정하여 통과시켰다. 따라서 매년 학교는 학생들을 위해 어느 정도 책임을 다하고 있는지를 스스로 평가하여 보고하고 있다. 교원노조원인 교사 역시 전문성을 평가받아야 하며, 불량한 평가를 받은 교사는 교직을 떠나야 한다. 학생은 그들을 위한 인질이 아니기 때문이다.

학교교육과 교사의 책무성을 측정하는 내용으로는 교장의 임무 수행 능력, 학교 시설 정도, 학생의 학업 성취 정도, 예산 집행, 교실 당 학생 수와 교사의 부담 정도, 교수 자료 정도, 안전, 교사의 능력 및 연수 정도, 지역 사회의 학교 활동 참여도 정도 등, 무려 20여 영역에 걸친 200여 항목에 이르고 있다. 이런 일들은 궁극적으로 학교행정의 권력 분산화와 교직의 민주화를 촉진시키는 길이며, 학교교육 행정에 대한 교사의 전문적 주도권을 인정받는 길이다. 이런 학부모들의 요구를 무시할 수 없는 것은, 교사의 책무성을 묻는 일이야말로 교원노조가 원하는 바인 교단의 민주화, 교원 노동운동의 고급화, 교직의 전문화, 그리고 교육행정의 선진화를 촉진시키는 단서가 되기 때문이다.

교육 근로는 본질적으로 전문 지식인이 감당할 수 있는 일 중에서 가장 해볼 만한 전문적인 일이다. 교사가 아동을 가르치는 일은 아동을 위한 것이다. 교육을 받아 직접적인 도움을 얻는 것은 교사가 아니라 아동이다. 그렇기 때문에 교육 노동은 교육의 본질을 손상시키지 말아야 한다. 따라서 가르치는 일 자체가 다른 노동에 비해 보다 더 큰 윤리적인 의미와 책임 윤리성을 강요받게 되는 것이다. 이런 갈등과 괴리는 아동의 학습권을 보장해야 한다는 당위성과 이것을 매개하는 교사 사이에 끊임없는 내적 고뇌를 요구한다. 이런 고뇌의 속성과 양태에 따라 교직의 전문화나 교직의 정치적 투쟁 양식이 달라질 것이다. 이런 고뇌가 더딜수록 노동에 따른 책임윤리성도 상대적으로 약해진다. 학부모 운동 단체들은 교원노조 스스로 선택하는 노동의 논리에 대한 그들의 고뇌가 어느 정도인지를 매섭게 눈여겨볼 것이 분명하다.

제2장 파격 학생과 학부모의 교육열

학생의 파격성과 학부모의 교육열은 새롭게 인식되어야 한다. 학생은 일탈자, 문제아가 아니며, 학부모는 까탈스런 교육 비판의 희생양이 아니다. 즉 학생과 학부모 모두 '교육문제의 주체'가 아닌 '교육의 주체'로 당당히 서야 한다. 그런 의미에서 파격 학생과 학부모의 새로운 역할은 이 교육을 개혁하는 데 마땅히 재규명되어야 한다.

청소년문제를 새롭게 이해하라

우리나라 청소년들이 무너지는 소리가 이곳 저곳에서 들리고 있다. 언젠가는 어느 청소년이 유흥비를 마련하기 위해 제 어버이를 살해하더니, 이제는 학교 안팎에서 학생 깡패들이 판을 치고 있다. 초중고생들의 80% 이상이 학생 폭력을 한 차례 이상 당한 적이 있다고 하소연하고 있는 처지이니, 학교가 신음하고 있다고 해도 과언이 아니다. 청소년 포르노도 시장에서 불티나듯 팔리고 있다. 사회 구석구석이 청소년들로 썩어나가고 있다. 사정이 이쯤 되다 보니, 몇 년 전의 삼풍백화점 붕괴는 청소년의 도덕적 와해에 비하면 별것도 아닐 성싶다. 성수대교가 가라앉은 것 역시 그리 대수롭지 않게 들린다. 토대가 튼튼치 못해서 다리도 무너지고 상가도 와르르 무너졌다면, 청소년들이 붕괴되는 것은 이 사회가 튼튼치 못해서 그러는 것이다.

폭력과 유흥으로 내모는 사회

이미 청소년문제에 관한 한 우리나라는 선진국의 못된 것을 닮아가고 있지만, 그 대책만큼은 철저하게 후진국형에 머물러 있다. 청소년문제를 제대로 풀지 않는다면 국가의 미래는 어두울 뿐이다. 그래서 교육부가 겁에 질려 있으며, 문광부 역시 사경을 헤매는 심정으로 청소년 대책 마련에 골몰하고 있다. 급한 김에 각 부처별로 이런저런 청소년대책을 내놓고 있지만 제대로 약발이 들지를 않는다. 기껏해야 일제 만화, 음란 비디오나 탓하고, 가정의 화목이나 부르짖고 있는 판이니, 그런 류의 청소년 대책이 효과가 없을 것은 너무나 뻔하다. 각양각색의 전문가로 청소년문제 대책위원회를 구성하긴 했지만, 하는 일은 그저 어긋나기만 한다.

청소년문제를 제대로 해결하려면 그들의 파격문화부터 제대로 이해해야 한다. 이런 파격문화를 제대로 이해할 수 있는 능력이야말로 바로 21세기를 주도할 대통령이 지녀야 할 자질이라고 정의한 선진국의 지도자들이 부럽기만 하다.

이제 청소년들이 할 수 없는 것이라고는 이 사회에 하나도 없다. 그들은 마음만 먹으면 포르노도 만들어낼 수 있고, 금품을 빼앗을 수도 있다. 그들은 뭐든지 무조건 저지르고 싶어하고, 돈이면 안 되는 것이 없다는 것을 이미 오래 전부터 알고 있었다. 하고 싶은 것을 참아내게 하는 것이 바로 교육의 힘이건만, 이제는 교육의 힘이 마비될 대로 마비되어 버렸다. 우리의 청소년들도 두 부류로 뚜렷하게 갈라지고 있다. 한쪽에서는 놀짬과 놀터 그리고 놀거리를 박탈당한 채 입시에 시달리고 있는 청소년이 있고, 다른 쪽에서는 일단 먼저 저질러놓고 보는 청소년들이 있다. 대학 진학반이든 취업반 학생이든 그들 모두가 정신건강을 상한 지는 이미 오래 되었다.

대안학교는 교도소가 아니다
문제청소년이라고 하더라도 현실적으로 성년이 될 때까지 그들이 머물러야 할 곳은 학교이다. 학교는 그들에게는 삶이자 놀이터이다. 그런데도 학교에서 낙오당하고 있는 청소년이 한둘이 아니다. 청소년 열 명 가운데 일곱 명이 가출을 생각해보고, 다섯 명 중 네 명이 학교를 증오하고 있다는 조사에 접하면, 청소년문제의 화근은 학교에 있음을 알 수 있다.

그런데도 문제아를 잘라내기만 하면 된다는 생각이나 하는 엉뚱한 학교장들이 있다. 문제청소년을 대안학교로 보내면 문제가 저절로 풀릴 것으로 보는 교육행정가도 한둘이 아닌 모양이다. 대안학교를 비행청소년 학교로 잘못 이해한 무지한 탓이다. 대안학교는 길거리를 떠도는 문제청소년을 총집합시켜 놓은 청소년 감별소가 아니다. 문제청소년 교도소는 더욱더 아니다.

문제청소년에게 필요한 것은 교과서나 달달 외우는 단답형 수능시험형 학습이 아니다. 그들에게 필요한 것은 생동감 넘치는 교육이어야 한다. 교사의 맥박이 그들의 맥박과 하나가 될 때 그들의 마음도 열리게 된다. 청소년들이 가슴에 와 닿는 새로운 형태이 청소년 문화 대책과 교육을 위한 청소년 문화 개혁 회의가 시급히 요청된다.

청소년 파격문화의 새로운 가능성

포스트모던의 시대가 열리기 시작하면서부터 청소년 문화의 한 시대를 표현하는 단어로 X세대, 신세대라는 말이 등장한 지는 이미 오래되었다. 이런 말을 더 새롭게 대변하는 단어가 바로 청소년의 파격문화라는 말이다. 청소년의 파격문화는 좀처럼 수그러들지 않고 맹렬한 기세로 사회 각 영역에서 새로운 문화적인 파편들을 만들어내고 있다. TV

연예인 중에 중학생이나 고등학생 가수들이 등장하는 것은 이미 예사로운 일이 되어버렸다. 길거리를 쓸고 다니는 힙합 청바지도 이젠 그리 낯설지 않게 되었다. 콜라에 밥을 말아먹어도 역겹기는커녕, 상큼한 맛깔마저 느끼게 된단다. 그 어떤 먹거리이든 그 위에 토마토 케첩을 발라먹어야 소화가 잘 되는 저들이다. 그들의 행동은 자유스럽고 역동적이며 자기 주장이 분명하고 독특한 개성을 발산하기는 하지만, 기성세대의 눈으로 볼 때 대체로 그들은 불가사의한 종류의 인간이다.

청소년의 파격성은 한 사회와 문명을 이끌어나갔던 위대한 인물이나 영재들의 행동과 비슷한 감이 있는데, 이들 청소년의 파격문화와 역사상 한 획을 그었던 사람들의 행동은 대체로 서너 가지의 공통점을 드러내놓고 있다.

무엇보다도 첫째로, 그들에게는 자기네 관심사와는 별 관련이 없어 보이는 일에 대해서는 지속적인 관심이나 관용이 결여되어 있다. 그런 일에 대해서는 거의 집중력이 부족하고, 심지어는 지루함이나 몽상의 일탈 현상을 드러낸다. 둘째로, 무엇인가에 대해 끊임없이 의문을 나타내며, 활동량에 비해 수면 시간도 적은 편이다. 셋째로 그들은 관습적으로 요구되는 규칙이나 전통 등에 대해 의문을 나타낸다. 이런 일련의 태도 때문에 그들의 행동이나 사고는 기존 것에 대해 상당히 파격적인 모습으로 나타난다.

한 가지 예로, 아인슈타인의 부인이 아인슈타인에게 끊임없이 불평한 것 중의 하나가 바로 아인슈타인의 파격적인 행동이라고 한다. 아인슈타인의 부인은 종종 이렇게 불평을 털어놨다고 한다. "저이는 생각하는 일에서는 질서를 존중하면서도 생활양식에서는 그렇지를 못해요. 자기는 원하기만 하면 그 무엇이든지 그리고 언제든지 한답니다. 그에게는 단 두 가지 행동 규칙만 있어요. 첫째는 아무런 규칙도 갖지 말라는 것이고, 둘째는 남들의 의견에 구애되지 말라는 것이랍니다."

청소년문화의 유형

청소년문화가 어떤 다양한 모습을 하고 있는가를 논의하는 일은 청소년과 더불어 한 세대를 살아가는 성인 세대에게는 매우 중요하다. 아직까지도 청소년문화를 바라보는 성인들의 시각은 상당히 편협하거나 삐뚤어져 있기까지 하기 때문이다. 이렇듯 청소년문화에 대한 성인 세대의 무지는 그간 청소년문화를 훼손시키는 데 일조를 해온 것이 사실이다.

청소년의 문화를 연령의 틀로 짜 맞추는 성인들의 태도부터 문제가 된다. 물론, 청소년문화가 일정한 연령 틀과 더불어 숨쉬고 있다는 점은 부정하기 어렵다. 그러나 청소년문화를 연령을 통해서만 구분한다면, 이는 청소년문화의 한 부분을 보는 것이지 전체 모습이나 개체성을 제대로 파악하는 것이라고 할 수 없다.

연령만을 절대적 기준으로 할 게 아니라, 청소년기를 거쳐 가는 젊은 세대의 삶이 어떤 식으로 구획되느냐에 따라 다르게 나타나는 청소년들의 문화를 새롭게 조명해볼 필요가 있다. 청소년문화의 특징은 학교 같은 제도 속에서 교사와 교과 내용, 그리고 동료 학생들간에 어떤 관계가 형성되느냐에 따라 서로 다른 문화적인 개체성이 드러난다. 성인 세대는 그 중의 어느 하나만을 고려하여 그것이 청소년문화의 전체인 양 잘못 해석하고, 그에 따라 편협한 대책을 제시하는 경향이 강하다.

성인들은 한 청소년이 초등학교로부터 대학으로 이어지는 학교 체계의 '최고봉'에 이르기까지의 '교육 자본'을 열심히 축적하는 것을 청소년문화의 핵으로 생각한다. 이런 엘리트 교육제도에 들어간 청소년들은 일반적으로 사회가 요구하는 여러 가지 제도적인 요구를 있는 그대로 받아들이는 성인으로 커나간다. 물론, 이들은 성인들의 부정직한 모습이나 정의에 어긋나는 것까지도 무비판적으로 수용한다.

파격문화의 발생

이와는 본질적으로 성격이 다른 청소년문화가 있다. 청소년들은 학교라는 울타리에서 성인들이 요구하는 것과 자기들이 추구해야 할 삶이라는 두 가지 엇갈린 틈바구니 속에서 살아간다. 예를 들어, 학생들의 취향이나 여가 그리고 삶의 양식은 제도에 의해 이루어지는 학교 공부와는 아무런 관련이 없다. 공부는 '개성'이 전혀 관여할 여지가 없는 영역이다. 이런 공부는 청소년들이 실제로 하고 싶어하는 사교, 실험, 사랑과 우정의 경험, 가족으로부터의 독립과 같은 일상적인 '삶'과는 뚜렷하게 구별된다. 학생의 삶이란 공부의 세계와 사적 삶의 세계로 갈라지는데, 청소년들은 심리적으로 그 두 세계를 하나로 통합시키지 못하고 있다. 이들은 자본주의의 본질적 모순을 자기 삶의 현장에서도 있는 그대로 배우고 있다.

이런 틈바구니 속에서 청소년은 모두 자신들의 공부에 대해서 '이방인'과 같이 행동한다. 그러면서도 그들은 왜 그래야 하는지도 모른 채 공부를 위해 보다 많은 시간과 노력을 바치고 있다. 때때로 청소년들의 이러한 모순적인 경험은 후퇴와 포기의 행동으로 이어지기도 한다. 공부가 쓸모 없이 느껴지고 학교가 자기들의 삶과 유리되어 있다고 느껴질 때, 그러한 포기를 결심하게 된다. 이러한 경우, 청소년들은 학교 공부에 진정한 투자를 하지 않고 형식적이고 순응적으로만 학교를 다닌다. 성인들은 이런 것을 교육의 문제로만 놔둔 채 청소년의 고뇌와 그들에게 주어진 스트레스에 대해 올바른 처방을 내리지 못한다. 이러는 와중에 이들 청소년은 그런 저런 굴곡을 거치면서 성인 세대가 요구하는 문화로 편입해 들어가게 된다.

성인 세대가 쉽게 이해하지 못하는 청소년문화가 바로 청소년의 파격문화이다. 이 파격문화는 자신의 실패를 자인하게 하는 학교 안 경쟁의 논리를 거부하기 시작하면서부터 시작된다. 학업에서 실패한 청소년들은 학교 밖으로의 '탈출'을 선택하거나 성인 세대의 문화에 반항하는 사회성을 키우면서, 실패의 느낌에서 오는 상처를 거부한다. 이런 파격적인 청소년은 손상된 자존심을 지킬 수 있는 심리적인 공간과 집단적인 힘의 바탕 위에서 자신만의 문화와 사회를 만든다. 이런 파격문화를 학교 성적 경쟁에서 낙오한 소수만의 문화로 본다면, 그것은 문제를 제대로 보지 못하는 것이다. 모든 청소년이 다 교육의 실패자이며 낙오자라고 보아야 한다. 교육이라는 제도의 실패로부터 파격문화가 생겨나는 것이다.

청소년의 파격과 저항은 교육제도 속에서 경험하는 실패와 사회적인 낙인을 거부하려는 문화적인 절규에 더 가깝다. 복장과 태도는 물론이고 폭력, 음주, 이성교제, 폭주 등 모든 면에서 그들은 파격을 만들어낸다. 그것은 저항문화로서, 때론 성인문화를 모방하기도 하고, 때론 그들 고유의 문화로 자리매김하면서 다양하게 사회 구석구석에 빠르게 확산되고 있다.

이러한 문화를 파격문화라고 부르는 데는, 사람들이 일반적으로 지향해야 한다고 간주되는 것에서 어떻게든 비껴나가려 하는 문화라는 뜻이 담겨 있다. 이러한 파격문화를 일탈의 표현이라고 몰아붙일 때 그들은 이 사회와 기성세대를 향해 분노를 터뜨리게 된다. 이들을 비난하기보다는 그 파격성을 새로운 가능성으로 간주할 때, 그들은 이 사회에도 크게 공헌하게 될 것이다. 젊은이들의 파격성을 키워내는 제도적인 보완에 관심을 가질 때, 그들의 파격성은 하나의 강력한 에너지로 힘을 발휘하게 된다.

이들의 파격문화와 길거리 교육, 그리고 그들이 만들어내는 여러 가지 사회적 행태에는 새로운 가능성이 듬뿍 들어 있다. 이를 위해서는 청소년의 파격문화에 대한 문화개조론적 이해가 필요하다.

청소년 파격문화의 사회적 조건

청소년들에게 제공되는 문화적인 여건은 성인문화와 비교할 때 너무나 빈곤하다. 시간적으로나 공간적으로 청소년들이 유익한 환경을 접촉할 수 있는 기회는 거의 없다. 무익한 환경은 그들의 감수성과 소비성을 자극하면서 음성적으로 커나가고 있다. 아무리 청량리 588을 없애도 다른 곳에서 '885'를 만들어내고 있는 이 사회는 청소년들에게 버거운 짐이 된다. 물리적 환경, 제도적 환경, 심리적 환경 등 무엇 하나 청소년들에게 유익한 것이 없다. 이런 이유로 청소년들이 만들어내는 문화를 사회문제로 바라보고 하위문화로 평가하는 견해도 있고, 성인들의 가치와 규범에 대한 대항세력으로서 저항문화라고 보는 견해도 있다.

그러나 현대 자본주의사회의 상품성, 소비성과 관련하여 본다면 청소년문화는 오히려 성인문화의 희생물이며 그들의 배설물에 지나지 않는다. 청소년들의 문화는 결국 TV나 상업광고가 노리고 있는 시장성 확보의 대상물 그 자체를 벗어나지 못하고 있다. 청소년문화를 하나의 일탈문화, 희생적인 배설문화로 보는 경우에 청소년문화를 부정적 의미로 규정하게 되고 극복해야 할 문화 유형으로 해석할 수도 있다. 그러나 문화주체로서의 청소년들이 형성해나가는 문화를 긍정적으로 바라본다면, 이러한 청소년들의 '파격문화'는 새로운 문화에 대한 주체적 이해와 표현 방식이 되며, 그것은 방향의 설정에 의해 얼마든지 가능성 있는 문화가 될 수 있다.

영상문화와 미디어문화의 조건

지금의 파격적인 청소년문화를 이해하기 위해서는 이들이 즐기는 영상문화와 이미지문화에 대한 철저한 분석과 이해가 필요하다. 이미지문화에 대한 이해를 결여하면, 지금의 청소년문화가 갖고 있는 파격성이나 문화해체적 성향을 제대로 이해하기 어렵다. 청소년문화의 심층부를 해부하고자 노력하고 있는 학자들의 관찰에 의하면, 청소년들의 파격문화가 영상문화, 이미지문화와 병적(病的)이리만큼 깊은 연관을 가지고 있는 것으로 드러난다.

지금 청소년들은 사물의 전체를 영상으로 포착하는 영상문화의 세례를 받고 있다. 따라서 이들 영상세대에게는 사물의 총체적 모습을 알아채는 영감이 있다. 이들 영상세대를 시각(視覺)세대라고 하는 이유가 바로 여기에 있다. 시각세대의 장점을 빛의 속도라고 한다면, 이들에게도 단점은 있다. 그것은 영상매체가 담고 있는 감각장애와 영상매체 페티시즘 같은 것이다.

페티시즘(Fetishism)이란 원래 여성의 속옷이나 팬티, 스타킹 등을 수집함으로써 여성 신체의 일부나 물건에 집착하는 성도착 행위를 일컫는 말이다. 그러나 영상매체 페티시즘이라고 할 때는 비디오와 같은 영상매체를 이용한 성도착적인 행위를 일컫는 것으로, 집착의 대상을 신체의 특정한 부분에 한정시켜 탐닉하도록 한다. 영상을 이용한 청소년들의 페티시즘은 인간 신체를 조각조각으로 분절함으로써 신체의 부분화를 급속히 진행시키는 방향으로 변질되고 있다. 다리나 엉덩이 혹은 손만을 모아놓은 사진집이라든가, 입술만 찍은 비디오 같은, 구역질이 날 듯한 그런 것들이 버젓이 성인 출판물 코너에서 하나의 작품으로 자리잡고 있다.

이런 성도착증적인 페티시즘이 인터넷을 가만히 둘 리가 없다. 이제 인터넷에는 페티시즘이 난무하는 홈페이지가 수없이 많이 그리고 버젓이 등장하고 있다. 예를 들어, 남성의 발바닥이나 여성의 발바닥 사진만을 모아놓은 홈페이지를 보면, 구토 혹은 등골이 서늘해지는 광기 같은 것을 느끼게 된다. 왜냐하면 살아 있는 거라면 아무거나 조각조각 분해할 수 있으며, 분해된 것은 모두 다 합성이나 재생이 가능하다는 인식이 그들의 비디오 페티시즘에 자리잡고 있기 때문이다.

그 무엇이든 재생하거나 합성할 수 있다는 착각은 이들 파격적 신세대에게 공격행위의 충동을 유발시킨다. 이것은 시계의 부품을 분해하고 다시 그것을 합성하는 수준에서 끝나지 않는다. 페티시즘적인 환상은, 생명체인 고양이에게 화살을 쏘거나 고층빌딩에서 오리를 집어던져도 언제든 다시 재생시킬 수 있다는 생각까지 불어넣고 있는 것이다.

이러한 페티시즘 말고도 신세대의 파격문화에는 편집증도 있다. 음식은 무조건 햄버거라는 생각이나, 음료는 무조건 콜라라는 식으로 한 가지 대상에 집착하는 것이 바로 그것이다. 그 결과 콜라에 밥을 말아 먹거나 모든 음식에 조건 없이 케첩을 '쳐먹어야' 하는 비위 상하는 먹거리도 빈번하게 눈에 띈다. 이런 극단적인 현상은 일본의 파격적인 청소년 사회에서 잘 보여지고 있다. 저들에게는 '마요라' 라는 말이 있다. 이는 '뭐든지 마요네즈를 뿌려 먹는 젊은이들' 을 일컫는 말이다. 야채나 과일은 물론 밥, 라면, 생선회에도 마요네즈를 뿌려 먹는다. 심지어는 마요네즈 소주 칵테일까지 즐긴다.

이런 신세대의 편집증적인 파격성은 성인세대의 그것과는 속성이 전

혀 다르다. 기성세대 역시 가상현실을 보면서 어느 정도 자극을 받는
다. 그러나 그것이 촉각과 후각이 없는 하나의 허구이며 가짜임을 곧
느낀다. 그러나 이들 파격적인 시각세대에겐 그렇게 해석되지 않는다.
바로 그 가상이, 그 영상이 진짜 현실로 그들의 뇌리를 지배한다. 시각
세대인 이들 파격문화 세대에게 영상매체 페티시즘이 폭발적으로 생겨
나는 것도 바로 이런 연유이다. 이들 파격문화의 시각세대들이 감성적
지성을 잃지 않는다면 이들은 분명 영상문화의 기수로, 동시에 생산적
인 파격문화의 주역으로 활약할 수 있지만, 길을 잘못 들면 끝없는 파
괴성이 숨어 있는 페티시즘이나 편집증에 빠진다는 양면성을 갖고 있
다.

청소년의 파격문화에 대한 사회적 치매 증세

현대사회에서 청소년의 배움에는 두 가지가 있다. 하나는 '학교공
부'이고 다른 하나는 '미디어공부'이다. 학교공부는 청소년들에게 재
미는 하나도 없는 하나의 대중매체이다. 반대로, 미디어공부는 청소년
들에게 광고나 인기인 등에 관한 일반상식, 경제적 소비와 맛, 멋 등의
소비지향적 가치와 재미를 마음껏 전달하고 있다. 이미 두 매체의 교육
적 영향력은 더 이상 대등한 경쟁 관계이거나 상호보완적인 관계가 아
니다. 학교공부는 미디어공부에 패배한 지 오래다. 그렇기에 학교가 제
도적인 틀 안에서 청소년문화를 형성, 개조시키려는 노력은 무의미하
다. 학교교육의 억압에서 벗어나고자 하는 청소년이 집단적 배출 통로
로 활용하고, 그들의 생각을 공유하고, 그들 자신의 문화를 형성해나갈
수 있는 사회의 교실화 운동이 절실하게 필요하다. 그러나 이 사회는

청소년을 잘못 알고 있다.

어른들은 흔히 문제가 되는 것으로 청소년과 기성세대 간의 혼합된 놀이문화를 지적하고 있다. 청소년들의 설문조사에서도 나타나듯, 그들의 여가시간 활용은 소주방, 노래방, 호프방, 비디오방 등 주로 성인문화를 모방하는 것으로 채워진다. 이와 같이 기성세대와의 접촉점에서 놀이를 즐기는 이유는 청소년만의 공간이 없기 때문이다. 오죽하면 그들 스스로 자기들을 일컬어, 청소년문화가 제대로 정착되지 못한 탓에 생긴 희생양이며 한국 사회와 한국 교육이 만들어낸 동물원의 노리개라고 하겠는가.

고대 서구의 청소년 교육은 놀이를 통해 직업 능력을 기르는 교육이었다. 여기에는 무분별한 자발성으로부터 어린이를 객관적이며 우주적인 목적으로 이끌어가는 데 필요한 어른의 인내와 세심한 인도 역시 필요했다. 그러나 지금 우리 사회에서 이러한 인내와 인도를 발견하기가 어렵다. 이유는 간단하다. 이 사회에 만연된 치매 증상으로 인해, 청소년문화를 이해할 수 없기 때문이다.

길거리의 파격문화

대학로 같은 곳에 가보면 학생인지 아닌지 구분도 안 되는 외양을 하고 거리를 누비는 청소년들을 많이 볼 수 있다. 기성세대 중에는 이들을 폭력배 무리 보듯 삐딱한 시선으로 보는 사람들이 있는데, 사실 낯선 모습을 하고 불량한 태도로 거리를 누비는 이러한 열린 일탈보다, 학교 주변에서 은밀히 벌어지는 숨은 일탈, 숨은 비행이 더 심각한 사회문제라고 생각하면, 이들을 대하는 가시박힌 시선을 거두어들일 수 있을 것이다.

이들이 이처럼 길거리에 내던져지는 것은 학교의 냉대와 배려의 부족 때문이다. 단지 기업만이 이들을 주요 소비계층으로 규정하고 주머니를 노리기 위해 이들을 받아들이고 있을 뿐이다. 동숭동의 아이들은 이미 공부와 담을 쌓은 지 오래되었다. 가정이나 사회에서도 포기한 존재들이다. 그래서 이들은 자신들의 존재가치를 발견할 수 있는 길거리로 쏟아져 나오고 있는 것이다.

따라서 청소년을 위한 길거리 놀이 공간이 더 늘어나야 한다. 길거리에는 많은 문화시설이 산재하고 있지만, 청소년들이 마음놓고 들어갈 만한 곳은 별로 없다. 길거리 문화의 개선을 위해서 불량 청소년의 출입을 막아야 한다는 것은 잘못된 발상이다. 이 말은 교통이 복잡하니 택시를 줄이고 걸어서 가자는 말과 다를 바 없다.

또한 이들은 길거리의 성실한 일꾼이기도 하다. 소비에 길들여진 이들은 만족할 만한 소비를 위하여 삐끼나 까돌이, 포장마차 등을 하며 돈을 벌고 있다. 이 사회에는 법관만 필요한 것이 아니라, 이처럼 수천 명의 길거리 일꾼들도 필요하지 않은가.

'쓰레기'의 폭발적 에너지

청소년문화는 성인문화의 희생양이 아니다. 이것부터 고쳐야 한다. 우리 청소년의 경우, 일탈행위는 청소년 갱(gang) 문화나 약물중독으로부터 시작하는 것이 아니라, 입시중독으로부터 시작되고 있기에 더욱더 그렇다. 성인문화의 희생양이라는 논리에 따라 청소년을 동숭동이나 신촌 뒷골목에 처박아둔다면 청소년문화는 정말로 성인문화의 복사물이 되고 만다. 아니면 사회문화의 보조물로서 그 어떤 가능성도 박탈당하게 된다.

청소년들의 파격문화에 있어 하위층에 위치한 사람은 청소년들을 담보로 그들의 경제적, 사회적 이해관계를 추구해가는 집단이다. 그들을 소비자로 끌어들이기도 하고, 아르바이트를 시키기도 하면서 청소년문화 형성에 여러 가지 관계를 이끌어나가는 것이다. 이러한 사회적 관계들을 본다면 청소년의 권리를 보호하고 신뢰를 형성해나가는 일이 무엇보다도 필요하다.

청소년문화를 쓰레기문화라 한다 해도, 쓰레기도 얼마든지 재활용하면 자원이 되는 것처럼, 이들 문화도 어떻게 키우느냐에 따라 굉장한 에너지가 된다. 우리의 청소년들에게는 쉼터가 절대적으로 필요하다. 이 쉼터는 청소년들의 상처난 인격을 보듬어주고 손상된 자존심을 회복시켜줌으로써 성공적으로 사회에 복귀할 수 있도록 도와주는 역할을 할 것이다.

자신들의 권리가 억압되면, 그들은 사회에 체벌을 가한다

한국 사회에서 청소년의 인권문제는 극히 최근에야 제기되고 있다. 민주주의가 제대로 되려면 청소년의 권리도 제 길을 찾아야 한다. 물론 권리라는 것은 정태적인 개념이 아니라 사회구조적으로 규정되고 역사적으로 변화해가는 과정에 놓여 있는 역동적인 개념이다. 그래서 권리의 내용은 시대와 사회적 조건에 따라 다르다.

인권은 인간이면 누구나가 평등하게 소유하여야 한다는 의미에서 보편적이다. 인간이라는 사실 자체가 인권의 주체가 될 수 있는 근거가 된다는 의미에서 도덕적이다. 인간의 존엄한 삶을 위해 보장받아야 하는 권리가 바로 인권이다. 그래서 인권이라는 개념은 자유와 평등, 인간의 존엄성이라는 근대적인 이상과 구분될 수 없다. 인간의 존엄과 자유, 평등을 보장받기 위해서는 권리가 요청되며, 권리를 행사하기 위해서는 권리 주체의 존엄성과 자유, 평등이 보장되어야 한다.

청소년의 인권에 대한 진지한 논의는 20세기 중반 이후에 이르러서야 거론되기 시작했다. 20세기 전까지만 하더라도 청소년은 온정적 보호와 수혜의 대상이었는데, 1959년 유엔의 '아동의 권리선언' 이후 권리의 주체로서 청소년을 간주하는 경향이 높아졌다. 1960년 여성 운동과 시민권 운동의 영향으로 청소년을 자율적인 권리의 주체로서 바라보는 논의가 활성화되었다. 마침내 1989년 11월 20일에 '어린이 · 청소년의 권리에 대한 국제조약(The Convention on the Rights of the Child)'이 가결되었다. 1995년 12월 말 현재, 이 조약은 유엔이 채택한 여러 조약 가운데 190개 국이라는 가장 많은 비준국을 보유한 영향력 높은 국제조약이 되었다. 우리 정부도 1991년 12월에 이 조약에 가입하였다. 이 조약은 조약에서 보장하는 권리의 주체인 'Child'를 18세 미만의 자로서 명확하게 정의하고 있으며, 그들을 적극적인 인권 향유와 권리 행사의 주체로 인정하고 있다.

하지만, 파격문화 앞자리에 서 있는 청소년들은 조약이 보장하고 있는 제반권리를 충분히 향유하고 있다고 보기 힘들다. 청소년은 조약이 규정하고 있는 제반권리의 주체로서, 헌법이 보장하고 있는 기본적 인권의 주체로서, 적극적으로 규정되고 또한 자신의 권리가 무엇인지 알 권리가 있다. 그러나 우리나라의 청소년들은 청소년 권리의 현주소가 무엇인지도 모르는 채 하루를 살아간다. 대부분의 생활을 학교에서 보내고 있는 한국 사회 청소년의 삶을 돌이켜볼 때, 학교라는 공간은 청소년의 권리와는 거리가 멀다. 학교라는 공간에서 청소년들은 표현의 자유를 침해당하고 있다. 교육이라는 이름으로 체벌도 무차별적으로 가해지고 있다. 변론의 기회가 보장되지 않고 적법한 절차도 무시되는 징계로 인하여 이들의 권리 또한 침해당하고 있다. 그리고 학교에서 배운 그대로, 이들은 길거리에서 사회에다 체벌을 가하고 있는 것이다.

해결책은 있다!

청소년문화를 위해서는 무엇보다 청소년들을 위한 문화적인 내용이나 형식이 신뢰에 기초를 둔 것이어야 한다. 이들 청소년들은 학교나 가정으로부터 신뢰라는 단어를 박탈당하고 살아가는 젊은이들이다. 신뢰를 박탈시킨 문화는 파괴를 조장하는 문화이다. 신뢰는 사회적 자본이며, 이 사회적 자본은 공동체라는 규범과 그에 의거한 충성심, 정직, 계약정신 혹은 의존적 일체감과 같은 습속을 체질화한 결과로 나타나는 사회적 결과이다. 청소년들의 정신건강이 제자리를 지키게 하기 위해서는 이런 신뢰가 더욱더 중요하다. 아인슈타인의 상대성원리도 그런 신뢰 속에서 나온 것이고, 빌게이츠의 마이크로 소프트도 그런 신뢰 속에서 완성된 것이다.

현실적으로 학교가 청소년문화를 합리적으로 가꾸고 그들에게 개인주의적인 문화감각이나 독창적인 아이디어를 불어넣기에는 이미 역부족이다. 파격성이 뛰어난 사람들에게 억압과 집단적 강요는 독극물과 같다. 그들에게 필요한 것은 사적인 공간이다. 이런 개인주의 속에서 개별화된 신뢰가 제 힘을 발휘하려면 하나의 사회적 체제로 정리되어야 한다. 신뢰한다는 말은 무엇보다도 우선적으로 청소년들의 감각과 감성의 차별화를 인정해준다는 말로 다시 해석되어야 한다. 또한 그들 스스로 독립적으로 성장하는 것을 인정해주어야 한다는 말이기도 하다. 대학로와 같은 곳은 청소년의 감각에 맞게, 청소년의 직접 참여에 의해 길거리 조형물을 꾸민다든가 하는 새로운 작업이 필요하다.

파격적인 청소년들은 이미 학교교육 현장에서 벌어지는 여러 가지 위선에 대해 환멸을 경험한 일꾼들이다. 이들은 자기 땅에서 소외된 청소년들이다. 학교나 교육기관과 연계된 그 어떤 선이나 기능도 그들에게는 별 호소력이 없다는 것을 그들은 잘 알고 있다.

학교의 교사보다 길거리에 수없이 널려 있는 각종 사회단체 관계자나 업소주인들이 더 교육적이어야 한다. 이들 '길거리 교사'들이 청소년문화 발전에 중요하다. 아인슈타인처럼 생각해내고, 다빈치처럼 창조해내며, 에디슨처럼 발명해내는, 그리고 스필버그처럼 즐기게 하는 그런 파격 청소년들이 이 땅 위에서도 가능하려면 길거리 교육이 탄탄해야 한다.

교도소를 더 짓는 것과 체육관을 더 짓는 일 중 어느 것이 더 사회적으로 유익한 일인가? 지금 세계는 무한경쟁의 시대이다. 이런 시대를 대비하기 위해 엘리트를 키워내서 과학기술, 산업제품을 개발하고 생산하는 것이 중요하다고 이야기들 한다. 그러나 그러려면 발상부터 바꿔야 한다. 이러한 것들은 케케묵은 교육 속에서 창조력을 상실해버린 공부벌레들 혹은 정신건강이 병든 일류대생들로부터는 기대할 수 없다. 오히려 자신이 좋아서 그것에 몰두하고 부단히 노력하는 '파격문화'의 주체들의 능력을 믿어야 한다.

돌이켜보면, 우리 어른들이 청소년문화라는 것에 대해 큰 관심을 갖게 된 것은 '서태지와 아이들'의 등장으로 인해서이다. 그들의 등장과 함께 기존 문화에서 억압받던 청소년들이 당당히 그 굴레를 벗어 던지고 문화 주체로서 길거리에 들어섰다. 서태지를 비롯한 멤버들은 정규 학업 과정을 정상적으로 이수한 사람들은 아니지만, 자기 분야에서 성공하여 프로정신을 보여줌으로써 이미 하나의 독립된 문화, 성인들의 모방문화가 아닌 대안문화의 가능성을 드러내 보였다. 학업성적에 연연해하지도 않으면서 자신들이 원하는 것을 하고 자신들을 받아줄 수 있는 문화 속에 그들은 몰입하게 되었고, 강압적 현실에 대한 저항적인 성격을 띠면서 궤도를 이탈하려는 경향까지 보여주었다. 그러나 그것은 도전이 아니었다. 새로운 가능성이었으며 새로운 공헌이었다.

청소년의 파격문화를 이해하고 지원하기 위해서는 기성세대들이 스스로 '파격'을 시도해야 한다. 친구 같은 아빠와 엄마를 원한다는 설문조사 결과에서도 보듯, 엄격한 형식에 치우쳐 도덕경을 읊어대는 권위자가 아니라, 힘들고 어려울 때 함께 이야기하고 함께 웃고 울 수 있는 조화와 파격의 어울림이 요구된다. 무엇보다 그들을 신뢰하고 배려하는 따뜻한 눈이 필요하다. 그 눈은 국민의 세금으로 청소년을 가두는 교도소를 더 짓기보다는 길거리 체육관, 길거리 놀이관, 길거리 문예관을 하나라도 더 지으라는 깨인 시민의식으로 충만되어 있어야 한다.

학부모의 교육열과 교육 참여 방향

우리 교육의 잘못된 현실을 지적하는 자리에서 언제나 해결책으로 예시되는 것이 교육에 대한 국민의식의 변화이다. 국민들의 교육관이 바뀌어야 한다는 것이다. 이것을 바로 잡아야 한다는 사람일수록 우리 학부모의 잘못된 교육열이 우리 교육을 이렇게 만들었다는 비난을 아끼지 않는다. 치맛바람과 출세주의 일류대학 진학병이 바로 우리 교육을 병들게 했다는 것이다. 이제는 학부모운동단체까지 나서서 소경 제 닭 잡아먹듯 주제마저 잊은 듯이 힐난하고 있다.

그러나 학부모를 희생양으로 몰아가는 논리로는 우리 교육의 정상화를 이끌어낼 수 없다. 우리 교육의 발전을 위해서는 이들 학부모들이 주체가 되어야 하기 때문이다. 학부모의 교육열이 없다면 아무것도 이뤄낼 수 없기 때문이다. 학부모의 교육열로 교육의 정상화를 이끌어내는 일이 우리에게는 필요하다. 그러려면 무엇보다도 학부모의 교육열을 제대로 모으는 관리 능력을 더 길러야 한다. 지금의 교육행정이나 학교행정은 학부모의 교육열이 뿜어내고 있는 엄청난 힘을 제대로 관리하기에 부적절하다. 학부모 교육열을 관리해온 지금까지의 방식을 보면 마치 이곳저곳에 구멍이 난 증기기관통을 수선한다는 느낌을 지울 수가 없다.

학부모와 교사 간의 신뢰가 급선무

우선 학부모의 교육열을 제대로 관리하려면 학부모의 신뢰부터 얻어야 한다. 신뢰는 신용카드처럼 쌓아가야 남는 것이다. 학교장이, 교사가 학부모에게 신뢰를 주어야 한다. 학부모와 교육 당국자 간의 대화는 존경과 신뢰로 이루어져야 한다. 그래야 만남의 의미가 생기고 교육정책의 효과도 커지며, 교육 정책자와 학부모 간에 의사소통과 믿음이 가능해진다.

언론을 타고 날아드는 소식을 보면, 요즈음 학부모와 학교 교사, 학교장들 간에는 사람간의 믿음이라기보다는 짐승과 사람의 소리 교환만이 있는 것 같은 느낌을 준다. 이들 사이에는, 억지로 말을 만들어낸다면, '새소리 믿을 신, 말소리 믿을 신, 돼지소리 믿을 신, 강아지소리 믿을 신'과 같은 이상한 의사소통 현상이 일어나고 있다. 서로가 이야기는 하는데, 서로에게 들리지가 않는 것이다. 학부모와 교사가, 학부모와 교육행정 당국이 이런 삐뚤어진 대화를 나누면서 교육이 잘 되기를 기다린다면 그것은 잘못된 일이다.

학부모나 교육행정 당국이나 모두가 인간교육을 원하지만, 그들간의 관계는 그러하지가 못하다. 우선 먼저 학교는 학부모의 현실부터 인정해야 한다. 우리의 학부모는 영악하다는 점부터 인정해야 한다. 그들의 교육관은 길어야 12년짜리 자녀 양육관이다. 아무리 깨어 있는 학부모라고 할지라도 실제로는 두 가지 목소리를 갖고 있다. 큰 모임에 나가서는 다른 집 아이의 교육문제까지 걱정해야 한다. 그러나 그것은 그때만의 일일뿐이다. 내 집 아이의 입시문제가 더 급하다.

대학입시의 실패가 인생의 실패로 판가름나는 이 급박한 교육 상황을 버젓이 알면서 자식 교육을 포기하라고 강요한다면 그 이야기는 설득력을 잃고 만다. 사회적으로 누구 하나 제 자식의 인생 실패에 동반책임을 지지 않는 상황이고 보면 더욱더 그렇다. 그래서 자녀들이 대학에 입학할 그때까지 12년 간만이라도 굽실대며 학교 선생과의 갈등은 피해야 한다는 것이 지금의 학부모들이 갖고 있는 심정이다. 자존심이 상하더라도 머리를 굽혀야 하는 것이다. 이런 마음을 하나 가득 품고제 자식이 반에서 일등하기를 원하는 오늘의 학부모이기에, 우리의 학부모는 자식 사랑에는 일등이지만 교육 사랑에는 낙제감이라는 모욕에도 아랑곳하지 않는 것이다.

학부모의 의식을 바꾸려면 적어도 100년 정도는 기다려야 한다는 연구 결과가 있듯이, 국민의 의식이 별안간 바뀌기는 쉬운 일이 아니다. 담배를 지속적으로 피우면 암에 걸려 죽을 확률이 높다는 선전문구가 있는데도 사람들은 그 담배를 사서 피우고 있는 것을 보면 알 수 있다. 학부모 교육열을 제대로 활용하려면 우리 중등교육에 번번이 초나 치고 있는 대학이라는 그릇부터 바꾸어 버려야 한다.

학부모 운동단체: 대학 '교육 공해' 추방부터

제사상보다는 젯밥에나 눈을 돌리는 학부모 운동을 해서는 곤란하다. 보통의 학부모를 향해 잘난 척하며 모욕이나 주는 것이어도 곤란하다. 꾼들이 수십 명씩 이리 몰려다니고, 저리 몰려다니는 바람잡이 같은 것이어도 곤란하다. 이제는 학부모운동단체부터 학부모의 교육열에 대한 인식을 달리해야 한다. 이제는 전문적인 지식으로 학부모단체가 정련되어야 한다. 일반론적인 수사학이나 몇몇 사람이 언론에 출현해 나서는 얼굴마담식 학부모운동은 곧 한계가 드러난다.

지금 세계 선진국에서는 학부모의 교육열이 너무 부족해서 야단들이다. 동남아시아 대부분의 나라에서는 아직도 문맹률이 30%를 웃돌고 있다. 학부모가 자녀 교육을 아예 포기하고 있기 때문이다. 우리 학부모들에게 교육열이 없었더라면, 우리 역시 그들 수준을 넘어서기 어려웠을 것이다. 우리처럼 교육의 절반 이상을 사교육이 감당하고, 전체 교육비의 60% 이상을 학부모가 떠맡고 있는 나라는 세계 어디에서도 찾아보기 어려운 장한 일이다. 학부모의 교육열에 이상이 있다고 비난하기보다는 그들의 노력에 감사해야 하는 편이 오히려 도리에 맞는다. 그들에게 쏟아지는 각종 각양의 비난에도 불구하고 애들 하나 잘 키우려는 그들 학부모를 바보로 생각해서는 곤란하다. 오히려 그들 학부모의 침묵에 감사해야 한다.

물론 교육이 출세를 위한 도구여야 한다고 주장하는 교육의 도구주의는 비난받아 마땅하지만, 교육은 개인의 출세를 위해 유용하게 쓰여질 수 있다. 그래서 교육을 잘 받아 출세해야겠다는 것이 비난받아야 할 이유는 없다. 오히려 단죄받아야 할 것은 응시생의 30%만을 입학시키고 나머지 70%를 의도적으로 낙오시켜야만 하는 우리의 입시제도이다. 우리에게 진정으로 필요한 것이 있다면 그것은 우리 자녀 모두가 다같이, 그리고 제각기 출세할 수 있는 그런 교육제도를 만드는 일뿐이다.

이 점 때문에, 교육정책 역시 지금보다는 훨씬 더 열린 정책으로 나서야 한다. 학생 선발과 진로 선택이 지금과 같은 식으로 강요되는 한, 제아무리 정보화시대가 된다고 하더라도 그들 중의 70%는 언제나 낙오자가 되고 말 것이다. 이렇게 매년 70%의 낙오자가 제도적으로 쌓이고 또 쌓이면, 그것은 끝내 국력의 낭비를 초래하게 될 것이다. 쓰레기마저 100% 연소시켜 열에너지로 만드는 사회를 우리는 본받아야 한다.

실패 없는 교육과 우리 자녀가 모두 출세의 기회를 가질 수 있는 시대를 맞기 위해서는 오늘날과 같이 정원이 강요되는 진로지도와 입시제도는 제거되어야 한다. 현재의 입시제도와 진로지도 방법은 현재 2만여 개 직종에 달하는 우리 사회의 필요 인력의 30%조차도 제대로 배출해낼 수 없는 낡은 방식이다. 우선, 대학입시 정원령을 풀어버리고 대학에 학생 선발권을 100% 되돌려주고, 그들에게 모든 책임을 묻는 그런 제도로 나아가야 한다. 이런 정책이야말로 정부가 국민을 위해 해볼 만한 교육정책이 될 것이다. 이런저런 이유 때문에, 학부모운동단체먼저 학부모가 자녀 진로지도에 무식하다는 인식을 떨쳐버려야 한다.

교육의 정상화는 대학에 달려 있음에도, 대학의 입시정책은 구태의연하다. 아직까지 인간의 지능이나 능력을 수학적 능력과 언어적 능력이라는 두 가지 요소로 학생을 선발하려는 발상에서 조금도 나아가고 있지 못하다. 이런 선발 장치는 대학의 학문 발전이나 영재 육성을 위해서도 바람직하지 못하다. 인간의 지능이 수학적 능력이나 언어적 능력뿐만 아니라 대인관계나 음악적 능력, 체육적 노력 등 여러 가지 능력요소로 구성되어 있음을 다방면의 연구들은 알려주고 있다. 바로 이렇게 인간의 능력 구조가 다양하기 때문에 대학의 학생 선발 방법은 그것에 걸맞게 과학적으로 다양해야만 한다. 더구나 지식 정보화 시대에 살게 될 새로운 세대의 장래와 그들의 진로는 복수지능의 논리에 합당하게 선택되어야 한다.

그래서 학부모운동단체들은 보다 더 전문화되어야 한다. 아무리 급해도 전문적인 식견과 대안을 가지고 대학을 감시하고 대학에게 대학입시 방법을 개혁하라고 다그쳐야 한다. 대학의 구조조정도 강력하게 요구해야 한다. 그 정도의 논리는 갖추고 교육공해 추방운동을 해야 한다. 우리 대학들의 입시제도가 안고 있는 비교육적 파행성이나 학생선발의 무교육성을 철저히 따져가는 캠페인이 본격화되어야 한다.

학교운영위원회: 성인교육 활동부터 본격화해야

학부모들의 모임인 학교운영위원회는 교사나 교육행정가의 교육활동을 간섭하거나 억압하기 위해 필요한 것이 아니다. 목소리 크게 낸다고 학교교육이 잘되는 것이 아니다. 오히려 자녀 교육에 앞서서 자기들의 교육부터 철저히 해야 한다. 그들의 교육적 기능을 활성화시키며, 동시에 교육의 질적 개선과 교육의 민주화를 도모하려면 오히려 목소리는 작아야 한다.

학교 운영의 민주화는 학교장 간섭이나 구호로 될 성질이 아니다. 교실교육의 민주화는 교실 속에서 이루어져야 한다. 교실에서, 교무실에서, 그리고 학교 운동장이라는 교육 현장을 떠나 사방팔방으로 외쳐지는 교육 운영의 민주화는 공허할 뿐이다. 교육 운영의 내실은 표어로 되는 것도 아니고, 발과 손, 그리고 가슴으로 교실마다 나타나야 한다.

고교에서 열린교육과 수준별 교육이 도대체 어느 교과에서 어느 정도로 실시되고 있는지, 제대로 되고 있는지 등과 같은 보다 더 교육적인 일을 모니터링하는 데 학교운영위의 눈길이 가야 한다. 학생들의 개인차가 심한 대규모 교실에서는 학생들을 골고루 지도하기가 매우 어렵다. 마찬가지로 교사들의 개인차가 심한 학교에서 배우는 학생들의 정신적 고통도 크게 마련이다. 학교운영위는 교사의 개인차를 줄이고 교실교육의 질을 높이는 그런 일에 관심을 가져야 한다. 이런 일이 바로 학교운영위가 학교교육의 정상화를 위해서, 교실교육의 내실을 다지기 위해서 해볼 만한 일이다. 교실에서 가르치는 사람은 마땅히 TV강사나 학원강사와 분명히 다르다는 점을 학교운영위 스스로 존중해주고 동시에 그것을 요구해야 한다.

그런 의미에서 학교운영위원회의 역할은 세 가지 정도로 다시 정리되어야 한다. 첫째는 가정에서 부모-아동 간의 관계를 교육적으로 유지하는 일이다. 학운위는 부모-자녀교육을 활성화시키기 위한 제대로 된 역할부터 다시 설정해야 한다. 두 번째 역할은 학교 교육행정의 참여에 관한 것으로서, 자녀 교육에 관련된 교육적 계획에 교육적 방식으로 참여해야 할 것이다. 학교운영위원회의 세 번째 새로운 역할은 학부모, 학교, 지역사회를 연계하여 성인교육 활동을 활성화시킴으로써 지역사회의 발전과 교육의 질을 총체적으로 개선하는 일이다.

학부모의 개인적인 교육 역할은 학부모 스스로 할 수도 있으나, 학운위가 새로운 교육문화를 지역사회에서 가꾸어내기 위해서는 체계적인 성인교육 활동을 실천해야 한다. 학교운영위가 학교 일에 참여하기 위해서는 학부모가 먼저 학습하는 모습을 보여주어야 한다. 학부모가 성인학습자로서 학교교육에 참여하는 일은 교사에게 성인학습자로서의 역할을 요구하는 지름길이다. 그런 성인교육을 위한 프로그램은 여러 가지로 제시될 수 있다. 즉, 학부모 자녀지도교육 프로그램, 학부모 성인교육 프로그램, 가족상담 프로그램, 지역사회의 비교육적 환경개선 프로그램, 지역사회 단체장-학교장-학부모 간 모임, 학교교실 환경 개선 및 모니터링 프로그램, 교육개혁 여론 조성 프로그램 등이 그것이다. 이런 프로그램들은 보다 준비된 학교운영위원회를 만들어가는 데 도움이 되는 성인교육 프로그램의 한 가지 예시일 뿐 전체 내용은 아니다.

따돌림 문제는 사회정의 차원에서 해결해야

우리나라 학생들의 정신건강에 적신호가 나타나고 있다. 몇몇 학생이 짝패가 되어 한두 학생을 집단적으로 골려먹는 왕따 현상이 점점 퍼지고 있다. 사회의 못된 면이 점차 학교를 물들이고 있다. 교육부가 전국 초중고교 학생들을 상대로 무기명 설문조사한 결과에 따르면, 모두 4천여 건에 5,400백여 명이 집단 따돌림 피해를 당한 것으로 나타났다. 학교별로는 중학교가 2,100여 명으로 가장 많았고, 초등학교 1,900여 명, 고교 1,200여 명 순으로 드러나 중학교와 초등학교에서 왕따 현상이 더 심한 것으로 나타났다. 발랄하게, 정의롭게, 그리고 서로서로 더불어 자라나야 할 어린아이들에게 더욱더 커다란 멍을 지우고 있는 것이다.

학교교육이 해야 할 일

기가 막히는 일들이 학교 현장에서 매일같이 일어나고 있는 것이다. 그러나 한탄만 하고 있을 일이 아니다. 무엇보다도 첫째로, 집단따돌림을 해소하기 위한 타문화 접촉 교육부터 철저하게 가르쳐야 한다. 서로 더불어 살아가며, 서로 더불어 성취하는 신뢰문화가 모든 교육과정의 토대가 되어야 한다. 왕따 현상은 학생의 개인 문제가 아니라 병든 집단문화의 문제로부터 기인한다. 사람간에 서로 다르다는 것은 아름다운 것이라는 신뢰문화가 사회에서 일반화되어야 한다. 유색인종 차별 문제로 골머리를 썩이던 미국교육도 교실과 사회 현장에 타문화 신뢰문화를 제도화하고부터 그 문제를 제대로 풀 수 있었다.

신뢰문화를 교실교육에 정착시키려면 집단따돌림에 대한 이해부터 달리해야 한다. 집단따돌림은 학생들의 개인주의 성향 때문에 단순히 생기는 것이 아니다. 오히려 정반대이다. 다른 아이를 부정하고 약자로 만들어 우월해지고 싶은 욕심의 소산이 아니다. 학교교육에 대한 분노 때문에 생긴 결과가 왕따이다. 약자나 이단자에 대한 배려가 집단 압력을 이겨내지 못할 때 왕따돌림 현상이 만들어진다.

우리 교육의 왕따 역시 말만 달랐지, 일본판 이지메이다. 왕따 현상은 일본이나 우리 사회 같은 집단주의 문화, 대화와 토론부재의 문화, 단일민족 사회의 교육 현장에서 자주 발견되는 집단 병리 현상이다. 나와 다른 남의 생각을 참아내지 못하는 문화적 병리 증세인 것이다. 이 문제를 해결하기 위해서는 문화 이해 프로그램을 실시하는 동시에, 학교는 학생들의 정신건강을 지켜주기 위해 '학교 카운셀러 프로그램'을 운영해야 한다. 정규 상담 교사가 없으면, 학부모로 구성되는 '자모 카운셀러'라도 활용해야 한다. 학생 카운셀링 경험이 적은 교사보다는 자녀를 많이 다룬 학부모들이 이런 왕따 학생 예방과 상담에 더 유리할 수도 있다.

가정에서 학부모가 해야 할 일

학부모도 사회적인 해악 중의 하나인 왕따문제를 해결하기 위해 해야 할 일이 있다. 학교가 자녀들이 편안하게 공부할 만한 그런 안전한 곳이 아니라고 불평만 할 일이 아니다. 부모 먼저 자식들에게 더불어

살라고 가르쳐야 된다. 요즈음은 가난해서 무료 급식을 받는 학생마저
도 왕따로 찍히고 있다고 한다. 정말로 해도 너무 하는 일이며, 이런 것
을 그대로 방치하다가는 이 사회가 큰일을 치르고 말 것 같다. 약자가
보호받는 사회가 되려면 약자 보호에 대한 가정교육이 보다 더 철저해
야 한다. 이런 것을 남의 일로 생각할 것이 아니라, 바로 나의 일로 받
아들여야 일이 제대로 해결될 것이다.

왕따문제를 발본색원하기 위해서는 부모들이 매일같이 자녀들에게
이런 일은 사회정의에 어긋나는 일임을 이야기해야 한다. 하루에 한 번
씩은 친구 따돌림이 인간적으로 잘못된 것임을 꼭 일깨워주어야 한다.
조금 힘이 들더라도, 학부모는 학교에서 돌아온 아이들에게, 학교에서
무슨 일이 있었는지, 친구간에 벌어진 일이 무엇인지 물어보며, 서로
대화하는 시간을 반드시 가져야 한다. 동시에, 내 아이가 바로 왕따돌
림의 대상은 아닌지 생각해보아야 한다. 왕따돌림을 받는 학생은 무엇
보다도 학교 가기를 기피하거나, 필요 이상으로 용돈을 달라고 하거나
혹은 귀가 시간이 늦게 마련이다. 이럴 때는 지체 없이 담임선생에게
문의를 하거나 학교 방문을 해야 한다. 아직까지 학교에서 믿을 수 있
는 사람은 교사밖에는 없다는 사실을 확실히 깨닫고 그들로부터 도움
을 받아야 한다.

자녀의 힘을 북돋우기 위해 부모가 해야 할 일 열 가지

모두가 그렇겠지만, 학부모는 자녀가 잘 커주기를 바랄 것이다. 그러
나 자녀가 그냥 무턱대고 커주는 것은 아니다. 자녀는 학부모가 관심을
가지고 지도하는 만큼만 커주는 것이다. 그래서 옛날의 현자들은 자녀

에게는 백 명의 선생보다 한 명의 어버이가 더 낳다고 우리에게 이르고 있다. 이 말은 지금도 유효하며, 앞으로도 자녀가 다시 어버이가 될 그 날, 역시 자녀 교육을 위한 하나의 진리로 영원히 남아 있을 것이다.

자녀가 어버이가 바라는 대로 잘 자라기 위해서는 무엇보다 먼저, 자녀가 나이를 먹어감에 따라 부모도 같이 변해야 한다. 자녀가 어릴 때는, 돌보아주고 부모 말대로 따르게 하고 말을 안 들으면 야단치고 타이르는 일이 부모의 주된 역할이었다. 그러나 자녀가 청소년이 되면 무조건 부모 말에 따르게 하기보다는 자녀의 이야기를 들어보고 부모의 입장을 이해시킴으로써 서로 이해하고 존중하고 의지할 수 있는 관계를 만들어야 한다.

둘째, 어버이가 자녀에게 벌을 줄 때는 잘못된 행동 자체에만 국한해야 한다. 아이가 잘못된 행동을 했을 때는 마땅히 벌을 주어야 한다. 그러나 잘못된 행동 때문에 아이 자체를 미워하는 것처럼 꾸짖어서는 안 된다. 잘못된 행동을 했다 하더라도 아이 자체는 항상 따뜻이 무조건 받들어야 한다. 벌을 줄 때는 하나의 잘못에만 국한해야 한다. 또한 벌을 주는 이유를 잘 알 수 있도록 설명해주어야 한다. 같은 잘못에 대해서는 같은 벌을 주어야 한다. 그렇다고 해서, 벌을 준 후에 안됐다는 마음으로 자녀에게 지나치게 잘해 주어서는 안 된다.

셋째, 부모의 따뜻한 말은 자녀를 든든히 받쳐주는 기반이 된다. 자녀가 자기의 부족한 점이나 단점 때문에 힘들어하거나 어려운 상황에 처할 때 부모는 따뜻한 말과 손길로 어루만져주어야 한다. 언제나 돌아가서 기댈 수 있는 기반이 되어주면 자녀는 자신감 있는 아이로 자라게 된다. 자녀가 좌절할 때 부모가 든든한 기반이 되어주면 자녀는 다시 일어나 나아갈 수 있는 힘을 얻게 된다.

넷째, 자녀는 부모가 믿는 만큼 하게 마련이다. 놀랍게도, 자녀의 잠재력은 무궁무진한데, 부모들은 그것을 잘 알고 있지 못하다. 자녀를 가장 잘 아는 부모가 아이를 믿고 기대하는 만큼 아이는 자신이 가진 가능성을 현실로 드러낼 수 있다. 아무리 나쁜 잘못을 저지른 아이라도 반드시 올바른 사람이 될 수 있다는 믿음으로 자녀를 대해야, 자녀들은 부모가 원하는 그만큼 성장한다.

다섯째, 한 마디의 말을 잘 들어주는 것이 백 마디의 말로 타이르는 것보다 중요하다. 부모는 많은 것을 가르쳐주고 싶은 욕심이 가득하다. 그래서 자녀의 이야기를 듣기보다는 말하기에 바쁘다. 놀랍게도 자녀의 말을 잘 들어주는 그것만으로도 자녀가 스스로 생각을 정리하고 문제를 해결하는 데 도움이 되는 경우가 많다. 자녀의 말뿐만 아니라, 자녀의 행동과 표정에 나타난 무언의 말에도 귀를 기울여야 한다. 또한 자녀의 말을 잘 들은 다음에 이야기를 해주어야 자녀 또한 부모의 말을 경청하게 된다.

여섯째, 말은 자녀가 받아들이고 소화할 수 있을 정도로 쉽고 편안하게 이야기해야 한다. 침묵의 체로 거르지 않은 말은 소음이라는 말이 있는데, 그것은 자녀에게 말을 하기 전에 그 말이 어떻게 받아들여지고 어떤 효과를 가져올지를 미리 생각해보아야 한다는 뜻이다. 아무리 좋은 의도로 이야기해도 자녀가 그 말을 기쁨으로 받아들여서 그 말을 따르고자 하는 마음이 속에서 우러나오지 못하면 그 말은 효과가 없다.

일곱째, 좌절과 고통을 이겨낼 수 있는 힘을 대화를 통해 길러주어야 한다. 기를 꺾지 않기 위해서 해달라는 대로 다 해주다 보면 자녀에게는 나쁜 버릇이 생길 수도 있다. 자녀는 참고 이겨내는 경험을 갖지 못함으로써 바깥 세상에서 자기가 원하는 것을 얻지 못하게 될 때 쉽게 좌절하게 된다. 이것은 부모들이 흔히 저지르는 실수 중에서도 가장 후유증이 큰 잘못이다. 그래서 자녀에게 받아들일 수 없는 요구는 왜 허용할 수 없는지를 차분히 설명하고, 아이가 욕구를 절제할 수 있도록 이끌어주어야 한다. 그것을 자녀가 배울 때, 그들은 힘을 기를 수 있다.

여덟째, 부모가 생활 속에서 모범을 보이는 대로 자녀는 배우게 된다. 자녀가 자신보다 낫기를 바라는 마음에서 부모 자신도 지키기 어려운 것을 자녀에게 강요하는 경우가 있다. 그러나 자녀는 부모의 말보다는 행동에서 더 쉽게 배우게 된다. 부모가 잠시라도 책상에 앉아서 하루를 정리하고 생각하며 스스로 배우는 모습을 보일 때, 자녀는 자연스럽게 이를 따라 행하게 된다.

아홉째, 지혜로운 부모는 자녀가 잘못을 하고 난 후 벌하기보다는 사전에 행동의 방향을 제시해준다. 자녀가 잘못을 저질렀을 때 벌하는 것도 중요하다. 그러나 자녀가 잘못을 저지르기 전에 미리 어떤 행동이 올바른 것이고 어떤 행동은 해서는 안 되는지를 명확히 해줌으로써 문제를 사전에 예방할 수 있다. 또한 주어진 울타리 안에서는 자녀가 자율적으로 행동할 수 있도록 허용해 줌으로써 자녀의 책임감과 자율성을 기를 수 있다.

열 번째, 부모는 평범한 일상 속에서 자녀가 부모의 사랑을 느낄 수 있도록 배려해야 한다. 자녀가 들어오고 나갈 때 아무리 바빠도 따뜻한 말과 자애로운 눈길로 관심을 표현해주어야 한다. 언제나 생활 속에서 자녀를 귀하게 여기고 있음을 자녀가 느낄 때 자녀는 자신을 소중히 여기고 건강하게 성장할 수 있다.

빚지는 법을 배우라

대학 시절, 교육학도였던 내게 큰 영향을 주셨던 분은 지금은 돌아가신 홍웅선 박사님이다. 강단에 서시면 솔직한 삶의 이야기들을 섞어 수업을 담백하게 풀어내시고, 강단 밖에서는 제자들과 얼굴 비비며 소탈한 웃음을 터뜨리던, 살아 있는 교육을 몸소 보이셨던 그분을 나는 참 좋아했다.

1980년, 미국에서 박사 학위를 받고 다시 모교로 돌아온 나는 선생님을 제일 먼저 찾아뵈었다. 예순이 다 되신 선생님은 나를 반갑게 맞으시면서 맛있는 점심을 사주셨다. 식사 후 선생님과 교정을 거닐면서 담소를 나누다가 이제 그만 인사하고 돌아가려는데, 선생님이 갑자기 "자네, 돈 있는가?" 하고 물으셨다. 뜻밖의 질문에 당황스러웠지만, 솔직하게 "돈이 별로 없는데요"라고 말씀드렸다. 그러자 선생님은 주머니에서 지갑을 꺼내시더니 여러 번 접어 꼬깃꼬깃해진 돈을 내미셨다. 살펴보니 신만 원 짜리 수표였다. 큰돈이기도 했지만, 선생님이 고이 간직해둔 비상금을 어떻게 받을 수 있겠는가. "선생님, 아닙니다. 저 돈 있습니다" 하고 극구 사양하였지만, 선생님은 "세상을 살아가려면 빚지는 법을 배워야 하네" 하고 말씀하시며 그 돈을 내 손에 꼭 쥐어주셨다.

난 갑자기 한 대 얻어맞은 듯했다. 특히 '빚지는 법'이라는 말이 너무나 생소하게 들렸다. 그 의미를 묻는 내게 선생님은 이렇게 말씀하셨다. "내가 자네에게 빚을 지게 해야 자네가 빚을 갚을 게 아닌가. 자넨 나한테 빚을 진 셈일세."

결국 돈을 받고 돌아온 나는 그 말이 의미하는 바를 곰곰이 되씹어 보았다. 빚지는 법을 배우는 것. 그것은 곧 빚을 갚는 법을 배우는 것과도 같았다. 그리고 선생님께 진 빚을 갚는 길은 나도 다른 이들에게 빚지는 법을 가르쳐주는 것임을 깨달았다. 그분처럼 대가를 바라지 않고 넉넉한 마음으로 베풀면서 말이다. 그러면 그 사람은 또 다른 이에게 빚지는 법을 가르쳐주리라.

이후로 나는 어떻게 하면 빚지는 법을 잘 배우고 잘 가르칠 수 있을지를 내 평생 과제로 삼았다. 빚을 갚으라고 재촉하는 각박한 사회 속에서 넉넉히 빚지는 법을 가르치려고 하니 내 마음 또한 너그러워짐을 느낄 수 있었다. 학생들을 가르치는 것도, 교육학을 연구하는 것도, 나의 것을 나누어주는 것도 다 빚지는 법을 가르쳐주는 것이라 생각하니 그 모든 것이 내게 기쁨으로 다가왔다.

살아가다 보니 빚지는 법을 배울 기회가 곳곳에 있음을 보게 된다. 얼마 전 세브란스 병원에서 재건축을 위한 기부금을 모았다. 그 병원은 외국인 선교사들이 가난한 조선 민중을 위해 대가 없이 세운 것이다. 이제 세월이 흘러 낙후된 건물을 다시 지어야 하는데, 또 그분들에게 손을 내밀 수 없는 일이다. 우리 손으로 직접 그 빚을 갚아야 한다. 이렇게 여러 사람들이 뜻을 모아 기부를 하여 건축하게 되면, 병원은 이를 통해 빚지는 법을 배우는 것이고, 그 빚을 어떻게든 사회에 갚게 될 것이다.

이처럼 넉넉한 마음으로 서로 베푸는 사회. 그 시작은 다른 이에게 받은 은혜를 감사하는 마음으로 또 다른 이에게 나누어주는 작은 실천들로 이루어지리라 믿는다.

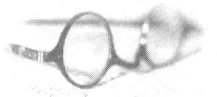

제4부 이 교육의 미래

제1장 평화공존의 교육

맞고 틀림, 성공과 실패, 내 편과 네 편, 모범생과 문제아 등을 너무나 명쾌하게 구분하는 이 교육의 현실은 우리의 삶살이 자체를 좀먹고 무참하게 파괴한다. '다름'을 인정하지 않은 결과는 인간의 생명을 위협할 정도로 현실 곳곳에서 드러나고 있다. '다름'은 파괴해야할 '틀림'이 아니라 세상을 풍요롭게 하는 아름다운 존재이다. 그런의미에서 다름을 인정하는 평화교육, 개성 존중의 문화교육은 이 교육이 나아갈 방향이다.

평화와 평화교육이어야 한다

일본이 진주만을 폭격했을 때 세계가 놀랐다. 그런데 세계가 한 번더 놀란 일이 있었다. 뉴욕의 무역센터가 무너져버릴 때였다. 마치 미국의 심장이 균열되는 것 같았다. 9·11 뉴욕 참사! 이 사건은 앞으로이 세계에는 어떠한 일도 일어나지 말란 법이 없다는 것을 보여준 서막이었다.

부시 대통령은 9·11 뉴욕 참사를 반문명적인 테러 행위라고 비난했지만, 오사마 빈 라덴은 한 마디로 달랐다. 그들은 뉴욕 침공이 바로 새로운 유형의 전쟁이라고 불렀다. 부시는 테러리즘을 종식시키기 위해정규군을 투입했다. 그들은 '나홀로 병력'으로 저들과 맞섰다. 부시가정규군으로 아프가니스탄의 땅 이곳저곳을 공격해 들어갔지만, 전투의불똥은 오히려 이스라엘과 팔레스타인 간의 사투로 번져버렸다.

9·11 뉴욕 참사는 전투의 의미마저 바꾸어놓았다. 중세기 전쟁만하더라도 그 나름대로 '전쟁의 도(道)'가 있었다. 편제 하나 제대로 갖

추지 못한 전투였지만, 그래도 전투에는 서로에게 묵인되는 '전쟁 윤리(?)' 같은 것이 있었다. 1차 세계대전도 그랬고, 2차 세계대전에서도 그랬다. 1차 세계대전은 대규모의 군인이 투입된 거대한 병력 소모전이며 정적인 전쟁이었다. 2차 세계대전 역시 대규모 병력과 화력이 투입된 전술적 국지전으로서 피아가 맞부닥치는 전선만큼은 분명했다. 월남전은 사정이 조금 달랐다. 대규모 병력이 아니라 소규모의 게릴라들의 위력이 드러난 전쟁이 월남전이었다. 미국의 대규모 병력도 견디지 못하고 고배를 맛보게 만든 것이 바로 월남의 게릴라전이었다. 게릴라전 역시 싸워야 될 적군과 싸울 수 있는 전선을 중심으로 한 전술전이다. 이에 비해 '나홀로 테러전'은 모든 곳이 전선이며, 모든 사람이 적군인 전투이다. 필요하면 그 어디에서라도, 그 누구에게라도, 그 언제라도 펼칠 수 있는 무차별 병법이 바로 나홀로 테러전이다.

살아남는 것을 염두에 두고 벌리는 전투가 정규전이라면, 죽을 것을 전제로 벌리는 전투가 나홀로 테러전이다. "우리가 갖고 있는 무기는 피와 몸뿐이다"라는 팔레스타인 테러리스트의 절규처럼, 신념이라는 화약에 불을 붙여 몸이라는 무기를 폭파시키는 전투가 테러전이다. 목숨보다 신념을 더 소중하게 여기는 전투가 바로 테러전이기에, 테러는 범죄의 한 유형이 아니라 효과적인 전투의 한 방법이라는 것이 저들의 병법이다.

나홀로 전투라는 테러는 9·11 뉴욕 무역센터 참사에서 보았듯이 전투치고는 값이 저렴한 경제전이다. 전투기 한 대를 사려면 수십억 달러를 지불해야 하지만, 나홀로 자폭수에게는 가족 위로금으로 1,000만 원 정도만 주면 된다. 탱크에 탑재하는 폭탄 한 발은 수백만 원의 '고가품'이지만, 단독병이 지닐 무기라고 해봐야 20만 원 정도에 지나지 않는다. 테러전은 최첨단 영상매체를 활용하는 고도의 속보전이기도 하다.

적국의 매스미디어를 보조무기로 활용하는 테러전은 시민들을 무한대의 정신적 공황으로 빠트려놓기에 충분하다. 사회 이곳저곳, 모든 곳이 전선이며 모든 것이 두려움으로 돌변하기에, 심리전으로는 테러를 능가할 무기도 거의 없는 편이다.

이런 나홀로 단독 전투가 이스라엘에서는 수시로 터지고 있다. 중동의 나홀로 자폭병들은 태평양 전쟁 때 산화한 일본의 가미가제 특공대와도 다르다. 가미가제가 군의 명령에 따랐다면, 나홀로 자폭 전사는 양심을 따른다. 열사가 되는 것이다. 저들이 종교로 무장했다면, 그들도 신앙으로 무장한다. 그 어떤 무기도 신념이나 신앙과 싸워 끝내 이겨본 적이 없다. 이스라엘의 샤론이 제아무리 덩치 큰 탱크를 앞세우고 그들을 유린한다고 해도, 팔레스타인 소년병에게는 그저 한 마리의 풀벌레일 뿐이다.

미국은 그 어떤 국가와도 전쟁을 벌일 수 있다. 제아무리 강대국이라고 하더라도, 상대방의 병법마저 미국식으로 강요하며 전투를 이끌어낼 수는 없다. 그래서 미국은 영원히 나홀로 단독 테러병들의 시달림에서 벗어나기 어렵다. 그들의 침투를 차단하기 위해 세계 이곳저곳에 나가있는 모든 시민들을 무한정, 무제한으로 단속하기는 원초적으로 불가능하다. 그래서 이제 남은 해답은 한 가지, 평화와 평화교육이어야 한다. 그 평화를 위해 무기와 탄약 그리고 증오를 걷어내지 않으면, 평화는 길을 잃고 영원히 미아가 될 뿐이다.

세계화와 다문화교육

세계화의 화두는 이제 그 한도를 넘어서지는 않았는가? 경제적으로는 시장의 효율화를 위한 경쟁의 우월성을 강조했고, 문화적으로는 제도적인 균일화를 강조했던 그 세계화의 화두가 아직도 우리에게 유효한 것인가? 그저 모두가 유일한 최고 수단으로 삼았던 미국 중심의 세계화는 아직도 우리가 뒤따라가야 할 사회 발전의 모범 경로인가?

미국의 정치 지도자들이 세계 도처를 향해 내뱉는 이야기를 종합하면, 그들의 문화는 세계 평화를 위해 오히려 경계해야 할 것처럼 여겨질 뿐이다. 싸움을 풀어내려고 하기보다는 오히려 싸움을 걸기 위해 안달하는 모습처럼 보인다. 그들 문화권의 어느 학자는 저들과 다른 문화 간의 긴장과 갈등을 문명충돌의 시작이라고 표현했지만, 그의 소리는 이제 공허할 뿐이다. 충돌하고 있는 문명간의 대등성은 이미 사라진 지 오래이며, 약소 민족은 강대국에게 끌려다니며 유린당하고 있다. 문명충돌이라는 이름의 배후에 숨어 있는 미국의 이해관계를 세계의 정의라고 부를 수는 없는 것이다.

문명의 진화는 그들의 욕심대로 문명간의 충돌로 결정되는 것이 아니라 문명간의 교접으로 완성된다. 인류 문명의 주요 현장을 두루 관찰해보면, 세계 어느 곳이든 독창적인 문명의 생성은 불가능했음을 알 수 있다. 문명의 발전에 있어서 처녀생식은 불가능하다. 문명간의 교접과 융합이 있어야 새로운 문명의 발전이 가능해진다. 어느 한 곳에서 실낱같은 문명의 갈등이 있었다 하더라도 그런 갈등은 새로운 문명 교접을 위한 섞음질이었을 뿐이다. 어느 한 쪽이 다른 쪽을 억눌러 없애버리는 것이 아니라 서로가 서로를 변화시키는 문명의 접변이었다. 세계 문명의 한 축이자 인류문명의 보고라고 일컬어지는 터키, 스페인을 보라. 그 찬란한 문명의 꽃은 기독교와 이슬람교라는 두 문명의 치열한 교접으로 인한 것이 아니던가!

세계화가 문명의 교접을 말하는 것이라면, 세계 곳곳에서 벌어지고 있는 문명의 갈등에 대해 새로운 시각을 지녀야 한다. 이스라엘 곳곳에서 벌어지는 팔레스타인의 테러를 혐오하는 동시에, 이스라엘 정규군이 자행하는 무차별 폭력에도 강경해야 한다. 오사마 빈 라덴의 테러에 경악하는 만큼, 미군에 의해 자행되는 아프가니스탄 초토화 작전에도 반대할 수 있어야 한다. 이스라엘 민족이 우리 기독교문화의 이웃사촌이라면, 팔레스타인 난민들 역시 우리의 이웃들이기 때문이다. 뉴욕 참사에 대한 부시 대통령의 분노를 심정적으로 이해할 수 있다면, 자기 민족을 지키려는 오사마 빈 라덴의 철통 같은 투쟁의지 역시 정신적으로 읽어주어야 한다.

지구 이곳저곳에 벌어지고 있는 갈등과 긴장을 고려하면, 우리가 자랑하는 단일민족 관념도 조심스럽기만 하다. 마찬가지로 이스라엘이 자랑하는 선민의식 같은 것도 문화 융합을 가로막는 정신적인 장애물이 될 뿐이다. 어찌 보면 단일민족 그 자체가 허구이며, 선민의식 그 자체가 허상이기 때문이다. 그런 선민의식이나 단일민족의식들은 서로 배우며, 서로 즐기며, 서로 공존하는 것을 거부하기에 좋은 구실이 되기 때문이다.

세계가 서로 살아가는 법을 알게 하려면 우리 학생들에게 다문화(多文化) 접촉 경험부터 학습시켜야 한다. 미국의 수도는 워싱턴이고, 아프가니스탄의 수도는 카불이라는 식의 지식 정보 중심의 국제 이해 교육으로는 미흡할 뿐이다. 서로 다름을 체험하게 하고 서로 같음을 공감하게 만드는 문화 체험학습은 문명교섭의 지름길이다. 다문화 체험학습을 통해 서로 경험하며 서로 느끼게 될 때, 아이들은 문명간의 평화와 공존의 의미를 제대로 생각하게 될 것이다.

비폭력문화의 확산을 바라며

새로운 천년이 다른 시대와의 문명적인 차별성을 가지려고 한다면, 그것은 평화문화의 정착으로부터 시작되어야 한다. 지난 2천년의 사회는 전쟁과 폭력의 문화로 얼룩진 야만의 문명 바로 그것이었다. 인도네시아의 동티모르의 인종 내분, 월남전, 한국전쟁, 2차 세계대전, 1차 세계대전 등등 그 모두가 인류문명의 야만성을 충분히 드러낸 시대였다. 이런 것보다 더 우리를 처참하게 만드는 것이 바로 북녘의 비참함이다. 이 문제 역시 우리에게는 엄연한 폭력의 한 현실이다.

폭력 제거에 대한 염원은 '가능한 미래(possible future)'의 시작이다. 우리에게 가능한 미래가 있기 위해서는 세 가지 개념과 그 궤적을 같이 해야 한다. 그 첫째는 평화이고, 둘째는 인권보호이며, 마지막 세 번째는 발전이라는 개념이다. 폭력이 사라진 '가능한 사회'를 그려내기 위해서는 평화문화의 토대 속에서 인권이 보호되며 모든 사람이 인간으로서 누려야 할 물질적 충만감을 경험하도록 만들어야 한다. 그런 가능한 미래는 능동적인 사회를 약속하는 것이며, 지속 가능한 발전을 약속해주는 사회이다. 이런 점에서 보면, 북한 동포가 겪고 있는 기아는 바로 그들이 폭력에 시달리고 있음을 극명하게 알려주는 하나의 예에 지나지 않는다. 가난과 허기에 지쳐 쓰러져가는 북한 동포의 주검이 바로 북한 당국의 폭력을 고발하는 것이며, 가난과 허기를 피해보려고 중국으로 건넜다가 어이없이 중국 매매춘의 덫에 걸려드는 우리 북녘 여성 동포들의 절규는 북한 당국과 중국 당국의 폭력에 말없이 죽어가는 희생의 고통들이다.

평화문화와 시민의 능력

그들에게는 평화란 없다. 저들에게도 평화라는 단어가 없다. 원래 평화는 어떤 사람, 어떤 조직, 어떤 공동체, 어떤 사회를 불문하고 그들이 지니고 있는 신체, 마음, 정신을 파괴하기 위한 구조적이고도 문화적이며 물리적인 모든 폭력이 사라진 상태를 말한다. 평화는 갈등과 긴장이 창조적으로 동시에 비폭력적으로 전환될 수 있는 토대와 조건이다. 평화는 평화 그 자체보다 폭력 억제나 폭력 제거를 위한 사회문제 해결에 그 초점이 맞추어진다. 이것이 바로 평화문화의 시작이다.

평화문화란 평화를 다루는 정신적인 태도를 지칭한다. 평화문화는 비폭력적인 현실이나 평화적 현실 그 자체나 상태를 말하는 것만은 아니다. 개인이나 사회의 평화문화는 그 사람이나 사회가 다른 문화와의 갈등에 처해 있을 때, 그것에 대해 어떻게 행동하는지에 따라 다르게 나타난다. 문화적인 갈등 상태에 어떻게 대처하는지를 알게 되면 그 사회나 개인이 어느 정도의 평화문화를 갖고 있는지 알게 된다. 따라서 평화문화의 효력은 갈등 상황에 대한 평화문화의 영향이 어느 정도이냐에 따라 그 효력이 다르게 검증된다.

사람들이 평화 능력을 제대로 배우고 실천했을 때 비로소 평화는 하나의 가능성을 보여주게 된다. 개인이 아무리 평화 능력을 배웠다 하더라도 개인 수준에서 실현할 수 있는 평화가 있고, 개인적인 실현이 손쉽지 않은 것이 있다. 인종간 폭력이나 전쟁과 같은 사회구조적인 폭력은 개인적인 수준에서 실현할 수 있는 평화 능력과 개인 수준에서 실현하기가 어려운 평화 능력 간의 괴리와 간극이 커질 때 더욱더 빈번하게 발생한다. 인간이 폭력을 유발하는 데 쓸 수 있는 수단은 한두 가지가 아니다. 전통적인 전쟁과 같은 폭력에 쓰인 화약, 원자력, 심지어는 자동차, 컴퓨터, 언어, 감정에 이르기까지 폭력 유발 수단은 다양하다.

일반적으로 인간이 개인화할 수 있는 것은 상당히 제한적이다. 기껏해야 언어, 감정, 컴퓨터, 자동차, 파괴력이 낮은 칼과 같은 무기 정도이다. 인간은 원자력이나 군사력, 정치 권력 같은 구조적인 폭력 수단을 개인화시키거나 시민의 것으로 만들기가 손쉽지 않다. 그런 것을 한 개인이 개인화시키는 것은 거의 불가능하다.

평화를 거부하고 폭력의 정당성을 내세워 전쟁을 치르거나 인종청소를 강행하는 사람들은 폭력 수단을 시민들이 개인화하는 것을 원천적으로 봉쇄하거나 거부한다. 폭력 수단을 정화시키거나 그것을 시민화시키는 일에 대한 거부가 심한 사회에는 인종 갈등, 전쟁, 공해, 환경파괴가 심각해진다. 그런 사회에서는 정권에 대한 국민의 신뢰를 찾아보기 힘들다. 이런 사회를 우리는 폭력사회, 폭력의 정권이라고 부르기도 하고, 시민성이 파괴된 사회라고 부르기도 한다. 이런 사회에는 지속 가능한 발전이 불가능하며 미래가 불가능하다.

결국, 평화와 비폭력문화를 유지하기 위해서는 폭력의 수단이나 도구, 혹은 폭력을 유발하는 폭력 감정마저 시민화시킬 수 있는 시민운동이나 시민 감시 능력이 필요하다. 그러나 이런 능력은 시민단체가 정권과 결탁할 때는 불가능해진다.

동시에 이런 평화문화가 학교교육으로는 제대로 길러질 수 없다는 것도 염두에 두어야 한다. 학교에서도 폭력의 정당성을 가르쳐주고 있으므로, 학교교육으로 평화문화를 기대한다는 것은 어려운 일이다. 이제 필요한 것은 평화문화에 대한 성인의 교육이다. 바로 이것이 시민운동 단체의 몫이다.

삶의 색깔을 두드러지게 만드는 문화교육

개인은 각자 자신만의 색깔을 지니고 살아간다. 자기의 경험대로 자기의 삶에 채색을 하게 된다. 남의 삶에 아름다운 유채색이 칠해졌다 해도 나의 삶에는 무채색이 될 수도 있다. 각기 살아가는 방식이 다르기 때문이다. 각각의 삶에는 나름대로의 고유한 언어적인 코드와 유별난 색깔들이 있고, 이런 삶의 색깔은 각 개인의 삶의 성깔을 드러내 보이는 삶살이 방식의 지표가 된다. 사회는 이런 서로 다른 삶의 색깔이 하나로 모여 움직이는 성깔의 집합체이다. 서로 다른 색깔과 속성으로 인해 각각의 개성이 드러나 보이는 사회, 말하자면 '서로는 다르되 서로가 공존하는' 사회를 만들어가는 데 도움을 주는 문화교육은 개인의 차이를 존중하는 것으로부터 시작해서 공동체의 차이, 계층적인 차이, 성적인 차이, 연령적인 차이, 학력이나 직종의 차이까지를 섬세하게 반영하는 것이어야 할 것이다.

하나의 색깔로 전체를 강요하는 문화교육은 창조성을 억압하는 단순한 교화가 될 것이다. 또한 이것저것 벌려놓는 문화교육 역시 여러 사람들로부터 외면당하기는 마찬가지이다. 이런 일은 문화교육을 소비하는 교육으로 간주하기 때문에 생겨난 병폐이다. 삶의 색깔을 두드러지게 만드는 문화교육이 되려면, 소비하는 문화교육을 벗어나서 성인 스스로 만들어내는 문화교육으로 그 내용과 형식을 바꿀 수 있어야 한다. 전시관으로부터 공연장, 그리고 보고 듣기만 하는 문화 소비의 '쇼핑(Shopping) 교육'으로부터, 자기 자신의 작품을 만들어내며 만지며 자기 삶의 색깔을 드러내 보이는 '워크숍(Workshop) 교육'으로 문화교육의 구조와 형식을 바꾸어야 한다. 문화 장사꾼-소비자 관계 중심의 문화교육으로부터 문화 생산자-소비자 관계 중심의 문화교육으로 바뀌어야 한다. 여기에서도 소비하는 문화교육과 만들어내는 문화교육 간의 균형감은 문화교육의 발전을 위해 중요하다.

결론적으로 말하자면, 문화교육이 보다 더 확실하게 삶의 빛과 성깔을 돋보이도록 하기 위해서는 문화 소비자에 대한 인식을 변화시켜야 한다는 점만큼은 확실하다. 성인은 주로 문화의 소비자로만 인식되어 왔다. 성인의 기능을 관객으로 제한시켜 문화 소비의 주체로 확정시키는 것이 바로 그것이었다. 이제는 이런 문화 소비자로서 역할이나 포지셔닝이 문화 생산자이며 동시에 문화 소비자의 역할이 되어야 한다. 즉 문화 생산자–문화 소비자로서 새로운 역할이 설정되어야 한다. 문화를 주는 대로 받아먹는 수동적인 위치로부터 문화를 자기 상황에 알맞게 만들어내며, 동시에 관심 있는 이웃과 소비하는 문화 담지자로서 위상을 바꾸어야 한다. 결국, 문화를 소비하며 동시에 만들어가면서 문화 활동에 보다 적극적으로 참여하는 새로운 문화 담지자들의 일상적인 역할이 필요하다. 문화를 자기 스스로 만들어가는 문화 생산의 주체가 될 때, 문화 활동의 참여는 성인들로 하여금 자기 삶의 색깔을 분명하게 드러내줄 것이다.

성인들의 삶살이는 높다랗게, 삶의 결은 부드럽게 그리고 삶의 성깔은 분명하게 갖추도록 만드는 문화교육의 모습은 양성성을 지닌 것이어야 한다. 문화물들이 주로 '돌출적인 것', '거대한 구조물적인 것'이거나, 혹은 '양(陽)'으로서의 과시적인 것이어서는 문화교육의 균형을 파괴할 수도 있다. 물론 그 동안 이 사회에 널리 퍼진 문화교육의 내용은 남성 중심의 양성(陽性)적인 것일 수도 있다. 그러나 미래의 문화교육에서 진지하게 고려해야 될 것은 여성적일 수 있어야 한다. 새로운 문화교육의 발전을 위해서는 성적 차별성에 기초한 문화교육으로부터 성적 차이성에 기반을 둔 요철(凹凸) 형태의 문화교육이 필요하다.

문화교육에서 여성성이 균형 있게 드러나는 활동은 오히려 삶의 질이나 삶의 결, 혹은 사람의 색깔을 돋보이게 함으로써 성인들이 새로운 지식의 생산자이며 소비자가 될 수 있게 만들 것이다. 이런 가능성에 대한 논의는, '여성운동은 여성을 행복하게 만들었는가'에 관한 여러 논쟁으로부터 얻어지는 여성성의 복구에 대한 문명론적인 고찰로부터 가능하다.

잘 알려진 것처럼, 구미 여성계에서는 여성운동의 본질은 둘러싼 논쟁이 다시 가열되고 있다. 과거 논쟁이 진보적인 여성운동 진영과 보수파 여성 사이에서 벌어졌다면, 최근의 새로운 논쟁은 여성운동계 내부에서 여성운동을 용의주도하게 재평가하는 맥락으로부터 불거져 나오고 있다. 결론은, 여성다움으로 다시 되돌아가는 것이 바로 여성성과 여성이 원하는 문명의 양성성을 살리는 길이라는 것이다. 이 말은 결코 젠더(gender)에 입각한 성평등의 실현을 거부 혹은 반대하는 것도 아니며 그렇다고 여성을 그 옛날처럼 방이나 부엌, 아이들 틈바구니 속에 가두어두는 것도 아니다. 그것은 여성 유일의 생물학적이고두 심리적인 성이 고유하게 내비치고 있는 색깔로서의 여성적인 '차이'를 있는 그대로 문화적으로 표현하고 인정하는 것이 오히려 더 성평등에 가깝다는 것이다.

바로 이 점은 문화교육에서도 아주 진지하게 되짚어보아야 한다. 성차이를 문화교육에 있는 그대로 복원시키는 것이 문화교육의 르네상스를 약속하는 것이 될 수도 있기 때문이다.

현실적으로, 문화의 속성이 흔히 사회적인 전시 구조물이나 정치권력적인 치장물로 악용되는 것은 문화를 남성적인 것으로 강요해온 탓일 수도 있다. 문화의 발전은 문화물의 형식이나 내용이 미학적으로 겉으로 튀어나오는 것, 돌출되어지는 것 같은 남근상동(男根相同)적인 모습으로 일관되어서는 곤란하다. 그런 남철(男凸)식 조형물로서의 문화적 상징은 야성적인 문화, 호전적인 문화 속성을 그대로 드러내는 거친 이미지로 일관된다. 일상인과 함께 호흡하며 삶살이에 융해해 들어가는 문화교육을 만들어가려면 오히려 요철(凹凸)식 문화구조물이 균형 있게 자리잡아야 한다. 이런 요철식 문화구조물은 무엇보다도 일상적인 만남과 삶의 얽힘과 얽히어짐을 제대로 표현해내는 문화 프로그램과 문화 구성의 밑그림을 강력하게 요청한다.

개성 교육의 활성화

교육이라는 말은 가르친다는 말이 아니다. 서구에서 교육이라는 말은 원래 인간이 갖고 있는 잠재력이나 가능성을 이끌어낸다는 뜻으로 쓰였다. 결국, 성공하는 교육은 각 개인의 개성이 현실화되는 교육이다. 반대로 실패하는 교육은 개인의 개성이 무시된 채 누구나 똑같이 만들어놓는 교육을 의미한다. 이런 관점에서 서양의 교육과 우리 교육을 견주어보면 우리 교육은 확실히 실패하는 교육임에 틀림없다. 우리의 교실 곳곳마다 벌어지고 있는 학습 붕괴 현상이 바로 우리 교육의 실패를 증거하고 있다. 획일적 교육에 우리 학생들이 반발하고 있다. 본질을 외면한 채 우리 교육이 일본 교육을 뒤따라가고 있다고 자조할 일이 아니다. 우리가 일본을 따라가고 있는 것이 아니라, 그들의 획일 교육을 오래 전부터 정신적으로 모방해왔기에 겪고 있는 우리 교육의 치부라고 생각해야 한다.

교실 붕괴는 개성 교육을 상실하고 있기에 생기는 교육적 부작용이다. 획일 교육은 원래 개성 교육을 파괴하면서 성장해왔다. 획일 교육은 똑같은 내용을 모든 학생들에게 똑같이 가르치는 교육이다. 인간의 능력을 점수로 재는 교육이 바로 획일 교육이다. 이런 획일 교육은 폭력이다. 학생에게 가해지는 정신적인 폭력이다. 지금의 우리 학교교육은 고대 그리스신화에서처럼 침대 길이에 맞추어 긴 다리는 자르고 짧은 다리는 늘려놓는 프로크루스테스 식의 일을 반복해왔다. 이런 교육 때문에 세계적인 스타 탄생이 우리에게는 불가능했었다. 이런 식의 닫힌 학교교육으로는 새로운 미래 사회를 약속할 수 없다.

선진국 교육과는 다르게 새로운 천 년에 대비하는 학교교육에 대한 논의가 없는 것도 개성 교육의 결여에서 기인한 정신적 빈곤의 결과이다. 새로운 천년의 시대는 신 인류의 탄생을 약속하는 과학적 휴머니즘의 시대로 그 막을 열어놓고 있다. 과학적 휴머니즘의 사회를 살아가는 인간을 길러내려면 개성 교육은 필수적이다.

개성 교육이 사회에서 꽃을 피우려면 세 가지가 필요하다. 첫째로 사회 스스로 학력, 학위 위주의 관행부터 바꾸어야 한다. 학력보다 무엇을 할 수 있는가를 드러내 보이는 사람이 존중되는 사회가 되어야 한다. 그런 뜻에서 어느 일류 대학이 대중 가요 가수를 신입생으로 선발한 것은 잘한 일이다. 둘째로, 인간을 산수와 국어 능력으로만 잘났느니 못났느니를 따지는 만행을 버려야 한다. 인간에게는 여러 가지 지능이 있다. 사람 사귀기를 잘하는 것도 능력이며, 운동을 잘하는 것도 능력이다. 이런 다중지능으로 인간을 교육해야 계속해서 박세리도 나오고 장영주도 나오게 된다. 마지막 셋째는, 평준화 고교정책을 풀고 적성 중심 대학선발제도를 확립해야 한다. 수십 년간 고등학교 교육의 목을 졸라온 고교평준화 정책을 벗어나서 고교생 모두에게 직업 훈련 경험을 갖도록 고교교육 제도를 바꿔야 한다. 우리 사회의 경제적 불평등을 교육평준화 정책으로는 더 이상 막아낼 수가 없다. 대중 가요처럼 잘난 사람 잘난 대로 살고 못난 사람 못난 대로 살게 하라는 이야기가 아니라, 잘난 사람 못난 사람 모두가 일과 학습을 연계하여 새로운 시대의 일꾼이 되도록 만들어야 한다. 동시에 개인의 다양한 적성을 고려하는 대학선발제도가 정착되기 위해서는 고교교육 과정이 대폭적으로 개혁되어야 한다.

지금과 같은 경직된 몰개성의 학교제도는 새로운 천 년의 시대 그 어느 시점에 이르면 자연히 도태되고 말 것이다. 개성 교육이 중시되는 새로운 교육제도로 대치되고 말 것이다. 이에 대비하려면 교사의 능력도 다양해야 한다. 새로운 교사자격제도가 필요하다. 지금과 같이 단일 능력을 증명하는 교사자격증제도를 폐기하고 복수 능력의 자격증 제도를 실행해야 한다.

성감별(性鑑別)하는 선진 식인문화(食人文化)

앞으로 우리나라 남성들은 슬기롭지 못한 우리 조상들의 욕심으로 인해 장가들기도 어려워질 것이 분명하다. 매년 겪는 일들이지만, 이번에도 초등학교 취학아동의 남녀성비가 여자아이를 100으로 보았을 때, 남자아이는 114가 되고 있다. 항상 남성이 여성의 수보다 더 늘어나고 있다. 언제부터인가 남자 어린이 4만 명은 여자 어린이 짝없이 지내게 되었다. 학교공부를 하면서 이들에게 나타날 정서불안이나 부적응도 문제이기는 하지만, 더 큰 문제는 혼령기에 제짝찾기에 더 어려움이 생기게 되어 사회문제가 될 것이 뻔하기 때문이다.

이런 남녀성비의 불균형은 한편으로는 우리 특유의 남아선호에 대한 문화적인 습속 때문에 그런 것이고, 다른 한편으로는 산업화과정에서 강력하게 추진되어온 산아정책과 사회적인 변동 때문에 그런 것이다. 1960년대부터 강력하게 추진되어온 산아정책 때문에 아들에 대한 우리의 집착은 더욱더 강해져왔다. 대가족 사회에서는 그럭저럭 넘어갔던 남아선호사상은 한자녀 갖기운동이 전개되기 시작하면서부터 편집적인 증세로까지 번져버렸다. 하나밖에 없는 자식, 같은 값이면 아들로 낳아야지하는 강박감 때문에 성감별이 자행되고 있다. 이런 성감별은 우리 의식 깊은 곳에 자리잡고 있는 조상숭배, 말하자면 제사는 아들에게 맡겨야 한다는, 혹은 부모에 대한 효는 아들이어야 제격이라는 남아존중의 가부장제도가 만들어놓은 편견 탓이다.

남근우월주의는 식인문화의 토양

우리나라는 OECD에도 가입한 선진국이다. 이런 나라들과는 달리 아직도 아프리카나 브라질의 원시림에는 식인종이 옹기종기 모여 사는 것으로 알려지고 있다. 우리들은 그들과 무엇이 다를까. 식인종은 말 그대로 그 사람들이 그들보다 약한 저들을 잡아먹는 사람들이다. 그런 식인종사회를 우리는 미개한 사회라고 부른다. 달리 미개인이라고 부르는 것이 아니다. 식인종들은 왜 사람을 잡아먹어야 되는지 보다는 왜 잡아먹지 말아야 되는지에 대해 의심을 한 번도 해본 적이 없는 사람들이다. 습관적으로 식인하는 일을 즐기는 사람들이다. 어제도 그렇게 했으니까 내일도 그렇게 식인을 즐기는 것이다.

원래 미개동물일수록 동족에 대한 인식능력이 결여되어 있다. 그들은 식욕이 일어날 땐 가차없이 동족을 잡아먹어 버린다. 그래서 알에서 부화된 악어새끼들은 날짐승이나 들짐승에 의해 먹히기보다는 어른 악어들에 의해 먹히는 수가 더 많다. 결국 같은 종에 대한 상호인지와 보호의 정도를 가늠한다는 것은 그 생물이 어느 정도 진화된 동물인지를 알게 만드는 것이다. 이 말을 인간사회에 적용하면, 인간 사회가 어느 정도로 문명한 사회인가를 따지는 가장 기본적인 잣대는 정보화의 수준이나 의술의 수준과 같은 것이 아니라, 식인성에 대한 강렬한 증오 같은 것이 될 것이다.

우리 한국인 의식 깊숙한 곳 역시 예외 없이 식인성, 말하자면 문화적으로 상당히 개량된 식인문화가 자리잡고 있다. 달리 이런 주장을 하는 것이 아니다. 우리가 식인종을 경멸할 때, 우리는 흔히 어떻게 사람이 사람을 잡아먹을 수 있는가라는 물리적인 질문에만 집착하며 따진다. 그러나 이런 판단은 유치하다. 이런 것을 갖고 브라질의 식인종을 비난한다면 그들은 진정한 의미에서 식인종은 아니다. 왜냐하면 그들에게 다른 종의 인간들은 악어의 경우처럼 생존을 위한 하나의 먹이꺼리이기 때문이다. 식인종을 이야기할 때 정말로 우리가 문제를 제기해야하는 부분은 사람이 사람을 식욕의 대상으로 할 수 없다는 것을 번듯하게 알면서도 어떻게 그리도 교묘하게 다른 이유를 대면서 식인의 문화를 정당화하느냐하는 그런 것에 대한 것이다.

뻔하게 그런 것이 잘못된 것임을 알면서도 사회의 관습으로 한 생명의 아름다움을 무참히 죽이는 문화, 이런 문화가 바로 개량된 식인문화의 한 아류이다. 한 생명의 생물학적 삶을 단축시키는 그것을 살인이라고 부른다면, 한 생명이 갖고 있는 능력을 사회적으로 단축시키는 그것은 폭력이라고 불러야 마땅할 것이다. 이런 점에서 우리 사회는 그들 식인종사회와 다를 것이 조금도 없는 미개한 사회이다. 이 말이 지나친 언사라고 한다면 다른 말로 바꾸어 볼 수도 있다. 개량된 식인종사회라고 고쳐볼 수도 있지만, 그래도 미개한 식인사회가 갖고 있는 그 동족살상의식 만큼은 우리 의식으로부터 떼어낼 수가 없다.

우리가 어깨를 견주어야 한다는 OECD국가들 중 우리처럼 병아리

암수 감별하듯 태아의 성별을 감별해내는 그런 사회는 없기에 더욱더 그렇다. 식인용 개와 애완용 개를 서로 다르게 키운다는 식으로 우리의 보신문화에 젖어 있는 배짱 두둑한 남성이라고 하더라도, 몇몇 산부인과 의사를 제외해놓고는, 남녀성별의 감별을 병아리 감별하듯 해야 한다고 겉으로 드러내놓고 말하는 사람을 아직 본 적이 없기에, 우리의 개량화된 식인문화는 우리 의식 깊숙한 곳에서 아주 은밀하게 작동하고 있는 것이 틀림없다.

여성능력비하는 식인문화의 꽃

우리 특유의 남아선호사상은 기본적으로 여성이 갖고 있는 능력을 의도적으로 과소평가하거나 평가절하한 결과들이다. 여성의 능력을 자녀생산으로 국한시키고 그 외의 능력을 사회적으로 업신여김으로써, 사회 모든 분야에서의 남성독점을 당연시하기 위한 남성들의 터무니없는 정치적이고도 문화적인 폭력의 결과들이다. 남성에 비해 여성이 지니고 있는 생물학적인 차이만이 강조되는 것도 다 이런 연유에서 기인한다. 이 모두는 남성들이 제 몫을 더 챙기기 위해 다 만들어놓은 사회적인 편견이며 관행들이다. 폭력스런 언어로 한국의 남성을 꾸짖는다면, 가히 이 지구상에서 한국남성들만큼 개량된 식인문화를 즐기는 사람들도 없을 성싶다.

생물학적인 차이로 인해 여성의 사회적인 능력이 남성의 그것에 비해 떨어진다는 말 자체가 터무니없는 소리이며 남근을 턱없이 자랑하고자하는 남성특유의 정신적인 폭력이다. 남성들은 사회의 변화가 미분화되어 있던 시대에 여성들을 적절하게 사회로부터 소외시키는 논리로 바로 그런 것을 활용해왔다. 사회의 변화가 곳곳에서 엄청나게 아름답게 드러나는 지금에 이르러서 남성들은 그들의 욕심을 위해 말부터 바꾸기 시작했다. "여성들이여 그 어디든 참여하라"고 말을 바꾸기 시작했다. 그러나 그런 주장들은 여성에게 직업참여의 기회는 주었으나 그런 기회가 오히려 여성에게 곤혹스러운 기회임을 스스로 깨닫게 만드는 그런 구실로 적절하게 악용되고 있을 뿐이다.

이런 일들은 텔레비전을 통해서 여성들을 세뇌시키고 있다. 모든 여성들을 마치 멍청이로 몰아가버릴 듯한 한풀이 토크쇼 중심의 오전 텔레비전 방송을 보고 있노라면, 남근의 우월성을 확인 받는 것 같은 착각에 사로잡히게 된다. 이런 일은 직장에서도 예외가 아니다. 같은 직장에서 같은 종류의 일을 같은 시간 동안 하더라고 여성들의 급료는 남성의 급료에 비해 50% 정도에 머무르는, 말도 되지 않는 일이 나타나고 있는 것이 우리의 실정이다. 이것도 우리의 개량된 식인문화의 한 단면이다. 고도의 전문성을 요구하는 의사를 채용할 적에도 병원들은 그 분야에서 일등을 한 여성보다는 꼴찌를 했더라도 남성을 더 선호하는 관행도 일반화되어있다. 이것 역시 우리의 개량된 식인문화의 한 아류이다. 이유는 별것도 아니다. 전문성보다는 부려먹기 편해야 한다는 기능주의적 생각과, 아무래도 남성이 믿음직하다는 원시적인 발상 때문에 그런 식인문화가 이곳저곳에서 공공연하게 펼쳐지고 있는 것이다.

우리 의식 깊숙한 곳에 자리 잡고 있는 여성능력에 대한 사회적인 차별뿐만 아니라, 약자에 대한 차별, 성감별과 같은 생물학적인 여성 학대 등 관습화된 식인문화의 아류를 벗어버리지 않고서는 우리 사회가 선진 문화국가의 대열에 끼어도 우스꽝스럽기는 예전과 마찬가지일 것이다.

장애가 문제가 아니라 편견이 문제

"인간은 어떻게 태어났느냐가 중요한 것이 아니라 어떻게 사느냐가 중요한 것입니다." 이 말은 얼마 전 우리나라를 방문한 일본인 오토다 케 히로타다씨가 남긴 말이다. 양팔과 양다리가 없는 중증 장애인인 그 가 정상인들에 못지않은 밝은 삶을 살아가는 데에는 그만의 낙천적이 고 긍정적인 성격이 큰 영향을 미쳤을 것이 분명하다. 그러나 그것보다 더 중요한 것은 우리나라가 본받아야 될 일본의 훌륭한 장애인정책과 편견 없는 일본의 시민의식이 더 중요했을 것이다.

바로 장애인에 대한 시민들의 성숙한 인식이 오늘의 일본복지사회를 건설하게 한 것이라면 우리의 경우는 그들에 비해 너무 차이가 난다. 장애인을 위한 우리나라의 복지수준은 결코 아시아의 다른 나라에게 자랑할 처지가 되지 못한다. 우리나라의 경우, 장애인들이 가장 힘들어 하는 것은 복지 이전에 주변의 곱지 않은 시선이다. 이런 것을 근본적 으로 바로 잡아줄 수 있는 가장 기본적인 대책은 장애인을 이해하는 열 린교육뿐이다. 학교환경 하나만을 보더라도 우리의 교육환경에서는 결 코 장애인을 배려하는 흔적을 찾아보기가 어렵다. 건물마다 턱이 높은 것은 물론, 수많은 계단은 지체부자유자를 배려한 것이라고 보기 어렵 다. 게다가 인간의 생리현상을 도와주는 갖가지 시설은 아예 장애인의 접근금지를 강요하는 것이나 마찬가지로 불편하기만 하다.

누구나 장애 가능성 갖고 있어

누구든지 장애인이 될 수 있는 가능성을 갖고 있다. 그래서 진정한 장애인 복지정책은 그런 가정 아래 장애인에 대한 편견을 없애고 그들 을 이해할 수 있는 장애인 이해교육 프로그램을 학교교육과정에 투입해야 한다. 어릴 때부터 제대로 가르쳐야만 한다. 교육의 형태는 유아시절에 필요한 안전교육으로부터 성인들의 상호협력교육에 이르기까지 광범위할 수 있다. 학교교육 커리큘럼에 장애에 대한 충분한 예방교육 프로그램을 삽입하고, 특수학교나 특수학급과 자매결연을 맺어 캠프나 수업, 체육대회 등을 통해 장애인을 대하는 기회를 늘려야 한다. 그렇게 그들과 함께 어울림으로써 장애인에 대한 그릇된 인식을 벗어나게 해줄 수 있다. 혹은 장애인의 불편을 간접적으로나마 느낄 수 있도록 장애 일일체험의 이벤트를 기획하는 것도 장애인을 이해할 수 있는 방법의 하나이다. 눈을 가리고 길을 걷는 것이 얼마나 어렵고 위험한지, 우리가 흔히 이용하는 지하철이나 버스를 휠체어로 타는 것이 얼마나 불편한지 직접 경험해볼 수 있어야 한다. 듣지 못하거나 보지 못하는 또래 친구들은 문화생활을 어떻게 하고 있는지 장애인 친구들을 통해 스스로 느끼고 깨달을 수 있는 교육 프로그램이 생겨나야 한다. 이러한 경험을 통해 장애인에 대한 편견을 없애고 그들을 따뜻하게 대할 수 있는 성숙한 시민으로 자라는 학생들을 기대해볼 수 있을 것이다.

교육을 통해 장애인에 대한 그릇된 인식을 바로잡는 일은 시간이 오래 걸리는 일이다. 이런 교육정책과 더불어 정부는 장애인들의 능력을 키우고, 정상인들과 비슷한 수준으로 삶의 맛을 느낄 수 있는 가시적인 장애인 복지정책을 세워야 함에도 불구하고, 우리나라 장애인정책은 아직 그럴 정도로 성숙한 수준에 있는 것은 아니다. 더군다나 장애인을 위한 문화·교육정책은 장애인 복지정책에 비해서도 더욱더 뒤처져 있다. 몇몇 장애인 교육정책은 장애아동에게만 치우쳐 있어 후천적으로 장애를 당한 성인장애인의 경우는 정책의 대상에서 소외되고 있는 실정이다.

장애인이 그들의 장애를 비관하지 않고 받아들이며 새로운 삶을 지향하도록 도와주는 성인교육정책이 가시화되기 위해서는, 무엇보다도 능력있는 성인장애인을 장애인복지 및 교육정책 관련 부서에 적극 채용하는 일로부터 강력하게 시작해야 한다. 성인교육정책이라고 해서 단순히 교육프로그램을 만들어내거나 그런 것을 실천하는 일로서는 성인교육정책의 성숙성을 기대하기가 어렵기 때문이다. 현실적으로 장애인 정책의 수립에 있어서 장애의 생물학적인 어려움과 사회적인 고통을 벗어난 형식적인 보고서와 같은 기존의 장애정책수립을 탈피할 필요가 있다. 그러기 위해서는 장애인복지 관련 부서에 장애인 공무원의 채용을 늘려 그들이 실질적으로 느끼는 불편과 어려움을 즉각적으로 장애인 복지정책에 반영할 수 있어야 한다.

후천적 성인장애인을 위한 교육

매일같이 안전사고나 교통사고가 발생하고 있다. 사회가 발전하면 할수록 이런 사고로 인해 후천적인 장애가 발생할 가능성이 더 높아지고 있다. 그렇지만 이들을 향한 우리 사회인식은 차갑기 그지없다. 사회대책도 변변한 것이 없다. 이 모두가 사회적인 문제거리이다. 후천적인 장애인을 돕는 갖가지 사회정책을 마련하고 있는 나라가 복지사회인데, 아직도 우리 사회는 갈 길이 멀기만 하다.

후천적 장애를 당하는 사람들은 주로 나이가 든 성인들이 많다. 이들 성인장애인과 그 가족을 대상으로 하는 성인교육 프로그램의 개발이 시급한 실정이다. 산업사회인 현대에 들어 암과 같은 각종 성인병이나 산재 혹은 안전사고들로 인해 인위적인 후천적 장애인들의 수가 점점 증가하고 있지만, 후천적 장애에 관한 교육프로그램이 거의 없는 상황 속에서 후천적 장애인들의 사회적 참여문제는 거의 사장되고 있다. 그들이 다시 사회에 참여하느냐, 아니면 사회의 낙오자가 되느냐의 문제를 순전히 그들 개인의 선택이나 개인의 책임으로 돌려서는 안 된다. 그런 사회는 사람들이 살아갈 만한 복지사회라고 볼 수 없다.

현실적으로 장애인들은 그들에게 강요되는 외로운 싸움을 이기지 못하고 삶 그 자체를 비관하는 경우가 허다하다. 이런 외로움은 후천적 장애인들에게 더 심하다. 이미 안정된 생활을 누리고 있던 처지에서 갑작스런 장애로 인해 모든 것을 잃어버리는 상실감을 그들은 견디어낼 수가 없기 때문이다. 이들을 도와줄 수 있는 후천적 장애인 대상의 재활프로그램과 그들을 조력할 수 있는 장애인가족 교육프로그램이 마련되어야 한다. 가족 일원의 갑작스런 장애는 가족들에게 크나큰 슬픔뿐만 아니라, 경제적인 타격과 예상치 못한 장애생활의 어려움을 안겨준다. 이런 상황을 극복하기가 결코 쉬운 일은 아니다. 장애인인 가족의 삶을 위해 휠체어는 어디서 구입하는지, 점자나 수화는 어디서 배우는지, 집안을 어떻게 바꿔야 하는지 등에 관한 필요한 정보를 제공하며, 가족들이 장애인인 가족을 대하는 태도와 도움에 대한 자세한 교육프로그램이 마련되어 가족들에게 제공되어야 한다.

이를 위해서는 장애인을 위한 체계적인 성인교육 프로그램의 확산이 필요하다. 이는 여러 가지로 설명되어질 수 있는데, 그 첫 번째는 장애인을 대상으로 하는 것이어야 한다. 이것 못지않게 중요한 두 번째 종류의 프로그램은 장애인을 일상적으로 접촉하거나 그들과 생업을 거래하는 정상인을 대상으로 하는 교육프로그램이다. 이 프로그램은 갑작스런 장애를 당한 장애인과 그 가족에 대한 일시적 프로그램으로서 정상인들이 장애인을 이해하고 도와주는 데 있어서 필요한 교육내용, 즉

수화, 점자, 보건, 심리 등을 배우는 성인교육 프로그램으로 볼 수 있다. 이에 비해 첫 번째 유형의 프로그램은 성인장애인이 그들의 능력을 개발하고 새로운 삶을 추구하거나 자기주도학습을 행하는 데 필요한 성인교육 프로그램이다. 지금까지 기존의 특수학교는 5~17세의 청소년을 대상으로 교육하여왔다. 그래서 청소년인 장애학생들은 교육기회는 일반학생들에 비해 부족했을지라도 그나마 특수교육을 받을 기회는 있었다. 그들에 비해 후천적인 성인장애인의 경우는 그들에게 맞는 특수교육을 받을 수 있는 교육시설이나 교육기회가 거의 없었다. 그렇기 때문에 그들이 새로운 교육을 받고자 하는 욕구가 있어도 포기할 수밖에 없었다. 이를 시정하기 위해서는 특수학교의 범위를 넓혀 특수교육의 평생학습정책이 세워져야 한다. 동시에 장애성인을 대상으로 하는 성인재활교육 커리큘럼이 마련되어야 한다.

일반인들도 보다 쉽게 장애인을 위한 교육을 받을 수 있도록 성인장애도우미 교육프로그램을 개발해야 한다. 장애인을 도와주는 자원봉사자의 경우, 다른 자원봉사와는 달리 손쉽게 할 수 있는 것이 아니다. 다른 자원봉사는 마음만 있으면 어렵지 않게 할 수 있는 것에 반해, 장애인 자원봉사자는 장애인을 다루는 특별한 능력이 있어야 자원봉사도 가능하기 때문이다. 장애인 자원봉사자가 장애인구에 비해 상당히 부족한 것은 장애인도우미 교육프로그램의 부재로부터 연유된다고 볼 수 있다. 이를 시정하기 위해서는 장애인을 다루는 데 있어서 필요한 특수지식과 능력을 교육시키는 장애인도우미 교육프로그램이 지역사회의 성인교육기관에 개설되어야 한다. 수화를 비롯하여 점자책 읽기나 장애인용 컴퓨터·장애인 보조기구 작동법 및 수리법, 장애인 심리의 이해와 상담, 장애인의 응급사태 대처방법 등과 같은 전문적인 교육프로그램을 마련해야 한다. 장애인도우미 특별과정을 이수하였을 경우,

우, 사회적으로 인정되는 자격증이나 학점을 인정해주는 열린 성인장
애인교육정책이 마련되어져야 한다.

제2장 학습인간으로의 회귀

인간에게 있어서 배움은 자연처럼 편하고 쉬운 것이다. 그럼에도 불구하고 인간은 학습을 힘들고 거추장스럽고 받아들이기 어려운 것으로 만들어 버리기 좋아한다. 이런 사회는 분명 자연으로부터 버림받고 있는 사회라고 보아야 한다. 이런 사회가 우리의 현실이 되는 것을 막기 위해서라도, 우리 스스로 학습인간의 모습을 포기할 수가 없는 것이다.

모든 이를 위한 평생학습사회의 시대

우리나라도 이제는 선진교육국의 대열에 서있다. 그것이 바로 평생교육의 실현으로 나타나고 있다. 모든 사람들이 자기의 능력껏 배운 것과 익힌 것을 하나로 모아 잘만 관리하면, 개인의 필요에 따라 학위도 받을 수 있는 그런 시대가 열리고 있다. 이런 것을 구체적으로 실현하기 위한 제도를 '학점은행제' 혹은 '교육구좌제'라고 부른다. 이런 제도는 모든 이를 위한 평생교육제도를 국가가 실행하고 있다는 가장 첨단적인 모습들이다.

학점은행제도는 문민정부가 취한 교육개혁안 중에서도 상당히 선진화된 내용들이다. 어떤 나라의 교육정책과 비교해서 뒤지지 않고 잘하고 있는 교육정책을 들라고 한다면, 당연히 평생교육에 관한 정책들을 꼽고 있을 정도이다. 어찌 보면 우리나라 평생교육정책은 아시아권에서는 일본보다도 상당히 앞서 있는 추세이다.

서구가 강력하게 추구하는 평생학습사업 중에서도 우리의 관심을 끄는 것들로서는 교육적 혜택을 받지 못하는 이들에 대한 교육기회 제공이라든가 국경 없는 평생학습실천 등을 들 수 있다.

성인교육의 학력 인플레이션을 경계해야

모든 이를 위한 평생교육이 우리 교육의 토양에 뿌리를 내리도록 하기 위해서는 준비해둬야 될 것이 더 많다. 무엇보다도 교육부가 경계해야 될 일은 평생교육정책이 성인교육의 학력인플레이션을 부추기는 일로 연결되어지는 일이다. 그러나 이런 조짐이 사회 여기저기에서 하나 둘씩 드러나고 있어 더욱더 신경을 쓰게 만들고 있다.

학점인정제가 실시되기도 전에 각급의 성인교육기관들은 필요이상으로 교육부의 학점인정제를 들먹거리며 그들이 실시하는 교육들이 100% 학점으로 인정되는 것처럼 호도하고 있다. 그들 스스로 모든 이를 위한 평생교육보다는 몇몇 사람의 치부를 위해 평생교육에 흠집을 내고 있다. 대학들도 예외가 아니다. 이제는 대학들마저도 돈벌이를 위해 갖가지 성인교육과정을 이리 불리고 저리 불려놓는 식의 학점매상 행위에 몰입해있다. 무슨무슨 최고위과정이 그것이고, 그것에도 만족하지 못해 '최고 최고위과정'까지 만들어내고 있다. 이런 것은 모든 이를 위한 성인교육이나 평생교육의 정착을 갉아먹고 있는 기생충과 같다. 이런 것이 사전에 차단되지 못하면 교육적 혜택을 받지 못하고 있는 소외계층은 학점은행제 같은 제도 때문에 한번 더 평생교육적으로 소외당하고 있다는 생각을 하게 될 지도 모른다. 왜냐하면 돈이 있어야 평생교육도 받을 수 있기 때문이다.

평생학점 매점매석 행위 예방해야

평생교육을 빙자한 호객행위는 근절되어야 한다. 사회 도처에 무슨무슨 평생교육연구소니 사회교육기관이니 하는 간판을 내걸고 평생교육기관으로 자처하고 있는 기관이 한둘이 아니다. 기업들도 부설연구기관이나 사업본부를 차려놓고 평생학습의 전당이라고 광고를 하고 있다. 그들에게 무슨 체계적인 성인교육의 이론이 있는 것은 아니다. 평생학습을 위한 최소한의 교육환경이나 설비가 준비되어 있는 것도 아니다. 있다면, 유명 연기자나 혹은 각종 성인교육기관에서 오랜 세일즈 경험을 갖고 있는 사람들을 강사로 삼고 지역을 떠다니며 갖가지 강습회를 여는 정도이다.

이들 사설단체들일수록 강연의 벽두부터 평생교육의 중요성을 들고 나오기 마련이다. 자기들의 강습이 학점은행제에서 요구하는 학점인정에 해당된다는 선전도 잊지 않는다. 그렇게 평생학습의 중요성을 강조하는 강습회장일수록 갖가지 서적이나 물건을 강매하는 모습도 따라붙게 마련이다. 또한 비싼 수강료도 한몫을 한다. 겉모습이 화려할수록 더욱더 평생교육을 위한 사회교육기관임을 선전하기 쉽기에 그들은 그런 일에 더욱더 열을 낸다. 그들의 호객행위는 가히 무차별적이다. 일선학교를 찾아가 교장들에게 간단한 선물을 주면서 교사들을 유인하기도 하고, 아니면 주민들에게 각종 유인물을 무차별적으로 뿌리면서 그들을 유인해내기도 한다. 이런 곳에 끌려나오다시피 한 청중들은 평생교육을 빙자한 서적이나 물품강매에 어안이 벙벙해지기조차 한다. 두 번 다시 안가겠다는 후회와 더불어 평생교육이 이런 것인가 하고 평생교육을 원망하기조차 한다.

공중전파의 재활용에 대한 새로운 대안 절실

장사꾼들이 원래 그렇지 하는 식으로 생각하고 덮어버릴 그런 일이 아니다. 자칫 잘못하다가는 이들 장사꾼들이 학점인정제나 교육구좌제를 유명무실하게 만들 수도 있다. 왜냐하면, 평생교육을 빙자한 학점장사를 하기 위해서는 무슨 수를 써서라도 그들의 강의나 강습에 대한 학점인증의 수단을 찾을 것이 뻔하기 때문이다. 학점인증이 너무 까다롭거나 어려울 경우, 모든 이를 위한 학점인정제도가 학교교육의 그것처럼 경직될 수도 있다. 그렇게 되면 학점인정제도는 착근되기도 전에 비판의 도마에 오르게 될 것이다. 이렇게 될 것을 염려해서 학점인증을 너무 느슨하게 할 경우, 각종 학점장사꾼들은 자기기관의 학점인증을 위해 파리떼처럼 달려들 것도 뻔하다.

교육부는 이런 것을 제도적으로 차단시킬 여러 방법을 생각해내야 한다. 그 중의 한 가지 효율적인 방법으로 위성방송과 같은 공중파를 활용하거나 재활용하는 새로운 방법을 생각해볼 수 있다. 이 말은 위성방송을 지금과 같은 시청자 제한적인 과외방송으로부터 불특정다수의 평생교육학습방송으로 전환하라는 소극적인 제안이 아니다. 오히려 위성방송의 전혀 다른 활용법을 생각해보라는 것이다.

일반론이기는 하지만, 공중파의 활용과 재활용은 모든 이의 평생학습을 위한 가장 저렴한 활용방법이 될 수 있다. 그러나 위성방송을 할테니 배우고 싶은 사람은 모두 배우라거나, 모두 보라고 한다거나 하는 식으로 한다면 평생교육은 구두선(口頭禪)이나 될 것이다. 구태의연한 방법으로는 오히려 공중파의 낭비라는 비판이나 받게 될 것이다. 정부는 학점인정을 위한 가장 저렴한 학습수단으로서의 공중파를 시민이 어떻게 활용하게 할 것인가에 관한 혁신적인 정책을 생각해내야 한다. 그래야 우리나라도 다른 교육선진국처럼 명실공히 모든 이를 위한 성인교육과 학점인정제도를 갖게 될 것이다.

크리슈나무르티의 교육적 사상력: 학습인간의 원형

다중정신자 혹은 다중정체감의 인간은 바로 이 정보화 시대가 본의 아니게 만들어낸 시대적인 부산물이다. 다중정체감을 지니고 있는 사람일수록 잡다한 지식은 많이 갖고 있지만, 지혜는 적은 사람들이다. 지혜가 부족하기에 자기자신의 확장을 자기도 모르게 거부하며 살아가는 사람들이다. 크리슈나무르티(Krishnamurti)는 바로 이 시대를 겉으로 살아가는 사람, 말하자면 다중정체감의 인간들에게 그들이 지녀야 될 새로운 정체감을 역설하면서 그것에 이르는 방법을 보여주고 있다. 현대의 교육은 현대를 살아가는 사람들에게 다중정신증후군을 막아주기 위한 예방 백신 기능을 상실한지 이미 오래되었다고 보고 있다. 바로 그런 결과들이 경쟁의 교육, 암기의 교육, 권위주의 교육, 강요의 교육, 한길로 몰아가기 교육을 통해 구체적인 모습을 드러내고 있다고 보고 있다.

현대 교육의 문제

이 글은 크리슈나무르티의 생애(1895~1986) 동안 그가 표현해놓은 여러 가지 생각을 교육적인 관점으로 정리해본 글이다. 크리슈나무르티는 그가 쓴 여러 책마다 일정하지 않은 양식과 관점으로 그가 갖고 있는 교육의 관점을 피력해왔다. 교육에 관한 그의 단상들은 하나의 체계아래 일관된 관점을 보이고 있다고 보기 어렵다. 그럼에도 불구하고, 그는 끊임없이 현대교육의 문제점을 지적하는 데에는 인색하지 않는 편이다. 본 글에서는 크리슈나무르티가 현대교육의 문제점을 극복하는 대안으로 '학습인간'의 본성회복을 설정하고 있다는 전제 아래, 그의 교육학적 관점을 하나로 모아보았다. 본 글에서 주로 참조한 그의 주요

서적은《아는 것으로부터의 자유(Freedom from the known)》,《삶의 진실을 찾아서》,《삶의 의미와 교육》 등이었다. 크리슈나무르티가 생각하고 있는 교육관점들을 자유롭게 정리해보기 위해 본 글에서는 크리슈나무르티의 글을 이곳저곳에서 자유롭게 인용하였다.

크리슈나무르티는 인도 태생이다. 그는 1896년 마드라드 북쪽의 마나폴이라는 작은 마을에서 바라문의 여덟 번째 아들로 태어났다. 힌두교의 전통에 따라 크리슈나무르티는 인도의 신 비슈누의 여덟 번째 화신인 크리슈나의 이름을 따서 '크리슈나'로 불리게 되었다. 그는 어릴 적부터 접신학회 사람들에 의해 철저한 가르침을 받고 그 규율을 지켰다. 그러나 15세 때인 1911년, 그는 앤니 베산트 부인의 도움으로 영국으로 건너가서 청년기 동안 비밀리에 영국 옥스퍼드 대학에서 수학하였다. 30대에 이르자, 크리슈나무르티의 사상들은 그에게 '세계의 스승'으로서의 정신적 위치를 확고히 다지게 만들어 주었다. 크리슈나무르티는 이 시대의 대표적 지성이자 동시에 깨달은 이로서, 세계인을 위한 정신적 지도자이며 스승의 역할을 능히 감당할 사람으로 인정되었다.

크리슈나무르티는 무엇보다도 페다고지(pedagogy)로서의 현대교육은 인간의 행복을 파괴하는 지름길이라고 판단하고 있다. 그가 비판적인 안목에서 현대교육의 문제로 지적하고 있는 것은 다섯 가지이다. 첫째는 지금의 교육은 배우는 이들에게 불필요한 경쟁과 갈등을 불러일으킴으로써, 배우는 즐거움과 배움의 행복을 송두리째 빼앗아 가고 있다고 비판한다. "……주위를 둘러보면 여러분은 이른바 교육을 받았다는 모든 사람들이 온 세상에서 타투고 전쟁을 벌여 서로 죽이는 꼴을 봅니다. 현대는 모든 인간을 위한 의식주를 공급하기에 충분할 정도로 과학지식이 발달해 있지만, 그래도 그것은 실현이 되지 않습니다. 전세계의 정치가들과 다른 지도자들은 교육을 받은 사람들이고, 그들은 직위·학위·직함을 가지고 있는데, 그러면서도 그들은 인간이 행복하게 살아갈 수 있는 세계를 창조하지 못했습니다. 따라서 현대교육은 실패한 셈입니다. 그렇지 않습니까? 그리고 만일 똑같은 옛 방법으로 교육을 받는데 만족한다면 여러분은 또다시 실패뿐인 삶을 이루어놓을 것입니다"라고 절규하는 크리슈나무르티가 이 세상에서 펼쳐지기를 바라는 교육은 인간에게 사람됨을 찾아주며 행복을 실천하게 도와주는 교육이다.

둘째로, 크리슈나무르티가 현대교육의 문제로 지적하는 것은 암기의 교육이다. 무의미한 것을 의미있는 것으로 가르치기 위해 지시와 암기 중심의 교육을 거부한다. 즉, "만일 어리석게도 이 사람이 여러분에게 어떤 방법을 가르쳐주고, 여러분 역시 그것을 그대로 따르는 어리석음을 범한다면, 여러분은 결국 모방이나 순응을 할뿐입니다. 그렇게 되는 순간 여러분은 타인의 권위를 마음속에 세워두는 셈이고, 아울러 자신과 그 권위 사이에 갈등이 발생하지 않을 수 없습니다. 여러분들은 자신이 반드시 어떠어떠한 행동을 해야 한다고 느끼고 있습니다. 지금까지 그렇게 들어왔기 때문이지요." 크리슈나무르티에 의하면, 자기 자신에 대해서 배운다는 것은 어떤 언어나 기술을 배우는 것과 다르다. "그런 배움이라면 여러분은 축적하고 기억해야 합니다. 생각해 보십시오. 암기하지 않으면 매일같이 처음부터 다시 시작해야 하는데, 이것이 얼마나 엄청난 일입니까? 하지만 심리의 영역은 다릅니다. 자신에 대해서 배운다는 것은 언제나 현재에서 이루어지고 지식은 언제나 과거입니다. 우리들은 대체로 과거 속에서 살면서 과거에 만족하고 있기 때문에, 지식은 우리에게 엄청나게 중요한 의미를 갖게 된 것입니다."

셋째로, 크리슈나무르티는 떠먹이는 강요의 교육 역시 현대교육의 커다란 문제라고 지적한다. 떠먹이는 교육이 아니라 질문의 교육, 자기 주도의 교육을 주장한다. "……(배우는 사람이 그 스스로)…… '변하고 싶으니 그 방법을 알려달라' 고 말하는 사람은 매우 성실하고 진지해 보이지만, 실제로는 그렇지 않습니다. 그는 자기의 마음속에 질서를 가져다줄 어떤 권위자를 희망하고 있을 뿐입니다. 하지만 권위가 어떻게 내면의 질서를 가져올 수 있겠습니까? 강요된 질서는 언제나 혼란을 낳고야 맙니다. 여러분 중에는 이것을 머리로 아는 사람들도 있을 것입니다. 그러나 마음은 결코 그 어떤 권위의 영향도 받지 않은 채, 제 나름대로 움직일 수 있어야 합니다. 책의 권위, 스승의 권위. 그 어떤 권위의 영향에서도 벗어나야 하는 것입니다."

넷째로, 크리슈나무르티는 경쟁과 비교를 위한 교육을 거부한다. 그 대신 탐구의 교육을 주장한다. "……우리들의 모든 교육은 비교하기 위한 교육입니다. 선각자나, 여러분이 설정한 이상이나, 지나치게 똑똑한 아버지나, 위대한 정치가 등 여러분은 자신이나 다른 사람을 또 다른 대상과 한없이 비교합니다. 비교하고 비판하는 이 과정은 여러분의 관찰과 연구에 방해가 됩니다. 그래서 참된 학생이란 비교하거나, 인정하거나, 비난함이 없이, 외적으로뿐 아니라 내적으로도 삶의 모든 것을 관찰하는 사람입니다. 그는 과학적인 분야에서 연구를 하는 능력이 있을 뿐 아니라, 과학저인 사실을 관찰하는 것보다 훨씬 더 어려운 일이지만, 자신의 이성 및 감정의 작용까지도 관찰할 능력이 있습니다. 자신의 이성이 행하는 모든 작용을 이해하기 위해서는 굉장히 많은 통찰력과 비난이 없는 탐구가 요구됩니다."

마지막으로 크리슈나무르티는 학습자를 억압하고 하나의 길로 몰아가며 길을 들이는 교육을 강력하게 거부한다. "여러분은 자신이 길들여졌음을 알아차리고 있습니까? 그것이야말로 스스로에게 던져야 할 첫

번째 질문입니다. 어떻게 그 길들여진 조건에서 벗어나느냐 하는 것은 그 다음 문제입니다. 여러분은 절대로 그 조건을 떨쳐버리지 못했을 것입니다. 만일 '떨쳐버려야 한다'고 말한다면, 또 다른 모습의 조건에 걸리는 셈입니다. 자, 어떻습니까? 의식하고 있나요? 나무 한 그루를 볼 때도 마찬가지입니다. 여러분은 나무를 보고 참나무나 보리수라고 말합니다. 그러면 식물학상의 지식인 그 나무 이름이 여러분의 마음을 일정한 틀에 가두기 때문에 여러분과 실제의 관찰 사이에 끼어들게 됩니다. 그렇지 않습니까? 그 나무와 접촉하려면 손을 대야 합니다. 말이나 이름이 여러분의 접촉을 도와줄 수는 없는 일입니다."

인간의 의미

크리슈나무르티는 인간 스스로 우선 먼저 홀로 서가며 '학습하는 인간'의 의미를 찾아내기 원한다. 자신이 자신에게 책임을 지는 인간이 현대사회를 제대로 살아갈 수 있는 인간임을 역설하고 있다. "……여러분은 어느 누구에게도 외지할 수 없습니다. 인내자도 없고, 스승도 없고, 권위자도 없습니다. 오직 여러분 자신만이 있을 뿐입니다. 여러분이 타인과 맺고 있는 관계, 여러분이 이 세상과 맺고 있는 관계만이 존재합니다. 그 이외에는 아무 것도 존재하지 않습니다. 이 점을 깨닫게 되면, 여러분에게는 거대한 절망과 자포자기와 냉소하는 마음이 생기거나, 스스로의 모습과 생각과 행동과 느낌에 자기 자신이 전직으로 책임이 있다는 사실을 깨닫고 모든 자기 연민이 사라지는, 둘 중의 한 가지 일이 일어날 것입니다."

따라서 문제는 세상이 아니라 너와 나이다. 왜냐하면 세상은 우리자신의 반영이고, 세상을 이해하기 위해서는 먼저 우리 자신을 이해해야만 하기 때문이다. 세계는 우리들과 분리된 것이 아니며, 우리들이 곧 세계이고 우리들의 문제가 곧 세계의 문제이다. 세계를 변혁시키려면 우리들 자신부터 시작해야만 하고, 우리들부터 시작함에 있어서 중요한 것은 인간의 의지라는 것이 크리슈나무르티가 바라보는 인간관이다. 그는 자아를 의지와 존재하려는 노력의 결정체라고 보고 있다. 그는 "자아란……관념과, 기억과, 결론과, 경험과, 이름을 붙일 수 있거나 혹은 붙일 수 없는 온갖 형태의 의지와, 존재하지 않거나 또는 존재하려는 의식적인 노력 및 행동을 통해 외적으로 반영되었거나 아니면 미덕으로서 정신적으로 반영된 종족과 단체와 개인과 친족과 그 모든 것들에 대한 축적된 무의식의 기억, 이 모두를 추구하는 것"이라고 보고 있다. 이런 자아를 갖고 있는 사람은 이지적인 사람이다. 이런 사람일수록, "……절대로 정지하지를 않고, '나는 안다'는 말을 절대로 하지 않습니다. 그는 항상 탐구하고, 항상 불확실하고, 항상 관찰하고, 추구하고, 찾아냅니다. '나는 안다'라고 말하는 순간에 그는 이미 죽어버리고 말지요." 결국, 크리슈나무르티는 아는 것으로부터의 자유를 즐기는 학습하는 인간, 배우는 인간으로서의 자유인을 가장 바람직한 인간상으로 설정하고 있다.

교육의 목적과 방법

배우는 인간으로서의 학습인간들의 교육은 궁극적으로는 '행복에 이르기 위한 자신 알기와 그 깨우침'으로 정리된다. 이 점을 크리슈나무르티는 아주 분명하게 정리하고 있다. "그렇다면 자신을 알게 되는 어떤 수단이나 제도가 있단 말인가? 어떤 총명한 사람이나 철학자는 제도나 방법을 만들 수 있다. 그러나 제도를 따른다는 것은 분명히 그 제도에 의해서 생겨나는 결과만 유발시키고 말 것이다, 그렇지 않은가? 만일 내가 나를 알게 되는 어떤 특정한 방법을 따른다면, 나는 그

제도가 불가피하게 만드는 결과를 얻게 될 것이다. 그러나 그 결과는 분명히 나 자신을 이해하는 것은 아닐 것이다. 다시 말하면 나 자신을 알게 되는 방법·제도·수단을 따름으로써 나는 내 사고와 행동을 어떤 본보기에 따라 틀을 잡게 되겠지만, 그 본보기를 따른다는 것이 자신을 이해하는 것은 아니다. 그러므로 자신을 아는 방법이 별도로 존재하는 것은 아니다." 왜냐하면 "만일 우리가 다른 어느 누구에 의지해서 자기 자신에 대해 배운다면, 우리는 '나'가 아닌 그 사람에 대해서 배우는 것"이기 때문이다. "마음속에 일대 혁명을 가져오기 위하여 우리가 의존할 수 있는 외부의 권위란 전혀 존재하지 않는다는 사실을 깨닫고 나서도, 내부의 권위를 거부하는데는 엄청난 어려움이 뒤따르게 됩니다. 우리 자신의 특정한 경험과 축적된 지식·관념·이상 따위들에 의해서 말입니다."

학습하는 인간들이 행복에 이르기 위한 자기 찾아가기를 교육이라고 보고 있는 크리슈나무르티는 우리가 그 동안 지켜왔던 일반적인 교육관을 해체하기에 충분한 논지로서 기존의 교육을 '문제의 교육'으로 정리하고 있다. 일반적으로 기존의 교육학자들은, 교육을 가르치고 배우는 행위의 과정이나 결과로 정의하고 있다. 따라서 가르치고 배우는 관계만 설정되면, 교육은 그 언제든 가능한 것으로 간주하게 된다. 그러나 가르치고 배우는 행위로 교육을 정의하는 것은 교사와 학생간의 관계가 교육이라고 보는 것만큼이나 적절치 못한 개념파악이라는 것이 크리슈나무르티의 논지이다. 왜냐하면, 가르치고 배우는 행위간의 관계설정은 교육이 무엇인지를 정의한 것이 아니라, 교육의 목적에 도달하기 위한 한가지 방법, 혹은 교육을 행하기 위한 수단을 지칭한 것일 뿐이기 때문이다. 수단이 목적을 대신할 수 없듯이, 가르치고 배우는 행위간의 관계가 교육 그 자체일 수는 없다는 것이 크리슈나무르티의 교육론이다.

이런 개념파악은 불교에서 말하는 교육 방법과도 상당하게 차이가 난다. 일반적으로 불교에서 통용되는 학습방법의 그 첫째는 포시(布施)이며, 둘째는 지계(持戒), 셋째는 인욕(忍辱), 넷째는 정진(精進), 다섯째는 선정(禪定), 그리고 마지막 여섯 번째 공부방법이 바로 지혜(智慧)이다. 포시(布施)란 널리 베풂으로써 배우는 일이며, 지계(持戒)는 투도(偸盜), 사음(邪淫), 망어(妄語), 살생(殺生), 음주(飮酒) 등의 다섯 가지 계율을 지킴으로써 배우는 일이고, 인욕(忍辱)의 방법이란 마음을 평정시키기 위한 일종의 수행으로, 모욕, 박해, 고역을 참아내는 것이다. 특별히, 아무리 곤욕을 당하여도 마음을 움직이지 않고 참고 견딤으로써 자신을 배우는 일이다. 네 번째 배움의 길은 정진(精進)인데, 이것은 한 마음으로, 속된 생각을 버리고 선행을 닦아, 오로지 불도에만 열중하는 일이다. 특별히, 출가한 사람들이 게을리 하지 않음으로써 일심으로 불도를 깨우치고자하는 방법을 말한다.

행복에 이르는 자신과 그 자신의 존재 깨우침을 위해서는 지혜가 필요하다. 원래 지혜란 불교적인 관점에서 보면 자신을 크게 만드는 방법 중의 하나이다. 불교는 여섯 가지 공부방법을 가르친다. 선정은 인간이 매초마다 갖게 되는 상념을 벗어나며, 그것을 끊어버리기 위해 한 가지에 모든 것을 집중시키는 방법이다. 말하자면 수렴적인 사고에 가까운 학습방법이다. 이에 비해 지혜는 확산적인 사고에 버금가는 가는 학습방법으로서 상념의 소멸을 말한다. 즉, 말이 필요 없고 생각이 필요 없이, 모든 것의 본체를 하나같이 꿰뚫어보는 배움의 방법이 바로 지혜이다.

교육의 조건

크리슈나무르티는 '학습하는 교육'이 제대로 달성되기 위해서는 삶의 토양과 경험에 기초한 관계의 확장을 중요시한다. 삶을 벗어난 교육은 존재할 수가 없기 때문이다. "삶은 경험과 관계를 통한 경험이다. 인간은 고립된 상태로는 살수가 없다. 따라서 삶은 관계이며, 관계는 행동이다. 삶이란 사물들과, 사람들과, 관념들과의 접촉을 통해 표현된 관계이다. 관계를 이해함으로써 우리들은 삶을 한껏 풍요하게 맞을 수용능력을 얻는다. 그래서…… 문제는 수용능력이 아니라 오히려 빠른 유연성을 위한, 빠른 적응력을 위한, 빠른 반응을 위한 능력을 자연히 발생시키는 관계의 이해라고 하겠다."

관계의 확장은 상징적 상호작용론자들이 이야기하는 것처럼, 사람이 다른 삶과의 관계에서 자기자신을 발견하는 거울과 같다. 관계가 없다면 너라는 존재는 존재하지 않는다. 존재한다는 것은 관계를 맺는 것이다. 관계를 맺음은 존재이다. 사람은 관계를 통해서만 존재한다. 그렇지 않으면 존재하지 않으므로, 존재한다는 그 자체가 무의미하다. 그래서 크리슈나무르티는 "네가 존재하게 되는 것은 존재한다고 너 스스로 '생각'하기 때문이 아니라 네가 '관계'를 맺었기 때문이다. 그리고 갈등을 일으키는 것은 관계의 이해가 결핍된 데 기인한다"고 봄으로써 교육의 조건으로 관계의 확장과 토양을 중요시한다.

학습자의 의미

크리슈나무르티는 배우는 본능을 있는 그대로 드러내 보이는 이들을 가리켜 학습자로 보고 있다. 이들은 지식을 획득하는 사람이 아니라 자신을 깨우치기 위한 삶의 구도자들이다. "(배우는 이로서의) 학생은 교과과목이 요구하는 몇 권의 책을 읽고 그만두는 것이 아니라 삶을 공부하는 사람입니다. 배움이란 어느 특정한 시기의 몇 가지 사실뿐 아니라 삶을 통해 모든 것을 관찰하는 능력을 뜻합니다. 학생이란 분명히 책을 공부하는 사람뿐 아니라, 이것은 옳고 저것은 그르다라는 말을 하지 않고, 외적 혹은 내적인 삶의 모든 움직임을 관찰할 능력이 있는 자를 의미하기도 합니다."

크리슈나무르티에 의하면, 학습을 성공수단으로만 활용하는 사람은 진정한 학습자가 아니라고 보고 있다. "어느 과목에 관해서 그냥 읽기만 하고, 시험에 합격하고, 다음에는 모조리 잊어버리는 사람은 분명 학생이 아닙니다. 20세나 25세가 될 때까지가 아니라 평생 연구하고, 배우고, 탐구하고, 개척하는 자가 참된 학생입니다. 학생이 되려면 항상 배워야 하며, 여러분이 배우는 한 스승은 없습니다.…… 나이가 아주 많아졌을 때, (화가인) 고야는 자신이 그린 어느 작품 밑에다 '나는 아직도 배우는 중이다'라고 써놓았습니다. 여러분은 책으로부터 배울 수도 있지만, 그래가지고서는 큰 성과를 얻을 수 없습니다. 책이란 저자가 얘기하고자 하는 것만을 여러분에게 제공할 수 있을 뿐입니다. 하지만 여러분의 자아를 앎으로써 배운다면 어떻게 듣고 어떻게 관찰하는지를 알게 될 것이므로 모든 것으로부터, 음악으로부터, 사람들이 하는 얘기 및 그 얘기하는 방법으로부터, 분노와 탐욕과 야망으로부터 배우기 때문에 자아를 앎으로 해서 배우는 바는 제한이 없습니다."

학습의 방법

크리슈나무르티가 강조하는 행복에 이르는 길, 배우는 본능을 실현하는 교육을 달성하기 위한 방법과 행복에 이르기 위한 깨우침으로서의 교육은 세 가지 요소로 구성된다. 첫째는 지식의 획득, 둘째는 능력의 발휘, 셋째는 자세의 바름이다. 크리슈나무르티가 상정하는 이런 교육의 결과물은 일반적인 의미에서의 교육결과와 다를 것이 없다. 그러나 크리슈나무르티는 지식의 획득에서 지식 그 자체보다는 획득행위를, 능력의 발휘에서 능력보다는 발휘를, 그리고 자세(행동)의 바름에서 자세 그 자체 보다는 관심과 바름 그 자체를 교육의 핵심으로 보고 있다.

결국, 크리슈나무르티가 염두에 두고 있는 행복에 이르기 위한 교육의 요소는 획득, 발휘, 바름의 세 가지로 정리될 수 있다. 이중에서도 크리슈나무르티가 가장 소중하게 여기는 것이 바로 자세 바름의 방법이다. 왜냐하면 지식의 획득이나 능력의 발휘문제는 현대교육이 가장 소중하게 여기는 교육 방법으로서 학교교육의 성취물로 보아도 무리가 없기 때문이다. 그러나 크리슈나무르티는 이런 지식의 획득이나 능력의 발휘로써는 인간을 자유롭게 만드는 지성을 제대로 쌓아갈 수는 없다고 생각한다.

왜냐하면 지성은 지식과는 성질이 다르기 때문이다. 그에 따르면, "지성은 아주 미묘한 무엇입니다. 그것은 정착할 줄을 모릅니다. 그것은 어느 철학자나 스승이 얘기하는 이성이 아니라 여러분 자신이 지닌 이성의 전체작용을 이해할 때만 생겨납니다. 여러분의 이성은 인류 전체가 이룩한 결과이고, 이성은 과거의 모든 지식을 내포하고 있으므로, 그 점을 이해한다면 여러분은 단 한 권의 책도 공부할 필요가 없습니다. 따라서 지성은 여러분 자신의 이해와 더불어 생겨나게 되고, 여러분은 사람들과, 사물들과, 관념들의 세계와의 관계를 통해서만 자신을 이해할 수가 있습니다." "지성은 분명히 여러분이 이 모든 어리석음을 이해하고 극복할 때 생겨납니다. 따라서 여러분은 그러기 위해 정진해야 하고, 무엇보다도 먼저 여러분의 이성이 자유가 아니라는 사실부터 의식해야 합니다. 여러분은 이 모든 것들에 의해서 여러분의 이성이 어떻게 속박되었는지를 터득해야 합니다. 그러면 자유를 가져다주는 지성의 시작이 이루어집니다. 여러분은 스스로 해답을 찾아야 합니다."

관심의 방법

인간에게 자유를 약속하는 지성을 학습해나가는 방법을 크리슈나무르티는 사물을 제대로 이해하기 위한 자세의 바름으로부터 찾고 있다. 그에 따르면, 사물에 대한 관심과 사물에 대한 집중은 서로 다른 현상들이다. 그래서 두 개념간의 구별부터 시작해야 한다고 보고 있다. 집중은 집중하게 되는 대상 이외의 다른 것에 대한 배제를 요구한다. 이에 비해, 전체를 알아차리는 정신적인 작용인 관심은 관심의 대상으로 그 아무 것도 배제하지 않는다.

크리슈나무르티에 따르면, "……우리들 대부분은 스스로가 입밖에 낸 말은 물론이거니와 주변환경, 즉 색채, 사람들, 나무의 모양, 구름, 강물의 흐름마저도 알아차리지 못하는 것 같습니다. 그것은 아마도 우리가 사소한 자신의 문제, 즉 관념, 쾌락, 객관적으로 의식하지 못하는 야심 따위에만 온통 사로잡혀 있기 때문일 것입니다. 그런데도 우리는 알아차림에 대해서 많은 말을 합니다. 언젠가 인도에서 승용차로 여행을 한 적이 있었습니다. 나는 운전기사 옆자리에 앉아 있었지요. 뒷자리에 앉은 세 사람은 인식에 대해 집중적으로 논의하고 있었는데, 나에게 그 문제에 대해서 질문하는 것이었습니다. 그런데 불행히도 바로 그 순간에 운전기사가 한눈을 팔았던 모양입니다. 염소 한 마리를 치고 말았던 것입니다. 그런데도 그 세 사람은 인식에 대한 논의를 계속하고 있었습니다. 염소 한 마리를 치었다는 사실을 전혀 알아차리지 못하고 말입니다. 알아차리기 위하여 노력하는 그들 세 사람에게 이 사실을 지적했을 때, 그들은 대단히 놀랐습니다."

이어 크리슈나무르티는 이렇게 관심과 집중의 차이에 대해 이렇게 이야기하고 있다. "만일 새나 나뭇잎, 아니면 복잡한 한 인간을 이해하고자 한다면, 여러분은 모든 관심을 거기에 기울여야 합니다. 그 관심 자체가 바로 알아차림, 인식입니다. 관심을 가질 때, 곧 진정으로 이해하려는 애정을 보일 때, 비로소 모든 관심을 기울일 수 있습니다. 그러한 알아차림은 마치 뱀과 함께 한방에 들어가 있는 것과 같습니다. 그 뱀의 움직임을 하나하나 주시합니다. 아무리 희미한 소리라도 그 녀석이 내는 소리는 대단히 예민하게 들립니다. 그런 관심의 상태는 전체적인 에너지입니다. 그 속에서 여러분 자신의 모든 것이 순간적으로 드러나게 되는 것이지요."

크리슈나무르티는 사물에 대한 관심의 배제와 약화가 초래될 수 없는 이유로서 경쟁과 비교문제를 지적하고 있다. "우리는 언제나 스스로를 다른 사람들과 비교하고 있습니다. 나보다 더 잘사는 사람, 머리가 더 좋은 사람, 더 사랑스럽고 더 유명한 사람, 이러저러한 면에서 더 나은 사람을 나와 비교하는 것입니다. 그러니까 ㄱ '더' 라는 것은 우리이 삶에서 엄청나게 중요한 역할을 수행하고 있는 셈입니다. 이처럼 자기 자신을 끊임없이 다른 사람이나 사물에 견주어 따져보는 것이야말로 갈등의 가장 주된 원인입니다.…… 어린 시절부터 우리는 비교를 배워 왔습니다. 어느 학교에서든 '가' 라는 학생은 '나' 라는 학생과 비교되고, 그리하여 '가' 는 '나' 가 되려고 자기 자신을 파괴합니다. 바로 이런 비교육적인 비교와 탈교육적인 경쟁이 인간으로 하여금 사물이나 사회 현상, 그리고 인간에 대한 바른 관심을 갖지 못하게 만듭니다."

자세 바름의 방법
크리슈나무르티에 의하면, 이해란 지식획득의 과정이 아니라 자세를 바르게 가다듬는 과정이다. 그래서 그는 이렇게 이해의 중요성을 이야기하고 있다. "자기 자신의 지성과 감정, 존재 전체의 움직임을 관찰하기 위해서는 자유로운 마음을 가져야 합니다. 동의하고 거부하거나, 어느 한쪽을 편드는 마음은 안됩니다. 오직 이해하고자 하는 의도를 가지고 따라가는 마음이어야 합니다. 하지만 이것은 대단히 어렵습니다. 왜냐하면 우리들 대부분이 어떻게 보고 어떻게 듣는가를 모르는 것은 마치 아름다운 강물을 보지 못하고 나뭇잎 사이를 스치는 산들바람 소리를 듣지 못하는 것과 마찬가지이기 때문입니다.…… 비난하거나 정당화시킬 때, 우리는 분명하게 볼 수 없습니다. 마음이 끝없이 수다를 떨때도 역시 불가능합니다. 그러한 경우에 우리가 보는 것은 '있는 그대로'가 아니라, 우리가 스스로 만들어낸 관념일 따름입니다. 우리들 각자는 자기 자신에 대한 생각이나 이상적인 모습을 마음에 그리고 있습니다. 그 이미지야말로 자신의 참모습을 가리고 있는 장벽인 것입니다. 사물을 단순하게 바라본다는 것은 이 세상에서 가장 힘든 일 가운데 하나입니다. 그지없이 복잡한 마음 때문에 우리는 단순함의 참된 가치를 상실해·버린 상태입니다. 이 사람이 지금 말하고 있는 것은 옷이나 음식의 단순함이 아닙니다. 가사를 걸치고 단식에 단식을 거듭하는 행위는 정말로 희극적인 광경입니다. 두려움 없이 사물을 직접 바라보고, 따라서 자기 자신을 왜곡하지 않고 '있는 그대로' 볼 수 있는 단순함이어야 합니다. 말하자면 거짓을 말할 때 거짓이라고 말할 수 있는 단순함입니다. 절대로 덮어버리거나 회피해서는 안 됩니다.

또한 자기 자신을 이해하기 위해서 우리는 엄청난 겸손함을 가져야 합니다. 만일 '나 자신을 알고 있다'는 말로 시작한다면, 여러분은 이미 스스로에 대한 배움을 그친 것입니다. 혹은 '나는 다만 기억과 관념과 경험과 전통의 다발에 불과하니까 더 이상 나 자신에 대해서 배울 것이 없다' 고 말한다면, 그때도 역시 스스로에 대해서 배우기를 중지한 셈입니다. 어떤 것을 성취한 순간, 여러분은 겸손과 순진무구의 가치를 잃게 됩니다. 어떤 결론을 갖거나 지식에서 출발하는 순간, 마찬가지로 그 일은 이미 끝이 납니다. 왜냐하면 살아 움직이는 모든 것을 낡은 틀에 맞춰서 해석하기 때문입니다. 반면에 여러분이 아무런 디딤돌이나 확실한 기반을 갖고 있지 않다면, 그때는 보고 성취할 자유가 생깁니다. 자유롭게 볼 때, 세상은 항상 새롭습니다. 확신에 찬 사람은 사실 죽은 인간입니다."

학습사회와 학습인간

일반적으로 평생학습사회는 '능동적인 학습방법' 을 즐기는 사람들이 자기의 학습가능성을 하나의 학습력으로 만들어 가는 사회를 말한다. 평생학습사회는 학습방법을 아는 학습자들이 매일같이 그들이 삶살이를 개조해나가게 도와주는 사회이다. 다른 말로 말하자면 단편적인 정보덩어리를 습득하는 일에 만족하는 사람들이 아니라 개인들이 직면하게 되는 갖가지 문제사태를 풀어나가는데 도움이 되는 학습방법을 아는 사람들의 사회가 바로 평생학습사회이다. 모든 시민을 능동적인 학습방법으로 매일을 살아가게 해주는 것은 계층이나 성별, 연령의 차이에 관계없이 모든 이를 위한 평생학습과제이다.

인간의 학습능력

인간의 학습과 학습능력은 인간의 존엄성을 지켜주는 인간본성이다. 원숭이와 사람간의 차이는 그 모습으로 판단하지만, 사람과 사람간의 차이는 그들 학습본능의 실현 정도로 판단한다. 왜냐하면, 인간 스스로 인위적으로 학습능력을 포기할 수는 있어도 그것이 자연적으로 폐기되는 것이 아니기 때문이다. 학습본능을 인위적으로 포기하는 사람은 그것을 인위적으로 실현해나가는 사람에 비해 정보처리능력이 처질 수밖에 없다. 우리가 매일같이 경험하는 인간사에 대한 의미 만들어내기 같은 것이나 새로운 지식 만들어내기 같은 것이 나약할 수밖에 없다. 인간의 학습은 사회문화 발전과도 밀접한 상관성을 갖고 있다. 그래서 인간의 학습능력과 학습문화를 인위적으로 포기하는 사회를 결코 문화사회라고 부를 수 없다. 그 어느 사회든 국민의 학습과 교육을 중요시하고 있으며, 교육선진국일수록 모든 이를 위한 평생학습사회의 실현을 더욱더 강조하는 이유가 바로 그것이다.

평생학습사회는 교육이념적으로는 학교교육사회의 '교육파시즘'을 거부한다. 학교와 가르치는 사람들의 학습독점주의를 거부한다. 동시에 '지식을 가르치고 배우는 것이 바로 학습이다' 라는 식의 학교교육식의 학습론에 대한 기존의 개념파악도 거부한다. 학교교육에서 강조하는 학습의 본질에 대한 주장과 관련 없이, 학습의 본질이 무엇이냐는 질문에 대해 교육학자들은 '행동의 변화' 라고 정의하거나, 혹은 '인지과정의 변화' 라고 하기도 한다. 또는 '지식의 의미를 만들어가는 과정' 이라고 정의하기도 한다. 행동의 변화를 학습이라고 보는 입장은 행동주의 심리학자들의 입장이고, 인지과정의 변화를 주장하는 이론은 인지주의 이론에 속한다. 지식의 의미를 만들어가는 과정을 학습으로 간주하는 입장은 구성주의 이론이다.

세 가지 서로 다른 학습이론들은 서로가 각각 다른 이론에게 양보할 수 없는 타당성을 갖고 있기에 서로가 개별적인 것이라고 주장할 수 있다. 그러나 세 이론 모두 학습의 핵을 인간의 뇌기능과 관련시킬 경우

각각의 이론적인 차별성은 없어지게 된다. 각 이론의 차이는 '학습의 맥락성'이 조금씩 다르기에 강조하는 핵심이 서로 다를 뿐이다.

기본적으로 세 이론 중 어느 학습이론도 학습이 신경세포와 신경세포간의 상호작용임을 부인하지는 못한다. 도대체 신경세포와 신경세포간의 상호작용이 구체적으로 무엇을 의미하는지가 너무 추상적이기는 하지만, 한 가지 분명한 사실은 학습자가 무엇을 보거나, 무엇을 듣거나, 무엇을 느끼거나, 혹은 무엇을 생각하든 간에 그것은 일차적으로 뇌신경에 전달될 수밖에 없다. 그렇게 전달된 정보는 뇌 신경세포들간의 복잡한 상호작용과 과정을 거쳐 그 어떤 것은 흔적도 없이 사라져버리고, 그 어떤 것은 새로운 반응, 새로운 정보산출로 이어지게 된다. 그런 반응은 인간행동의 변화로 연결될 수도 있고, 그 어떤 것은 인지과정을 바꾸어 놓을 수도 있으며, 그 어떤 것은 입력된 정보를 새로운 의미를 담은 정보로 변화시킬 수도 있다. 이런 상태를 어떤 학자들은 행동주의 학습이론으로, 어떤 학자들은 인지주의 학습이론으로, 또 어떤 학자들은 구성주의 학습이론으로 서로 각기 다르게 부르는 것이다.

이런 학습이론에서 중요한 것은 그 행동을 변화시키는, 인지과정을 변화시키는, 혹은 새로운 의미를 만들어내는 것을 결정해 주는 요소가 무엇인가 하는 점이다. 학습자의 뇌세포들간의 복잡한 상호작용을 거쳐 변화되는 정보들의 생명력을 결정하는 것은 '의미심장(意味深長: meaningfulness and significance)'성이다. 다시 말해서 뇌에 입력되는 정보들이 학습자에게 무슨 의미를 주고 있으며 그것이 어느 정도로 그 학습자에게 심각한 것인가 하는 점이다. 의미심장의 요소에서 그 첫째는 정보의 '의미' 문제인데, 그 어떤 정보이든 개인 학습자가 받아들인 정보는 그 정보가 학습자에게 무슨 의미를 갖느냐에 따라 정보의 생명력이 좌우된다. 말하자면 행동의 변화력, 인지과정의 변화력, 의미 만들기의 생명력이 서로 다르게 결정된다. 예들 들어, 정보화시대에 인터넷의 활용이 아무리 중요하다고 하더라도, 그것이 컴맹의 성인학습자에게 주는 의미와 컴퓨터에 친숙한 대학생에게 주는 의미는 서로 다를 수밖에 없다. 컴퓨터를 조작할 줄 모르는 성인학습자에게 인터넷의 의미는 골치덩어리의 의미를 주거나 쓸데없는 시간낭비의 의미를 줄 수도 있다. 이런 성인학습자들에게 인터넷에 대한 학습은 거의 무의미하게 된다. 그래서 인터넷에 대한 학습은 생명력을 상실하게 되어 인터넷에 대한 행동의 변화나 인지과정의 변화, 혹은 인터넷의 실용성에 관한 의미 만들기에 무감각하게 된다.

학습의 쓰임새

학습의 생명력을 결정하는 두 번째 요인은 쓰임새의 문제이다. 개인의 뇌에 전달되는 정보가 학습자에게 어느 정도로 심각하게 와 닿으며 그것의 필요성을 절감하느냐 하는 문제가 학습의 생명력을 결정한다. 다시 인터넷의 예를 들 경우, 성인학습자가 인터넷의 의미와 그 중요성을 어느 정도 깨달았다고 하더라도, 그 학습자가 그 인터넷을 자기의 실생활에 연결시켜 그것의 활용으로부터 일정한 쓰임새와 효용성을 갖게 되었을 때 비로소 인터넷에 대한 학습의 생명력은 오래간다. 학교에서 수많은 공식을 배우고 익혔지만, 그런 정보들 중에서 쓰임새가 약한 것은 곧 사라진다. 반면 학습자의 학습욕구를 지속적으로 자극하며 일상생활에서 그 쓰임새와 활용의 의미심장성을 높이는 학습의 생명력은 오래간다. 말하자면 초등학교 시절에 강제로 외운 몇 마디 시조는 곧 잊어버려도, 자기의 정체성을 드러내는 자기의 이름을 쓴 것은 영원히 잊어버리지 않는 것도 바로 그런 이치이다. 바로 학습자의 뇌신경에 입력된 이름쓰기의 정보가 다른 그 어느 정보보다 학습자에게 의미심장

성을 심각하게 제공했기 때문에 그 이름에 대한 학습의 생명이 오래가
는 것이다.

결국, 학습은 학습자의 정보입력과 처리방식의 차이에 따라 그 생명
력을 달리한다. 일반적으로 정보를 처리하는 학습자들의 정보처리방식
으로서의 학습방법에는 여러 가지 형태가 있다. 말하자면, 침묵의 학습
방법, 수동적인 학습방법, 이기적인 학습방법, 절차적인 학습방법, 능
동적인 구성주의 학습방법 등이 그것이다.

침묵의 학습방법이란 학습자가 자기가 알아야 될 지식이나 정보를
학습자 자신보다는 다른 이로부터 찾아나서는 방법을 말한다. 즉, 지식
을 교사, 고용주, 상사 등과 같이 자기에게 영향력을 행사하는 일종의
'학습권력'이나 '문화권력'을 갖고 있는 사람들이 소유한 정보나 지식
으로 간주하며, 그들로부터 '그것을' 전달받는 행위를 학습방법으로
간주한다.

수동적인 학습방법도 침묵의 학습과 별다르지 않다. 이런 학습에 익
숙한 사람들은 스스로를 단순한 경청자로 간주하면서, 자신보다 많이
알고있는 다른 사람들의 아이디어나 생각, 신념을 신중히 듣는 것이 그
들이 취할 학습방법이라고 간주한다. 다만 이들이 침묵의 학습자들과
다른 것은 무엇이든 잘 받아 적고, 암기하며, 시험준비에 어느 누구보
다 열중하는 태도가 더 많이 발달되어 있다.

이기적인 학습방법에 익숙한 사람들은 수동적인 학습자들에 비해 강
한 자의식을 갖고 있어서 자신의 아이디어, 생각, 신념이 있으며 그것
을 겉으로 표현해 낼 수 있다. 그들에게 있어서 지식은 개인적인 경험
을 통하여 획득된 것이기에 교사나 교수 같은 '교육권력자가 전하는
말'이라고 할지라도 그것을 가감하여 자기의 것으로 받아들인다. 진리
는 개인적인 것이며 무엇보다 개인의 신념이나 통찰이 가치결정의 기

본이 된다고 믿기에 그런 일이 가능하다.

　이런 이기적인 학습보다 더 진일보한 학습방법이 절차적 학습방법이다. 절차적 학습방법은 이기적인 학습방법에 사회적인 관계학습을 첨가시킨 학습방법이다. 학교든, 전문학문단체든, 직장이든 관계없이 하나의 공동체에서 신뢰할만한 구성원이 되기 위해서 개인학습자들은 자기 자신의 경험 밖으로 나가 다른 사람의 의견을 고려하면서 그들의 경험과 조화를 이룰 수 있어야 한다. 그렇게 하기 위해서는 자기 주장이나 자기의 주관적 생각을 주장하는 것만이 능사가 아니다. 그것보다는 동료의 의견을 경청할 수 있고 더불어 배우며, 더불어 서로 성장하는 일이 필요하다. 설령 교육학을 전공한 전문가이기에 다른 학문분야에 대해 다소 초보적이라고 하더라도, 철학을 논하는 시간에는 그들과 더불어 더욱더 배우려는 자세로 그들 철학자들이 행하는 대화방식과 논리의 규칙으로, 예술계 동료들과는 예술적 비판의 틀로, 자전거를 즐기는 사람들의 모임에서는 스포츠맨의 정신과 어우러지려는 배우는 모습을 보여주어야 한다. 보통 시장의 사람들과는 시장의 논리와 경험을 존중하며 그들로부터 배울 수 있어야 새로운 학습의 가능성이 샘솟게 된다. 이렇게 서로 어울리는 방법과 서로 즐기는 방법으로 배우는 학습방법을 절차적 학습방법이라고 한다.

　이런 절차적인 학습보다 더 고차원적인 학습방법이 바로 능동적인 구성주의 학습이다. 이들 능동적인 구성주의 학습방법에 익숙해진 학습자들은 그들의 학습에서 주관적이고 객관적인 전략 모두를 중요하게 여긴다. 그들은 뛰어난 자의식을 갖고 있으며 다양한 분야의 동료나 전문가들과 안정된 학습관계를 형성한다. 한 사물이나 사건이 주고있는 여러 가지 사태를 하나의 맥락으로 이해하고, 다양한 분야의 전문가를 포함한 다른 사람과의 협력을 통해 자기 스스로 새로운 방식으로 하나의 지식을 창조해내며 그것을 남들에게 스스럼없이 표현해낸다. 이들 능동적인 구성주의 학습자들은 자신이 습득하거나 새롭게 만들어낸 지식을 실제생활의 맥락에서 삶의 개선이나 공동의 문제해결에 적용한다. 다시 말해서 정보를 능동적으로 처리하는 학습자들은 자기 삶의 질 개선에 필요한 정보의 의미를 그 스스로 찾아내고, 자신의 삶과 사회의 개조를 위해 그 쓰임새를 스스로 높임으로써, 정보의 의미와 쓰임새에 대한 학습자 스스로의 의미심장성을 드러내는 자기주도학습과 자기주도학습경영자들이다. 이런 능동적인 학습자들은 새로운 지식을 만들어내고 그것을 공유하며, 동시에 동료들과 끊임없는 지적인 반성과 지성적인 개조를 통해 더욱더 파지력(把持力)이 높은 지식을 만들어가며 학습을 일상적으로 즐기는 사람들이다.

이런 능동적인 구성주의 평생학습자들을 위한 과제는 모든 이를 위한 평생교육의 과제이지 그 어느 특정집단을 위한 교육과제가 아니다. 새로운 지식은 학문의 세계에서만 만들어지는 것도 아니다. 일상적인 삶살이 속에서도, 지역사회의 동네 일에서두 새로운 지식의 생성과 만들어진 지식의 공유는 얼마든지 가능하다. 평생학습사회는 바로 이런 일상적인 삶 속에서 능동적인 구성주의적 학습자를 서로 만들어가는 사회를 지향하는 것이다.

호모 에루디티오: 배우는 동물로 돌아가라

우리 사회의 교육열은 세계에 내놓을 정도로 극성스럽다. 그에 비해 국민의 학습열만큼은 세계에 내놓고 이야기하기 부끄러울 정도로 뒤처져 있다. 어른 100명 중 5명 정도만이 배움에 게을리 하지 않고 있기 때문이다. 게다가 우리나라 사람처럼 가르치기를 좋아하는 사람들도 그리 흔하지 않다. 모두가 가르치려고 들기만 한다. 그리고는 배우려 하지를 않는다. 무릇 남을 가르치려는 사람은 배우고 익히는 일부터 먼저 해야 한다.

배움은 자연같이 쉬운 것

이 세상 모든 이들에게 마찬가지겠지만, 세상 이곳 저곳을 돌아다니다 보면 우리의 뇌리로부터 지워지지 않을 한두 가지 정도의 경험이 있기 마련이다. 그것은 이 세상에서 우리 인간에게 무엇인가 손쉽게 가르칠 수 있는 것은 자연(自然)일 수밖에 없다는 것이다. 자연은 인간에게 삶과 죽음의 본질을 가르친다. 자연은 말 그대로 쉬운 것이다. 자연은 복잡하지 않고 쉬우며 끊임없이 변한다. 그래서 인간 스스로 이해하기 쉬운 것이 바로 자연이다. 자연이 우리 인간에게 가르치는 것은 잔인하도록 단순하다. 일반 동물세계를 관찰하면 더욱더 그렇다. 그런 자연세계가 우리 인간에게 가르치는 것은 출생의 아름다움과 먹이사슬 속의 매어짐 같은 단순함이다. 숭고함과 잔인함 그 두 가지의 반복과 변화가 자연이 보여주는 모든 것이다. 이로부터 자연의 아름다움과 신비함마저 더욱더 돋보이게 된다.

자연이 가르치는 삶과 죽음의 그 가운데 비어 있는 부분에 여백이 있다. 그 여백이 바로 인간이 비집고 들어갈 수 있는 몫이며 틈새이다. 그 틈새를 비집고 들어가면 들어갈수록 자연의 신비함은 하나둘씩 그 모습을 감추게 된다. 자연에 그런 정신적인 틈새가 있기에, 인간에게 앎의 몫이 커진다. 자연이 보여주는 죽음과 삶 사이에 드러나 있는 정신적 여백과 사상적 공간은 문화, 사회, 경제, 종교, 교육 등등으로 수없이 넓혀지게 된다. 자연이 인간에게 가르치는 것에 비해, 인간이 인간에게 가르치는 것은 실제에 있어서 배움의 한 단면일 뿐이다. 말하자면, 삶과 죽음 사이의 공간을 넓히는 과정에서 얻어진 인간의 경험과 배움의 결과들을 서로 나누며 서로 성장하는 모습을, 우리는 편하게 가르친다는 말로 표현하고 있을 뿐이다. 진정으로 인간이 인간에게 가르친다면, 그것은 인간이 자연처럼 인간에게 삶과 죽음 중 그 어느 한편의 법칙을 강요하는 것이라고 보아야 한다. 가르친다고 고집하면 고집할수록, 그 사람은 자연의 절대적인 모습으로 위장하면서 폭군처럼 다른 사람이 누리고 있는 인간적인 위엄을 억제할 뿐이다.

인간은 매일같이 부족해지는 존재

사람은 •삶과 죽음 사이의 것들을 서로 배우고, 익힘의 문화를 통해 서로가 서로에게 나누어 가지며, 그것을 본능적으로 실천하는 존재들이다. 이것은 인간이 배우는 동물이기에 그런 것이다. 배움은 인간에게 있어서 본능이며, 배움은 인간에게 있어서 자연처럼 쉬운 것이다. 인간은 무엇인가 부족하거나 결핍한 존재로 태어나지만 그 결핍과 부족을 메꾸어 가기 위해 배움이 필요한 것이 아니라, 인간은 배움에 관한 본능을 갖고 태어났기에 배우고 익히도록 되어있다. 인간은 결핍존재로 태어나는 것이 아니다. 인간이 지니는 동물적인 조건상, 인간은 생물학적으로 완전한 존재로 태어날 수밖에 없다. 그래야 동물로서 생존할 수있게 된다. 이것이 자연의 법칙이다. 어린 시절 인간이 동물로서의 제기능을 제대로 발휘하지 못하는 것은 그가 결핍된 존재로 태어났기에 그런 것이 아니다. 인간의 발달단계나 성장과정에 있어서 그런 양육의단계를 거치도록 되어있을 뿐이다. 마치 죽음이 인간의 생물학적 발전과정의 한 단계인 것처럼 어린 시절에 요구되는 보육 역시 그런 인간성장을 돕는 발달단계의 한 과정일 뿐이다. 인간은 오히려 태어나서부터 일정한 발달단계를 거치는 동안 접촉하는 인간의 문화와 문명의 과정 속에서 그 무엇인가 하나둘씩 결핍해 가는 존재들이다.

　다른 동물의 행동들을 관찰하면 관찰할수록, 인간의 불안정성은 더욱더 분명하다. 그들 동물에 비해 인간 특유의 본능이 갖고 있는 내용이나 형식, 혹은 기능들을 하나둘씩 억제당함으로써, 그것을 결핍해 들어가는 존재가 바로 인간이다. 인간이 만들어낸 갖가지 문화니 윤리니 하는 것들 역시 인간본능의 여러 가지 다양한 기능들을 하나둘씩 결핍시키고 있다. 인간은 결핍존재이기에 그 결핍을 이겨내기 위해 학습을 하는 것이 아니라, 인간은 배움의 본능이 있기에 학습을 하도록 되어 있다. 인간은 그가 지니고 있는 학습본능대로 배우고 익히는 운명을 지니고 있다. 인간에게 있어서 배움은 태생 이전의 조건이고 운명이며, 심지어 어쩌면 유전자를 보존하려는 본능적인 성향의 한 측면이기도 하다.

　인간이 그 무엇이든 배운다는 것 그 자체는 여러 의미를 갖고 있다. 그중 하나는 인간이 자연의 몫을 둘러싸고 생기게 되는 정신적이거나 물질적인 여백들을 서로 나누어 갖고 그로부터 의미를 만들어 가는 과정에 익숙하게 된다는 말이다. 인간은 원래 본성에 있어서 다른 인간에게 아무것도 가르칠 수 없고, 단지 그가 배울 수 있도록 유인할 뿐이다. 인류문명발전의 역사를 되돌아보기 시작하면, 배움이라는 활동 그 자체가 아주 인간적이며 그것이 바로 인간의 몫임을 알게 된다. 배움이라는 말은 인류 최초의 예지활동(叡智活動)과 그 맥과 궤를 같이 한다. 인류문명사에 있어서 이런 인간의 예지적 발상을 가장 예리하게 보여주는 것이 바로 소크라테스의 언명이다. 즉, "네 자신을 알라"고 외친 소크라테스의 그 언명은 바로 인간이 일생동안 추구해나가야 될 인간학습의 좌표와 같다. 인간이 자기 자신을 알기 시작하는 것은 인간에게 있어서 자아실현의 시작과 같다. 사물과 사건에 대한 앎을 통해 그것들의 본질을 알아내고, 그로부터 내가 살아가는 의미를 갖게 되는 것이 바로 인간 스스로 자기를 아는 것의 시작이다.

삶살이는 배우는 것만큼 좋아지는 법

인간과 다른 동물 간의 생존력을 돋보이게 만드는 본능 중에서 서로가 확연하게 구별되는 본능이 바로 학습력이다. 인간이 태어나서 죽을 때까지 그에게 변하지 않고 붙어있게 만드는 본능 중의 하나가 학습본능이다. 마치 거미가 죽을 때까지 제 몸 스스로 실을 뽑아내는 것 같이 환경을 바꾸어내는 학습능력을 길러주는 것이 학습본능이다. 인간에게 있어서 학습은 생물학적인 본능인 동시에 문화적이다. 기초적인 생존을 위해 동원되는 학습본능을 생물학적인 본능이라고 한다면, 그것이 다양한 형태로 개조되어진 문화적인 확장을 학습력이라고 부를 수 있다. 인간은 그의 생존을 위해 죽는 그 순간까지 환경에 적응하며 개조해나가는 존재이기에 인간을 배우는 동물, 즉, 학습인간인 호모 에루디티오(Homo Eruditio)라고 부르는 것이다.

사회를 구성하는 모든 사람들은 서로 다른 모습의 삶을 살아가는데 그것은 각 개인이 서로 다른 학습력을 갖고 있기 때문이다. 그 학습력의 다양성과 영향력의 차이 때문에 삶의 모습도 다양하고, 삶의 형식도 다양하다. 한 사람의 삶을 변환시키는 학습과정은 다른 사람이 생각하는 것처럼 그리 간단한 것이 아니다.

인간의 학습과정은 인간의 삶살이 만큼이나 복잡하다. 살아가는 동안 사람들은 여러 가지 환경의 변화에 직면하게 된다. 삶의 조건이 바뀌면 삶의 형식 역시 바뀌게 된다. 그래서 퇴직 전과 퇴직 후의 삶살이는 그 내용이나 형식이 서로 달라질 수밖에 없다. 이처럼 삶의 경로에서 새롭게 나타나는 삶의 조건이나 환경의 요구에 따라 그 이전의 삶이 새로운 삶의 형식으로 다르게 변화되는 것을 '삶의 변환(life of transition)'이라고 부른다. 이 삶의 변환은 그 형식에 있어서 삶살이 형식의 다양성을 드러낸다. 삶의 변환은 한번 변화된 삶이 그대로 한평생 지속되는 불변의 변화를 말하는 것이 아니라 과도기적임을 의미한다. 사람은 고정되는 것이 아니라, 삶의 변화를 요구하는 새로운 조건이나 욕구가 삶의 변환을 자극하면 생활의 필요에 따라 변화되는 새로운 모습의 삶이 생활의 전면에 등장한다. 한 인간의 삶이 보여주는 생활의 과정은 이런 삶의 변환이 연속적으로 지속되는 배움의 과정이다. 결국, 인간의 삶은 배움의 변환이 어느 정도로 일어나느냐에 따라 다양한 모습을 갖게 된다. 따라서 한 인간의 학습변환과정을 이해하면 그 사람이 선택할 수 있는 삶의 양식이나 유형이 무엇이 될 것인지도 손쉽게 이해할 수 있다.

사람은 그 누구든 한 사회의 학습문화에 구속당한다. 그래서 한국인은 일본인과는 사회적 감각이 다른 사회인으로 생활하게 된다. 한 사회에 존속하는 동안 사람들은 그를 둘러싸고 있는 사회적 요구와 역할에 동의하면서도, 다른 한편으로는 끊임없이 인간 그 자체의 개인적 요구를 추구한다. 그래서 사람들은 개인의 삶살이나 욕구가 사회의 그것과 다르면 다를수록 더욱더 사회적 규범이나 관습에 대해 긴장하거나 갈등을 갖는다. 그런 갈등이나 긴장감의 정도는 사회의 요구와 개인 나름대로의 요구를 개인 스스로 어느 정도의 수준으로 감지하느냐에 따라 다르게 나타난다. 즉, 사회적 요구가 개인적인 느낌으로 보아 변화가능한 것이라고 감지하느냐 아니냐에 따라 사회적 요구와 관련된 갈등이나 긴장의 농도가 다르다.

개인의 요구와 사회의 요구가 서로 갈등하거나 긴장할 때 그런 긴장을 풀어 내주는 새로운 삶의 형식으로서 삶의 변환이 불가피해진다. 예를 들어, 명예퇴직을 한 사람의 경우, 그 삶의 시작은 퇴직 전의 일상적인 삶과는 질적으로 다른 것을 사회로부터 강요받게 된다. 이런 긴장과 갈등을 풀어 가는 해법이 그에게 새로운 삶의 형식을 드러내게 만든다. 모든 개인에게 있어서 요구되는 새로운 삶의 변환은 새로운 학습법을 요구한다. 그런 학습법이 한두 가지가 아니겠지만, 개인의 요구와 사회의 기대간에 생길 수 있는 마찰과 갈등을 풀어내는데 도움을 주는 삶의 태도와 배움의 과정들을 네 가지로 정리해 볼 수 있다. 이런 방법들은 개인 나름대로 일상적인 삶의 현장에서 응용된 결과로 얻어지는 것인데, 그 학습형태는 대체로 도전과 새로운 설계, 그리고 그로부터 얻어지는 새로운 활력과 새로운 시작이라는 재구조화의 형식을 갖게 된다.

도전의 삶과 그 학습은 변화가 불가능하다고 간주되는 사회의 규범이나 요구에 대해 끊임없이 문제를 제기하거나, 그것의 부당성을 지적함으로써 얻어지는 결과를 자기 삶의 한 부분으로 수용하며 자신의 삶을 변환시키는 일상적인 삶살이다. 이렇게 사회적 구조변화에 끊임없이 문제를 제기하며 나름대로의 해법을 얻어내는 배움을 저항학습방법이라고 부를 수 있다. 반면 이런 도전정신을 사회의 요구나 규범에 응용하기보다는 그 동안 그 어느 누구도 변화가 불가능하다고 간주하던 자기의 구태의연한 삶에 적용하여 마침내 자기의 삶을 새로운 모습으로 만들어내는 학습을 차별학습이라고 부른다. 말하자면, 나는 사회가 요구하는 그 어떤 요구에도 아랑곳하지 않고 내 방식대로 살아간다는 것을 겉으로 확실하게 드러내는 학습형식이라고 볼 수 있다. 이런 차별학습이 가능하기 위해서 학습자는 자기 삶에 대한 전반적이고도 강력한 형식의 새로운 설계가 필수적이다.

자기의 구태의연한 삶살이를 사회적으로도 확실하게 차별화되는 것으로 변환시키기 위해 도전하는 식의 새로운 설계를 이루어내는 것이 차별학습이라고 한다면, 도전보다는 기존의 자기의 삶에 매일같이 조용하게 활력을 불어넣는 식의 내면적 변환을 자극하는 삶의 모습을 우리는 성장학습이라고 부른다. 성장학습은 개인 나름대로의 삶에 대한 색깔을 더욱더 짙게 칠해 들어가는 배움의 활동이다. 이 학습에서 중요한 것은 활기라는 요소이다. 이 활기는 그 누구에게 보이거나 도전하기 위한 것이 아니라 자기 나름대로 개별적이면서도 고유한 모습으로 꿈틀거리며 새로운 모습의 삶으로 매일같이 변환시키는 원동력이 된다. 활기는 기본적으로 자기의 삶은 자기 고유의 것이지 남에게 보여주기 위한 것이 아님을 확실하게 드러내 보인다. 성장학습은 그 토대에 있어서 자기 내면의 삶을 새로운 모습으로 끊임없이 전환시키는 일이 사회적인 과업은 아니라고 본다. 성장학습에 비해 적응학습은 조용한 변화를 위한 활기의 필요성을 공감하면서도 조용한 변화를 통한 새로운 시작으로서의 재구조화를 강력하게 요구한다. 한 사람이 사회 속에서 생존해나가는 한, 그 삶은 끊임없이 사회적 요구와 규범에 동조하도록 되어 있다. 그러나 사회의 일방적인 요구는 개인에게 무리를 줄 수도 있다. 개인의 변화만이 강조되는 사회가 이상적인 사회도 아니다. 그런 점에서 서로 변화하는 모습이 중요하기에 이 사회 역시 개인의 요구에 적극적으로 동참해야 한다.

학습을 포기하는 사회는 자연으로부터 버림받은 사회

이런 사람들의 익힘법들은 서로가 서로에게 순환적이기도 하며 동시에 비연계적이기도 하다. 각각의 방법이 독립적이기에, 각각의 적응과정 속에서 얻어지는 학습형식들인 저항학습, 차별학습, 성장학습, 혹은 적응학습 등은 서로간의 연계를 필요로 하지 않는다. 그렇지만 한 인간의 삶에서 어느 경우의 삶은 도전적일 수도 있고, 그 어느 조건 아래의 삶은 성장적일 수도 있어서, 모든 학습은 독립적인 상태에서 삶이 필요로 하는 만큼 서로가 연계되어 있게 마련이다. 한 사람의 학습력은 바로 그들이 갖고 있는 학습의 본능을 삶의 현장에 어떻게 응용하느냐에 따라 전혀 다른 삶을 맞이하게 만들어준다. 한 개인이 누릴 삶의 질은 그의 학습력의 수준과 크기에 달려 있기에, 그의 학습본능은 개인들에게 생명처럼 친숙해야만 한다. 국가의 운명까지도 개인의 경우처럼 국민의 학습력에 매달려 있다.

평생학습과 여성의 향기

나는 분당에서 연세대까지 거의 매일같이 전철로 통근하고 있습니다. 무려 1시간 40분이나 걸리지요. 전철을 타고 다니는 것에 이제는 거의 중독되었다고 말할 수 있을 정도로 전철의 출퇴근에 빠져버렸습니다. 덩치 큰 것이 안전해서 전철을 타고 다니는 것이 아닙니다. 전철이 조용하거나 편안해서 그런 것도 아닙니다. 생각해보기에 따라서, 전철은 시끄러울 뿐만 아니라 분주하기만 한 그런 곳입니다. 세상을 구제하겠다는 광신자들이 틈만 나면 누구를 믿으라고 고래고래 소리지르는 곳도 전철 속입니다. 그런 소음 한가운데를 가로지르며 제 한 몸 가누기도 어려운 채 구걸을 호소하는 곳 역시 전철입니다. 그것뿐만이 아니지요. 요즘은 길거리 상인들도 소음 만들기에 한 축을 거들고 있지요. 우산도 팔고, 명함집도 팔고, 장남감도 파는 길거리 상인들이 요즘은 부쩍 늘어나고 있습니다. 나는 그런 소리가 좋아 전철을 타는 것이 아닙니다. 솔직히 말해, 그런 소음을 그대로 방치해두는 전철관리행정책임자를 고소하고 싶은 심정입니다. 그런 심정이 있기는 하지만, 나는 책을 읽을 수 있기에 전철을 즐깁니다. 내가 좋아하는 자리는 문 옆 받침대가 있는 자리입니다. 팔을 걸치고 책을 읽기가 좋아 그곳을 좋아합니다. 일단 책을 읽기 시작하면 구원자의 소리도, 구걸자의 소리도, 아니 구매자의 소리까지도 모조리 책 속으로 흡입됩니다. 이런 글읽기 덕분에 나는 행복합니다.

그 어느 곳에서라도 책을 읽으면 향기가 난다

최근 나는 존 가드너의 글을 읽고 또 읽고 있습니다. 그는 국제적으로 알려진 교육실천가입니다. 가드너는 인간의 수월성에 관해 독창적인 이야기를 강조하며 인간의 지능이 여러 개의 다양한 능력으로 구성되어 있다는 이론을 가장 앞장서서 주장한 학자이기도 합니다. 그는 인간의 지능은 그 형태로 보아 다양하며, 그렇기에 인간은 서로 다른 재능을 갖고 있다고 생각합니다. 그래서 그의 이론을 '중다지능론'이라고 부릅니다. 인간의 지능은 각기 그들의 삶에 합당한 의미를 만들어내는 도구이기도 합니다. 삶에 있어서 의미를 잃어버리면 그 다음에는 죽음만이 기다리고 있거든요.《베로니카 죽기로 결심하다》라는 소설에 이런 구절이 있습니다. "삶에서 기대했던 거의 모든 것을 마침내 얻게 되었을 때, 베로니카는 자신의 삶이 아무런 의미도 없다는 결론에 이르렀다. 매일 일이 뻔했던 것이다. 그래서 그녀는 죽기로 결심했다." 이런 상황을 직감한 가드너는 인간에게 있어서 '의미'가 갖는 의미를 이렇게 풀어쓰고 있습니다.

"의미란 수수께끼의 정답이나 보물찾기의 보물처럼 어쩌다가 우연히 발견하는 것이 아닙니다. 의미란, 당신 스스로 자신의 삶 속에서 세워 나가는 것입니다. 당신 자신의 과거로부터, 당신의 애정과 충성심으로부터, 당신에게 전해져 내려온 인류에 대한 경험으로부터, 자신의 재능과 지식으로부터, 당신이 믿고 있는 것으로부터, 당신이 사랑하는 사물들과 사람으로부터 당신이 무언가를 희생할 수 있을 정도로 가치를 두고 있는 것으로부터…… 그런 모든 것들로부터 당신이 세워 나가는 것입니다. 모든 재료들이 거기 있고, 그 재료들을 조합할 수 있는 사람은 당신 한 사람뿐입니다. 삶의 순간들이, 시간의 조각들이 당신에게 의미와 존엄성으로 새겨지도록 하십시오. 그리고 만약 그렇게 된다면, 실패나 성공에 대한 저울질은 그리 중요하지 않을 것입니다."

그의 글을 읽으며, 또 다른 시각으로 음미하고 있으면 우리 인간의 능력이 어느 정도로 위대한지를 잘 알게 됩니다. 그래서 나는 그의 글을 손에서 놓을 수가 없습니다. 그러나 아쉽게도 그의 글은 아주 오래 전에 어느 책에서 복사한 것이라서 출처도 모호할 뿐만 아니라, 글 제목도 모르는 상태입니다. 다만, 이 글이 그의 글이라고 보는 이유는 복사한 종이 위에 내가 그의 이름을 크게 써 놓았기 때문입니다. 상황은 그렇지만, 그의 글은 이렇게 나를 감동시키고 있습니다.

"조금이라도 자기 자신에 대해 생각하는 사람이라면 이런 생각을 하게 될 것이 분명합니다. 왜 어떤 사람은 사는 날까지 생기가 넘치는 반면에, 어떤 사람은 금세 초라해지는가 하고 말입니다. 사노라면 이것저것 때문에 자신 스스로가 초라해진다는 표현 그 자체가 어쩌면 너무 애매한 표현일지도 모르겠습니다만, 그것은 사실입니다. 그렇게 초라해지는 것은, 아마도 많은 사람이 어느 시점을 지나면 더 이상 배우고 자라는 것을 멈추기 때문일 것입니다."

나는 이 점에 있어서는 여성이라고 해서 예외일 수가 없다고 확신합니다. 왜냐하면, 모두의 인생살이가 다 그렇게 정리되곤 하기 때문이죠.

왜 우리는 성장을 멈추는 것일까요?

왜 많은 사람들이 나이를 먹어갈수록 성장을 멈추어버리는 것일까요? 이런 질문에 대해 우리 스스로 솔직하고 당당해야 합니다. 그리고 치열하게 이에 대한 해답을 찾아야 합니다. 삶이 우리가 해결하기에는 너무나 힘겨운 문제들을 던져주기 때문일지도 모릅니다. 또 어쩌면 너무나 오랫동안 그저 앞으로만 내달리다 보니 정작 무엇을 위해 달리고 있었는지를 잊어버렸을 수도 있습니다. 그러나 우리는 얼마나 바쁘고 어려운 일에 처해 있는가에 상관없이 자신을 돌아봐야 합니다. 선생님이 학생을 꾸짖듯 채근하는 것이 아닙니다. 삶은 힘겨운 것이니까요. 때로는 그저 하던 일을 계속 하는 것마저도 용기 있는 행동처럼 느껴지기도 합니다.

우리는 현실을 있는 그대로 바라보아야 합니다. 세상의 수많은 직장인들이 스스로 느끼고 있는 것보다 훨씬 더 뒤떨어진 채로 살아가고 있다는 사실, 그리고 스스로 인정할 수 없을 만큼 권태로움에 빠져 있다는 사실들을 있는 그대로 바라보아야 합니다. 어떤 작가가 말하길, "어떤 사람들의 시계는, 그들의 인생 어느 한 시점에 멈춰버리고 만다"고 이야기했습니다.

그래서 우리 모두 솔직해져야 합니다. 그러면 우리들 스스로 우리 자신이 학습자라는 사실을 깨닫지 못하고 지내곤 한다는 사실을 알게 됩니다. 우리들 모두가 학습자입니다. 순간 순간의 선택, 매일 매일의 일상으로 당신의 독특한 작품을 배우고 있는 것입니다. 당신만이 할 수 있는 일을 당신이 하고 있는 것입니다. 당신이 이 세상에 태어난 이유는 당신만의 흔적을 이 세상에 남기기 위해서입니다. 그래서 사람은 배우는 것입니다. 당신이 배운 것들이 바로 당신의 '진정한' 모습입니다. 당신의 창의적인 학습을 '존중' 하십시오. 신념으로 삶의 걸음을 배우십시오. 당신의 '선택'과 당신의 배움이 진실했었다는 사실을 발견하게 될 것입니다. 그 다음엔, 지금 느끼는 이상으로 당신의 삶이 풍요로움을 누릴 수 있다는 사실을 알게 될 것입니다. 마치 기쁨으로 가득한 한 편의 감사의 시처럼 말입니다.

우리가 모르는 사이, 많은 사람들이 그들의 인생을 헤쳐나가고 있습니다. '단지 진지하게 관찰을 하는 것만으로도 많은 것을 배울 수 있습니다.' 그렇게 하기만 하더라도 무엇인가 의미있는 것을 배울 수 있는 것입니다. 대부분의 사람들은 인생의 시기나 나이에 관계없이 배우고 성장하는 것을 좋아합니다. 만약 당신이 활기와 생명력을 잃고 초라해질 수 있다는 위험을 느낀다면, 지금 바로 어떤 변화를 시도해야 합니다. 만일 당신의 시계가 멈추었다면, 다시 태엽을 감으면 됩니다. 그때부터 다시 배움의 시간은 돌아가게 되는 것입니다. 우리 모두가 스스로 깨닫지 못하고 있을 뿐입니다. 당신의 내면에는 지금까지 개발되었던 그 이상의 자원이, 지금까지 사용되었던 그 이상의 재능이, 지금까지 발견했던 그 이상의 능력이 내재되어 있습니다. 이 점에 있어서는 여성이라고 해서 열외에 서 있을 수는 없습니다.

1) 이 책은 신문지상을 통해 쏟아져 나오는 교육에 관한 기사 속에서 하루를 시작하는 사람들에게 보내는 한국교육의 이해를 위한 길잡이다. 이 책에는 신문지상을 통해 제기된 교육문제 관련 평론이나 혹은 해설기사들이 주제별로 분류되어 있다. 이런 류의 글을 매일같이 접하는 독자들로서는 때때로 혼란스러울 수 있다. 왜냐하면 교육문제를 이해하는 데 도움이 되는 길잡이가 부족하기 때문이다. 이런 교육적 쟁점을 한국교육의 전체 모습 속에서 살펴볼 수 있도록 만들어주는 하나의 통일된 인식의 틀(problematic frame)이 있다면, 우리는 보다 손쉽게 그 글들을 이해할 수 있을 것이다. 이 책은 바로 이런 교육문제 이해의 틀로서 만들어진 것이다.

이 책이 출판될 때까지, 배우려는 학자의 모습과 그 에너지로 나를 도와준 김성길과 하지영에게 고마움을 전한다. 그들에게서 '배우는 동물'의 지적인 내음새를 매일같이 맡고 있음에 행복을 느끼고 있다. 그들이 어려운 지적 항해에 지치지 않고 있음에 그저 고마움을 느낄 뿐이다.

2) '이 사람', 더 나아가 '이 사람을 보라!'고 번역되는 에세 호모(Ecce Homo)라는 말은 신약성경 요한복음 19장 5절에서 그 뜻이 아주 분명해지고 있다. 성경의 이야기는 이렇다. 유대 총독인 빌라도는 예수가 죄가 없다는 것을 분명히 알고 있다. 그렇지만 절대권력자인 빌라도는 권력을 유지하기 위해 유대인의 비위를 맞춘다. 예수의 처형을 갈망하는 유대 제사장들에게 그는 이렇게 외친다. "보라, 이 사람이도다(behold the man)"라고. 이 말이 바로 '에세 호모'이다.

'이 사람을 보라'의 의미를 또 한번 극명하게 드러내는 작품이 바로 프리드리히 니체(F. Nietsche)의 자전집이다. 그의 자전집 제목이 바로《에세 호모(Ecce Homo)》이다. 니체는 그의 자전집《에세 호모》를 1888년에 끝냈는

데, 출판은 1904년에 유고집으로 나왔다. 《에세 호모》에서 니체는 자신을 소크라테스로 비유한다. 이때 비유된 소크라테스는 철학자 소크라테스가 아니라 예술인 소크라테스(artistic Socrates)이다. 니체가 바라본 예술인 소크라테스는 경박한 시인(poets), 지력 없는 웅변가, 되지 않는 글쟁이들, 읽지 않는 무지랭이들을 한없이 질타하는 삶과 예술의 철학자였다. 《에세 호모》에서 니체는 소크라테스에 대해 예술과 삶을 노래하는 태생적인 현자나 철학자가 아니라, 타의적으로 승화된 현자가 될 수밖에 없었다는 속내를 드러내고 있다. 니체는 플라톤의 논리를 차용한다. 플라톤은 그의 스승인 소크라테스의 무고함을 변호하기 위해 〈변론(Apology)〉을 쓴다. 소크라테스는 결코 현자(the wise)가 아니라 소크라테스를 고발하는 사람들이 무지했기에, 그가 현자가 되었다고 토로함으로써, 자기의 스승을 비판한 자들의 무지를 조롱했다. 니체 역시 이러한 플라톤의 논리로 자신을 비판한 동시대의 적대자들을 조롱하기에 이른다.

《에세 호모》에서 니체가 주목하라고 요구하는 '이 사람(Ecce Homo)'은 그리스 신화에 나오는 디오니소스(Dionysus)이다. 디오니소스는 열정의 신이며 인간적인 신이다. 삶을 끝없이 갈망하는 감성의 신이며 일상적인 예술의 신이다. '모든 고뇌와 역경, 그리고 괴롭힘의 삶 속에서도 굳건하게 자리를 지켜내는 삶의 상징(The symbol of the affirmation of life with all its suffering and terror)'이자 살아 꿈틀대는 삶이 바로 디오니소스이다. 인간을 속박하는 모든 것의 속내를 살펴보면 그 속에는 삶의 희열과 열정이 빠져있다. 그런 것을 그들은 생활이며 사람이 걸어야 할 길이라고 강요한다.

오늘날의 '이 사람'을 조금이라도 유심히 보라. 비록 상처투성이지만 그래도 열정적으로 살아 움직이며 내일을 위해 자기의 삶 모두를 리포메팅(reformatting, 개조)하는 이 학생들을 조금이라도 새롭게 보면 배움이 무엇이 되어야 하는지를 금세 알게 된다. 삶의 희열과 열정에 대해 절규하는 니체의 그 '에세 호모', 그 풍만한 감성과 그 열정의 메시지가 지금 이 순간 우리의 교실 속으로 흘러 들어와야 하는 것이 아닌가 자문하면서 '이 사람을 보라!'

3) 고난의 상징으로 예수를 십자가에 못 박아 두는 일에 별로 탐탁한 생각을 가질 수 없었던 틱낫한은 십자가 못 박혀 있는 예수의 모습을 이렇게 대안 적으로 제시하고 있다(참고: 틱낫한(1997). 《살아 계신 붓다, 살아 계신 그 리스도》(역). 서울: 한민사).

"명상이란 고요함입니다. 앉으나 서나 걷고 있으나 모두 고요히 하는 것입니다. 명상은 깊이 들여다보는 것, 깊이 체험하는 것, 그래서 우리가 이미 고향에 있다는 것을 깨닫는 것입니다. 우리의 고향은 바로 지금 여기에 있습니다. 예수 그리스도께서는 명상을 실행하셨습니다. 예수님이 세례 요한 으로부터 세례를 받으실 때 성령이 인간 예수님에게 태어났습니다. 그후 예수님은 40일간 광야에 나가서 조용한 시간을 보내셨습니다. 예수님은 명상을 실천하시고 성령을 튼튼하게 하셔서 완전히 변하셨습니다. 예수님이 무슨 자세로 명상하셨는지에 대한 기록은 없습니다만, 제가 생각하기로 분명히 앉아서 하는 명상(坐禪)과 걸으면서 하는 명상(行禪)을 실행하셨을 것이고, 깊이 들여다봄, 깊이 접촉함, 그 안에 있는 성령 에너지를 북돋는 일 등을 궁행(躬行)하셨을 것입니다. 부처님처럼 보리수 밑에 앉아 계셨을지도 모르겠습니다.…… 우리에게 나타나는 예수님의 형상은 주로 십자가에 달린 모습입니다. 이것은 저를 무척 괴롭게 합니다. 이것은 기쁨과 평화를 가져다주지 못하는 형상으로서, 예수님에 대한 올바른 대접일 수 없다고 봅니다. 저는 우리 기독교 길벗들이 예수님을 그릴 때, 가부좌의 자세로 앉아 계신 모습이나 명상에 잠긴 채 걷는 모습 같이, 뭔가 지금과는 다른 모습을 보며 생각할 때, 우리 마음에 파고드는 평화와 기쁨을 느낄 수 있지 않을까 생각합니다."

4) 이 글을 쓰는 동안 나는 기대치 않게 오강남 교수가 쓴 《예수는 없다》라는 책을 어느 지방대학 총장님으로부터 선물받았다. 이 책에서 오강남 교수는 기독교를 뒤집어 읽을 때 비로소 살아 움직이는 예수, 살아 있는 예수를 경험하게 된다고 주장한다. 예수를 문자적으로 읽어버리거나 역사적으로 읽어야 한다고 주장하면 할수록 예수는 없어지게 된다고 주장하는 그는, 예수의 참된 모습을 처녀생식이나 부활과 같은 개념으로는 결코 찾아낼 수 없다

고 강조한다. 후세 사람들이 그들의 생계를 위해 만들어낸 '마초맨 예수'를 강조하면 할수록, 예수는 오늘의 예수가 아니라 죽어가는 예수가 될 것이라고 경고하고 있다. 나는 단숨에 그리고 달게 그 책을 읽어가면서, 그동안 이렇게 저렇게 교회에서 그분들과 부대끼면서 그들의 환상에 절망했거나, 아예 서로가 관심 밖이었던 비인간적인 일들에 대한 미안함을 풀어낼 수 있었다. 아니 오히려 더 확신하는 모습으로 그들에게 다가갈 수 있음을 일깨워준 오 교수에게 고마움을 느낄 뿐이다.

5) 성경은 가롯 유다가 예수를 팔아넘기는 장면을 극적으로 묘사하고 있다. "…… 한 무리가 오는데 열둘 중에 하나인 유다라 하는 자가 그들의 앞에 와서 예수께 입을 맞추려고 가까이하는지라 예수께서 이르시되 유다야 네가 입맞춤으로 인자를 파느냐 하시니…… 예수께서 그 잡으러 온 대제사장들과 성전의 군관들과 장로들에게 이르시되 너희가 강도를 잡는 것같이 검과 몽치를 가지고 나왔느냐……."(〈누가복음〉 22장 47~52절)

6) 학교는 학교운영위의 심의를 거쳐 교육 영역에서부터 시간, 관리방법, 수당 등을 자율적으로 결정할 수 있다. 교육부는 영어회화반, 영어연극반, 영어독해반, CNN 청취반, 수리탐구반, 논술반, 사회탐구반, 실험탐구반 등을 권장하고 있지만, 일선 언론들은 보충수업 폐지 당시를 견주어보며 학교현장이 이를 지킬지는 의문시된다고 보고 있다(참고: 조선일보, 2002년 3월 19일자). 보충수업을 부활시키면서 정부가 공식적으로 체벌까지 '허용'한다고 발표한 것은 학교교육정책의 새로운 모습을 보여준 것으로 판단된다. 지금까지는 체벌을 하지 말도록 함으로써 학교현장에서는 교사들이 교육적 체벌을 가하려 해도 학생들이 "체벌이 금지됐는데 왜 때리느냐"며 반발하는 사례가 비일비재했었다.

7) 참고: 니코스 카잔차키스(1982).《예수 다시 십자가에 못 박히다(The Greek passion)》. 서울: 고려원. 이 소설에서 카잔차키스는 이렇게 물어보고 있다. "날마다 그리스도를 다시 십자가에 못 박는 고모라의 돌팔이 의사

는 누구인가?' 그 돌팔이 의사는 무슨 병이든 고친다고 말한다. "당신은 어디가 탈났습니까? 나는 거짓말을 했어요. 좋아요. 그리스도 3그램을 쓰시오. 나는 도둑질을 했는데요. 4그램의 그리스도를 사용하십시오. 난 살인을 했소. 오 가엾은 사람, 중병이군요. 최소한 15그램의 그리스도를 복용해야 하오. 그렇지 않으면 당신은 지옥 아랫목으로 갈 거요." 이런 것을 학교교육현장과 관련시킬 수 있다면 아마 비슷비슷한 비유들로 채색될 것이다. 우리 학생들은 그 돌팔이 의사에게서 몇 그램, 몇 그램씩의 교육처방을 받으며 구원의 날을 기다리고 있는 존재들로 그려질 수도 있을 성싶다.

8) 보충수업과 체벌 부활에 관한 정책 토론을 나누는 TV 대담프로가 보충수업 정책 발표 한두 주 후에 있었다. 그 자리에는 보충수업과 체벌 부활 교육정책을 입안했던 주무부서의 장(長) 격에 있는 교육행정가가 참석했다. 다른 대담자가 체벌 부활의 문제를 그에게 한두 차례 힘주어 거론하자, 그 행정가는 짜증이 나는 듯 반응했다. 그는 체벌 정책 안건은 보충수업 정책을 입안하는 과정에서 아주 작은 사안으로 그냥 끼어들어간, 별로 대수롭지 않은 것이니 크게 신경 쓰지 말라고 힘주어 말했다. 아주 작은 사안으로 실시되는 것이니 중요한 정책안이 아니라는 그 행정가의 언변은 정책자가 취할 수 있는 언변이라고는 생각할 수 없었다. 이보다 더 놀라웠던 것은, 형법조항은 원래 아주 짧은 문장으로 만들어져 있다는 사실을 그가 간과하고 있다는 것이었다.

9) 참고: 카아, E. H.(1970).《역사란 무엇인가》(역). 서울: 탐구당.

10) 참고: 아더 콤스(1998).《우리가 원하는 학교》(역). 서울: 학지사.

11) 욕파불능(欲罷不能)은 공자(孔子)의 제자 안연(顔淵)이 이야기한 것으로, 배움의 몰입을 표현한 글귀이다.

12) 사회혁명에 있어서도 휴머니즘이 중요하다는 것은 모택동이 권력 유지를

위해 일으켰던 문화혁명의 문제점을 고발하는 소설《사람아! 아, 사람아!》 에서 치열하게 나타나 있다. 작가 다이 호우잉(厚英)은 인간의 휴머니즘에 대한 이해가 얼마나 중요한지를 이렇게 절규하고 있다. "⋯⋯나는 사색을 시작했다. 피가 흐르는 상처에 붕대를 감고 자신의 영혼을 해부하기 시작 했으며 한 페이지 한 페이지 자신이 쓴 역사를 다시 읽었고, 한 발자국 한 발자국 자신이 걸어온 발자취를 점검해갔다. 그리고 드디어, 나는 지금까 지 희극으로 비극의 역할을 연출해왔다는 것을 깨달았다. 사상의 자유를 탈취당하고 있으면서도 스스로는 가장 자유롭다고 생각하고 있는 인간, 정신의 족쇄를 아름다운 목걸이로 착각하고 자랑스레 내보이는 인간, 그 리고 인생의 절반을 살아오면서도 자기를 모르고 자기를 탐구하려고 하지 않는 그러한 인간의 역을 맡아왔던 것이다. 나는 '역할'에서 벗어나 자기 를 발견했다. 원래 나는 피와 살이 있고 사랑과 증오도 있으며 희노애락을 느끼는 인간이다. 인간으로서의 자신의 가치를 지녀야 하는 것이며, 그것 이 억압당하거나 '길들여진 도구'로 전락해서는 안 되는 것이다. 커다란 문자가 갑자기 눈앞에 떠올랐다. '인간!' 오랫동안 내버려지고 잊혀져 왔 던 노래가 내 목을 뚫고 나왔다. 인간성, 인간의 감정, 휴머니즘!"(참고: 다 이 호우잉(1991).《사람아! 아, 사람아!》(역). 서울: 다섯수레)

13) 트리나 폴러스(참고: 트리나 폴러스(1987).《꽃들에게 희망을》. 서울: 예문 출판사)의 글은 탈바꿈이 무엇인지를 잘 보여 준다. " '⋯⋯눈앞에 보이는 것은 단지 솜털투성이인 한 마리의 벌레뿐인데 나의 내부에 그리고 당신 의 내부에 한 마리의 나비가 들어 있다고 어떻게 믿을 수 있나요? 어떻게 나비가 될 수 있나요?' 하고 그녀는 생각에 잠겨 물었습니다. '애벌레의 상태를 기꺼이 포기할 수 있을 만큼 절실히 날기를 원할 때 가능한 일이란 다.' '목숨을 버리라는 말씀인가요?' 하고 노랑 애벌레가 물었습니다. 하 늘로부터 떨어진 그 세 마리의 애벌레가 생각났습니다. '그렇기도 하고 그 렇지 않기도 하단다. 너의 겉모습은 죽어 없어질 것이지만 너의 참모습은 여전히 살아 있을 것이란다. 삶에 변화가 온 것이지, 목숨을 빼앗긴 것이 아니다. 나비가 되어보지도 못하고 죽어버린 그 애벌레들과는 전혀 다른

것이지.' 그가 대답했습니다. '나비가 되려면, 전 무엇을 해야 하지요?' 하고 노랑 애벌레가 주저하며 물었습니다. '나를 잘 보아라. 나는 지금 고치를 만들고 있단다. 내가 그냥 숨어버리는 것같이 보이지만, 고치란 피해 달아나는 곳이 아니란다. 변화가 일어나는 잠시 머무는 여인숙과 같은 거야. 애벌레의 삶으로 결코 다시는 돌아갈 수 없는 것이니까, 그것은 하나의 커다란 도약이지. 탈바꿈이 일어나고 있는 동안, 너의 눈에는 혹은 그것을 지켜보고 있는 누구의 눈에도 별다른 변화가 없는 것처럼 보일는지 모르지만, 이미 나비가 만들어지고 있는 거란다. 시간이 좀 걸린다는 것뿐이지!'"

14) 메를로 퐁티(참고: Merleu-Ponty, M.(1964). 《The primacy of perception》. Evanston: Northwestern University Press)는 인간의 신체를 나와 우주의 접선으로 간주한다. 그래서 체험학습은 나와 우주의 만남을 위해 필연적이다. 학습자 스스로의 내적인 것과 외적인 것, 주관적인 것과 객관적인 것, 지적인 것과 정서적인 것을 연결시켜주는 매개체이며, 지각의 본체이나. 내가 누구를 만나서 그에 대한 인식을 얻는다고 할 때, 그 지각은 인간의 몸에 직결된다. 인간의 몸은 시·공간의 환경을 벗어날 수 없다. 인간이 공간 속에서 어떤 형태를 지각할 수 있는 것은 그 형태를 에워싸고 있는 공간적 참조틀과 그것에 대한 체험이 있기에 가능하다. 철판의 외벽이나 테두리, 또는 인물의 뒤에 전개되고 있는 배경 공간 등과 같은 비교 가능한 기준이 있기 때문에 지각이 가능하다. 이러한 참조틀이 없이는 음악을 들을 때 제대로 지각할 수 없다. 한 대상을 제대로 지각할 수가 없다. 또, 어떤 음의 장단이나 고저를 가늠할 수 있는 다른 배경이나 참조 음이 있기에 비로소 그 음을 제대로 의식할 수 있다. 세상살이에 있어서 우리의 신체는 그 참조틀이 된다(참고: Dufrene, M.(1973). 《The phenomenology of aesthetic experience》. Evanston: Northwestern University Press). 바로 인간의 신체는 도구이며 사고의 채널이며 참조의 틀이기에, 피아니스트는 손가락으로, 지휘자는 온몸으로 소리를 듣고 또 생각하며, 글쟁이는 의식으로, 가르치는 자는 느낌으로 생각하게 된다.

15) 스츠키 다이세츠(참고: 스츠키 다이세츠(1998).《가르침과 배움의 현상학》(역). 서울: 경서원)는 불가(佛家)에서 바라보는 깨달음에 대해 이렇게 이야기한다. "천길 낭떠러지에서 몸을 날려 새로운 세계로 비상하듯이 선의 지적 전화는 깨달음을 유발하는 촉매제가 된다. 즉 지금까지 생활을 규정해온 생각들을 버리지 않으면 안 된다는 의미이기도 하다. 현재까지의 생각을 밀쳐내고 우리들의 생활을 규정하고 있던 모든 삶의 양태가 일시에 전복된다. 논리적으로 보자면 새로운 입장으로 대체되는 것이지만, 심리적으로는 의식의 붕괴라고 말할 수 있다. 이 붕괴가 건설적인 것이 되어, 붕괴되는 것과 동시에 거기에 새로운 것이 재구축된다. 그러므로 단지 붕괴되는 것만으로는 깨달음을 얻는 것이 아니다. 깨달음은 보다 적극적인 건설적 면모를 지녀야 한다. 그 건설은 복잡하지 않은 단순한 것이다. 단순한 만큼 근본적일 수밖에 없다. 일순간 전환하여 참신한 면모를 지닌 의식의 틀이지만 불가사의하고 진기하다는 느낌보다는, 매일매일 보아왔던 그런데도 알지 못했던 매우 친숙한 옛 것을 본 것과 같다. 고향 나들이, 옛 친구와의 해후 등과 같은 기분으로 표현된다. 깨달음은 전혀 새로운 것이 아니고 미리 있었던 것이기 때문에 그것이 '재차 인식' 되었다고 하는 편이 나을 것이다. 현재 의식의 틀이 변했다고 말해도 실상 변한 것은 없으니 지금까지 그 본래의 틀에 신경 쓰지 않았다고 보는 것이 타당하다. 결국 지금까지는 보아도 보이지 않고 배워도 알지 못했던 것이 있었다. 그래서 이것이 새롭게 탄생됐다고 특별한 가치를 부여하려 하지만, 실제로는 옛 것 그대로이다. 엄밀히 말해 깨달음은 거짓말 같은 것이다. 새로운 것이 출현했다는 것은 아니고, '옛 것 그대로 있는 것' 에 대하여 눈떴다는 의미이다. 눈떴다는 것은 개개의 내적 체험이나, 객관적으로 보면 허황된 면도 없지 않다."

16) 중국에서는 'The bank of communication' 을 '교통은행' 이라고 번역한다. 교통이라는 말은 그대로 사람이나 자동차, 혹은 전신전화 등등이 서로 지장 없이 통하는 통로나 활동 방법을 뜻한다. 따라서 'communication' 을 여기서는 '의사소통' 보다는 '언어교통' 이라고 번역하는 것이 보다 타

당하다. 이때 언어교통이라는 말은 '두 사람 이상 사이에서 언어의 전달' 현상을 말한다. 텔레비전과 텔레비전, 원숭이와 원숭이 간의 상징 교환을 언어교통이라고 보지 않고, 사람과 사람 간의 상징 교환을 언어교통이라고 보는 이유는, 사람들은 언어교통을 하면서 서로가 전달하고 싶은 것을 전달한다는 데 있다. 동물들의 본능적인 배내 버릇이나 그것의 한 종류인 각인된 신호음, 기계들이 만들어내는 신호음은 그 의미가 한 가지로 고정된다. 까마귀의 울음소리에 백조가 몰려들지 않는 이유도 여기에 있다. 아무리 통화를 원해도 전화번호를 잘못 돌리면 통화는 불가능하게 되어 언어교통은 불가능하다. 설령 통화를 했다고 해도, 통화하는 사람들이 별다른 감화나 의미를 주고받지 못했다면 그들의 통화는 그저 단순한 언어교통이었을 뿐이다.

17) 의식소통의 한 면을 잘 이해하는 데 도움을 주는 영화들이 있다. 그런 영화 중에서 이정향 감독의 〈집으로〉라는 영화를 추천하고 싶다. 출연이라고는 일생 동안 한 번도 해보지 못한 시골 할머니가 주연으로 나온 이 영화는 77세의 외할머니와 7세의 손자가 두 달간 서로 엮어내는 '의식소통'의 과정을 잘 표현하고 있다. 77세의 할머니는 말을 못하는 벙어리이며 한평생 무지와 가난 속에서 살아왔지만, 삶 속에서 앎을 익혀온 노인네이다. 반면 7세의 외손자는 햄버거와 콜라를 즐기고 디지털 문화가 몸에 밴 세대이다. 통하는 것이라고는 혈육밖에 없는 이들은 문화적으로 너무 달라 언어교통이 불가능했다. 그렇지만 이들은 삶의 나눔을 통해 장애를 하나둘씩 극복해나갔다. 언어의 교통을 넘어서는 체험의 공유, 서로 다르지만 그럼에도 서로 접속하려는 태도, 그리고 사랑하기 위한 마음 같은 것은 말이 없어도 서로에게 진하게 적셔졌던 것이다.

18) 피닉스가 말하는 초월은 존재의 자발적 복종을 의미한다. 초월은 시간적 초월, 공간적 초월, 시공간적 초월로 갈라진다. 시간적 초월은 단순히 물리적 시간의 경험을 의미하는 것이 아니다. 시간은, 베르그송의 '생명의 비약' 이라든지 화이트헤드의 '참신성을 향한 창조적 전진' 과 같은 끊임 없

는 동적 과정을 의미한다. 인간적으로 산다고 하는 것은 매순간을 창조적으로 경험하는 과정이다. 창조의 시간은 과거에 머물지 않고 매순간이 역동적이며, 현실이 창조적 시간의 연속임을 의미한다. 모든 실재는 타실재와 '관련' 하며 어떤 것도 독자적으로 생겨나서 고립된 채 존재할 수 없다. 모든 인간은 타인과의 '관련적 존재' 이기에 공간의 지평을 넓히는 것이 바로 공간적 초월이 된다. 시공간적 초월의 차원은 시공간의 제약과 유한을 넘어 무한을 추구하는 의식을 의미한다. 구체적 실재보다는 좀더 높은 완성의 가능성을 추구하는 것을 의미한다는 점에서 시공간적 초월은 피닉스가 말하는 인간의 영성(spirit)과 직결된다(참고: Phenix, P.(1964). 《Realms of meanings》. New York: McGraw Hills).

19) 이런 점에서 사람들간의 의식 불통은 사회문제의 시작이라고 보는 것이다. 의식 불통의 관점으로 사회문제를 조명하면, 의식 불통을 조장하는 조건들은 도구적인 면에서나 인간 관계 면에서나 모두가 사회문제의 배태조건들이다. 이런 상황 속에서 사회문제는 해결되어지는 것이 아니라 관리되어지는 것임을 알 수 있다. 제대로 관리되지 못하는 사건이나 의식들은 언젠가 다시 사회문제로 회귀될 수밖에 없다.

20) 교육개혁은 어설프게 교육제도나 행정 같은 교육을 구성하는 '사물' 을 고친다고 해서 되는 것이 아니다. 제도란 오직 사람에 의해, 특히 일선 교사에 의해 엄청나게 영향을 받는다. 개혁 과정에서 교사들의 협력을 얻지 못한다면, 우리가 하는 모든 일들은 그다지 쓸모가 없다. 일반적으로 우리는 기관의 문제를 다룰 때 상층과 하층의 사람에게 관심을 집중하고 중간에 있는 사람을 무시하는 경향이 있다. 예컨대 병원의 경우 내과의사, 외과의사, 그리고 환자에게는 관심을 기울이지만, 간호사, 치료사, 조무사, 교사에 대해서는 그렇지 않다. 형벌기관의 경우에도 교도소장이나 죄수에게는 주의를 집중하지만 간수, 교사, 상담자, 그리고 보조인력 등은 무시한다. 마찬가지로 교육에서도 한편으로는 관리 책임자를, 다른 한편으로는 학생을 걱정하지만, 교육의 모든 과정이 의존하게 되는 교사는 가치 없이 다루

어지거나 무시되며, 심지어는 대부분의 실패에 대한 책임이 있다는 식으로 비난받는다(참고: 아더 콤스(1998). 《우리가 원하는 학교》(역). 서울: 학지사).

21) 말하자면, 스피노자가 보여주었던 정신이 바로 지성인으로서 취할 수 있는 상황 통제력과 그것의 힘을 알게 만든다. 스피노자는 이렇게 말했다. "오직 지식만이 힘이며 자유이다. 지식의 추구와 이해의 기쁨만이 영원한 행복이다. 철학자도 하나의 인간, 하나의 시민이어야 한다. 진리를 추구하는 동안 철학자의 생활양식은 어떠할 것인가?' 스피노자는 이에 대해 극히 간단한 행동 규칙을 말했다. "첫째, 민중이 이해할 수 있는 방식으로 말하고, 우리의 목적달성을 방해하지 않는 일이라면 무엇이든지 민중을 위해서 할 것, 둘째, 건강의 보전에 반드시 필요한 쾌락만을 즐길 것, 셋째, 우리의 생명과 건강의 유지에 꼭 필요한 정도의 돈만을 추구하고, 우리의 목적과 일치되는 습관에 따를 것이다." 다시 한 번 더 스피노자는 "무엇보다도 지성을 개선하고 정화하기 위한 수단을 찾아내야 한다"고 말한다. 우리는 지식의 여러 형태 중에서 최상의 형태만을 신뢰해야 한다. 전해 들은 지식이 있을 수 있고, 막연한 경험의 지식이 있을 수 있고, 연역 또는 추리에 의해 획득한 지식이 있을 수 있는데, 그는 지금까지 이러한 지식에 의해 알게 된 것은 극히 적다는 것을 고백했다. "나는 일상생활에서 자주 일어나는 모든 일들이 헛되고 쓸모없다는 사실을 경험을 통해서 배웠다. 내가 두려워했고 또 나에게 두려움을 주었던 모든 일들이, 나의 마음이 거기에 영향을 받지 않는 이상 그 자체로는 좋은 것도 나쁜 것도 아니라는 사실을 알았을 때, 마침내 나는 진정으로 좋고 그것의 좋음을 남에게 알릴 수 있는 어떤 것이 있는지, 그리고 그것만을 위해 다른 모든 것을 배제할 마음을 갖도록 하는 어떤 것이 있는지를 탐구하기로 결심했다. 말하자면 영원히 계속되는 최고의 행복을 누릴 능력을 발견하고, 또 획득할 수 있는지를 탐구하기로 결심했다. 자연 속의 모든 사물은 황당하고 불합리하고 악한 것처럼 보이는데, 그것은 우리가 사물을 부분적으로만 알고 전체로서의 자연의 질서와 관련에 대해서는 전혀 무지하기 때문이며, 또한 모든 것을 우리

의 이성의 명령에 따라 정리하려고 하기 때문에 그렇게 보이는 것이다. 선과 악이라는 말은, 그 자체를 고찰해 보면 아무런 절대적 의미도 없다. 동일한 것이 동시에 선도 되고 악도 되며, 선악과 관계없는 것도 되기 때문이다. 예컨대, 음악은 우울한 자에게는 좋은 것이고, 슬퍼하는 자에게는 나쁜 것이며, 죽은 자에게는 좋지도 나쁘지도 않다."(참고: 스피노자, 《에티카》)

신에 대해 새로운 해석을 한 스피노자에 대해 당시 네덜란드의 유대인 공동체는 매우 긴장하고 있었다. 네덜란드의 랍비는 스피노자의 특이한 생활방식에 대해 과잉반응했다. 스피노자를 묵살함으로써 유대교의 교의가 더 잘 보전될 수 있다고 확신한 랍비는 스피노자를 소환하여 이단으로 고발했으며 참회를 강요했다. 스피노자가 30일의 파문 예고기간을 넘겨버리자, 랍비는 스피노자를 향해 교정불가의 인간이라고 판정했다. 1656년 7월 27일 스피노자는 마침내 유대 교회에서 쫓겨났다. 랍비는 '여호수아(Joshua)가 제리코(Jericho)를 저주했던 그 저주'로 스피노자를 저주했다. "낮이나 밤이나 저주를 받으리라. 누워 있을 때나 일어나 있을 때나 저주를 받으리라. 밖으로 나갈 때나 들어올 때나 저주를 받으리라. 주님은 그를 용서하지 않으리라. 주님의 분노와 증오가 이 인간을 향해 타오르고, 또 율법서에 쓰여 있는 모든 저주를 그에게 내리시리라. 주님은 하늘 아래에서 그의 이름을 없애버리시리라. 그가 파멸할 때까지 주님은 율법서에 쓰여 있는 하늘의 모든 저주로써 그를 모든 이스라엘 종족으로부터 떼어놓으시리라. 그러나 주님께 충성하는 너희들은 모두 오늘을 살아가리! 우리는 명하노니, 누구도 그와 말로든 글로든 대화해서는 안 되며, 그에게 어떠한 호의도 베풀어서는 안 되며, 그와 한지붕 밑에 머물러서도 안 되고, 그에게 4큐빗(cubit: 보통 46~56cm를 일컫는 고대의 척도) 이내로 다가가서도 안 되며, 그가 짓거나 쓴 어떤 것도 읽어서는 안 된다." 이런 랍비의 파문 결정과 저주에 대해 스피노자는 다음과 같이 응답했다. "잘됐다. 난 두렵지 않다. 앞으로는 하고 싶지 않은 일을 하도록 강요받지 않을 테니 말이다."

22) 아더 콤스는 인간주의적인 학교를 알아보는 100가지 기준을 제시한 바 있

는데 그 중에서도 교사의 역할이 매우 중요함을 지적하고 있다. (1)교사는 진지하고, 인정이 있고, 학생과 공감대를 형성한다. (2)학생이 실수하더라도 자아개념을 손상시키지 않는다. (3)학교정책은 학생 개개인의 가치, 존엄성, 권리의 보전을 직접적인 목적으로 한다. (4)교직원은 학생들을 대등한 인간으로서 친절하고 정중하게 대우한다. (5)학생은 서로가 하는 말에 귀를 기울인다. (6)필요한 징벌을 가할 때도 동정과 이해심을 잊지 않는다. (7)교직원은 부정적이기보다는 긍정적인 결과에 중점을 두고 행동을 지도한다. (8)도서관에는 다양한 책과 자료들이 풍부하다. (9)교장은 교직원과 학생들에게 영향이 미칠 의사결정을 하고자 할 경우에는, 그들을 진심으로 참여시킨다. (10)교사는 자기가 학생들을 신뢰하고 있다는 것을 행동으로 보여준다. (11)교사는 적어도 하루에 한 번, 각 학생에게 "너에게 관심을 갖고 있다"는 것을 나타내 보일 기회나 사건을 갖는다. (12)다양한 사고와 여러 가지 형태의 창조적인 노력을 촉진할 수 있는 활동들이 있다. (13)교사는 인간적인 가르침을 베푼다. 교사는 학생에게 보조를 맞추고, 개개인에게 더 많은 주의를 기울이기 위해 시간을 관리하고, 학생에게 선택권을 준다. (14)교사는 교과내용에서 유능함을 보여준다. (15)학습경험을 계획하면서, 나이나 학년보다는 학생의 발달특성이 더 많이 고려된다. (16)교직원은 학생 개개인에게 나타날 문제를 간파하여 적절하게 대응할 수 있다. (17)상담자, 간호사, 개인교사, 그리고 다른 직원들과 만나는 것이 자유롭다. (18)교사는 학생들에게 "나는 너의 말에 귀를 기울인다"는 것을 보여주기 위해 언어나 비언어적인 방법으로 반응을 나타낸다. (19)모든 학생이 다른 사람들로부터 긍정적인 평을 듣는다. (20)교사는 판단하기 위해서가 아니라 피드백을 제공하기 위해 관찰한다. (21)소집단 현장학습이나 소풍은 교실에서 학습한 내용과 관련이 있다. (22)학생은 다른 학생을 기꺼이 돕고 함께한다. (23)학생은 발견이나 '실천적인 활동'에 참여한다. (24)학교의 철학은 가치와 태도에 관련된 것을 포함하고, 학급활동을 계획하는 교사에 의해 활용된다. (25)교과서에서 다루지 않는 문제나 현안에 대해서도 자유롭게 토론한다. (26)교사는 사고나 행동의 본질적 가치를 가지고 학생의 동기를 유발한다. (27)교사는 과업의 성취보다는 인간에 대해 더 많은 관심을 가진다. (28)교육과정의 내용은 다인종 사회와 다양한 가족구조를 적절히 반영한다. (29)수업이 잘 계획되어 있다는 증거가 있다. (30)성별, 나이, 성격, 기타 다른 특성에 상관없이 다양한 활동에 참가한다. (31)특별활동은 정해진 목적에 따라 활용된다. (32)학생들은 학교생활을 열심히 이야기한다. (33)교사들은 학생들과 대화하면서 "계속 해봐라", "그것 참 재미있는 생각이구나"와 같은 논평을 해준다. (34)새로운 학생과 가족들은 학교시설과 프로그램에 대한 안내와 설명을 듣는다. (35)학생은 "나는 이 어려운 일을 선택했어. 학습은 도전적이며 전력을 다해야 할 일이야. 때로는 힘들겠지만, 그럴 만한 가치가 있지!"라는 태도를 갖는다. (36)학생이 선택할 수 있는 코스와 특별활동이 매우 다양하다. (37)교직원은 커뮤니케이션과 인간관계에 대한 훈련을 받고자 한다. (38)학생과업을 평가하는 데 있어서 무엇을 틀렸느냐보다는 올바른 답이 강조된다. (39)서로간의 상호작용을 통해 개개인의 차이점을 올바르게 이해하도록 돕는다. (40)학생은 정보의 정확성, 응용성 그리고 적절성에 대해 의문을 갖는다. (41)자발적인 토론이 장려된다. (42)교장과 교사는 학부모로부터 제언을 듣고자 한다. (43)학교 현관은 학생들의 작품으로 꾸며져 친밀한 분위기를 자아낸다. (44)학생들도 자기평가에 참여한다. (45)학생, 교사 그리고 학부모들은 학교의 상징물들을 자랑스럽게 애용한다. (46)학생도 학급과 학교에 대한 책임감을 공유한다. (47)교사는 학생들 각자의 개인적 비극과 성공뿐만 아니라 무엇을 좋아하고 싫어하는지를 안다. (48)어른들은 학생들과 함께 웃고, 자주 미소짓는다. (49)학습은 학생들의 문제나 의문을 중심으로 구성된다. (50)지역사회의 봉사자들이 학습센터나 도서관에서 돕고, 기술을 가르치고 그리고 특수한 학습자원을 제공한다. (51)학생은 학교수업 이외에 진로 및 직업탐색에 참여할 수 있는 기회를 갖는다. (52)학생은 학습자원센터에서 영사기, 슬라이드 그리고 녹음기 등을 자유롭게 이용할 수 있다. (53)교사는 가르치는 일을 통제가 아닌 '자유롭게 하는 일'로 간주한다. (54)학급회의는 현안문제들에 대한 해결책을 논의하기 위해 개최한다. (55)마음껏 뛰어놀 수 있는 바깥 공간이 있다. (56)교사들은 아동의 발달사항에 대한 학부모의 평가에 귀를 기울인다. (57)학생

생활기록부에는 학생의 취약점보다는 장점과 흥미가 더욱 중점적으로 기록된다. (58)운동장은 아스팔트와 잔디로 덮여 있다. (59)교사는 학교에서 학부모와 상담할 수 있는 시간을 마련한다. (60)교사는 그릇된 생각, 잘못된 논리, 부당한 결론에 대해 이의를 제기한다. (61)교사는 학생과 함께 일하고, 공부하고, 뛰어논다. (62)개인적·사회적 발달에 대한 평가가 학업 향상에 대한 평가만큼 중요하게 여겨진다. (63)자연스럽게 웃는다. (64)대의원으로 구성된 학생회에서 당면한 학교문제들을 다룬다. (65)학습센터나 개별지도와 같은 활동을 위해 교실 이외의 공간이 활용된다. (66)교사는 학생의 아이디어를 교육과정의 소재로 끌어들인다. (67)교사는 교수-학습과 관련된 자신들의 다양한 경험들을 공개한다. (68)교내에서 또는 그 밖의 학습장소에서 학생들이 자신의 거동에 책임을 지는 체제이다. (69)외부인들이 교실에 들어가더라도 환영받는다고 느낀다. (70)경험상 필요하다면 야외활동을 나간다. (71)학생이 과제를 수행하는 데 필요한 자료들을 얻기 쉽다. (72)교장은 학생들과 함께 하는 일을 위해 일정한 시간을 할애한다. (73)모든 교실 내에 '돌아다닐 수 있는' 여유공간이 있다. (74)학생은 필요한 노구와 과학기구들을 이용할 수 있다. (75)교직원과 학생들은 자원을 함께 공유한다. (76)학생은 필요한 기술이나 특별한 관심사, 사회적 기호에 따라 소집단 활동을 한다. (77)학부모는 교수팀의 일원으로서 환영받는다. (78)교실학습은 교실 밖에서 학생들이 생활하면서 경험하는 일로부터 전개된다. (79)매일 잠깐 동안이나마 '재미있는 일'을 할 시간을 가진다. (80)교사는 말을 하면서도 다정한 동작을 취한다. (81)전통적인 성적 제도에 대한 대안이 있다. (82)교사는 "내가 도와줄게" 하는 자세를 취한다. (83)학생은 관심 있는 일을 자유롭게 할 수 있다. (84)교장은 방문객, 학생, 그리고 교직원을 만날 때 반갑게 인사한다. (85)인간발달과 인간성에 대한 학습은 정규 교육과정의 일부이다. (86)교사는 자신의 생각대로 학생이 답하도록 요구하지 않는다. (87)교사는 학생에게 부정적인 논평을 하지 않는다. (88)학생은 소집단으로 나뉘어 자유롭게 학습한다. (89)교사는 학생이 교실에 들어오거나 나갈 때 항상 인사를 나눈다. (90)학생이 연극이나 음악작품을 발표할 수 있는 무대장치가 되어 있다. (91)학생이 조용히 앉아 상상하고 곰곰이 숙고할 수 있는 시간이 있다. (92)모든 학생은 학급과 학교 자원의 교수프로그램에 대한 평가에 참여한다. (93)노인들도 학교에서, 자기 집에서 그리고 보호소에서 학생들과 함께 한다. (94)학생도 가르치는 일이나 기타 다른 지도자의 임무를 수행한다. (95)학생과업을 다루는 위원회들이 있다. (96)학생은 필요하면 언제라도 학교자원센터에 갈 수 있다. (97)교사는 정규시간 이외의 짬을 내어 학생과 함께 지낸다. (98)학생이 방과 후에 이용할 수 있는 도서관, 실습실, 공작실, 오락실 등이 있다. (99)친숙한 동물이나 평소에는 볼 수 없는 식물을 전시해 놓고 있다. (100)학생은 지역의 봉사활동에 참여한다.

23) 교사가 지성인으로 교실에 선다는 말은 한편으로는 그들이 지켜야 될 정신적인 자세를 말하는 것이지만, 실제로 그들이 가르치는 행위가 정치적인 행위와 무관하다는 생각부터 버려야 한다. 이미 무엇을 가르치고 무엇은 생략해야하는지를 결정하는 행위 자체가 정치적인 행위이기 때문이다 (참고: Peteson, B.(1999). Teaching for social justice. In Reto Sapo(Ed.), 《Making schools matter: Good teachers at work》. Toronto: James Lorimer). 당연히 그들은 사회적인 쟁점에도 학생들에게 교사 나름대로의 의견을 진술해야 한다. 물론, 그런 의견이 학생들과 다를 수 있는, 그리고 학생들로부터 비판받을 수 있는 사견임을 분명히 밝혀야 한다. 학생들이 그 나름대로의 의견을 갖도록 지역사회의 현실적인 일에 참여하도록 격려하는 일도 당연히 필요하다. 이런 점에서 체벌허용이나 보충수업 같은 문제는 당연히 교사들이 솔선수범해서 학생들과 토론하면서 나름대로의 의견을 형성해 놓아야 할 일감들이다.

24) 참고: 마틴 하이데거(1993). 《사유란 무엇인가》(역) 서울: 고려원. 하이데거는 스승과 제자 사이의 관계가 참된 관계가 되려면, 박식한 사람으로서의 권위나 수임자로서의 권위적 감화력 등이 그 사이에 끼어들어서는 곤란하다고 단언한다. 그렇기 때문에 가르치는 사람이 된다는 것은 숭고한 일이라는 것이 하이데거가 교직을 바라보는 견지이다.

25) 참고: 니시오카 츠네카츠(1996). 《나무의 마음, 나무의 생명》(역). 서울: 삼
신각. 일본 최고의 목수로 법륜사와 약사사 같은 큰 절을 지은 니시오카
츠네카츠가 나무를 다듬는 일에 대해 쓴 글을 읽다 보면, 그 일은 마치 인
간을 다듬는 일이나 인간이 배우는 일과 그 근본이 너무도 흡사함을 알 수
있다. 그는 나무 다듬는 일을 이렇게 이야기하고 있다. "……제자를 기를
때 하는 일은, 함께 밥을 먹고 함께 생활을 하며 견본을 보여줄 뿐입니다.
도구를 봐준다거나 도구를 가는 방법을 가르친다거나 이러한 일은 일체
하지 않습니다. '이렇게 깎이도록 도구를 갈아봐라' 하며 직접 해보일 뿐
입니다. 제자가 되고자 하는 자는 목수가 되고자 하는 마음이 있습니다.
그 마음 위에는 뭔가 가르침을 받고자 하는, 마치 옷과 같은 것이 덮여져
있습니다만, 그것은 오히려 방해가 될 뿐입니다. 우선 생활해가는 가운데
스스로 이 옷을 벗지 않으면 안 됩니다. 이것은 선생인 제가 벗기는 것이
아니라, 제자가 스스로 벗는 것입니다. 스스로 벗을 마음 자세가 없으면
기술은 전해지지 않습니다. 그래서 제자가 오더라도 하나하나 자상하게
가르치는 일은 없습니다. 견본을 보인 후는 그 사람의 능력입니다. 아무리
이런 저런 일을 해봐도, 그 사람의 능력 이상은 불가능합니다. 그러나 학
교나 오늘날의 교육은 다릅니다. 우선 하나하나 손을 잡고 자상하게 가르
칩니다. 어린이가 모르면, 가르치는 방법이 나쁘다고 합니다. 그래서 '그
때는 이렇게 하고, 이럴 때는 이렇게 하는 게 좋다' 고 지극히 꼼꼼하게 가
르칩니다. 그래서도 모르면 책을 읽으라고 합니다. 우리들은 일체 그러한
일은 하지 않습니다. '책은 읽지 않아도 좋다. 견습 때는 텔레비전이나 신
문도 멀리하는 것이 좋다.' 이렇습니다. 이런 이유로 우리 교육을 오늘날
의 교육에 물이 든 사람들은 도무지 이치에 맞지 않는, 케케묵은 진부한 것
이라고 생각합니다. 그러나 이것이 가장 빠른 지름길입니다. 이치를 늘어
놓기보다는, 정말 전하고자 하는 마음이 있다면 직접 해 보이는 쪽이 보다
좋은 것입니다. 형식적으로 외기만 하여 진짜 그 의미를 이해하지 못하더
라도 그 당시만 알았다라는 느낌이 드는 것으로 좋다면, 말로 전해도 좋습
니다. 선생이 한 이야기를 제자가 반복해야 합니다. 그것으로 좋습니다.
그 다음은 책이라도 읽고 있으면 그것으로 좋습니다. 스승 따위는 필요 없

습니다. 그러나 그렇게 해서 기술을 익힐 수 있겠습니까? 목수는 그때그때의 시험에 통과만 하면 된다는 식으로는 안 됩니다. 일을 익히면 그것으로 일생의 밥을 벌고, 가족을 부양하고, 이웃사람을 위해 건물을 짓는 것입니다. 자신의 손으로 나무를 자르고 깎지 않으면 안됩니다. 그 때 머릿속의 지식은 아무런 도움이 안 됩니다. 배우는 쪽은 '좀더 잘 가르쳐주면 좋겠는데', '이것만으로는 부족한데', '나는 아직 신참이므로 사장과는 처지가 다른데' 등등 여러 가지 생각이 떠오릅니다. 그러나 '사장이 이렇게 말하므로 이렇게 해보자' 하고 따라만 하는 방법으로는 안 됩니다. '이렇게 하면 어떻게 될까? 역시 안 되는군, 어떻게 하면 좋을까?' 이렇게 여러 가지로 고민을 하게 되는 가운데 생각을 합니다. 이것이 교육이 아닐까요? 스스로의 힘으로 생각하고 습득해가는 것입니다. 그런데 학생이 마침내 스스로의 힘으로 생각을 하기 시작할 때 선생이나 부모는, '뭐하고 있어? 빨리 해. 머뭇거리지 말고.' '그럴 때는 이렇게 하는 거야, 이 멍청아' 라고 하며 학생의 생각의 싹을 따버립니다."(89~91쪽)

26) '옴살' 또는 '옴살스럽다' 는 순수한 우리말로서, 한몸같이 가까운 사이라는 뜻이다. 라틴의 holistic, holism 등등에 해당된다고 볼 수 있다(참고: 김재희(1994).《신과학 산책》(편). 서울: 김영사). 옴살교육은 학습자 개개인에게 내재된 배움의 본능을 자연친화적으로 일깨우는 교육이다. 그것을 최대한 의미 있게 드러내기 위해서는 개인의 잠재력을 최적화시키는 맞춤형학습, 맞춤형교육의 도입과 활용이 필요하다. 서구에서는 이런 맞춤형학습의 한 형식으로 재택학습이나 홈스쿨링(Home schooling)을 실천하고 있다. 이어령 교수도(참고: 〈이어령의 비전 21—맞춤 시대의 살아 있는 교육〉.《뉴스위크 한국판》. 제521호. 2002년 3월 20일자) 교육학적인 시각과는 조금 다른 의미에서 맞춤형학습의 필요성을 역설하고 있다: 학생들 앞에서 매년 같은 말을 되풀이해오던 교수가 드디어 녹음기 한 대를 틀어놓고 나가버렸다. 그랬더니 얼마 뒤 학생들 역시 녹음기를 한 대씩 책상 위에다 틀어놓고 나가버렸다는 우스갯소리가 있다. 교수는 녹음기처럼 말하고 학생은 녹음기처럼 받아쓴다. 이제는 인터넷 시대인데도 초등학교에서

대학까지 학교교실은 여전히 공장과 다를 것이 없다. 기업도 이제는 대량 생산·대량소비의 전략에서 벗어나려고 안간힘을 쓰고 있다. 고객 관계 관리(CRM: Customer Relationship Management)라 하여 고객을 한 사람 한 사람의 특성과 그 조건에 맞춰 관리한다. 공장에서도 옵션을 많이 주어 주문생산처럼 소비자의 다양한 선택에 맞춰 물건을 만들어낸다. 전쟁까지 도 이제는 융단 폭격이 아니라 스마트 폭탄으로 핀포인트의 맞춤식 폭격 을 한다. 병원에서도 환자의 DNA에 따라 맞춤식 치료를 하고 몸 전체가 아니라 환부에만 핀포인트의 투약을 한다. 지금 급한 것은 시험 제도도, 학교 시설도 아니다. 과거의 '큰 Taylor' 적 공장생산방식의 획일적 교육내 용과 그 낡은 교수법을 하루빨리 '작은 tailor' 적인 테일러-메이드(tailor-made) 방식으로 고치는 일인 것이다.

27) 참고: Bluetein, J.(2002). 《Creating emotionally safe schools》. Deerfield, FL: Health Pub.

28) 참고: 한준상(1999). 《호모 에루디티오》. 서울: 학지사.

29) 참고: 파커 J. 파머(2001). 《가르칠 수 있는 용기》(역). 서울: 한문화. 파머 는 공동체 모델이라고 할지라도 교육의 기본임무에 위협을 안겨줄 수 있 다고 경고하고 있다. 사회에서는 이견들을, 협상, 흥정, 타협 등의 전형적 인 민주정치 매커니즘을 통해 해결한다. 이러한 매커니즘은 최대 다수의 최대 행복을 목표로 삼는 민간 분야에서는 타당하다. 물론, 공동선을 추구 하는 방법으로서는 타당하지만, 진리를 추구하는 데에는 타당하지 않을 수도 있다. 진리는 민주적 절차에 의해서, 수에 의해서 결정되는 것만은 아니기 때문이다.

30) 우리의 학교에서 학생들간에 벌어지는 왕따만들기의 야만성은 말로 형언 하기 어려울 정도로 비교육적이다. 왕따만들기는 그야말로 자기가 당하지 않기 위해서 급우를 왕따의 희생양으로 만들어 버리는 약육강식의 한 단

면을 잘 보여주고 있다(참고: 이훈구 외(2000).《교실이야기》. 서울: 법문
사).

31) 대안학교의 한 유형인 재택학교교육에 관한 연구결과에 의하면, 학교에
가지 않고 집에서 교육을 받은 홈스쿨러(home schooler)들이 학교에서 교
육받은 학생보다 사회화가 더 잘 된 것으로 드러났다. 미국에서 1980년대
초반 도입되어 전국 50개 주에서 합법화된 홈스쿨링(home schooling)은
이제 1세대가 대학에 다니거나 직장생활을 할 정도로 역사를 갖고 있다.
이에 따라 토론토대 게어리 노울리스 교수가 홈스쿨링 20주년을 맞아 홈
스쿨러들을 대상으로 조사한 바에 따르면, 집에서 교육받은 아이들이 학
교를 다녔던 학생들보다 개성, 창의성, 독립성, 자존심이 더 강한 것으로
드러났다. 또 자신의 존재에 대해 깊이 생각하게 되고 미래에 대한 준비가
잘 되어 있으며 집중력이 강하다는 것이다. 홈스쿨링을 비판하는 측에서
지적하는 홈스쿨러들의 정서발달장애 주장은 이번 조사에서 입증되지 않
았다고 노울리스 교수는 밝혔다. 그는 편집증 환자들이나 우익, 종교집단
에 의해 아이들이 집안에 파묻힌 채 파괴되고 있다는 주장도 맞지 않다고
강조했다. 미국에서 홈스쿨링을 받는 학생들은 상대적으로 중산층 이상이
많다. 학교에서 폭력, 섹스, 마약에 물드는 것을 우려한 부모들이 집에서
가정교사를 두고 공부하게 하거나 전문교사의 원격강의를 청취하게 한다.
아이들의 사회성을 키워주기 위해 홈스쿨러 사이의 스카우트 활동과 단체
경기 참가도 활발하다. 최근 몇 년간은 각종 경시대회를 홈스쿨러가 휩쓸
어 홈스쿨링 붐이 일기도 했다. 또 학교에 다니는 아이들보다 대학, 혹은
전문대에 더 일찍 진학하며 자기 성취를 위해 열심히 공부한다. 그러나 이
번 조사에서는 홈스쿨러들이 문화적 복잡성과 다양한 아이디어에 대한 노
출기회가 적을 수도 있는 것으로 지적됐다. 또 홈스쿨러 부모들의 사회성
이 상대적으로 적은 것으로 나타났다. 따라서 사회적, 정치적으로 편협한
견해를 가진 부모들이 아이들을 홈스쿨링시키는 것은 문제가 있을 수 있
다는 것이다. 반면 가정에서 세대간 단절 같은 문제는 학교에서 교육받은
학생보다 줄어든 것으로 보인다고 조사결과는 밝혔다. 한 홈스쿨러의 경

우, 부모와 매일 적어도 두 시간은 대화하는 등 세대차이를 더 잘 극복한다
는 것이다. 15세 때까지 홈스쿨링을 받고 대학에 재학중인 아레시아 프라
이스(19)는 "지적인 아이들에게 초등학교는 상처뿐이고 고등학교에서는
배울 게 없다"며 "학교와 학교제도를 불가사의한 것으로 신비화하고 의식
을 갖추는 것은 잘못이다"고 홈스쿨링을 예찬했다(참고: 문화일보. 2002
년 4월 6일자).

32) 우리나라에서도 이와 비슷한 학습이 나타나고 있다. 예를 들어 대건고는
1995년부터 영어, 수학 과목을 심화, 보통, 기초반으로 나눠 수준별 수업
을 하고 있다. 수준이 천차만별인 학생들을 한데 모아놓고 획일적이고 평
균적인 수업을 강요해 적지 않은 학생들이 수업에 대한 흥미를 잃게 만드
는 교육현실에서 대건고의 수준별 수업은 좋은 본보기가 되고 있다. 학생
들의 눈높이에 맞게 수준별 수업방식을 개발해 잘하는 학생에게는 성취감
을 안겨주고, 떨어지는 학생에게는 학습동기를 부여해 전교생 가운데 단
한 명도 소외되는 일이 없도록 하자는 취지에서 시작됐다. 학생들의 수준
은 중간고사, 기말고사, 노교육정 차원의 모의고사 성적을 반영해 결정하
며, 학기마다 성적향상 여부를 따져 반편성을 다시 한다. 성적뿐 아니라
학생 개인의 희망도 고려해 학기 중에 부분적으로 반 이동도 이뤄진다. 실
제 지난 학기에 심화반 일부 학생들이 개념정리를 다시 하고 싶다며 보통
반으로 옮겨가기도 했다. 이 학교 학생들은 노트 대신 파일을 들고 다닌
다. 교사들이 수업내용을 인쇄물로 나눠주기 때문이다. 교사가 수업내용
을 칠판에 적고 학생들이 이를 받아쓰지 않아도 되기 때문에 여유 시간에
토론식 수업도 이뤄진다. 학생들은 학기 초에 과목별로 고공표를 배부 받
는다. 고공표는 한 학기 동안 배우게 될 내용과 진도 등이 자세히 담겨 있
는 수업계획서이다. 수업과정을 공중에서 내려다보듯 조망해 부분적인 암
기에 매달리지 말고 하루하루의 수업이 전체적인 연관 속에서 어떤 의미
를 갖는지 넓게 보라는 취지에서 교사들이 만들었다. 2학년 학생들은 자신
의 관심분야와 관련된 '포트폴리오 연구과제'를 정하고 1년간의 연구를
통해 논문을 제출해야 하는 것도 이 학교만의 독특한 교수법이다. 학생들

이 자신의 흥미나 진로와 관련된 주제를 정하면 교사 한 명이 학생 6~14명의 논문작성을 지도한다(참고: 중앙일보. 2002년 4월 25일자). 대건고에서 실천되고 있는 이런 수준별 학습은 우리가 요구하고 있는 맞춤형 학습과는 질적으로 구별된다. 맞춤형 학습은 개개인의 잠재력과 특기, 적성이 최대한 발현되도록 학습의 내용이나 학습방법을 최대한 소인수, 개별특기학습으로 이끌어가는 방법을 말하는 데 반하여, 수준별 학습은 대입준비를 위해, 동시에 학습의 경제적 효과를 위해 대규모 학습을 분반으로 나누는 학습형태를 말한다. 물론, 이런 수준별 학습이 더욱더 발전하면 우리가 말하는 맞춤형 학습으로 진화할 수도 있을 것이다.

33) 참고: Schlechty, P. C.(1990).《Schools for the 21st century》. S.F: Jossey-Bass.

34) 교육을 둘러싸고 벌어지는 팽팽한 긴장과 대립은 교육권력기관간의 이해관계의 상충에 의해서도 악화된다. 교육부의 보충수업 부활 정책에 반기를 든 서울시 교육청의 입장이 바로 그런 것이다(동아일보 2002년 3월 26일자 참조). 서울시 교육감은 종전과 마찬가지로 서울 지역 일선 고교에게 강제적이고 획일적인 보충수업을 금지시켰다. 서울시 교육청은 교육인적자원부의 정책과는 다르게 '학교교육 내실화 방안'을 발표했다. 당시 유인종(劉仁鍾) 서울시 교육감은 "공교육을 살리기 위해서는 학교 정규수업을 내실화하는 것이 핵심"이라며 "정규수업을 저해하는 어떠한 형태의 보충수업도 허용하지 않을 방침"이라고 말했다. 교육청은 우선 그동안 사실상의 보충수업으로 편법 운용되어온 교과 관련 특기·적성교육을 종전과 같이 '주당 10시간' 이내로 제한하고, 획일적이고 강제적인 보충수업 형태의 특기·적성교육은 금지했다. 또 특기·적성교육이나 심야의 자율학습 시간도 저녁 9시까지로 제한하기로 했다. 이에 따라 서울 지역 일선 고교에서는 교과 진도를 나가거나 통일된 교재를 구입해 문제풀이를 하는 등의 특기·적성교육은 할 수 없으며 문예창작반이나 영어회화반, 실험탐구반 등 학생 희망에 의한 동아리 형태의 특기·적성교육만 허용된다. 교

육인적자원부의 '공교육 내실화방안' 발표 이후 일선 고교들은 학생 수요
조사 등 보충수업 실시를 위한 준비를 진행해 왔으나 교육청의 이같은 방
침으로 인해 혼란을 겪게 되었다. 교육청은 이와 함께 '새벽등교 강요'로
논란이 되고 있는 이른바 0교시 수업에 대해서는, 오전 8시 이전의 획일적
인 강제 등교를 금지하기로 했다. 교육청 조사결과, 고3의 경우 오전 7시
30분까지 등교하는 학교가 서울 소재 고교의 34.7%였고 등교시간이 7시
30분~8시인 학교도 39.9%에 달하는 등 총 74.6%가 오전 8시 이전 등교를
강요하고 있는 것으로 나타났다. 교육청은 이같은 내용을 담은 지침을 작
성해 일선 학교에 시달하는 한편, 이를 위반하거나 강제적인 보충수업으
로 민원이 제기되는 학교에 대해서는 장학특별반을 구성, 행정지도를 실
시하고 재정보조금 삭감 등의 행정 · 재정적 제재를 가할 예정이다. 유 교
육감은 "학부모들이 요구한다고 해서 보충수업을 허용할 경우 우리 학생
들이 과거처럼 입시에 매달리게 되는 폐해가 발생한다"면서, "이는 그동
안 자율성과 창의성 신장을 위해 진행해온 교육개혁을 퇴행시키는 것"이
라고 말했다.

35) 교육행정학자들은 교육정책을 이렇게 정의하기를 좋아한다. "교육활동을
    위해 국가나 공공단체가 국민 또는 교육 관련 수혜집단을 대상으로 전개
    하는 교육의 지침이자 공공정책." 이런 정의는 교육정책에 대한 뜻풀이로,
    문자적인 풀이에 지나지 않는다. 교육정책은 그 속성으로 보아, 교육활동
    에 관련된 권력 혹은 지배집단의 정치적 집행력의 결과나 그런 것을 유지
    하기 위해 채택된 현실화된 가치체계를 말한다. 교육정책을 이렇게 개념
    화시키는 입장을 '엘리트 권력이론'이라고 부르는데, 이들 권력집단은 그
    들의 정치, 사회, 문화, 행정 등의 분야에서 각각의 이해관계를 유지하는
    데 불리하게 작용하거나, 혹은 그들의 정치적 권위에 부정적인 영향을 끼
    치게 될 위험이 있는 것을 사전에 처리하려는 특성이 강하다. 이런 이론은
    개인이나 관계당사자들의 의견을 철저하게 사전에 봉쇄한다는 점에서 엘
    리트의 '무의사교육정책결정론(Non decision making theory)'이라고 부
    른다(참고: Bacharch, P. & Baratz, M.(1962). 〈Two forces of power〉.

《American Political Science Review》, 56, 237~246).

36) 일반적으로 교육정책은 여러 유형으로 나누어진다. 첫째, 외부주도형(공식적 정부구조의 외부, 즉 환경으로부터 비정부조직(NGO)에 의해 논제가 제기되어 공중에게 확산됨으로써 일차적으로는 공중의제가 되고, 최종적으로는 정부의제(governmental agenda)로 채택되는 정책의제 형성과정을 설명하는 모형)이면서 규제정책으로는 대학평가인정제가, 그리고 재분배정책으로는 교육세가 해당된다고 할 수 있다. 둘째, 내부접근형(어떤 논제나 의제, 정책안들이 정책결정체제 내부에서 제기되어 공식의제로 채택되는 경우를 설명해 주는 모형)이면서 규제정책으로는 과외해소 및 졸업정원제가, 분배정책으로는 고교평준화 보완정책과 광역단위 교육자치제의 사례가 해당된다고 할 수 있다. 셋째, 동원형(정책결정체제 내부에서 제기된 문제가 곧바로 공식의제화되고 관련공중의 이해와 지지를 얻기 위해 정책결정체제 외부로 확산되는 과정을 설명하는 모형)이면서 규제정책으로 분류될 수 있는 사례는 교원노조의 단체행동권 불법화정책이라고 할 수 있다.

	규제정책	재분배정책	분배정책
외부주도형	대학평가인정제	교육세	
내부주도형	과외해소/졸업정원제		고교평준화/광역자치제
동 원 형	교원노조 단체행동권 불허		

37) 참고: 정일환(1996). 〈교육정책의제설정〉. 한림과학원(편). 《교육정책 논리와 최적 선택》. 서울: 소화.

38) 일반적으로 사회문제라고 지적된 사건이나 조건은 두 가지 조건 중 어느 한 가지 조건에 의해 객관적으로 혹은 주관적으로 정리된다. 그 첫번째 조건은, 상당수의 사람에게 물리적으로 유해(有害)한지 어떤지에 대한 유무 정도와 유해 정도에 따른 근거가 제대로 확보되어 있는가의 문제이다. 두

번째 조건은, 그런 조건들이 과연 상당수의 사람들을 사회적으로 어느 정도 의미 있게 걱정하도록 만들고 있는가 하는 감정범위의 문제이다. 첫번째 조건은 사회문제를 객관적인 관점으로 파악하게 만드는 증거와 논리로서 사회문제의 속성을 파악하는 조건이다. 두 번째 조건은 사회문제를 주관적으로 판단하게 만들고 있다. 사회문제라고 판단된 사건이 끼치는 유해 근거에 관계없이, 어느 정도로 사람들의 감정을 자극하고 있는가 하는 정도와 범위 내에서 사회문제화의 정도와 유무를 결정하고 있다. 사람들이 그들이 경험하는 상황이나 사건을 어떻게 느끼느냐 하는 정도에 의해 사회문제의 조건이 달라진다. 따라서 사회문제에 대한 주관적 정의방식은 물리적으로 나타나는 사회문제에 있어서 그것에 관련된 명시적이거나 부정적인 결과의 유무를 확보하는 일에 큰 관심을 드러내 보이지 않는다. 그것보다는 사회구성원들이 사회문제라고 지칭된 사건들을 어떻게, 동시에 어느 정도로 감성적인 차원에서 인지하고 있는가를 우선적으로 중요시하는 입장을 취한다. 반면, 객관적인 정의방식은 사회문제의 결과로 나타나게 될 부정적 효과의 현실적이고도 구체적인 결과 정도에 관한 논의를 중요하게 생각한다(참고: 한준상(1997).《청소년문제》(증보판). 서울: 연세대학교 출판부).

39) 개인(교육이해관계 시민운동단체 포함)과 국가권력 간의 긴장이나 대립의 농도와 수준, 유형의 차이에 따라 나타나는 교육문제의 형식도 다르다. 즉 교육을 통한 개인의 자아실현욕구가 교육을 통한 사회실현을 추구하려는 국가권력(교육행정국가기구) 간에 전개되는 갈등과 긴장의 차이에 따라 네 가지 형식의 교육문제 유형에 대한 도식적 이해가 가능하다. 말하자면, 교육을 사회실현의 수단으로 어느 정도 강조하느냐(최대와 최소), 동시에 개인의 자아실현의 수단으로 교육을 어느 정도로 활용해야 한다고 생각하느냐(최대와 최소)에 따라 네 가지 형식의 서로 다른 교육문제 유형으로 갈라진다. 이 도식에서 유념해야 될 것은, 교육을 사회실현의 수단으로 최소화시켜야 한다는 주장은 질적으로 교육을 개인의 자아실현을 위한 수단으로 활용해야 한다는 주장을 옹호하는 것과 관계없다는 점과, 그 주장은

지속적으로 교육의 사회적 활용을 중요시해야 한다는 테두리 속에서 그것의 활용농도를 최소화해야 한다는 입장을 유지하고 있다는 점이다. 그런 이해와 관점에 따르면, 교육문제의 유형은 편의상 (1)선진자본주의식(미국식) 교육문제, (2)빈국형(제4세계식) 교육문제, (3)공산주의식(북한·중국식) 교육문제, (4)신분고착형(한국·일본식) 교육문제로 갈라진다. 신분고착형 교육문제는 국가권력과 개인권력 간의 팽팽한 긴장과 갈등을 전제한 사회적 쟁점으로 변모될 때, 교육현장과 학습자에게 엄청나게 파괴적인 영향력을 끼친다.

40) 이 책에서 다루고 있는 쟁점이 교육적 입장에서는 논쟁거리가 될 수 있을지 몰라도, 학문적 입장에서는 사회문제로 인지되기 쉽지 않을 수도 있다. 물론, 이 책은 사회문제에 대한 기존의 입장을 완전히 거부하지는 않지만, 그렇다고 사회문제에 대한 기존의 입장을 곧이곧대로 수용하지도 않는다. 왜냐하면, 사회문제 인식에 대한 기존의 입장은 사회문제가 드러내 보일 수도 있는 사건의 '중요성'을 지나치게 요구하고 있기 때문이다. 어떤 쟁점이 사회적인 문제가 되기 위해서는, 예를 들어, 동반자살을 안내하며 유도하는 식의 잠재적이고도 비의도적인 '학습' 사건에서 드러나는 것처럼, 우선적으로 사회적인 '사건성'이 부각되어야 하기 때문이다. 그러나 사회문제는 한 사회구조 안에서 발생하더라도 사건성이 큰 것만을 지칭하지는 않는다. 사건성은 거의 없다고 하더라도 하나의 사태를 이해하고 있는 사람들이 피해를 받고 있다고 느끼기 시작하면, 그것은 사회문제의 시작일 수 있다. 하나의 사회적 사건에 의해 일정한 심적인 부담이나 불편함을 겪고 있다면, 그것은 사건성에 관계없이 하나의 사회문제로 보아야 한다.

41) 참고: 스츠키 다이세츠(1998). 《가르침과 배움의 현상학》(역) 서울: 경서원. 체험과 경험 간의 차이를 조금 단순하게 구분한다면, 체험은 행동하는 개인의 몸에 배는 경험, 말하자면 경험의 특수한 상황과 조건을 말한다. 체험에는 '몸소'라는 의미가 강하게 배어 있다. 따라서 체험은 인간의 의미와 삶의 목적 등을 깊이 묻는 '날기' 배움의 본질에 속한다. 이러한 '체

험적 앎'은 신체가 실존하고 있는 생활 세계의 지평이 열려지는, 지각의 명증성이 완전한 모습으로 펼쳐지는 '전신적 앎'으로써, 바로 깨달음이 다. 신체의 차원에서 이루어지는 전신적인 앎을 말한다. 지향시선의 어느 순간 신체를 통한 지각의 명증성과 함께 이루어지는 생활 세계적인 사상 자체의 완전 체험을 말한다. 그것은 신체를 통해 객관으로서의 진리 자체 뿐만 아니라 선험적 주관 역시 지각의 명증성 속으로 녹아들어가는 지각 의 명증성에서 주관과 세계 자체가, 하나의 흐름으로서 체험되는 상황을 말하기에, 단순히 선험적 주관과는 그 속성이 다르다. 동양의 선불교는 바 로 주객의 분리 이전의 신체를 통해 전해오는 전신적인 앎을 중요시 하며, 신체를 통해 진리 속으로 초월하여 들어서서 그 지각의 명증성이 완전하 게 드러나는 전신적인 앎을 중요시한다(참고: 리처드 자너(1993). 《신체의 현상학》(역). 서울: 인간사랑. 394~395쪽).

42) (지역공동체 중심의) 교육이 어느 정도의 효과를 낼 수 있는가 하는 것은 당시 아테네 청년을 둘러싸고 있던 환경이 어떤 것이었나를 생각해 보면 분명해진다. 길을 걸어살 때 그는 오늘날 세계에서 가장 훌륭한 예술 작품 이 길 이쪽저쪽에 줄지어 늘어서 있는 것을 보게 된다. 그는 말솜씨가 뛰 어나고 경험이 풍부한 인사들이 정치적 쟁점에 관하여 토론을 벌이는 것 을 매일 들을 수 있고, 때로는 그 쟁점의 결정에 자신이 한몫을 담당할 수 도 있다. 봄이 되면 그는 디오니소스 극장의 지정석에 앉아서 연례행사로 개최되는 비극시 경연대회의 비극 공연을 아침부터 밤까지 관람할 수 있 다. 분명히 역사상 어느 시대도 청소년들에게 이토록 풍부하고 다양한 열 정을 불러일으키지는 못하였다. 그야말로 삶이 진정한 교육이었던 적이 일찍이 단 한 번이라도 있었다면 이 당시의 아테네가 바로 그런 경우였다 (참고: 윌리엄 보이드(1994). 《서양교육사》(역) 서울: 교육과학사. 30~31 쪽).

43) 이 점은 우리가 교육에 대한 개념파악을 사전적인 정의 혹은 서술적인 정 의로 하는 데 익숙해져 있기 때문이다. 교육은 '어린아이를 가르치는 것이

다' 라는 식으로 '~이다' 라는 식의 개념파악이 바로 서술적인 정의인데, 이런 방식은 단지 우리가 생각하기를 원하는 것, 혹은 생각해야 할 것을 결정해놓는 것일 뿐이다. 이런 서술적인 개념파악은, 소크라테스의 훈계에 따르면, 언제나 부족하고 부정확할 뿐이다. 왜냐하면, 우리 모두가 일관되게 받아들일 만한 서술적인 정의를 갖기도 어렵지만, 인간은 기본적으로 '자유롭게' 생각하기를 원하기 때문이다. 그렇기 때문에, 우리에게 필요한 것은 '교육은 밭고랑을 일구는 행위로 생각될 수 있다' 는 식의 약정적인 정의일지도 모른다. 교육을 약정적으로 정의하는 것은 우리가 잠시 이해하기를 원하는 것을 여러 가지 상황 속에서 잠시 약속해 본다는 것을 의미한다(참고: 이명준(2000).《분석적 교육철학》(역). 서울: 원미사. 52~56쪽).

44) 참고: 스츠키 다이세츠(1998).《가르침과 배움의 현상학》(역). 서울: 경서원.

45) 참고: 한준상(2001).《학습학》. 서울: 학지사; 오인탁(2001).《파이데이아》. 서울: 학지사.

46) '새로운 배움을 위해 사는 삶' 이라는 뜻의 학생(學生)이란 말은 우리 전통에서 영혼의 성숙과 배움에의 열정을 풍기는 개념이다. 이 점을 박연호(참고: 박연호(1994).《조선 전기 사대부 교양에 관한 연구(朝鮮前期 士大夫 敎養에 관한 硏究)》. 한국정신문화연구원 박사학위 청구논문. 7쪽)는 박사학위 논문에서 잘 밝혀내고 있다. "전통적으로 우리는, '가르치는 사람의 입장' 에서 '교육' 을 생각하고 강조했다기보다는(즉, 敎·敎育·敎人·誨人·師) '공부' 와 관련된 배움(즉, 學·爲學·修身·學者)의 말을 더 중요하게 생각해 왔다.《논어(論語)》제1권의 첫 구절이 '학이시습 불역열호(學而時習 不亦悅乎)' 로 시작하고 있는 것도 그것이고,《대학(大學)》,《소학(小學)》등의 책명도 그렇다. 초학자들을 위한 성리학 입문서로 편찬된《근사록(近思錄)》도 제2권에 '爲學類' 제11권에 '敎學類' 를 싣는 구성방

식을 택하고 있다.《성리대전(性理大曲)》도 '學' 이란 항목은 14권이나 차지하는 반면 '교인(敎人)' 이란 항목에는 단지 그 중의 한 권을 할애하고 있을 뿐이다. 결국 옛날 사람들에게 있어서도 '무엇을, 어떤 자세로 공부해야 하는가?' 하는 질문이 다른 무엇보다도 우선적으로 다루어져야 하는 가장 중요한 문제였다. '어떻게 가르쳐야 하는가?' 하는 질문은 배움에 관한 질문이 대답된 뒤에 비로소 의미를 갖는 문제였다."

47) 선진국치고 정부가 교과서에 대해 시시콜콜 관여하는 나라는 없다. 미국, 영국, 프랑스 등은 정부가 전혀 개입하지 않거나 개괄적인 편찬 방향만을 제시하는 등 최소한의 역할에 그치고 있다. 물론, 새로운 교과서 정책을 주장하는 사람들이라고 하더라도 아직 그들의 머릿속에서는 교과서가 존재해야 한다는 생각이 가득하다. 그들 역시 교과서를 그릇으로 간주하는 구태의연한 생각에서 벗어나지 못하고 있다. 그들의 구태의연한 생각은 교과서 자유발행제로 집약된다. 즉, "획일적 '대량생산 교육' 을 청산하려면 출판사가 '잘 팔리는' 교과서를 만들려 치열하게 경쟁하는 시스템이라야 한다. 질 낮은 교과서가 나올 수도 있으나 시상이 설러술 수 있다. 줄판사가 자유롭게 펴낸 교과서는 과목별 전문교사 연구회가 자율적으로 심의 · 병가하고 이를 근거로 시도교육청이 교과서로 인정할 만한 교재의 목록을 만들면 일선 학교가 '교과 위원회' 결정을 거쳐 고르는 시스템을 거친다. 학부모와 교직단체는 출판사가 좋은 교과서를 만들도록 감시자 역할을 해야 한다" 는 주장이다(참고: 조선일보. 코리아 프로젝트 2020).

48) 참고: 유영만(2002).《e세상 e러닝: e모양 e꼴의 e러닝》. 서울: 한언.

49) 교과서에 실려 있는 것들이 표준화된 지식이나 진리라기보다는 이해관계 기관이나 이해관계 당사자들과 국가권력기관 간의 타협물임을 보여주는 기사들이 보도되고 있다(참고: 동아일보. 2002년 4월 5일자). "2002년도 봄학기에 배포된 고교 1학년 도덕 교과서에 실린 의사들의 파업집회 사진이 의사협회의 강력한 반발로 다른 사진으로 대체되는 사태가 빚어졌다.

교육인적자원부는 도덕 교과서 80쪽에 실린 지난해 의사파업 사진에 '집단이기주의는 공동체 붕괴의 원인이다' 라는 설명이 붙어 있어 의사협회가 소송을 내는 등 크게 반발하자 문제의 사진을 대체할 사진 스티커를 제작해 최근 각 시도교육청에 내려보냈다. 의사협회는 '문제의 사진은 의료계를 집단이기주의의 표상으로 지목하는 내용' 이라며 법인 및 개인 명의로 49억 원의 민사소송과 함께 교과서 배포금지 가처분신청을 내는 등 강력히 반발했었다. 대체된 사진은 수녀와 장애인, 봉사자들이 함께 웃고 있는 장면으로, '도덕 공동체는 다 함께 잘 사는 사회이다' 라는 설명이 붙어 있다."

50) 이런 왜곡에는 정신적인 것뿐만 아니라, 문명사적인 왜곡도 같이 포함된다. 이런 역사적인 왜곡은 역사적으로 갈등 관계에 있던 나라일수록 심한데, 그중 하나가 바로 한국의 역사를 바라보는 일본의 교과서들이다. 이런 점은 매년 반복적으로 우리의 분노를 자아내고 있다(참고: 동아일보. 2002년 4월 10일자). 《최신 일본사》에서 가장 우려되는 부분은 독도(獨島) 관련 기술이다. 이 책의 과거 판(版)에는 없던 내용이 이번 개정판에 추가됐다. 물론 일본정부는 독도가 자신들의 영토라고 줄곧 주장해왔지만, 역사 교과서에 "일본 고유영토가 타국의 위협에 직면…… 한국이 영유권을 주장……" 이라고 기술한 것은 이번이 처음이다. 특히 일본은 한국정부에 사전 설명할 때 이 부분을 누락시킨 것으로 알려졌다. '역사' 과목이 아닌 다른 일본 교과서들에 독도문제가 거론된 경우는 지금까지도 꽤 있었다. 정치·경제, 지리, 현대사회 과목에는 총 10개 사(社) 교과서에 독도문제에 대한 서술이 실려 있다. 작년에 이어 또다시 왜곡교과서 논란의 빌미를 제공한 일본 고교용 역사 교과서 《최신 일본사》는 1986년 한국과 일본을 떠들썩하게 했던 《신편 일본사》의 개정판이다. 당시 《신편 일본사》는 일본의 침략정책을 미화하고 한반도 지배를 정당화하는 등의 내용을 담고 있어 한·일 간 뜨거운 현안이 됐었다. 당시 일본정부는 거의 수정하지 않은 채 교과서를 통과시켰으나, 한국, 중국 등이 강력히 반발하자 네 차례에 걸친 재수정 작업을 벌였다. 일본은 검정에 통과된 여러 교과서 가운데서

각급 교육위원회와 학교가 한 가지를 선택하는 체제를 취하고 있는데, 《신편 일본사》는 한 학년도에 최대 8,000부가 채택되는 데 그쳐, 출판사가 문을 닫았다. 그후 메이세이샤(明成社)가 판권을 이어받아 《최신 일본사》라는 이름으로 바꿔 출판을 계속하고 있으나, 작년에도 전국 15개 교에서 2,452부(채택률 0.38%)를 채택하는 데 그쳤다. 이 출판사는 작년과 재작년에 '새 역사 교과서를 만드는 모임'이 만든 왜곡된 중학 역사 교과서가 논란과 관심의 대상이 되면서 일반 서점에서 30만 부 이상 팔리자, 또 한 차례 '우경화 바람'에 편승하기 위해 8년 만에 국수주의적 역사관을 강화한 개정판을 만들어 검정을 신청했다. 당초 신청본은 1986년 당시와 비슷하게 '한반도 지배는 한국민에게 좋은 일이었다', '한일합방은 한국의 자유의사에 의한 것'이라는 등의 내용이 포함됐으나 검정을 거치면서 상당 부분이 삭제·수정됐다. 또 '명성황후 시해', '강제적인 토지수용' 등이 새롭게 추가됐다.

51) 참고: 매릴린 퍼거슨(1994). 《뉴에이지의 혁명》(역). 서울: 정신세계사.

52) 참고: 스즈키 다이세츠(1998). 《가르침과 배움의 현상학》(역). 서울: 경서원.

53) 기욤 아폴리네르는 다음과 같은 감정으로 누군가에게 비상하도록 하기 위해서는 서로 배우는 '사랑'이 필요하다고 역설하고 있다(참고: 매를린 퍼거슨(1987). 《뉴에이지의 혁명》(역). 서울: 정신세계사).
"Come to the edge, he said. They said: We are afraid. Come to the edge, he said. They came. He pushed them... and they flew(벼랑 끝으로 오라. 그가 말했다. 무섭습니다. 그들이 말했다. 벼랑 끝으로 오라. 다시 말했다. 그들이 다가왔다. 그는 그들을 떠밀어냈다…… 그리고 그들은 하늘 높이 날았다)."

54) 참고: Weinstein, K.(1995). 《Action learning》. New York: Harper.

55) 참고: 마틴 하이데거(1994).《형이상학입문》. 서울: 문예출판사.

56) 앨빈 토플러(Alvin Toffler)는 이렇게 이야기했다. "The illiterate of the 21st century will be those who cannot learn, unlearn, and relearn."

57) 참고: 한준상(2001).《학습학》. 서울: 학지사. 교육을 이끌어 가는 데 기본 교육목표이자 지침으로 지적된 일곱 가지 '교육의 기본원칙(cardinal principle)'은 (1) 학습을 위한 기본 과정과 기술의 숙달, (2) 가족구성원이 되기 위한 준비와 기능, (3) 시민이 되기 위한 교육, (4) 정신적 · 육체적 건강, (5) 직업 세계로 나아가기 위한 기본기술, (6) 여가시간을 효과적으로 사용하기 위한 교육, (7) 도덕적이고 윤리적인 품성을 위한 교육 같은 것이다(참고: Van Avery, D.(1979).《Futuristics and education》. Alexandria, VA: Association for Supervision and Curriculum Development).

58) 나는 유아시절부터 다중언어 교육을 시켜야 한다고 믿는다. 그 이유는 두 가지이다. 첫째는 인간의 두뇌기능으로 보아 그렇고, 다른 이유는 언어교육은 학습환경이 제대로 제공될 때 비로소 언어습득이 가능하다는 점 때문이다. 다중언어체험이 필요하다는 것은, 일반적으로 뇌 신경세포(뉴런)는 140억 개가 있으며, 사람이 태어나는 순간 더 이상 늘어나지 않는 것으로 이해되고 있기 때문이다. 각각 떨어져 있는 신경세포는 보고 듣고 말하고 익히는 학습에 의해 서로 연결된다. 배움과 익힘을 많이 할수록 신경세포 간의 연결은 더욱 튼튼해지고 동시에 그로부터 다양한 길이 만들어진다. 이렇게 신경세포가 서로 잘 연결되는 시기가 뇌 발달기간이며, 반대로 신경세포 간의 연결이 제대로 이뤄지지 않는 시기가 바로 뇌가 굳어지는 시작이다. 그래서 뇌가 발달하는 기간에 다양한 경험을 되풀이해야 한다. 예를 들어, 영어를 배우면 뇌에 영어를 재빠르게 알아듣는 영어 전용 뇌신경망, 불어를 배우면 불어 전용 뇌신경망과 같은 각 언어별 전용도로가 형성된다. 12세가 지난 뒤에 외국어를 배우기 시작하면 외국어가 한국어 전용도로 속에서 허덕이게 되는 경우처럼 외국어 소통이 용이하지 않게 된

다. 따라서 늦게 외국어를 배우면 그 나라 사람처럼 완벽한 말을 구사할 수 없게 되는데 그것은 다른 지식의 응용에서도 마찬가지이다. 둘째로, 조기 언어교육의 필요성은 언어교육의 환경이 제대로 갖추어져 있지 않으면 거의 불가능하기 때문이다. 이미 실험으로 드러났지만, 갓 태어난 아기를 지하 밀실에 10여 년 동안 혼자 가둬 키우면 말을 할 수 없게 된다. 이 아이를 15세쯤 됐을 때 밀실에서 꺼내 여러 사람과 어울리게 해도 언어를 거의 배우지 못한다. 이것은 13세기 독일 황제 프리드리히 2세가 인간이 언어 능력을 가지고 태어나는지 알아보기 위해 실제로 했던 실험의 결과이다. 상당히 비인간적인 실험이었지만, 프리드리히 2세는 영아가 독일어나 이탈리아어 등 인간의 어떤 언어도 접하지 못할지라도(혹은 그렇게 그들의 언어를 말하지 못하게 할지라도), 그 아이는 오히려 신의 언어인 히브리어를 확실하게 말할 것으로 믿었고, 또 그렇게 기대했었다. 신이 사람을 만들었으므로, 그렇게 태어난 모든 인간은 당연히 신의 언어인 히브리어 구사 능력을 가지고 태어날 것으로 믿었던 것이다. 그러나 결과는 정반대로 드러났다. 언어훈련을 받지 못한 그 아이는 그 어떤 말도 하지 못했고, 할 수도 없었다(참고: 중앙일보. 2002년 3월 14일자).

59) 수메르에서 발견되는 학교를 지금의 학교와 동일한 것으로 간주할 것인가는 의심스럽기 그지없다. 자세한 자료 부족에서 오는 어려움이지만, 그 당시 수메르의 학교는 직업훈련의 도제장 같은 것으로 간주될 수 있을 것 같다. 그 수메르 학교의 유물에는 오직 필경사 양성에 관련된 것들만 있기 때문이다. 그 이외의 교육적 내용에 관한 유물은 거의 발굴되지도 않았고, 더 이상 발견되지도 않았다(참고: 새뮤얼 노아 크레이머(2000). 《역사는 수메르에서 시작되었다》(역). 서울: 가람기획).

60) 학교생활에 대한 그의 서술에 의하면, 그 당시 학교교육의 초점 역시 개인의 자아실현보다는 국가권력 유지와 신분계급 유지에 맞추어지고 있음을 알 수 있다(참고: 박홍규(2002). 〈르네상스적 인간은 우리에게 무엇인가〉. 《신동아》 4월호. 580~585쪽).

61) 참고: Tyack, D. B.(1974). 《One best system》. Boston: Harvard University Press; Gatto, J. T.(1992). 《Dumbing us down》. British Columbia: New Society Publishers.

62) 참고: 한준상(1995). 《학교 스트레스》. 서울: 연세대학교 출판부; 데즈먼드 모리스(1994). 《인간동물원》(역). 서울: 한길사.

63) 동물원에서 일어나는 동물들간의 폭력처럼, 학교에서도 학생들간의 폭력은 이제 일상사가 되고 있다. 일간신문들(참고: 연합뉴스. 2002년 3월 17일자)은 이런 학교내 폭력사건들을 낱낱이 고발해놓고 있다. "……청소년 보호위원회(위원장 이승희)에 따르면, 지난해 10~12월 중 서울지역 중고생 1천 92명과 학부모 531명, 교사 232명, 경찰 121명 등을 상대로 '청소년 폭력실태'에 관한 설문조사를 한 결과, 중고생 중 학교폭력 피해 경험자는 평균 11.8%에 달했다. 이중 여중생은 17.6%로 남중생(15.6%), 인문고 남학생(3.2%), 인문고 여학생(0.9%), 실업고 남학생(10.9%), 실업고 여학생(1.8%)보다 그 비율이 크게 높았다. 폭력 피해를 본 후 학생들의 60.5%는 가족·친척(15.8%)과 친구·선배(22.8%), 교사(6.1%) 등에 도움을 요청했으나, 결과는 보복(20.6%), 문제 악화(19.6%), 흐지부지(23.5%), 도움(36.2%) 등이었다. 학교폭력 피해 경험은 1~2회가 73% 가량으로 가장 많았고, 따돌림의 경우도 1~2회가 50%로 가장 많았다. 학교폭력 장소는 구타, 금품갈취, 따돌림 모두 교실과 공터에서 주로 발생했고, 학교 안 화장실도 구타와 금품갈취의 장소로 많이 사용된다고 응답됐다. 학교폭력을 경험한 후 정서적인 상태는 복수하고 싶다(81.7%, 복수응답 비율), 자포자기한다(58.0%), 불안해서 학교가기 싫다(49.1%), 자살하고 싶다(28.7%), 두려워서 결석한다(15.0%) 등이었다. 학교폭력의 심각성에 대해서는 학생의 62.4%가 심각하다고 인식했으나 학부모(75.3%)를 제외한 경찰(49.2%)과 교사(41.4%)는 그 정도가 상대적으로 낮게 평가됐다. 학교폭력을 목격했을 때의 행동으로는 '적극적으로 돕는다'는 응답이 남학생 18.4%, 여학생 8.1%이었으며, 대부분 피해를 볼 것 같아 못 나서거나 모른척하는 것으

로 조사됐다. 학교폭력의 가해 경험이 있다는 응답도 9.7%나 됐다."

64) 참고: 다니엘 핑크(2001). 《프리에이전트의 시대가 오고 있다》(역). 서울: 에코리브르.

65) 참고: Gatto, J. T.(1992). 《Dumbing us down》. British Columbia: New Society Publishers.

66) 일반적으로 감호기관은 여섯 가지 정도의 속성을 갖고 있다. 첫째, 감호기관은 해당 기관에 속해 있는 사람들의 생활을 행정적으로 공공연하게 묶어둔다. 감호기관에서는 서로 같은 처지에 있는 수많은 사람들이 일정 기간 외부 사회와의 교제가 차단된 채, 규제된 삶을 살아간다. 감호기관에 속해 있는 사람은 하나의 통일된 권위 체제가 지시하는 행동 강령에 복종해야 한다. 활동은 집단 단위로서 전개된다. 모든 개인은 동일한 취급을 받으며, 사회보다는 여러 면에서 강등된 집단생활을 하고 그런 대우를 받게 된다. 동일한 생활 계획표에 의거 행동해야 된다. 두 번째 특징은 기관의 행정구조가 강제적인 규칙 적용의 구조를 갖추고 있다는 데에서 찾아볼 수 있다. 감호기관 이외의 외부 기관과 장소에서 통용되는 규칙은 감호기관에서는 자주 활용되지 않는다. 활용된다고 하더라도 엄격하게 대폭적인 수정이 가해진 채 적용된다. 감호기관 이외의 장소에서 허용되는 규칙이 감호기관 내에서 허용될 때, 그 규칙의 활용은 감호기관에 수용된 사람에겐 일종의 특권이 된다. 대체로 소속원이 외부세계의 규칙을 활용하기 위해 전체 기관이 설정한 규칙을 어길 때에는, 그 기관의 권위 체계로부터 허가를 받아야 하며, 만약 그것을 어기면 엄격한 통제가 가해진다. 셋째, 감호기관에 소속된 구성원은 비자발적인 회원이라는 점이 또 하나의 특징이다. 감호기관에 종사하는 직원으로서의 종사자나 감호기관에 수용 당하고 있는 피종사자 모두는 누가 자기들의 기관에 들어오는 새로운 구성원이 될지 사전에 알지 못한다. 그 대상자를 의도적으로 선정하거나 선발할 수도 없다. 넷째, 감호기관은 해당 자체 기관 내부의 세력보다는 외부 세

력이 결정해주는 역할을 의무적으로 수행하는 기관이다. 감호기관의 설립 목적과 목표는 외부의 힘에 의해 설정된다. 감호기관의 요원이 자기가 속한 해당 감호기관의 목적을 결정할 수는 없다. 마치, 정신병동의 간호원이 정신 병원의 목적을 임의로 해석한 채, 정신이상자를 특별하게 대우할 수 없는 것과 같다. 다섯째, 감호기관은 그 기관에 수용되어 있는 사람들에게 궁극적인 행동의 변화가 일어나도록 만드는 재사회화와 재훈련에 최대의 사명을 두고 있다. 수용자의 행동의 변화를 위해 전문가가 감호기관에 종사하면서 수감생에게 행동 수정적인 처치를 가함으로써, 수감자의 행동에 긍정적인 변화가 오기를 기대한다. 이들의 긍정적 행동 변화는 피수감자의 입장과 사회적인 입장 등 양면에서 바람직한 것이어야 한다. 예를 들어, 정신병원의 의사들과 행정 집단은 정신이상자가 정상인이 되도록 전문적인 조력을 다 하고, 그로부터 정신이상자가 정상인이 될 때 그들의 역할을 다한 것으로 평가받게 된다. 마지막 여섯째 특징은 이런 기관에 종사하는 종사자와 피수감자 간의 사회적인 혹은 인간적인 관계는 일반사회인들 간의 관계와는 달리 아주 특수하다는 점이다. 이들 종사자와 수감자간의 사회적 관계는 언제나 갈등과 심리적인 긴장의 관계로 나타난다. 종사자의 눈에는 수감자가 무지한 사람들이라고 느껴지게 된다. 감호기관의 종사자와 수감자 간에는 서로 다른 욕구와 목표가 내재되어 있다. 일반적으로 감호기관 종사자는 수감자에게 일정한 꼬리표 달기를 행한다. 또한 그들은 판에 박은 듯한 편견도 갖고 있다. 수감자는 일반적으로 행정가의 엄격한 통제를 받으며 감시받는다. 수감자의 사생활이 제도적으로 침해받아도 어느 누구 하나 개의치 않는다. 왜냐하면, 수감자 개인에 관한 모든 정보는 관리자와 행정가에게 전담되어 체계적으로 보관되기 때문이다. 따라서 엄격한 통제와 복종이 수감자에게 요구된다. 정해진 감호기관의 규율을 철저하게 따르는 수용자는 바람직한 모범자로 평가받는다(참고: Goffman, E.(1961). 《Encounters》. Indianapolis: Bobbs-Merrill; 한준상 (1995).《학교 스트레스》. 서울: 연세대학교 출판부).

67) 참고: 허숙(1994). 〈학업성적의 의미에 관한 현상학적 참고〉. 1994년도 한

국교육학회 연차대회 발표논문.

68) 참고: 한국청소년상담원(2000). 〈교실에서 잠자는 아이들〉. 청소년상담문
   제 연구보고서43.

69) 참고: 파커 J. 파머(2001). 《가르칠 수 있는 용기》(역). 서울: 한문화. 교사
   가 가르칠 수 있는 용기를 잃어버리면, 결국 그는 학생에게 거짓을 가르치
   는 것이나 마찬가지다(참고: 제임스 W. 로웬(2001). 《선생님이 가르쳐준
   거짓말》(역). 서울: 평민사).

70) 참고: 조선일보. 2002년 3월 21일자. 교직생활 2년째를 맞고 있는 서울 모
   중학교의 박모(29) 교사는 매주 열리는 교직원회의 시간만 되면 지루하기
   짝이 없다. "그 전날 지역교육청에서 내려온 각종 공문내용을 전달하고 각
   부장들이 일주일간 계획중인 업무를 보고하고 나면, 으레 교장이 이거해
   라, 저거해라 지시하고……" 박씨는 "회의가 아닌 일방적인 브리핑"이라
   고 말했다. 신학기만 되면 교육청에서는 각종 공문요청이 홍수처럼 쏟아
   진다. 농구장 시설보고, 학교 체육시설 실적보고, 학생봉사활동 실적보
   고…… "누가 봐도 형식에 치우친 보고이지만 시키는 대로 할 수밖에요.
   누가 감히 교육청에 대고 항의를 하겠습니까?" 교육현장에서 교사들의 자
   유로운 의사결정과 창의성은 과연 얼마만큼 보장되고 있을까? 교사들은
   입을 모아 "우리의 교육현장에는 지시와 감독은 있지만 자율과 피드백
   (feedback)은 없다"고 말한다. 행정자치부가 공무원 제안제도를 통해 매
   년 접수하는 직무개선 아이디어 중 교사가 제시하는 것은 불과 20여 건.
   이 같은 교육현장의 최전선에 서 있는 교사들의 아이디어 빈곤은 '학교 공
   동체가 비민주적으로 운영되고 있기 때문'이라는 목소리가 높다. 교사들
   의 자율성과 창의성이 교육부→시·도교육청→지역 교육청→단위 학교로
   이어지는 권위주의적, 수직적 상하관계로 인해 경직돼 있다는 주장이다.
   한국교원단체총연합이 지난 97년 발표한 〈교원직무체계 연구〉에 따르면
   학교의 교육목표 및 방침 수립시 주요 의사결정을 내리는 과정에서 교무

회의가 차지하는 비율은 14.3%에 불과했다. 반면 교장·교감은 24.1%, 담당주임이 18.9%로 나타났다. 그만큼 일선학교의 의사결정은 민주적으로 이루어지지 않고 있다. 한국교총 김경윤 교권옹호부장은 "교장, 교감, 부장교사 등 일부 관리자들의 권위주의적인 자세도 문제지만 최근 들어서는 교과교육에 대한 학부모들의 이기적인 간섭도 교사들의 자율성을 크게 침해하고 있다"고 말했다. '학교바로세우기실천연대' 가 지난해 교사, 학생, 학부모 4,000명을 대상으로 설문조사한 결과, 학교운영의 자율성에 대해 '만족하지 않는다' 고 답변한 교사는 21.4%, '그저 그렇다' 는 답변이 42.8%로 부정적인 대답이 훨씬 많았다. 서울 초등학교교장회 회장은 "학교 내부에 토론문화가 부족한 것은 사실" 이라며 "하지만 이는 교육청이 시시콜콜한 문제까지 모두 간섭하는 데에 더 큰 문제가 있다"고 지적했다. 가령 지난해 서울시교육청은 학급반장이 명칭상 위화감을 줄 수 있다며 명칭을 '회장' 으로 바꾸고 수개월 단위로 번갈아 시키라고 지시했다. 교사의 자율재량에 맡겨야 할 특기·적성시간 운영에도 이런 저런 지침과 간섭이 끊이질 않는다. 한 교사는 "교무회의에서 소위 '튀는' 교사들이 눈총을 받는 것은 아이들 세계와 똑같다" 며 "정해진 시간 안에 정해진 진도만 가르치면 그만이라는 생각이 교사를 더 이상의 발전도, 변화도 없는 매너리즘에 빠뜨리고 있다"고 고백했다. 장학사의 기능에도 변화가 필요하다는 주장도 제기되고 있다. 현재 각 시·도 고교에는 본청에 담당 장학사가 지정돼 있다. 이들의 주요업무는 단위 학교에 대한 장학, 지도, 감사이기 때문에 행정구조의 최말단에 있는 일선교사들이 본청의 눈치를 살피는 것은 어찌 보면 당연한 결과이다.

71) 참고: 헨리 지루(2001). 《교사는 지성인이다》(역). 서울: 아침이슬.

72) 참고: 레지 드브레(2001). 《지식인의 종말》(역) 서울: 예문. 드브레는 지성인의 추락함을 이렇게 꼬집어내고 있다. "어느 나라에나 엘리트 사상가와 대중 매체는 있는 법이다. 그러나 이 둘이 손잡는 경우는 거의 없다. 오히려 영국에서 이 둘은 암묵적으로 서로를 무시하는 분위기이다. 옥스퍼드

와 언론계가 특별히 교류를 한다는 증거는 어디에서도 찾아볼 수 없다. 백악관은 하버드를 두려워하면서도 비밀스런 약정을 맺을 것이 없다. 촘스키는 〈뉴욕타임스〉와 어울리고 싶어하지도 않는다(그래도 촘스키에게는 목소리를 높일 캠퍼스가 있고, 인터넷 사이트도 있다). 18세기에 영국과 독일에서는 두 계급이 뚜렷이 구분되었다. 한쪽에는 철학자와 문인이 있었고 다른 한쪽에는 법률가와 정치인이 있었다. 직업적인 사상가가 법과 국가를 관장하는 사람들에 흡수된 나라는 프랑스뿐이었다. 그래서 프랑스에서는 카페와 살롱이 태어났고, 나중에는 사상협회로 발전해서 결국에는 혁명클럽까지 생겨날 수 있었다. 오귀스탱코생이 우리에게 분명히 지적해 주었듯이, 질서는 사상의 학설에서 시작되었던 것이다. 그런데 그런 사상을 지닌 지식인들이 미디어의 조직적인 힘과 손을 잡고 한통속이 되면서 그 둘이 정신의 헤게모니를 완전히 장악하게 되었다. 게다가 이 둘은 똑같은 강령에서 자신들을 정당화시키고 있어 어느 쪽이 종속된 집단인지 말하기 힘들 지경이다. 어쨌거나 앙시앵레짐(프랑스 혁명 전의 프랑스 체제)에서도 성직의 노블레스는 지켜질 수 있었지만 지식인과 언론의 결합체는 어떤 노블레스 오블리제(Nobles Oblige)도 발견할 수 없는 혼성집단이다. 다만 정치와 정보에 동시에 간섭하면서 이 둘을 관할하겠다는 동일한 소명의식에 의욕을 불태우고 있을 뿐이다."

73) 참고: 레지 드브레(2001).《지식인의 종말》(역) 서울: 예문.

74) 참고: 데즈먼드 모리스(2001).《털 없는 원숭이》(역). 서울: 영언.

75) 참고: 한준상(1992).《한국교육의 민주화》. 서울: 연세대학교 출판부.

■ 참고문헌

김재희(1994).《신과학 산책》(편). 서울: 김영사.

니시오카 츠네카츠(1996).《나무의 마음, 나무의 생명》(역). 서울: 삼신각.

다니엘 핑크(2001).《프리에이전트의 시대가 오고 있다》(역). 서울: 에코리브
　　　르.

다이 호우잉(1991).《사람아! 아, 사람아!》(역) 서울: 다섯수레.

데즈먼드 모리스(1994).《인간동물원》(역). 서울: 한길사.

데즈먼드 모리스(2001).《털 없는 원숭이》(역). 서울: 영언.

레지 드브레(2001).《지식인의 종말》(역) 서울: 예문.

리처드 자너(1993).《신체의 현상학》(역). 서울: 인간사랑.

마틴 하이데거(1993).《사유란 무엇인가》(역) 서울: 고려원.

마틴 하이데거(1994).《형이상학 입문》(역). 서울: 문예출판사.

매릴린 퍼거슨(1994).《뉴 에이지 혁명》(역). 서울: 정신세계사.

박연호(1994).《조선 전기 사대부 교양에 관한 연구(朝鮮前期 士大夫 敎養에
　　　관한 硏究)》. 한국정신문화연구원 박사학위 청구논문.

박홍규(2002). 〈르네상스적 인간은 우리에게 무엇인가〉.《신동아》 4월호.
　　　580-585.

새뮤얼 노아 크레이머(2000).《역사는 수메르에서 시작되었다》(역). 서울: 가
　　　람기획.

스즈끼 다이세츠(1998).《가르침과 배움의 현상학》(역). 서울: 경서원.

아더 콤스(1998).《우리가 원하는 학교》(역). 서울: 학지사.

에드워드 카아(1970).《역사란 무엇인가》(역). 서울: 탐구당.

오인탁(2001).《파이데이아》. 서울: 학지사.

윌리엄 보이드(1994).《서양교육사》(역) 서울: 교육과학사.

유영만(2002).《e세상 e러닝: e모양 e꼴의 e러닝》. 서울: 한언.

이명준(2000).《분석적 교육철학》(역). 서울: 원미사.

이훈구 외(2000).《교실이야기》. 서울: 법문사.

정일환(1996). 〈교육정책 의제설정〉. 한림과학원(편). 《교육정책 논리와 최적
　　　선택》. 서울: 소화.

제임스 로웬(2001). 《선생님이 가르쳐 준 거짓말》(역). 서울: 평민사.

트리나 폴러스(1987). 《꽃들에게 희망을》. 서울: 예문출판사.

틱낫한(1997). 《살아 계신 붓다, 살아 계신 그리스도》(역). 서울: 한민사

파커 파머(2001). 《가르칠 수 있는 용기》(역). 서울: 한문화.

한국청소년상담원(2000). 〈교실에서 잠자는 아이들〉. 청소년상담문제 연구보
　　　고서43.

한준상(1992). 《한국교육의 민주화》. 서울: 연세대학교 출판부.

한준상(1995). 《학교 스트레스》. 서울: 연세대학교 출판부.

한준상(1997). 《청소년문제》(증보판). 서울: 연세대학교 출판부.

한준상(1999). 《호모 에루디티오》. 서울: 학지사.

한준상(2001). 《학습학》. 서울: 학지사.

허숙(1994). 〈학업성적의 의미에 관한 현상학적 참고〉. 1994년도 한국교육학
　　　회 연차대회 발표논문.

헨리 지루(2001). 《교사는 지성인이다》(역). 서울: 아침이슬.

Bacharch, P. & Baratz, M.(1962). 〈Two forces of power〉. 《American
　　　Political Science Review》, 56, 237-246.

Bluetein, J.(2002). 《Creating emotionally safe schools》. Deerfield, FL: Health
　　　Pub.

Dufrene, M.(1973). 《The phenomenology of aesthetic experience》.
　　　Evanston: Northwestern University Press.

Gatto, J. T.(1992). 《Dumbing us down》. British Columbia: New Society
　　　Publishers.

Goffman, E.(1961). 《Encounters》. Indianapolis: Bobbs-Merrill.

Merleu-Ponty, M.(1964). 《The primacy of perception》. Evanston:
　　　Northwestern University Press.

Peteson, B.(1999). Teaching for social justice. In Reto Sapo(Ed.), 《Making schools matter: Good teachers at work》. Toronto: James Lorimer.

Phenix, P.(1964). 《Realms of meanings》. New York: McGraw Hills.

Schlechty, P. C.(1990). 《Schools for the 21st century》. S.F: Jossey-Bass.

Tyack, D. B.(1974). 《One best system》. Boston: Harvard University Press.

Van Avery, D.(1979). 《Futuristics and education》. Alexandria, VA: Association for Supervision and Curriculum Development.

Weinstein, K.(1995). 《Action learning》. New York: Harper.

■ 저자약력

▷ 학력
· 연세대학교 교육학과 교수
· 연세대학교 문과대학 교육학과 문학사 / Southern California 대학교 교육과
  학석사 및 철학박사
· 연암문화재단 해외파견교수 / W. Washington대학교 초빙교수 / Stanford대
  학교 초빙교수 / Toronto대학교 초빙교수

▷ 경력
· 연세대 〈연세춘추〉 주간 / 연세대 〈Yonsei Annals〉 주간 / 연세대 교육대학
  원 교학부장 / 연세대 학생처장 / 연세대 교육연구소장 / 연세 〈진리자유〉
  주간 / 연세대 교육대학원장
· 대통령자문 교육개혁위원회 위원 / 교육부장관자문 교육정책심의회 평생교
  육분과 위원장 / 국무총리자문 국가정책 평가위원회 위원 / 한국 유네스코
  위원 / 대통령자문 정책기획위원회 교육분과 위원장
· 한국교육사회학회 회장 / 한국성인교육학회 회장 및 공동대표
· 삼성전자 인력개발원 자문교수 / (주)대우인력개발원 자문교수 / (주)금호
  인력개발원 자문교수 / 교보생명문화재단 자문교수 / (주)대교문화재단 이
  사

▷ 수상 및 훈포상 경력
· 한국교육학회 학술상 수상(1994)
· 문화관광부 올해의 학술도서상 수상(1992/1995/2002)
· 연세대학교 우수교수상 수상(1995/1997)
· 홍조근정훈장 포상(2000)
· 대한민국학술원 우수학술도서상 수상(2002)

▷ 저서 및 연구 보고서

〈단독 저서〉

한국 대학교육의 희생(1983) / 교육사회학 이론과 연구방법론(1985) / 한인교포사회와 교육문제(1986) / 학교교육과 사회개혁(1986) / 사회교육론(1987) / 사회교육과 사회문제(1988) / 교육의 가막소: 도서벽지학교교육연구(1989) / 청소년문제와 학교교육(1989, 한국교육학회 학술상 수상저작) / 교육학적 상상력(1991) / 한국교육의 갈등구조(1991) / 한국교육의 민주화(1992, 문화공보부 올해의 학술도서상 수상저작) / 산업인력자원개발(1993) / 한국교육개혁론(1994) / 학교스트레스(1995, 문화공보부 올해의 학술도서상 수상저작) / 청소년문제(1997, 증보판) / 동숭동의 아이들(1997) / 생각하는 학교, 꿈꾸는 아이들(1997) / 호모 에루디티오(1999, 대한민국학술원 우수학술도서상 수상) / 청소년학 연구(1999) / Lifelong education: 모든 이를 위한 안드라고지(2000) / 평생교육의 쟁점(2001) / 학습학: L=MS2 학문의 기원(2001, 문화관광부 올해의 학술도서상 수상) / 집단 따돌림과 교육해체(2002)

〈편저〉

새로운 교육학: 교육사회학 이론의 전개(1981) / Theoretical frameworks in the sociology of education(1985) / 교육과정논쟁(1988)

〈번역〉

교육평등론(1984) / 교육과 정치의식(1986) / 신교육사회학론(1988) / 실천적 사고력(1994)

〈공저〉

교육학개론(1984) / 사회교육방법론(1988) / 현대 한국교육의 인식(1990) / 평생교육론(1993) / 한국 고등교육개혁의 과제와 전망(1993) / 평생교육의 이론과 실제(1995) / 신교육사회학(1996) / 한국성인인력개조론(1997) / 앤드라고지: 현실과 가능성(1998) / 근대한국성인교육사상(2000) / 살며 배우며 가르치며(2000) / 평생교육 어떻게 할 것인가(2000)

〈주요 연구보고서〉

평생교육의 21세기 장기발전과 비전을 위한 전략모형연구(1998년도 교육부 정책연구과제) / 21세기 한국노인교육의 장기정책발전방안연구(1999년도 교육부 정책연구과제) / 학교내 비폭력문화 프로그램 개발(1999년도 한국청소년 개발원 연구과제) / 세대간 공동체교육 프로그램 개발연구(2000년도 교육부 정책연구과제) / 교육전문박사(Ed.D.)학위과정 모델개발 방안연구(2000년도 교육부 정책연구과제) / 청소년의 신체적 자아상에 관한 연구(2000년도 한국 청소년개발원 연구과제)

이 교육 ── 우리교육의 지평을 찾아서

2쇄인쇄 · 2003년 8월 27일
2쇄발행 · 2003년 9월 1일
지은이 · 한준상
펴낸이 · 박성규

펴낸곳 · 도서출판 아침이슬
등록 · 1999년 1월 9일(제10-1699호)
주소 · 서울시 마포구 합정동 364-70 (121-884)
전화 · 02-332-6106 / 팩스 · 02-32-1740
인터넷 홈페이지 · www.21cmorning.co.kr
E-mail · webmaster@21cmorning.co.kr

값 14,900원
ISBN 89-88996-35-6 03370